교과교육에서 창의성의 이론과 실제

김성준 · 김판수 · 문대영 · 박수자 · 소금현 · 손준구
양종모 · 이미식 · 이영만 · 이용섭 · 정정순 · 정호범 공저

학지사

머 \ 리 \ 말

창의성이라고 하면 흔히 예술이나 과학과 같은 분야에서만 요구되는 능력이라고 생각하기 쉽지만, 최근 들어 사람이 살아가는 삶의 모든 장면에서 필수적인 요소로 부상하고 있다. 이윤을 추구하는 기업뿐만 아니라 국가 행정조직, 스포츠, 관광 분야에 이르기까지 창의적인 사람만이 살아남을 수 있다는 인식이 확산되고 있다. 이제 현대사회의 어떠한 분야에서든 관습적이거나 획일적인 사고로는 성공할 수가 없다.

교육 분야도 예외는 아니다. 창의성 교육은 인성교육과 함께 새로운 시대가 요구하는 교육의 중심축이 되고 있으며, 개인적 차원에서 아이디어 발산과 다양한 사고의 촉진에 기여하고 있다. 개인의 창의성이 자연스럽게 발휘되기 위해서는 우리 사회가 학생들의 자유로운 사고를 수용할 수 있는 포용력을 가져야 한다. 즉, 학교에서뿐만 아니라 가정과 사회에서 학생들의 창의적 사고를 장려하는 이해심을 가져야 한다.

21세기 지식기반 사회로의 진입이나 가속화되는 정보화 사회에 대응하여, 세계 각국은 미래형 우수인재 육성에 국가 역량을 집중하며, 교육 및 기술 경쟁력을 강화하고 있다. 그렇지만 학교의 창의성 교육에 대한 인식은 동서양의 문화권에 상관없이 여전히 낮은 수준이다. 과거 전통적인 교실 수업에서 교사는 학생들이 조용하게 앉아서 복종하기를 기대하고, 미지의 세계에 대한 학생들의 엉뚱한 질문을 외면함으로써 창의성 지도가 전혀 이루어지지 못했다고 할 수 있다. 요즘에도 교사는 창의적인 학생보다는 학업과 행동이 모범적이고 교사의 말에 수용적이며 침착하고 조용한 학생을 선호한다. 비록 창의성이 내적으로는 학생 스스로 참된 행복을 느끼게 하며 외적으로는 사회 발전에 기여할 수 있는 사고의 기초가 되지만, 다인수 학급에서 수업을 진행해야 하는 교사 입장에서는 창의적인 학생을 따로 배려하는 것이 여전히 어렵기 때문이다.

따라서 좀 더 교육실천적인 관점에서 창의성 교육에 대한 연구가 매우 절실하다. 창의적 사고를 촉진하기 위해 학교 교실에서 실천할 수 있는 것들은 무엇이 있을까? 이러한 시도에 앞서 무엇보다도 학생들의 창의적 사고를 높이 평가하려는 교사의 태도가 중요하다. 이 책은 그러한 태도를 전제로 집필되었다. 교사가 대부분의 시간을 할애하면서 학생들과 함께하는 일반 교과 시간에 창의성을 다룰 수 있다면 학생 개인의 창의성 계발을 신속히 극대화할 수 있을 것이다. 하지만 그동안 창의성에 대한 개념과 이해 그리고 이에 대한 교육적 실천은 각 교과마다 그 해석이 달랐다. 따라서 창의성에 대한 다양한 관점을 한눈에 볼 수 있는 작업이 요구되었으며, 이 작업에 부산교육대학교와 진주교육대학교에서 관심 있는 교수님들이 집필에 동참하였다.

수학교육 및 과학교육에서는 각각 두 분의 교수님이 작업하면서 한 분은 창의성 교육의 이론에 대해 그리고 다른 한 분은 창의성의 실제를 집필하였으나, 편집 과정에서 두 편의 원고를 하나의 장으로 통합하게 되었다. 이 통합에서 글의 연결이 자연스럽지 못한 부분도 있을 것으로 보인다. 그리고 국어교육에서도 읽기와 문학 영역을 독립적으로 집필하여 하나의 장으로 통합하였다.

제1장은 창의성 교육 전반에 관한 것으로 이영만(진주교대) 교수님께서, 도덕교과에서의 창의성 교육을 다룬 제2장은 이미식(부산교대) 교수님께서 집필해 주셨다. 제3장 국어교과에서의 창의성 전반과 읽기 영역에서의 창의성은 박수자(부산교대) 교수님께서, 그리고 문학 영역은 정정순(영남대) 교수님께서 수고해 주셨다. 그리고 제4장 사회교과 창의성 교육의 이론과 실제는 정호범(진주교대) 교수님께서, 제5장 수학교과에서의 창의성 이론은 김판수(부산교대) 교수님께서, 그리고 실제 부분은 김성준(부산교대) 교수님께서, 제6장 과학교육에서의 창의성 이론은 소금현(부산교대) 교수님께서 그리고 실제 부분은 이용섭(부산교대) 교수님께서 집필해 주셨다. 제7장 체육교과에서의 창의성 교육은 손준구(부산교대) 교수님께

서, 제8장 음악교과의 창의성 교육은 양종모(부산교대) 교수님께서, 제9장 실과교과의 창의성 교육은 문대영(부산교대) 교수님께서 수고해 주셨다.

각 교과교육에서의 창의성 교육 원고를 준비하고 몇 차례 발표하는 동안 저자들은 각 교과에서 다루어지는 창의성 관점에 다소 차이가 있음을 알게 되었다. 다른 교과의 창의성 원고를 읽으면서 저자들 스스로 창의성에 대한 지식을 확대하면서 유익한 시간을 보낼 수 있었다. 이 책의 주요 독자층인 초등학교 교사, 창의성을 연구하는 학생 및 전문가에게 각 교과교육에서의 창의성 교육에 대한 이해를 넓히고 자신감을 가지는 데 큰 도움이 되기를 기대한다.

마지막으로 이 책의 출판을 기꺼이 허락해 주신 김진환 사장님께 감사 드리며, 이 작업을 주관한 부산교육대학교 창의성 교육연구소의 지원에도 감사 드린다.

2010년 8월
저자 일동

차 례

제 **1** 장

교과교육에서의 창의성 교육

미래의 괴짜를 키우는 방법을 알기 위해 책과 세미나를 통해 기법을 배우고, 수업에 참관해 방법을 배우고, 기존 수업 사례를 찾아 적용해 보는 등 나만의 학습 자료를 만들어 활용해 보기로 했다. 먼저 교육과정을 분석해 수업에 활용할 텔레비전 프로그램을 녹화하고, 신문과 잡지에서 기발한 아이디어가 보이는 광고, 그림, 기사, 만화, 사진 등을 수집해 학습 자료로 만들었다.

_어느 초등학교 교사

아이들은 자기의 생각과 노력을 인정해 주는 것만으로도 너무 좋아했다. ……교사가 믿음을 갖고 대하면, 아이들은 언제나 새롭고 톡톡 튀는 자기만의 문제해결 방법을 생각해 낸다. 자기만의 방법을 찾아내는 아이들이 바로 잠재된 창의성을 최대한 발휘하게 된다.

_어느 중학교 교사

제 1 장

교과교육에서의 창의성 교육

1. 창의성 교육의 모습

창의성이 21세기에 가장 필요한 능력이라는 사실은 재론의 여지가 없을 것이다. 인간의 지능을 연구하던 학자들(Gardner, 1993; Sternberg, 1996) 역시 사회적 성공을 위한 지적 능력의 최종 산물로 창의성이라는 요소를 강조하면서 창의성 교육에 대단한 가치를 부여하고 있다. 특히, 20세기의 연구 결과를 정리하여 21세기를 위한 학교교육의 내용을 새롭게 구성하자는 주장을 펼치고 있는 Glatthorn과 Jailall(2000)은 21세기의 학교에서 가르쳐야 할 교과를 여덟 가지[1]로 제시하면서, 그 첫 번째 교과로 학습자의 창의적 활동을 중심으로 하는 '창의적 교과(creative studies)'를 제시하고 있다.

우리나라의 경우도 창의성과 관련된 각종 서적과 논문이 수없이 쏟아지고 있을

1) Glatthorn과 Jailall(2000: 117-118)은 21세기의 학교 교육과정에서 다루어야 하는 교과 영역으로 창의적 교과, 복지, 자연세계, 의사소통, 인간성, 의사결정과 문제해결, 수학적 추리, 심미적 평가의 여덟 가지를 제시하였다.

뿐만 아니라, 교육과학기술부의 학교 교육과정 해설서나 교사용 지도서에서도 언제나 학습자들의 창의적 능력을 길러 주는 것을 중요한 목표로 내세우고 있다. 이와 더불어 교사에게도 창의적인 수업 구성과 운영을 독려하고 있다. 이러한 현상들은 모두 창의성이 중요한 지적 능력이라는 사실을 반영하는 것이지만, 학교 교육의 측면에서 보면 이토록 중요한 창의성 교육을 어떻게 구성하여 어떤 방법으로 가르칠 것인가의 문제가 있는 것이다. 영국과 우리나라에서 교사를 대상으로 조사한 보고에 따르면, 교사가 창의성을 위한 수업을 제대로 실천할 수 없게 만드는 장애 요인에는 여러 가지가 있는 것으로 나타났다.

〈표 1-1〉에 나타난 것처럼, 교사들이 지적하고 있는 것은 결국 창의성 교육이 쉽지 않다는 것이다. 〈표 1-1〉에서 제시한 이유뿐만 아니라, 창의성 계발에 불리한 학교 · 가정 · 사회의 구조적 환경, 충분한 실험이나 사고의 기회를 갖기보다는 단순 암기를 요구하는 시험 풍토 등 학교와 그 주변의 여건 역시 창의성 교육을 실천하는 데 적합하지 않다. 그러나 서두의 인용문에서 알 수 있듯이, 학교 현장에서 학생의 창의성을 길러 주기 위한 노력을 자발적이고도 체계적으로 시도하고 있는 교사 또한 적지 않다.

이처럼 학교에서 창의성 교육의 실천이 쉽지 않다는 점과, 그럼에도 불구하고 그 어려움을 극복하기 위해 노력하고 있다는 점을 염두에 두면서, 여기서는 교과교육, 즉 학교 수업을 통한 창의성 향상 방법을 점검해 보고자 한다. 이 점검에서

〈표 1-1〉 교사가 창의성을 길러 주는 수업을 하지 못하는 이유

영국(1,028명의 교사)		한국(259명의 초등교사)	
적절한 자료의 부족	52%	교과서 진도 수행	43.2%
준비 시간의 부족	48%	교사의 전문성 부족	22.4%
다인수 학급	44%	수업자료 개발 및 구입의 곤란	20.8%
잡무	34%	교육과정에 미포함	4.2%
지나친 수업 부담	32%	수업 효과의 미미	3.1%
창의성을 기를 수 있는		예산 부족	1.5%
적절한 교실(실험실 등)의 부족	30%	학생들의 거부	0.8%

출처: 서혜애, 조석희, 박성익(2001). 창의성 계발 교육의 실태와 전략 수립. 한국교육개발원.

는 두 가지 작업, 즉 ① 사고교육 분야에서 가장 큰 논쟁점인 교과 내용과 창의성 교육의 통합, ② 교과교육을 통해 창의성 향상 교육을 실천하기 위한 수업의 구성요소를 탐색한다.

사실 학습자의 창의성을 기르는 일이 중요하다는 사실에 대해서는 대부분의 사람들이 동의하지만, 학교에서의 교과교육을 통해 학습자의 창의성을 길러 줄 수 있는 구체적인 방안에 대한 체계적인 탐색이 많지 않은 것 또한 사실이다. 그 근거로 다음의 세 가지를 들 수 있다.

첫째, 국내에서 발간된 『교육학 대백과 사전』(서울대 교육연구소 편, 1998)에서는 창의성 관련 항목이 없다. 국내의 유명 교육학자들이 집필진으로 대거 참여한 이 사전에서 창의성을 항목으로 설정하지 않았다는 것은 도저히 납득할 수 없는 일이다.

둘째, 일반 대학원이나 교육대학원에서 쏟아지고 있는 수많은 논문 중 교육심리학 영역, 특히 발달이나 창의성 영역에서 많은 논문들이 양산되고 있다. 그러나 창의성 관련 논문 가운데 일반적인 창의성 계발 모형의 효과 검증(예: 김경자, 1997)이나 창의성과 관련 변인들과의 관계(예: 강소연, 1996)에 관한 연구들은 비교적 엄격한 실험연구나 상관연구의 방법론을 적용함으로써 타당한 연구 결과를 도출하고 있다. 그러나 교과교육과 관련된 창의성 향상 연구들의 경우 실험적 타당성은 물론, 프로그램 구성의 타당성이나 합리성에 대한 검증 과정 없이 쓰인 논문들이 많다. 또한 학교교육에서의 창의성 교육이 교과교육과의 통합을 전제로 한다면 교과교육을 통한 창의성 교육의 연구 동향을 정리한 거시적인 선행 연구가 없다는 점은 지금까지의 연구 과정과 그 결과에 대한 합리적인 결론을 제시할 수 없으며, 효율적인 창의성 교육의 방안을 제시할 수도 없다는 의미다.

셋째, 창의성 교육이 학교교육의 목적으로 강조되고 있음은 물론이고 창의성 교육에 관한 많은 논문들이 쏟아지고 있음에도 불구하고, 학교나 사회의 구성원들은 여전히 창의성 교육의 부재(不在) 현상을 질타하고 있다. 그 이유는 창의성의 가장 큰 장애라고 할 수 있는 경쟁 위주의 대학 입시제도나 학력 중심의 사회의식 등 사회구조적 장애와 학교 교육과정의 부적절성, 교사 양성 과정이나 재교육과정에서의 무관심, 학교 환경이나 시설 등의 결핍, 학부모나 학습자의 인식 부족 등 학교 내부의 장애로 나누어 생각할 수 있다. 이러한 장애들은 교과교육을 통한 창의성 교육의 성패에 결정적으로 작용한다. 특히, 학교 현장은 열린교육이나 수행평가 등 각종 실험적 교육 프로그램의 적용으로 모든 구성원들이 지쳐 있는 상태이기 때문에, 성공적인 창의성 교육을 위해서는 사회와 학교 구성원들이 헌신할 수 있도록 충분한 사전 연구와 프로그램 구성 및 검증 등이 선행되어야 한다.

2. 창의성 교육에서 고려해야 할 두 가지 문제

창의성 교육을 위한 교육과정의 구성과 수업상의 원리가 일반적인 교육과정이나 수업의 원리와 크게 다르지는 않다. Marzano(2000: 80-83)는 20세기에 이루어진 연구들이 21세기를 위한 학교 교육과정의 구성이나 교수-학습 과정에 시사하는 바를 다음 두 가지로 요약하였다. 첫째, 학습자는 스스로 의미를 구성해 가는 존재다.[2] 둘째, 학습자의 학습과 사고 활동은 상호작용적 체제다. 이 두 가지 시사점은 교과교육을 통해 창의성 교육을 실천할 경우에 고려해야 할 요소들을 함축적으로 담고 있다.

먼저 학습자가 스스로 의미를 구성해 가는 존재라는 학습자 관은 학교 교육과정이 의미 있는 학습 내용이어야 함을 강조한다. 마찬가지로 교과교육을 통한 창의성 교육에서도 그 내용이 학습자에게 의미가 있는 것이어야 함을 시사하며, 이는 창의성을 포함한 사고교육을 학교의 교육과정에 어떻게 통합할 것인가 하는 방법론적 측면에서의 논쟁에 해당하는 것이다. 즉, 이 논쟁은 별도의 사고교육 프로그램을 활용하느냐 아니면 교과교육과 통합해서 실시하느냐 하는 것으로, 창의성 교육을 별도로 구성하느냐 아니면 교과교육과 관련시켜 구성하느냐 하는 문제

2) 최근에 강조되고 있는 구성주의적 접근의 주장과 일치하며, Glatthorn과 Jailall(2000: 114-116) 역시 21세기의 학교 교육과정이 갖추어야 할 첫 번째 일반적 원리로 교육과정은 학습자들에게 의미가 있어야 한다는 것을 강조하고 있다.

가 된다.

다음으로, Marzano가 제시한 두 번째 시사점은 교과교육을 통한 창의성 교육의 교육과정이나 프로그램 구성의 구체적인 절차와 관련이 있다. 즉, 교과교육을 통해 창의성을 향상시키기 위해서는 그 과정에 관련된 여러 가지 변인이나 구성요소들에 대한 분석이 이루어져야 하며, 그 분석 결과에 따라 체계적이고 종합적인 교육과정이나 프로그램이 만들어져야 한다. 따라서 지금까지 활발하게 논의되어 왔던 사고교육이론, 특히 창의성 교육이론의 측면에서 학습자의 창의성을 신장시켜 주는 수업의 내용 구성과 실천을 위한 요소들을 밝혀, 학교에서 교과교육을 통해 창의성 향상을 목적으로 하는 수업이 진행되도록 해야 된다.

1) 교과교육과 창의성 교육의 통합

Marzano가 제시한 첫 번째 시사점의 단서는 1987년부터 1991년까지 5년에 걸쳐 한국교육개발원에서 주도적으로 연구해 온 학교 현장 중심의 사고교육 프로그램 개발 연구에서 찾을 수 있다. 이 연구들은 학습자의 사고력 개발을 중요한 학교교육 목적의 하나로 확고한 인상을 심어 주는 데 큰 공헌을 했다는 점 외에도 여러 가지 강점을 지니고 있다. 특히, 통합성과 관련하여 이 연구들이 지니는 강점은 사고교육을 학교의 교육 내용이나 과정과 접목시켰다는 점과 학습자에게 개발시켜야 하는 사고력의 개념을 총체적 사고로 파악하여 창의적 사고와 논리적(비판적) 사고를 함께 개발해야 한다는 논리를 전개했다는 점에 있다.

Marzano(2000: 80-83)가 '학습자는 스스로 의미를 구성해 가는 존재'라고 표현한 것은, Piaget로부터 촉발된 구성주의적 인식론의 적극적인 수용을 의미하는 것으로, 창의성 교육에서는 매우 중요한 전제가 될 수 있다. 즉, 창의성이란 혼란과 무질서 혹은 일상적인 상황에서의 강요가 아니라 자발적인 의지로 어려운 난관을 극복해 가면서 새로운 문제를 발견하고 규정하는 능력과 태도가 바탕이 되어야 한다. 따라서 학습자에게 의미 있는 내용과 방법이 되지 못하면 창의성 교육은 실패할 수밖에 없다. 임선하(1994: 91)가 창의성을 발휘하는 학습자를 기르기 위해서는 열린 마음을 가져야 하며, 이를 위해서 ① 문제의 발견과 창출 중심의 학습관, ② 지적인 통달자를 기르는 학습관, ③ 학습자 의미 중심의 학습관을 강조한 것도 같은 맥락에서 이해할 수 있을 것이다.

따라서 이러한 지적은 교과교육에서 창의성 교육을 시도할 경우에도 그 내용과 방법이 학습자의 지적 발달 수준이나 흥미에 일치하는 것으로 구성되어야 한다는 전제가 된다. 그렇다면 이와 같은 창의성 교육은 곧 창의성 수업에서 다루는 내용이나 방법이 학습자에게 친숙한 내용이거나 학습자의 일상적 경험과 일치하는 내용일 것이다. 이 문제는 결국 사고교육이 지향하는 궁극적인 목적이 학습한 사고기술을 학습 장면이 아닌 다양한 실제 상황에서 활용할 수 있는 것인가 하는 전이(transfer) 문제로 연결된다. 특히, 학교에서 교과교육을 통해 사고기술을 습득하거나 향상시키려고 한다면 이 전이 문제는 사고교육 프로그램의 효과를 판단하는 매우 중요한 준거가 된다.

그러나 이 전이 문제는 교육과정 구성, 구체적으로는 사고력 함양을 위한 교육 프로그램 구성에서 어떤 내용을 선정할 것인가로 연결된다. 흔히 학습자가 접하게 되는 문제 상황 혹은 문제는 잘 규정된 문제(well-defined problem)와 잘 규정되지 못한 문제(ill-defined problem), 정보가 풍부한 문제(semantically rich problem)와 정보가 부족한 문제(semantically impoverished problem)로 구분되거나(Gilhooly, 1988), 실험실 문제(laboratory problem)와 현실세계의 문제(real-world problem)로 구분된다(Wood, 1983). 여기에서 잘 규정된 문제는 실험실 문제와 같은 성격으로, 문제의 본질이 분명하고 문제해결에 활용 가능한 정보와 기술이 풍부하기 때문에 해결 방안의 수립과 실천이 비교적 쉽다. 따라서 보통 학교 장면에서 학습자에게 교과 내용과 관련해서 제시되는 문제들이 이런 특징을 지닌다. 그러나 학습자가 일상적으로 겪는 문제는 잘 규정되지 못한 문제다. 이러한 문제는 학습자가 현실세계에서 겪는 문제이며, 문제의 본질이 복잡해서 쉽게 파악할 수 없을 뿐만 아니라, 문제해결에 필요한 정보도 많지 않아서 해결 방안의 수립과 실천이 어렵다.

그렇다면 이러한 문제들 중에 창의성을 필요로 하는 일반적인 문제 상황은 어떤 것인가? 창의성이란 문제해결보다는 문제 발견 과정이 더 중요하며(de Bono, 1986), 문제해결 과정에서도 필요한 정보를 스스로 탐색하고 고도의 어려움을 극복하면서 인내심을 발휘해야만 가능한 것이다(Starko, 1995). 따라서 학습자에게 제시되는 문제 상황도 이런 특성을 갖추어야 한다. 그래야만 모든 사고교육이 의도하는 전이 문제가 자연스럽게 해소될 수 있다. 이 점에 대해 Adams(1989)는 사고교육의 접근 방식을 미시 논리적 접근과 거시 논리적 접근으로 구분하였다. 미시 논리적 접근은 표준화 적성검사나 지능검사에서 제시하는 문제와 유사한 '탈교과적이거나 탈맥락적인' 문제를 다루고 있어서 전이 효과, 즉 일상생활에의 전이 효과라는 점에서 상당한 문제가 있음을 지적하고 있다. 따라서 창의성 교육 역시 학습자의 일상생활에 대한 전이 효과를 목적으로 하기 때문에, '맥락적인 문제' 혹은 '생태학적으로 타당한 내용'이 학습자에게 제시되어야 한다.

또한 Glatthorn과 Jailall(2000)은 21세기 교육에서 학교 교육과정이 갖추어야 할 조건 중 학습자가 접하는 문제 상황의 성격이 참문제(authentic problem)와 맥락적 문제(problem in context)여야 하며, 문제해결 과정에서 지식과 사고기능을 모두 강조해야 한다고 주장하였는데, 이는 큰 시사점을 제공한다. 즉, 교과교육을 통한 창의성 교육 장면에서 학습자가 경험하는 내용 역시 학습자에게 의미 있는 참문제이며 맥락적 성격을 지녀야 한다는 것이다. 그러면 이런 내용이 갖추어야 할 요소는 무엇인가?

Ackerman과 Perkins(1989)는 메타 교육과정(meta-curriculum)이라는 개념을 통해 교과의 내용과 사고기술 간의 통합의 정도를 교과 내용 간의 통합→교과 내용과 사고기술의 통합→사고기술 간의 통합과 같은 연속적인 의미로 파악하였다. 또 이영만(1995)은 통합교과에서 교과 내용과 사고기술 간의 통합을 교과 간의 통합, 교과와 사고기술의 통합, 사고기술 간의 통합이라는 세 가지 요소로 정리하였다. 물론 두 학자가 제안한 분류의 의미나 배경은 다르지만, 교과교육을 통한 창의성 교육에서 통합성의 의미를 비교적 명쾌하게 파악할 수 있도록 한다는 공통점이 있다. 즉, 이들이 주장하는 교과교육을 통한 창의성 교육에서 통합성의 의미는 다음의 세 가지다.

첫째, 교과의 내용과 창의성과의 통합, 즉 교과와 사고기술 간의 통합이 이루어져야 한다. 물론 이 문제는 다시 창의성 등 사고기술의 '교과 의존성(subject-dependent)' 대 '교과 독립성(subject-indepdent)'의 논쟁, 또는 '영역 구속성' 대 '영역 독립성'에 대한 논쟁(이영만, 1994; Kuhn, Amsel, & O'Loughlim, 1988)을 야기할 수 있다. 그러나 일반적으로 교과교육과 창의성 교육의 통합이 별도의 독립된 사고교육 프로그램보다는 교과교육을 통한 사고교육이 훨씬 효과적이라는 이론적 타당성(성일제 외, 1989; 이영만, 1995; 이영만 외, 1998; Glaser, 1984)뿐만 아니라 교과 내용과 사고기술 간의 통합성이 학교 교육과정의 양호도의 한 준거(Glatthorn, 1994; Glatthorn & Jailall, 2000)로 작용하기 때문에 재론할 필요가 없을 것이다. 학습자가 일상생활에서 겪는 사고 활동이 항상 특정 내용이나 무엇과 관련된 활동이기 때문에 그와 같은 학습 경험이 이루어져야만 창의성 교육의 전이가 용이하게 일어날 수 있다.

둘째, 여러 교과에 걸친 통합이 이루어져야 한다(Marzano et al., 1988). 즉, 창의성 교육이 특정 교과에서만 이루어져서는 안 되며, 필요에 따라서는 소위 통합교과적인 내용을 구성하거나, 적어도 둘 이상의 교과에서 창의성과 관련된 내용을 다루어야 함을 의미한다. 따라서 국어과, 사회과, 미술과 등등 여러 교과에서 창의성 교육이 이루어질 수 있도록 학교의 교육과정 구성 단계에서부터 체계적인 노력이 집중되어야 한다. 물론 교과의 성격과 단원의 내용에 따라 창의성을 다룰 교과나 단원을 선별하고 그 범위와 계열성을 정하는 작업이 선행되어야 한다.

셋째, 학습자가 일상생활에서 겪는 창의성을 요구하는 상황은 논리적 사고나 비판적 사고 등도 동시에 요구한다. 따라서 효과적인 창의성 교육이 이루어지려면 창의성뿐만 아니라 다른 사고기술, 즉 논리적 사고나 초인지적 사고 등과 통합된 교육과정이 구성되어 제공되어야 한다(성일제 외, 1989; Marzano, 1988). 따라서 성일제 외(1989), 허경철 외(1990) 등 한국교육개발원에서 상정하는 사고력 모형이나 Ruggieo(1988)가 제안한 소위 '총체적 모형'에 의한 접근이 학습된 창의적 능력의 전이를 보장할 수 있는 방법이다.

지금까지의 내용을 정리하면 다음과 같다. 교과교육을 통한 창의성 교육을 위해서는 학습자에게 제시되는 교육내용이 '학습자의 일상생활이나 경험과 관련된 맥락적이고 생태학적으로 타당한 것'이어야 한다. 뿐만 아니라 그 구체적인 구성 방법으로는 교과의 내용과 창의성 관련 내용이 통합되어야 하며, 여러 교과에서 창의성 관련 내용을 다루거나 통합교과적 접근을 해야 한다. 더불어 창의성뿐만 아니라 논리적 사고력 등 다른 사고력도 동시에 교육하는 총체적인 내용이어야 한다.

사실 이러한 통합의 방향이 교육과정 개발자나 교사에게 상당한 곤혹감을 주리라는 것은 분명하다. 즉, 현재 교육과정 구성에서 하나의 조류이기도 한 교과 간의 통합만 하더라도 여러 가지 장애로 가득 차 있는데(Drake, 1993), 여기에 창의성 교육까지 통합하면서 맥락적인 문제를 요구한다는 것은 쉽게 해결할 수 있는 일은 아니다. 예를 들어, Perkins는 통합된 교육 프로그램으로 수업을 진행한다는 것은 교사 자신의 수업 행위에 대한 상당한 변화를 요구하며, 통합된 프로그램을 학교에 도입하는 것은 쉽지만, 가르치는 데 필요한 시간이나 물리적 환경 및 학습 자료의 확보 등에서 어려운 문제가 많다고 하였다(Brandt, 1986: 16).

그러나 교육과정의 통합이나 통합교과의 접근 방식은 이 문제를 해결할 수 있는 한 가지 단서가 될 수 있다. 즉, 교육과정 통합의 접근 방식을 구조적 통합과 기능적 통합으로 구분하고, 기능적 통합이 학습자 중심, 경험과 생활 중심의 통합이라고 할 경우(배진수, 이영만 공역, 1995), 교과교육과 창의성 교육을 기능적 접근으로 통합하는 것이 하나의 해결 방안이 될 수 있다. 또한 초등학교의 경우, 교과 간의 통합에서도 각각의 내용의 관련성이 아니라 사고기술의 관련성을 기준으로 통합이 이루어진 경우[3]도 있으며, 제7차 교육과정의 통합교과에 대한 시각의 변화에서 볼 수 있듯이 학습자의 경험·생활·활동 중심의 통합이라는 관점은 교과교육을 통한 효율적인 창의성 교육을 수행하는 교육과정 구성의 방향을 제시한다.

---

3) 초등학교 통합교과의 경우, 제5차 교육과정에서는 통합되지 않았던 사회과와 자연과가 제6차 교육과정에서 '슬기로운 생활'이라는 통합교과가 된 배경은 두 교과의 내용 간 관련성도 근거가 되지만 탐구양식, 즉 문제해결이라는 사고기술의 공통성이 있었기 때문이다(이영만, 1994).

2) 교과교육을 통한 창의성 교육의 구성 요소

Marzano(2000: 80-83)가 제안한 두 번째 시사점은 학습자의 학습과 사고 과정에 관여하는 요소들 간의 상호작용 과정을 충분히 이해하고 활용하는 수업이 이루어져야 한다는 것이다. 이러한 주장에 따라 Marzano(2000: 84-89)는 여러 학자의 연구 결과를 종합하여 자기체제, 초인지적 체제, 인지적 체제, 지식의 네 가지 요소로 구성되는 자신의 수업 모형을 제시하고 있다.

이는 결국 어떠한 것을 목표로 하는 교육과정이나 수업이든 학습자의 학습과 사고 과정을 구성하는 요소들을 분석해서 그 구성 요소들 간의 상호작용이라는 시각에서 이해하고 접근해 가는 종합적이고 과학적인 입장을 취해야 함을 강조하는 것이다. 즉, 창의성 교육 역시 교수-학습 활동의 과정을 거쳐야 한다면 체계적인 교수-학습의 설계 및 실천 과정이 마련되어야 한다. 여기에서는 이전의 연구 결과들을 통해 교과교육을 통한 창의성 교육을 구상할 때 교육과정이나 프로그램 구성을 위해 고려해야 할 요소들을 정리하고자 한다.

(1) 창의성의 개념, 구성 요소와 창의적 사고 모형의 설정

① 창의성의 개념

창의성 교육에서 가장 먼저 해결해야 할 문제는 창의성의 개념과 그 구성 요소 그리고 창의적 사고가 이루어지는 과정을 어떻게 규정하느냐 하는 것이다. 창의성 자체가 기존의 개념 규정이나 규칙을 초월하려는 속성을 지니고 있다면, 창의성의 개념 정의 자체가 무의미할 수도 있다. 그러나 일반적으로 쓰이는 창의성의 정의들을 종합하면 다음과 같은 특성을 지닌다(이영만 외, 1998). 첫째, 창의성은 새로움 혹은 독창성을 의미한다. 둘째, 적절성과 유용성이 있어야 한다. 셋째, 정신적 과정이다. 따라서 창의성 교육을 위한 창의성의 개념을 '교과 내용과 관련하여 적절성과 유용성을 갖춘 새롭거나 독창적인 산물을 만들어 가는 학습자의 정신적 과정' 정도로 규정하는 것도 무리가 없을 것이다.

② 창의성의 구성 요소

창의성을 구성하는 요소에 대해서도 다양한 주장이 있다. 예를 들어, 임선하(1989)는 창의적 사고 관련 기능, 창의적 사고 관련 성향, 창의적 사고 관련 지식 그리고 창의적 사고 관련 경험의 네 가지를 제시하고 있다. 또 Amabile(1989)는 영역 관련 기술, 창의성 관련 기술 그리고 내적 동기라는 세 가지 요소를, 김경자, 김아영, 조석희(1997)는 일반적 지식, 창의성 관련 지식, 동기, 창의적 사고기술 및 비판적 사고기술의 다섯 가지 요소를 제안한 바 있다. 또 허경철 외(1990)는 사고 과정을 촉발하는 문제의 맥락성을 전제한 뒤, 조작(사고기술), 지식 및 성향이라는 세 가지 요소를 가장 일반적인 사고 과정의 요소로 제안하였다.

이와 같이 창의성의 구성 요소로 여러 학자가 제안하는 것들은 모두 학습자 개인에게 해당하는 변인, 즉 수업에서 수업의 효과를 결정하는 학습자 변인에 관한 것들이다. 따라서 여러 학자들의 논의를 종합하면 창의성 교육을 위한 창의성의 구성 요소는 다음과 같이 분류할 수 있다.[4)]

- 창의성 관련 선행 경험(임선하, 1989)
- 내적 동기 중심의 창의적 성향(이영만, 1992; Hennessey & Amabile, 1989)
- 초인지 기술(이영만, 1992; Sternberg & Williams, 1996)
- 영역 구속적 지식과 일반적 지식을 포함하는 지식 기반(김경자, 김아영, 조석희, 1997)
- 구체적인 창의적 사고기술

이러한 다섯 가지 구성 요소가 결합되어 이미 학습자가 지니고 있는 현재의 창의성 수준이 되며, 이는 창의성 교육에서 개인차의 의미로 수업 설계에 반영되어야 할 것이다.

4) 여기에서는 지면상 창의성을 구성하는 각 요소들에 대한 자세한 설명을 하지 않았으므로, 관련 문헌(이영만 외, 1998; Sternberg, 1999 등)을 참고하기 바란다.

③ 창의적 사고 모형

창의적 사고가 진행되는 과정에 대해서도 다양한 학자들의 의견이 있다. 이영만(1992)은 창의적 사고가 이루어지는 과정을 [그림 1-1]과 같이 제안하였는데, [그림 1-1]에 나타나 있듯이, 창의적 사고는 문제 상황에서 문제를 발견하거나 정의하는 것이 첫 번째 단계다. 이 단계에서 중요한 것은 다른 사람들은 전혀 문제라고 생각하지 않는 것을 문제라고 지각하거나 다른 사람과는 다른 시각에서 문제를 규정하는 능력이다(de Bono, 1986). 두 번째 단계에서는 유창성, 융통성, 독창성이 발휘될 수 있는 여러 가지 창의적 사고기법들을 활용하여 다양하고 기발한 아이디어나 해결 방안을 탐색하며 그 결과에 대해 정교성이 가미되어 아이디어를 다듬는 과정이 이어진다. 세 번째 단계인 평가에서는 두 번째 단계에서 창안한 아이디어에 대해 그 실용성과 가치를 따져 보는 검증 작업이 이루어지며, 주로 논리적 · 비판적 사고가 작용한다. 그리고 이 모든 과정에 창의적 성향과 초인지 기술과 지식 기반이 관계한다. 이처럼 창의적인 산물을 얻기 위해서는 창의성을 구성하는 모든 요소들이 체계적으로 작용해야 하며, 그런 과정을 통해 독창적이고 참신한 산물을 얻을 수 있다.

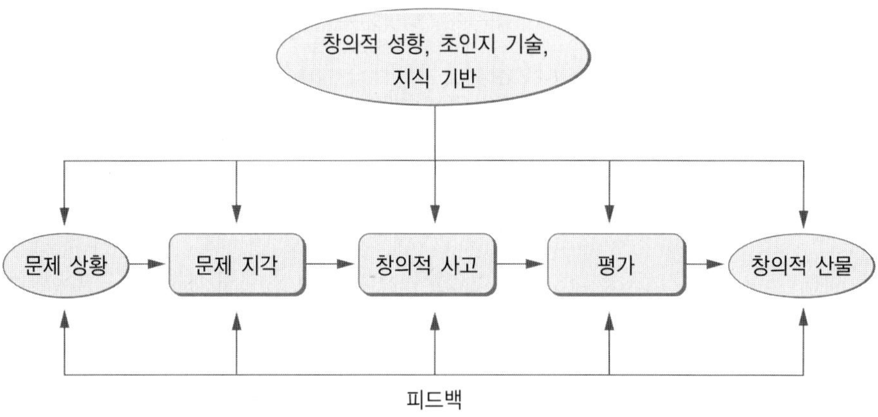

[그림 1-1] 창의적 사고 과정 모형

(2) 학습자 변인

학습자 변인이란 창의성 수업에 임하는 학습자들의 개인적인 배경으로 투입 변인에 해당한다. 여기에는 앞서 언급한 것처럼, 창의성과 관련된 선행 경험(임선하, 1989), 내적 동기 등의 창의적 성향(이영만, 1992; Hennessey & Amabile, 1989; Nickerson, 1999), 초인지 기술(이영만, 1992; Sternberg &, Williams, 1996), 영역 구속적 지식과 일반적 지식을 포함하는 지식 기반(김경자, 김아영, 조석희, 1997) 등이 해당될 수 있다. 그 밖에 이미 학습자가 지니고 있는 구체적인 창의적 사고 기술(이영만 외, 1998)의 다섯 가지 요소가 더해져 창의성 교육에 투입되기 이전의 창의성 수준이 되며, 이는 곧 창의성에서의 개인차 변인으로 작용한다.

창의성 관련 선행 경험은 창의적 활동에 대한 성향 및 창의적 사고기술의 습득 여부에 결정적인 영향을 주는 요소다. 이전의 긍정적인 창의적 선행 경험이 학습자의 후속 활동에도 긍정적인 영향을 줄 것은 자명하다. 초인지 기술은 학습자가 자기 자신의 창의적 사고 과정이 학습한 창의적 사고 과정의 단계에 맞게 진행되고 있는지를 스스로 점검하며, 그 결과에 따라 자신의 창의적 사고 과정을 수정하거나 교정하는 역할을 하기 때문에 매우 중요하다(de Sánchez, 1987; Runco, 1990). 따라서 초인지 기술은 창의적 사고의 전 과정에 걸쳐 작용해야 하며, 학습자가 자신의 사고 과정에서 발휘할 수 있으려면 절차적 지식의 형태로 상위인지에 관한 수업이나 별도의 훈련이 선행되어야 한다. 지식 기반[5]이란 창의적 사고의 대상 혹은 내용에 관한 것으로 일반적 지식과 영역 구속적 지식 모두가 필요하지만, 학습자의 발달 수준이 높아질수록, 그리고 고도의 창의성을 요구할수록 영역 구속적 지식의 필요성도 상대적으로 증대된다(Nickerson, 1999).

그러나 이상의 학습자 변인들은 창의성 수준에서의 개인차를 유발하는데, Nickerson(1999: 407-408)은 창의성과 관련된 많은 변인이 있지만 창의성을 발휘

---

5) 창의성 교육에서 영역 구속적 지식이나 기능과 일반적 지식(영역 독립적 지식)이나 기능의 문제에 대한 최근의 연구로는 Weisberg(1999)를 참고하라. 그는 극단적으로 영역 구속적 지식이나 기능을 옹호하는 입장이다. 그러나 de Bono(1987)는 '지적 함정'이라는 개념으로 전문적 지식이 오히려 자동적 정보처리를 조장함으로써 창의성에 방해가 되는 경우도 있다고 지적하고 있다.

하게 하는 변인은 학습자마다 다를 수 있다는 사실을 지적함으로써 교과교육을 통한 창의성 교육에서 개인차 변인을 신중하게 고려해야 함을 강조하였다.

(3) 교육과정과 수업 설계 변인

앞서 규정한 창의성의 개념 및 구성 요소 그리고 창의적 사고 모형에 근거해서 교과교육을 통해 창의성을 기르기 위해서는 기존의 교육과정을 재구성하거나 새로운 교육과정을 구성해야 한다. 이 단계에서 고려해야 할 원리나 지침에 대해서도 많은 이야기들이 있다. Nickerson(1999: 407-408)은 창의성 향상과 관련된 연구들을 분석한 후 창의성의 향상이 가능하다고 보고, 보다 효율적인 창의성 향상 방안을 탐색하였다. 그는 선행 연구들에서 창의성 향상에 영향을 주는 것으로 제기된 수많은 변인(예: 능력, 흥미, 태도, 동기, 일반적 지능, 지식, 사고기술, 습관, 신념, 가치관, 인지양식)이 있지만, 사람에 따라 창의성을 발휘하는 방식이 다르며, 창의적 표현을 결정하는 성격 특성과 상황적 요인도 사람에 따라 다르다는 것이 일반적인 결론이라고 단정하였다. 또한 학교에서 학습자의 창의성 향상을 위한 프로그램을 운영할 경우의 권고 사항을 12가지로 요약하여 정리하였다(Nickerson, 1999: 408-419).

또한 de Sánchez(1987: 414-416)는 이처럼 교과교육과 창의성 교육의 통합을 통해 다음과 같은 세 가지 지침을 제시하였다. 첫째, 학습자가 교과 내용 자체의 학습보다는 주어진 정보를 활용해서 새로운 산물을 만들어 내기 위해 그 내용을 활용하는 방법에 초점을 맞추어야 한다. 둘째, 다양한 상황에서 창의적 사고기술을 활용(전이)할 수 있도록 초인지 능력과 내면화 경험이 제공되어야 한다. 셋째, 교수-학습 과정에서 새로운 아이디어나 관계의 발견을 자극해야 한다.

그리고 Beyer(1983)는 사고교육의 프로그램 구성에서 고려해야 요소로 지지적인 학습환경, 효율적인 사고기술의 수업전략 그리고 교육과정과 사고기술의 통합의 세 가지를 제안하였다. 이처럼 많은 학자들이 제시하고 있는 사고교육을 위한 교육과정 구성이나 구체적으로 창의성 교육을 위한 교육과정 구성의 원리들을 종합적으로 정리하여, 여기서는 교과교육을 통한 창의성 교육의 교육과정 구성과 수업 설계상의 지침을 제시하고자 한다. 이러한 지침은 교사가 교과교육과 창의성 교육을 통합시켜 학습자의 창의성 향상을 모색할 때 고려해야 할 요소들로 보아야 한다.

① 창의성 교육과정의 구성

- **공식적 문서에서의 명시적 표현** 교과교육을 통한 창의성 교육을 위해서는 문서 수준의 교육과정, 즉 교육과학기술부가 고시하는 교육과정에 창의성에 관한 구체적인 개념 정의와 관련 내용이 명시적으로 포함되어야 한다. 문서 수준의 교육과정에 명시된 교육 내용을 무시할 교사는 없다. 이는 지금까지 창의성을 길러야 한다는 내용이 항상 교육과정에 강령적 의미로 표현되어 왔을 뿐 구체적인 실천 내용이나 지침, 방법을 제시하지 않았기 때문에 창의성 교육이 제대로 이루어지지 못했다는 현상을 역으로 활용하는 것이다. 이처럼 공식 문서 수준의 교육과정에 창의성 교육과 관련된 내용을 명시하는 것은 창의성 교육을 하겠다는 교육 당국의 의지는 물론이고, 교사나 학부모에게도 창의성 교육이 중요하다는 것을 이해 또는 설득시키는(Beyer, 1983; de Bono, 1989) 효과가 있을 것이다.
- **통합될 창의성 교육의 범위와 계열성 설정** 본격적으로 교과와 창의성 교육을 통합하기에 앞서, 창의성의 개념과 구성 요소, 창의적 사고 과정 모형 등에 근거하여 교과교육을 통해 통합적으로 다루어질 창의성의 요소와 구체적인 창의적 사고기법 등의 범위 및 계열성을 정해 두어야 한다(Beyer, 1988: 26-30). 이러한 결정에 근거하여 창의성 교육이 교과와 어떻게 통합될 것인가를 탐색할 수 있을 것이다. 이 문제에 대해 완전하지는 않지만 전형적인 참고 자료로 활용할 수 있는 것이 한국교육개발원에서 설정했던 총체적 사고 모형(성일제 외, 1989; 허경철 외, 1990)이다. 이 모형에서는 창의적 사고와 논리성(비판적 사고)의 통합을 전제로 학습자의 학년이나 발달 수준에 따른 범위와 계열성을 제안하고 있다. 그러나 이 문제에 대해서는 보다 더 많은 연구와 논의가

필요하므로 후속 과제로 남겨 두고자 한다.

- **통합성의 확보** 앞 절에서 논의한 것처럼, 교과교육을 통한 창의성 교육은 교과 내용과 창의성 교육의 통합, 창의성을 다루는 교과의 폭 확대 및 교과 간의 통합 그리고 창의성과 여타 사고력 간의 통합을 기본 전제로 한다. 따라서 이는 창의성 교육을 위한 교육과정 구성에서 가장 중요한 전제가 되어야 하며, 이 전제에 따라 구체적인 교육과정이 구성되어야 한다. 물론 이 세 가지 의미에 충실한 통합성을 확보하는 작업은 쉬운 일이 아니며, 현실적인 것도 아니다. 따라서 어느 교과에서든 Ackerman과 Perkins(1989) 등이 제안한 내용을 참고할 수 있을 것이다. 즉, 모든 교과에서 창의성 교육을 통합적으로 실천할 것이 아니라, 창의성을 통합할 교과와 창의성을 아예 다루지 않을 교과의 구분이 필요하며, 창의성 교육을 통합할 교과의 종류와 통합 방법(즉, 단일 교과와 통합교과)을 결정하고, 교과마다 어떤 단원에서 창의성의 요소나 사고기법을 통합할 것인지 범위와 계열성을 결정하는 등의 체계적 작업을 해야 한다.
- **절차적 지식으로서의 창의적 사고기법과 초인지적 기술** 창의성의 한 구성 요소로서 창의적 사고기법이나 전략 그리고 학습자 자신의 사고 과정을 통제하는 초인지적 기술을 다루는 방법이 문제가 될 수 있다. 브레인스토밍이나 강제결합법 등 간단한 설명만으로 학습자가 곧바로 활용할 수 있는 것들이 있는 반면에, CPS나 de Bono의 CoRT 사고교육 프로그램 중 창의성 관련 내용이나 초인지적 기술 등은 실제로 교사나 학습자에게 상당한 사전 학습을 요구한다(이영만, 1992). 따라서 이러한 복잡한 창의적 사고기술이나 초인지적 기술(Nickerson, 1999)의 통합은 교과 수업 시간에 다루기에는 벅차며, 학교 재량활동이나 담임 재량시간 등 별도의 시간을 활용하는 방안을 강구해야 한다.

② 교사의 창의성

형식적인 학교교육에서 교육의 효과를 결정하는 주요 변인으로 교사의 역할은 상당하다. 특히, 창의성 교육의 실천에서는 허용적이고 지지적인 교실 분위기를 조성함으로써 학습자의 창의성을 발휘하도록 해야 하는 임무를 지니고 있기 때문에 교사의 역할이 더욱 크다고 할 수 있다. 따라서 창의적 교사가 창의성 향상을 위해 창의적인 수업을 전개해 나가는 것이 바람직한 수업의 모습이라고 할 수 있다. 창의적 교사가 지녀야 할 중요 특성이나 자질을 이영만 외(1998: 234-237)의 정리 내용을 중심으로 소개하면 다음과 같다.

- 교사 스스로 창의성이 무엇인지 알아야 하며, 창의적 사고기술을 시범 보일 수 있을 정도로 몸에 익혀야 한다. 이는 곧 적절한 교사 훈련이 필요(Sternberg, 1984: 74-77)함을 의미한다. 그러나 현재의 교사(특히 초등교사) 양성 과정에서 창의성과 관련된 강좌를 개설하고 있는 교육대학교는 매우 드물다. 이런 상황에서 교육과학기술부나 학교 당국이 학습자의 창의성을 길러 주도록 요구하는 것은 무리다. 그러므로 교사 양성 과정에서 창의성 관련 강좌나 교과 교육과 창의성 교육 간의 통합교과적 강좌를 개설하는 것을 적극적으로 고려해야 한다.
- 교과 또는 단원의 내용과 창의성과의 관련성을 파악하고, 창의성 수업 설계 능력을 갖추어야 한다. 특히, 초등학교의 경우 담임교사가 한 학급의 교과 학

〈표 1-2〉 창의성에 대해 적극적인 교사와 부정적인 교사를 구분하는 10가지 특성

특 성
• 학생들의 세계를 깊이 이해하기 위해서 노력함
• 모든 학생이 창의적이 될 수 있다고 믿음
• 수업을 개별화하도록 노력함
• 학생들이 동정적으로 반응하기를 원함
• 학생들이 자기표현을 할 수 있도록 지도하는 것을 중요하게 여김
• 학생들이 직관적으로 생각하기를 원함
• 학생들이 자유롭게 과제를 수행하는 것을 가치 있게 여김
• 학생들의 세계를 폭넓게 이해하기 위해서 노력함
• 학생들이 자신의 감정을 표현하기를 원함
• 학생들의 아이디어와 질문을 가치 있게 여김

출처: 서혜애, 조석희, 박성익(2001). 창의성 계발의 실태와 전략 수립. 한국교육개발원.

습을 거의 온종일 가르치고 있다. 따라서 학습자의 학습 결과에 대해서도 상당 부분 담임교사가 책임지고 있는데, 이는 창의성 교육에도 그대로 적용될 수 있다. 또한 제6차 교육과정부터 지역 교육청 단위에서, 제7차 교육과정부터는 교사 수준에서 제한적이기는 하지만 스스로 교육과정을 구성하고 운영할 수 있는 자율성을 부여하였다. 특히, 재량 활동 시간은 독립적 형태로 창의적 사고기술 학습 시간으로 활용할 수 있기 때문에 담임교사가 창의성 수업을 설계하고 운영할 수 있는 능력을 갖추고 있다면 창의성 교육의 효과를 한층 더 높일 수 있을 것이다.

• 교사의 창의적 성향으로 교사의 개방성이 중요하다. 창의적 수업의 특징이라고 할 수 있는 민주적, 수용적, 허용적인 수업 분위기를 형성하려면 교사 자신이 개방적인 태도를 지니고 있어야 한다. 또 창의성의 속성상 교사 중심보다는 학습자 중심의 수업이 이루어져야 하며, 교사는 지도자가 아니라 안내자나 자료 제공자의 역할을 해야 하는데, 이 경우에도 교사의 개방성이 큰 역할을 할 수 있다.

• 엉뚱하거나 어리석은 질문과 대답이라도 일단은 존중하고 그 노력을 치하해야 한다. 그래야 학습자는 교사가 어떤 생각이라도 존중해 준다는 생각을 하게 된다. 이것은 감정적으로, 지적으로 허용적 분위기를 만드는 데 일차적으로 중요하다.

- 상상적, 창의적인 아이디어에 대해서는 긍정적인 강화로 적극 고무시킨다.
- 확산적 아이디어를 요하는 질문에 대한 학습자의 반응에 대해서는 옳고 그름의 판단을 하지 않도록 한다. 수렴적 · 비판적 아이디어를 요하는 질문에 대한 반응에 대해서는 일단 반응을 존중한 다음, 옳고 그름을 합리적인 절차를 따져 알아본다.
- 학습자가 가능한 답이나 반응을 생각하고 분명하게 표현할 수 있도록 충분한 시간을 준다. 질문한 후 즉각적으로 답이 나오지 않으면 조금도 기다리지 않고 즉시 다른 학습자를 지명하는 경우가 있다. 이러한 교사의 행동은 비록 명시적인 폭력은 아니더라도 학습자에게 심적인 두려움과 억압감

을 준다.

• 교사는 학습자의 호기심과 창의적 사고를 자극하는 창의적 발문기법(확산적 · 평가적 · 분석적 · 종합적 수준의 발문과 과정 및 적용 수준의 발문)을 주로 사용해야 하며, 학습자의 창의적인 반응이나 활동에 대해서는 즉각적인 강화를 주어야 한다. 이는 교사가 학습자의 사고를 확장시키고 창의적인 방향으로 유도하는 책임을 가짐과 동시에, 학습자에게서 그런 효과가 나타났을 때 그 효과를 지속하기 위해 즉각적인 강화를 줄 수 있도록 수업의 계획 단계는 물론 수업을 진행하는 단계에서도 학습자의 상태에 세심한 관심을 가져야 함을 의미한다. 특히, 학습자에 대한 즉각적인 강화는 창의성에 대한 학습자의 자신감(Nickerson, 1999)이나 자기효능감(Sternberg & Williams, 1996) 혹은 내적 동기 형성(Hennessey & Amabile, 1987)과 밀접한 관련이 있고, 또한 창의적 성향의 형성과도 깊게 관련되어 있기 때문에 교사에게 매우 중요한 과제가 된다. 학습자의 창의성을 자극하는 질문에는 다음과 같은 것들이 있다.

유창성 자극

– 이 외에 어떤 전략이나 답이 있는가?

– 틀려도 좋으니 어떠한 생각이라도 해 보라.

융통성 자극

– 여기에 제시된 전략이나 답들은 어떻게 분류될 수 있는가?

– 여기에 분류된 것들과는 다르게 분류되는 전략이나 답은 없는가?

독창성 자극

– 다른 사람들과는 아주 다른, 기발한 아이디어를 내 보라.

정교성 자극

– 이 전략이나 답을 보다 구체적으로 정교하게 다듬을 수는 없는가?

–○○의 답을 어떻게 하면 더 완전한 것으로 만들 수 있는가?

- 교사는 연역적 계열보다는 귀납적 계열의 수업을 많이 이용해야 하며, 수업 내용과 관련해서 다양한 수업자료를 준비해 두어야 한다. 연역적 계열은 개념을 설명하고 그 설명에 대한 구체적인 사례를 찾아가는 과정으로 학습자에게 수렴적 사고를 요구하는 것이 특징이다. 예를 들면, '삼각형의 내각의 합은 180°다.'라는 명제를 밝히고 나서 그 명제가 옳은 것을 증명하는 구체적인 사례를 제시하는 것으로 진행되는 수업이 연역적 수업이다. 이 경우 교사나 학습자의 관심은 오로지 삼각형의 내각의 합이 180°인 경우를 밝히는 것으로 끝나 버리기 때문에 확산적 사고를 할 기회가 없다. 그러나 귀납적 수업은 다양한 사례들이 제시되고 그 사례들이 가지고 있는 공통점을 찾아냄으로써 결론을 찾아가는 과정이다. 그 결론에 도달하는 과정에서 학습자는 다양한 방향으로 사고 활동을 전개해 가면서 주어진 문제의 공통점이나 새로운 원리를 발견하고 탐구하는 경험을 하기 때문에 확산적 사고를 할 가능성이 많아진다. 그러므로 학습자의 창의성 향상을 위해서는 귀납적 수업이 유리하며, 이런 수업의 경우 보통 준비해야 할 학습자료의 종류나 양이 연역적 수업보다 훨씬 많을 뿐만 아니라 세심한 주의를 기울여야 하는 경우가 많다.

③ 창의성 수업의 과정

Beyer(1983)는 사고력을 가르치는 수업의 효율적인 전략으로 체계적 수업, 직접적 수업, 통합적 수업 및 발달적 수업의 네 가지를 제시하였다. 이 네 가지 전략 중 체계적 수업과 직접적 수업은 창의성 관련 내용을 교과 내용의 수업과 마찬가지로 체계적이고 직접적으로 실천해야 한다는 것이다. 그리고 통합적 수업과 발달적 수업은 각각 교과 내용과의 통합 그리고 학습자의 발달 수준에 맞는 창의성 수업을 의미하는 것으로, 앞의 교육과정 구성 부분에서 언급되었던 것들이다. 여기에서는 앞의 두 가지 전략을 중심으로 교과교육을 통한 창의성 수업의 설계에 고려해야 할 요소들을 정리하고자 한다.

교과교육을 통한 창의성 수업은 두 가지 측면에서 생각할 수 있다. 첫째, 교과교육과 창의성 교육의 내용이 통합된 경우에는 창의성과 관련된 요소를 제외하면 일반적인 교과교육과 동일한 수업 과정이 진행될 수 있을 것이다. 이처럼 교과 내용에 창의성 교육이 통합되는 경우의 수업 과정은 Beyer(1983)가 제안한 일반적인 사고기술과 교과의 통합수업을 위한 직접적 수업(directive instruction) 절차를 적용하여 다음과 같이 생각할 수 있다.

> ① 교사나 학습자의 행동을 구체적인 사례로 제시하면서 학습할 창의성이나 창의적 사고기술을 도입 → ② 제시한 사례를 이용하여 창의적 사고기술의 실천을 위한 구체적인 단계와 규칙을 설명 → ③ 지금 배우는 교과 내용 속에 창의적 사고기술이 어떻게 적용되었는지를 분석하고 확인시켜 줌 → ④ 교사의 지도로 소집단 활동을 통해 방금 이용된 교과 내용과는 다소 다르지만 유사한 내용에 대해 창의적 사고기술의 절차와 규칙을 적용해 보는 연습 → ⑤ 학습자에게 학습한 창의성(창의적 사고기술)의 기본 요소들을 재진술하고 설명하게 함

둘째, 창의성의 개념이나 요소, 창의적 사고기법 등에 관한 체계적 수업이 이루어질 경우에는 창의적 사고기법의 교수-학습 과정을 별도로 생각해 보아야 한다. 이 경우는 Beyer(1983)가 제안한 일반적인 사고기술을 위한 체계적 수업(systematic instruction)의 단계를 적용하여 다음과 같은 수업 과정으로 전개할 수 있다.

> ① 창의성 학습에 대한 의지나 태도의 형성을 목적으로 하는 준비 단계 → ② 창의성이나 창의적 사고기술의 특성, 개념, 요소나 구체적인 절차와 규칙에 대한 설명 단계 → ③ 창의성 학습이 이루어진 후 다양한 상황과 방법으로 창의적 사고기술을 연습하면서 강화받는 단계 → ④ 전이를 목표로 새로운 내용이나 자료 등에 대한 적용 능력을 숙달하도록 하는 확장 단계

물론 여기에서 제시한 두 가지 창의성 수업 과정이 모든 수업 상황을 전체적으

로 포괄할 수 있는 것은 아니다. 교과의 내용이나 학습할 창의성의 요소, 구체적인 창의적 사고기법의 유형 등에 따라 다양한 수업 과정을 설계할 수 있을 것이다. 예를 들면, 임선하(1993)는 창의적 사고력의 계발을 목적으로 하는 수업 과정을 창의적인 사고 활동을 허용하는 자유로운 학습 분위기의 형성 → 학습자의 창의적인 아이디어를 이끌어 내는 학습 활동 유도(수업지도) → 제안된 아이디어에 대한 평가 및 검증의 세 단계로 규정하는 것이 일반적이라고 분석하였다. 또 이영만 외(1998)는 단위수업을 전제로 일반적인 수업지도안의 과정을 따라 도입 단계(문제 상황의 제시) → 전개 단계(문제의 발견 및 정의 → 정보 수집 및 분석 → 해결책 또는

[그림 1-2] 창의성 수업 과정 모형

출처: 이영만 외(1998). 열린수업의 이론과 실제. 서울: 학지사.

새로운 아이디어의 창안 → 평가) → 정리 단계(적용 및 실행) → 효과 분석이라는 수업 과정을 제시하였다. 그러므로 여기에서 제시한 창의성의 수업 과정 역시 창의성 신장을 위한 모든 수업이 따라야 할 전형적인 예는 아니니다.

④ 창의성 수업에서의 평가

창의성을 기르는 수업의 효과는 빨리 나타나지 않는다. 실제로 창의성뿐만 아니라 사고력 계발 프로그램들은 대부분 일 년 이상의 훈련 기간이 필요하다고 한다. 또한 대부분의 학자들(예: Beyer, 1988)은 창의성 교육의 효과를 성급하게 판단하지 않도록 권유한다. 따라서 단기간의 학습을 통해 학습자의 창의성이 눈에 띄게 향상되는 것은 어려운 일이며, 장기적인 시각에서 그 효과를 기대해야 한다. 그러나 단기적으로 교과의 지식과 창의적 사고기술의 습득, 집단 활동을 통한 대인관계의 향상 그리고 창의적인 사고를 해 보려는 태도의 변화 등은 기대할 수 있을 것이다.

창의성 교육에 대한 평가는 말 그대로 창의적인 방식으로 이루어져야 한다. 즉, 기존의 지필식 · 객관식 검사 위주의 평가와 일정한 기준에 의한 등급 결정을 위한 평가가 아니라면 어떠한 방법이 동원되든 상관이 없다. 그러나 창의성 교육의 효과를 평가하는 과정에서는 형성-총괄평가, 결과-과정평가, 질적-양적 평가, 실험-유사실험적 평가 등의 네 가지 측면에서 어떤 평가를 할 것인지를 깊이 있게 따져 보아야 한다(Baron & Sternberg, 1987). 일반적으로 모든 교육평가 장면에서는 평가의 목적에 따라 평가방법이 달라져야 한다. 그러므로 창의성 교육의 효과에 대한 평가는 평가의 네 가지 측면 중 강조점을 두어야 할 부분이 일반 교과 학습의 평가와는 다르다.

특히, 초등학교 수준에서 교과학습을 통해 이루어지는 창의성 교육에서는 어린 학습자들에게 뛰어난 창의적 결과를 요구하기보다는 창의적 활동에 적극적으로 참여하고 그 과정에서 만족감이나 지적 희열을 경험하는 창의적 성향에 더 많은 비중을 두어야 한다. 따라서 총괄평가보다는 형성평가를, 결과보다는 과정 중심의 평가방법을, 양적 평가보다는 질적 평가를, 그리고 실험적 평가보다는 유사실험적 평가 방법을 선택하는 것이 더 적절하다고 볼 수 있다. 이러한 평가 방향은 결국 교과의 지식이나 창의적 사고기술보다는 창의적 성향이 평가의 중심이 되어야 한다는 뜻이다. 그러나 창의성 교육을 받는 대상 학습자들의 발달 수준이 올라갈수록 평가의 방향을 역방향으로 전환시켜 나가야 한다.

다음으로 구체적인 평가 장면에서는 평가의 대상, 즉 교과 지식, 창의적 사고 전략이나 기술, 창의적 성향 등 영역별로 적절한 평가의 준거와 평가의 방법을 생각해야 한다. 그러나 이런 영역들을 하나씩 구분해서 평가하기보다는 통합된 형태로 평가하는 방안을 모색해야 할 것이다.

이러한 평가 방안으로는 다양한 방법이 있다. 예를 들어, Hocevar(1981)는 10가지 방법을 제안하고 있으나 실제로 많은 평가 방법들이 학교에서 사용하기가 어렵거나 제약이 많다. 이러한 점에 착안하여 성일제 외(1989: 263-268)는 다음의 방안을 모색하는 편이 훨씬 효과적이라고 추천하고 있다. 첫째, 학습자 간의 토론을 이용하는 것으로 토론 장면을 관찰 · 녹화 · 기록해서 학습자의 창의적 사고기술이나 창의적 성향이 나타난 경우를 학습자 개인별로 점검표(checklist)에 기록하는 방법이다. 둘째, 학습자 자신의 창의적 활동 과정과 그 결과에 대해 보고서를 작성하도록 하는 쓰기(작문)를 이용하는 방법이다. 셋째, 이미 익숙해진 검사의 형식을 이용하는 방법이다. 물론 이 경우에는 객관식 검사보다는 주관식 검사가 더 적절한 방법이 될 수 있다. 넷째, 교과별 특성에 따른 수행과제를 이용하는 방법이다. 예를 들어, 자연과의 경우에는 실험이나 관찰보고서 작성, 음악이나 미술과의 경우에는 주어진 주제를 가지고 창의적인 작품 만들기 등이 그 예가 될 수 있다.

실제로 창의성을 평가하는 방법과 관련해서 수많은 논란이 있으나, 어떠한 방법을 사용하든 교사가 학습자의 창의적 반응을 얼마나 정확하게 평가할 수 있는가 하는 것이 가장 큰 문제점이다. 예를 들어, 대부분의 평가 장면에서는 학습자의 답안이나 반응을 채점하는 기준을 사전에 만들 것을 권장하고 있다. 그러나 이런 사전 평가기준은 결국 학습자의 독창적인 답안이나 반응을 틀렸거나 옳지 않은 것으로 판단함으로써 창의성 검사가 오히려 학생의 창의성을 꺾어 버리는 결과가 될 수 있다. 따라서 창의성 평가는 평가의 형식을 초월해서 이루어져야 한다는 어려움이 있으며, 학습자의 창의성을 평가하는 상황에서는 틀에 박힌 방법을 정해 두기보다는 수업 내용이나 상황에 따라 적절한 방법을 사용하는 교사의 순발력과 독창성이 발휘되어야 할 것이다.

(4) 교육환경 변인

학교에서의 창의성 교육이 실천될 수 있는 여건을 만드는 작업은 중요하다. Beyer(1983)는 학습자의 창의성 향상을 위해서는 지지적 학습환경(supportive learning environment)의 구성이 무엇보다도 중요하다고 말한다. 그러나 그가 말하는 지지적 학습환경은 학교라는 형식적 학습 테두리 안에서 언급되기 때문에 그 범위가 상당히 좁다. 물론 창의성을 격려하고 강화를 주는 학교환경은 매우 중요하다. 하지만 창의성의 개념적 속성, 즉 '새로움'이나 '실용성'은 사회적 가치 판단의 대상이다(이영만 외, 1998; Amabile, 1989; Starko, 1995). 따라서 가정이나 사회적 분위기가 창의성에 대해 격려하고 지지하는 환경이 되지 못한다면 학교에서 아무리 창의성을 가르치려 해도 그 효과를 기대하기 어렵다. 특히, 우리나라처럼 경직된 대학 입시제도를 실시하는 경우, 학교에서 이루어지는 학습자의 창의성에 대한 평가뿐만 아니라 일반 교과학습에 대한 창의적인 평가마저도 배척당할 가능성이 상당히 높다. 그러므로 학습자를 둘러싸고 있는 가정, 학교 및 사회가 학습자의 창의성 향상을 의도하는 교육 내용이나 방법 그리고 평가에 대해 허용적이고 지지적인 환경을 조성해 주는 것이 매우 중요하다.

특히 학교 교육환경이라는 제한된 틀에서 창의성 교육에 유리한 환경을 조성하는 일은 매우 의미가 있다. 이에 대해 박성익(2001)은 학교교육에서 창의성 계발을 위해 고려해야 할 주요 요인들로, 창의성 계발에 대한 교사의 중요도 인식 수준과 창의성 교육에 대한 교사의 전문적 지식 기반과 지도기술, 교육과정 구성·운영의 적절성과 융통성, 창의성 계발과 관련된 심리적 교육 풍토와 물리적 교육환경의 조성 등을 제시하고 있다. 김홍원(2002)은 학교교육에서 창의성 교육을 저해하는 요인들을 심리 요인, 수업 요인, 평가 요인, 환경 요인으로 구분하고, 그 극복 방안을 제시하였다.

또 강충렬(2001)은 학교에서 창의성 교육이 원활하게 이루어지기 위해서는 다음과 같은 교육 정책이 필요하다고 하였다. 첫째, 교육과정 정책 면에서는 교과 내용의 양을 줄이고, 교과 간 그리고 실생활과의 연계를 도모하는 방향으로 내용이 구성되어야 하며, 교과 운영 면에서 최소 시수 개념을 표준 시수 개념으로 전환해야 한다. 둘째, 교사 정책 면에서는 창의성 교육에 관한 체계적이고 조직적인 교사 연수가 필요하며, 창의성 관련 전문교사제도를 운영해야 한다. 셋째, 지역교육청의 장학 정책 면에서는 창의성 교육의 지원을 위한 교사센터의 운영과 지역교육청의 자문 프로그램 운영 그리고 경진대회 프로그램을 운영한다. 넷째, 평가 관련 정책으로는 학급에서 교사 개인이 실시하는 평가나 학교 수준에서 실시하는 평가에 창의적 문제해결력을 평가하는 문항을 포함시켜야 하며, 개인 연구를 한 후 그 결과를 종합적으로 평가하여 기록하는 방안과 창의성 경진대회에 참여하여 수상한 결과를 활용하는 방안을 모색해야 한다. 다섯째, 환경 정책 면에서는 학급의 자유로운 수업 분위기 조성을 위해 수행 목표 지향 구조(performance-goal orientation)에서 학습 목표 지향 구조(learning-goal orientation)로 바꾸어야 하며, 학교 차원에서 풍부한 자료가 갖추어진 도서관을 조성하고, 학급을 학습 센터화하는 일 등이 필요하다.

3. 창의성 교육을 위한 새로운 접근

이 글에서 제시한 교과교육과 창의성 교육의 통합성이 갖는 의미와 구체적인 수업의 구성 요소에 대한 제안은 다음과 같은 상당한 한계를 지니고 있다.

첫째, 교과교육과 창의성 교육의 통합이라는 것이 과연 옳은 방법인가에 관해서도 분명치 않다. 이론적 논의와는 별도로 학교의 현실 상황을 고려할 때, 교과 간의 통합 문제만으로도 아직 허덕이고 있고, 학교 교육과정에서 교사의 재량권이 늘어났다는 사실만으로도 교사에게 상당한 부담을 주는 상황에서 교과교육과 창의성 교육의 통합은 교사들에게 새로운 부담거리가 될 수 있다. 대부분의 교사들이 새로운 교육이론이나 운동이 도입되는 것을 꺼리는 것이 사실이며, 마지못해 연수를 받기는 하지만 스스로 재량권을 발휘해서 교육과정이나 프로그램을 구성하기보다는 완벽하게 꾸려진 교육 프로그램 패키지를 선호하는 실정이다. 이러한 현실적인 장벽은 효율적인 창의성 교육만이 아니라 효율적인 학교교육을 위해서라도 반드시 해결의 실마리를 찾아야 할 문제다.

둘째, 앞서 제기한 문제와 연결하여 이 글에서 교과교육을 통한 창의성 교육의 구성 요소를 정리하기는 했지만 이 역시 학교 현장의 상황과 얼마나 밀착된 내용인가 하는 것이 문제로 남는다. 물론 모든 과제를 한꺼번에 해결할 수는 없지만, 이 글에서 창의성 교육의 구성 요소로 제안한 변인들 하나하나에 대한 타당성과 교과교육과정에서의 구체적인 실현 방법에 대한 정밀한 검토가 이루어져야 한다. 이 작업의 한 방편으로 교과교육과의 통합을 시도한 이전의 연구들에서는 이 문제를 어떻게 접근해 갔는지를 살펴볼 필요가 있다. 특히, 실제 학교 현장에서 교과교육과 창의성 교육을 통합한 선행 연구들에서 설정한 교과교육과 창의성 교육과의 관계, 창의성 교육을 위한 수업의 구성 요소에 대한 거시적 분석이 이루어져야 한다.

그러나 창의성이란 그 개념상 기존의 규칙이나 정의, 방법을 초월해야 한다는 의미를 가지고 있다. 따라서 이 글에서 제안한 내용은 창의성 교육의 기초라고 할 수는 있지만, 반드시 따라야 하는 것은 아니다. 즉, 창의성은 아무런 제약이나 구속이 없는 자유로운 환경 속에서 길러질 수 있는 것이다. 창의성 교육의 방법을 특정 모형으로 규정하고, 구체적인 교수기법을 제안하는 것 자체가 창의성의 원래 의미를 위반하는 것이 될 수도 있다. 이처럼 창의성의 개념과 창의성 교육은 자체 모순의 논리를 가지고 있기 때문에 창의성 교육은 더욱 어려운 것이다.

그럼에도 불구하고 "한 사회가 개인이 가지고 있는 잠재적 창의력이 발휘될 수 있도록 공정한 기회를 주느냐 주지 않느냐는 그 사회가 죽느냐 사느냐의 문제다."라고 말한 Toynbee나 "미래 사회에서는 창의력을 발휘할 수 있는 지식을 바탕으로 교육의 구조 조정이 이루어져야 한다."라고 주장한 Alvin Toffler의 주장은 여전히 창의성 교육이 중요함을 일깨워 준다.

이 글을 마무리하면서 창의성 교육이라는 용어의 협소함을 지적하고자 한다. 일반적으로 창의성에 대해 말하면, 확산적 사고나 기발한 아이디어를 만들어 내는 능력으로 의미를 축소해서 이해하고 있다. 물론 학자들이 그렇지 않음을 설명하고 이 글에서도 지적한 바 있지만, 창의성은 '기발함'이나 '새로움'만이 아니라 '실용성'이나 '적절성' 혹은 '가치'라는 부분이 더 중요할 수도 있다. 초등학교 저학년 수준이라면 '기발함'이나 '새로움'이 중요하지만, 그 이상의 고학년 수준이나 일반 성인들이 계속 '가치 없는 기발함'만 말한다면 정상적인 심리 상태로 보기는 어려울 것이다. 따라서 창의성 교육이라는 용어 자체가 '기발함'에 치중되어 해석되는 것은 바람직하지 않다. 일찍이 Marzano(1988)가 주장한 '총체적 사고(holistic thinking)'의 개념처럼 창의적 사고력과 논리적·비판적 사고력을 동시에 길러 주는 거시적이고 종합적인 접근 방식으로 전환해야 한다. 이러한 관점에서 다음 두 가지 이론은 창의성 교육의 확산에 도움이 될 것으로 판단된다.

첫째, Sternberg(1996)가 제안한 '성공지능(success intelligence)'의 개념에 관심을 기울일 필요가 있다. 즉, 창의성이 필요한 이유를 개인적인 관점에서 본다면 각 개인이 사회생활을 하면서 창의성을 발휘해 사회적 성공을 경험하기 위한 것이다. 그러므로 창의성의 필요성을 보다 더 넓은 의미의 '성공지능'이라는 시각에서 이해해야 하며, 이 '성공지능'은 다음의 세 가지 지능으로 구성된다는 것이 그의 주장이다. 즉, ① 새롭고 흥미 있는 아이디어를 만들어 내는 능력으로 창의성에 해당하는 '종합적 지능(synthetic intelligence)', ② 아이디어를 분석하고 평가하는 능력으로 비판적 사고력에 해당하는 '분석적 지능(analytic intelligence)', ③ 추상적인 아이디어를 구체화시켜 실생활에 적용할 수 있는 능력을 의미하는 '실제적 지능(practical intelligence)'이다.

이 중 '종합적 지능'만 뛰어난 사람은 혁신적인 아이디어를 생각해 낼 수는 있지만 그 아이디어의 가치를 분석할 능력이 없으며, 또 그 아이디어를 활용해 다른 사람들로부터 이익을 챙길 수도 없다. '분석적 지능'만 뛰어난 사람은 다른 사람의 아이디어에 대해서는 훌륭한 비판가의 역할을 하지만, 스스로 창의적인 아이디어를 만들어 낼 수가 없다. 그리고 '실제적 지능'만 뛰어난 사람은 훌륭한 세일즈맨이 될 수는 있지만, 창의적인 아이디어가 아니라 별로 가치 없는 아이디어만을 팔 수 있을 뿐이다. 그러므로 창의성을 제대로 발휘하는 사람이 되려면 종합적 · 분석적 · 실제적 지능을 고루 갖추어야 한다는 Sternberg의 주장은 충분히 귀를 기울일 만하다. 그리고 학교에서도 이 성공지능에 기초한 사고력 계발 프로그램에 관심을 가져야 할 것이다.

둘째, 최근 수년간 창의성 교육을 위한 모형으로 각광받고 있는 것 중의 하나가 Csikszentmihalyi(1996)의 창의성 체계(IDF) 모형이다. 그는 천재를 포함하여 모든 사람들이 자신의 재능을 발휘하기 위한 세 가지 조건으로, ① 영재성이나 창의성을 발휘하는 데 필요한 소질(개인, individual)이 있어야 하며, ② 그 소질이 해당 영역(domain)에서 교육, 훈련, 계발되어야 하며, ③ 훈련받은 소질을 발휘할 수 있는 분야(field)에서 생업을 가져야 한다. 예를 들어, 피카소는 타고난 미술에 대한 소질(I)이 있었을 뿐만 아니라 아버지 덕분에 왕립 미술학교에서 체계적인 훈련을 받을 수 있었고(D), 자신의 작업에 대한 긍정적 평가와 피드백(경제적 여유)을 통해 평생 그림에만 몰두할 수 있는 생업(F)이 있었기 때문에 성공적인 화가의 삶을 살 수 있었다. 그러나 이중섭이나 장승업 같은 경우는 타고난 소질(I)은 있었지만, 천한 신분으로 제대로 교육을 받지 못했거나(예: 장승업), 그림에만 몰두

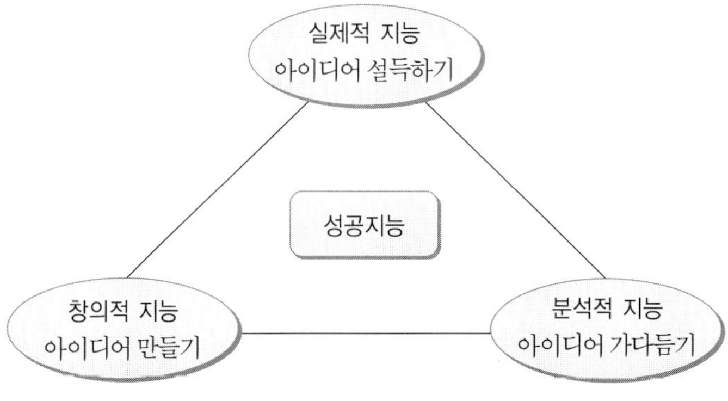

[그림 1-3] 스턴버그의 성공지능에 근거한 창의성의 투자 모형

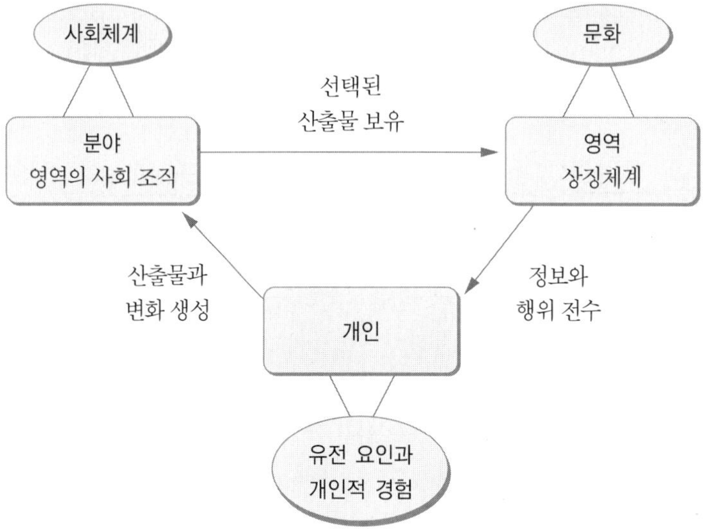

[그림 1-4] 칙센트미하이의 창의성 체계 모형

할 수 있는 여건을 갖지 못했기 때문에(예: 이중섭, 장승업) 불행한 삶을 감수할 수밖에 없었다.

이 창의성 체계 모형을 학교교육에 적용하면 어떠할까? 일반적으로 모든 사람들은 창의적인 능력을 발휘할 수 있는 소질(I)이 있다고 간주한다. 이제는 그 소질을 체계적으로 훈련, 교육, 계발할 수 있는 프로그램(D)이 중요하다. 그러나 학교교육의 단계에서는 계발된 소질로 생업을 보장하기보다는, 창의적인 활동에 대한 교사, 학교 행정가 및 학부모의 지지적 환경을 조성하고, 수업 과정에서 학습자가 발휘한 창의적 사고 활동의 결과를 인정하고 평가하고 피드백을 제공(F)함으로써 창의적 활동이 지속되도록 하는 것이 중요하다. 물론 이 모형이 전적으로 타당하거나 완전하지는 않지만, Csikszentmihalyi, Amabile, Sternberg 등이 주장하는 것처럼, 창의성이 개인에 대한 창의적 사고기술이나 창의적 태도 등의 훈련으로 완성되는 것이 아니라, 개인을 둘러싸고 있는 전문가들로 구성되는 인적 자원, 사회문화적 자원 등을 고려한 거시적인 시각에서 접근할 때 창의성 교육의 효과를 기대할 수 있다.

Csikszentmihalyi의 체계 모형에 근거한 학교에서의 창의성 교육은, 창의적 소질을 지닌 학생(I), 우리 문화권의 가치가 반영된 기반 지식과 창의적 사고기능 및 창의적 태도 등을 중심으로 구성되는 창의성 교육 프로그램(D), 이 프로그램을 매개로 한 창의성 교육의 실천 과정에서 학습자들에게 제공되는 지원과 평가(F) 그리고 이 요소들 간의 다양한 상호작용에 의해 진행되는 창의성을 기르기 위한 수업이 이루어져야 한다. 이 거시적인 통합적 창의성 교육 모형은 단순히 재량 활동 시간에만 다루어지는 창의성 사고력 프로그램, 각 교과마다 창의적 사고의 일부를 단편적으로 다루는 방법, 창의성을 학습자 개인의 문제로 파악하거나 시범학교나 연구학교의 연구 주제로 일시적으로 강조하는 관례 등에 대해 문제를 제기한다. 이와는 달리 학교에서의 창의성 교육은 각 교과 내용과 통합되어 여러 교과에 걸쳐, 학교 교육과정 전반에 걸쳐, 학교 행정가와 교사, 전문가와 학부모의 협력으로 우리 사회의 가치에 근거해 실천해야 하는 거시적이고 총체적인 작업이 되어야 한다.

참고문헌

강충렬(2001). 창의성 계발을 위한 교육 정책 방안. **창의성 계발을 위한 교육 전략 연구 세미나 자료집**. 연구자료 RM 2001-32. 한국교육개발원.

김경자(1997). **CoRT Ⅰ 프로그램 훈련이 창의성에 미치는 영향**. 경성대학교 대학원 석사학위 논문.

김경자, 김아영, 조석희(1997). 창의적 문제해결능력 신장을 위한 교육과정 개발의 기초. **교육과정연구, 15**(2). 129-153.

김홍원(2002). 창의성 계발과 교과교육. **창의적 사고력 신장 지도의 실제**. 초등장학자료 제 2002-30.

박성익(2001). 창의성 계발을 위한 교수 · 학습 및 평가 방법 토론 원고. **창의성 계발을 위한 교육 전략 연구 세미나 자료집**. 연구자료 RM 2001-32. 한국교육개발원.

배진수, 이영만 공역 (1995). **교육과정 통합과 평생교육**. 서울: 학지사.

서울대학교 교육연구소 편(1998). **교육학 대백과 사전**. 춘천: 하우동설.

서혜애, 조석희, 박성익(2001). **창의성 계발 교육의 실태와 전략 수립**. 한국교육개발원.

성일제, 윤병희, 양미경, 한순미, 이혜원, 임선하(1989). **사고교육의 이론과 실제**. 서울: 배영사.

이영만(1992). de Bono의 CoRT 사고교육 프로그램이 중학생의 창의성 향상에 미치는 영향. 부산대학교 대학원 박사학위논문.

이영만(1994). 통합교과에서의 사고력 계발. **초등교육연구**, 8, 44-63.

이영만(1995). 초등학교 통합교과의 사고력 계발 관련 내용의 분석을 위한 준거의 탐색. **부산교육학연구**, 8, 129-146.

이영만, 김대현, 허승희, 황희숙, 김과휘(1998). **열린수업의 이론과 실제**. 서울: 학지사.

임선하(1989). 교육 내용으로서의 창의적 사고. **교육개발**, 11(6), 4-9.

임선하(1993). **창의성에의 초대**. 서울: 교보문고.

임선하(1994). 열린교육의 이상으로서의 창의성 교육. **전국열린교실연구응용학회지**, 2(2), 89-98.

허경철, 김홍원, 임선하, 김명숙, 양미경(1990). **사고력 신장을 위한 프로그램 개발 연구(5)**. 서울: 한국교육개발원.

Ackerman, D., & Perkins, D. N. (1989). Integrating thinking and learning skills across the curriculum. In H. H. Jacobs (Ed.), *Interdisciplinary curriculum: Design and implementatin*. Alexandria, VA: ASCD.

Amabile, T. M. (1989). *Growing up creative*. New York: Crown.

Baron, J. B., & Sternberg, R. J. (1987). *Teaching thinking skills: Theories and practice*. New York: W. H. Freeman.

Beyer, B. K. (1983). Common sense about teaching thinking skills. *Educational Leadership, 41*, 44-49.

Beyer, B. K. (1988). Developing a scope and sequence for thinking skills instruction. *Educational Leadership, 45*, 26-30.

Brandt, R. S. (1986). On creativity and thinking skills: A conversation with David Perkins. *Educational Leadership, 43*, 12-18.

Csikszentmihalyi, M. (1996). *Creativity: Flow and the psychology of discovery and invention*. New York: HarperCollins Pub.

de Bono. E. (1986). *The CoRT thinking: Teacher's note*. New York: Pergamon Press.

de Bono. E. (1987). *Teaching thinking*. London: Penguin Books.

de Sánchez, M. (1987). Teaching thinking processes. In D. N. Perkins & J. Bishop

(Eds.), *Thinking: The second international conference.* Hillsdale, NJ: Lawrence Erlbaum.

Drake, S. M. (1993). *Planning integrated curriculum.* Alexandria, VA: ASCD.

Gardner, H. (1993). *Creating minds.* New York: Basic Books.

Gilhooly, K. J. (1988). *Thinking: Directed, undirected, and creative.* New York: Acamedic Press.

Glaser, R. (1984). Education and thinking: The role of knowledge. *American Psychologist, 39*(2), 93-104.

Glatthorn, A. A. (1994). *Developing a quality curriculum.* Alexandria, VA: ASCD.

Glatthorn, A. A., & Jailall, J. (2000). Curriculum for the new millennium. In R. S. Brandt (Ed.), *Education in a new era.* Alexandria, VA: ASCD.

Hennessey, B. A., & Amabile, T. A. (1989). *Creativity and learning.* Washington, D. C.: National Education Association.

Hocevar, D. (1981). Measurement of creativity: Review and critique. *Journal of Personality Assessment, 45,* 450-464.

Ingram, J. B. (1979). *Curriculum integration and lifelong education.*

Kuhn, D., Amsel, E., & O'Loughlim, M. (1988). *The development of scientific thinking skills.* New York: Academic Press.

Marzano, R. J., et al. (1988). *Dimension of thinking: A framework for curriculum and instruction.* Alexandria, VA: ASCD.

Marzano, R. J. (2000). 20th century advances in instruction. In R. S. Brandt (Ed.), *Education in a new era.* Alexandria, VA: ASCD.

Nickerson, R. S. (1999). Enhancing creativity. In R. J. Sternberg (Ed.), *Handbook of Creativity.* New York: Cambridge University Press.

Ruggiero, V. R. (1988). *Teaching thinking across the curriculum.* New York: Harper & Row.

Runco, M. A. (1990). Implicit theories and ideational creativity. In M. A. Runco & R. S. Albert (Eds.), *Theories of creativity.* Newbury Park, CA: Sage.

Starko, A. J. (1995). *Creativity in the classroom.* New York: Longman Press.

Sternberg, R. J. (1984). *Understanding and increasing your intelligence.* New York: Harcourt Brace Jovanovich.

Sternberg, R. J. (1996). *Successful intelligence: How to practical and creative intelligence determine success in life*. New York: Simon & Schuster.

Sternberg, R. J. (1999). The theory of successful intelligence. *Review of General Psychology, 3*, 292-316.

Sternberg, R. J., & Williams, W. M. (1996). *How to develop student creativity*. Alexandria, VA: ASCD.

Weisberg, R. W. (1999). Creativity and knowledge: A challenge to theories. In R. J. Sternberg (Ed.), *Handbook of creativity*. New York: Cambridge University Press.

Wood, G. (1983). Introducing explict training in problem-solving into our courses. *Higher Education Research and Development, 2*, 79-102.

제 2 장

도덕과 교육에서의 창의성 교육

제 2 장

도덕과 교육에서의 창의성 교육

1. 서 론

도덕과 교육의 목적은 도덕성을 함양하여 도덕적 인간을 양성하는 것이다. 도덕과 교육에서 창의성 교육을 바라보는 관점은 도덕과 교육을 통해 창의성이 함양된다는 관점과 창의성이 발달하면 도덕성이 발달한다는 관점이 가능하다. 전자가 창의성의 영역 특수성을 의미한다면, 후자는 창의성의 영역 일반성을 의미한다. 그런데 여기에서 고찰하고자 하는 것은 교과 영역에서 이해되는 고유한 창의성 영역이다.

일반적으로 창의성 개념은 명확하게 정의할 수 없으며, 다양하고 복잡한 것으로 이해된다. 대체적으로 창의성은 인간 능력의 한 요인으로만 구성된 단순한 개념이 아니라 인간 특성의 다양한 측면과 요소로 구성된 복잡하고 종합적인 개념이다. 창의성 개념이 복잡하고 종합적이라는 것은 다양한 요소를 포함하고 있다는 것을 의미한다. 일반적으로 창의성은 사고력과 관련이 있다. 창의적 사고력에는 확산적 사고력, 일반 지식과 사고력이 포함되는데, 확산적 사고력의 하위 구성 요소에는 독창성, 정교성 그리고 가교력, 재구성력, 재조직력, 유창성, 문제 민감성 등이 포함된다. 그리고 창의성은 창의적인 성격, 기질, 태도의 특성이 포함된다.[1] 즉, 창의적 성격은 고유한 특징이 있는데 이를 지닌 사람들은 창의적이다. 창의적 성격을 가진 사람은 대체적으로 독립적이고, 민감하며, 과제 해결력이 높고, 진취적이고, 타인의 시선을 의식하지 않으며, 혼자만의 세계를 즐긴다고 한다. 그리고 창의성은 창의적 산물이나 창의적 과정과 창의적 환경이 포함된다. 이렇게 볼 때 창의성 개념은 창의적 사고력, 성격적 특성, 창의적 과정과 산물, 환경이 포함된 복합적인 것임을 알 수 있다.

그러면 창의성은 인간에게 어떤 의미와 가치가 있는가? 예를 들어, 창의성 그 자체가 목적인가 아니면 다른 어떤 것을 달성하기 위한 방법과 수단이 되는가? 창의성은 그 자체가 목적이면서 수단이 될 수 있다. 창의성이 곧 목적이라는 것은 창의성이 추구하는 새로움, 독창성이 본질적 목적이 될 수 있다는 것을 의미한다. 그런데 창의성 그 자체만으로는 목적이 될 수 없는 경우도 있다. 창의성이 추구하는 새로움 혹은 독창성이 개인이나 사회 전체에 의미가 있을 수 있지만, 독창성이나 새로움이 개인은 물론 사회 전체에 해악을 가져올 수도 있다. 그러므로 창의성은 목적이나 지향점이 아니라, 행복한 삶이나 바람직하고 인간다운 삶에 유의미하게 연결되어야 한다. 도덕적 창의성 연구는 창의성이 인간다운 삶, 의미 있고 가치 있는 것이 되어야 함을 도덕교육 차원에서 연구하는 영역이라고 할 수 있다.

도덕적 창의성의 의미는 창의성도 도덕적이어야 하고, 도덕 역시 창의적이어야 한다는 두 가지 의미를 모두 포함한다. 도덕이 창의적이어야 한다는 것은 도덕적 문제해결을 전통이나 인습에 따르는 것이 아니라, 상황에 맞는 최선의 해결책을 창의적으로 모색하고 실천해야 한다는 것이다. 그리고 도덕이 창의적이어야 한다는 것은 도덕 개념과 관련된다. 일반적으로 도덕을 전통이나 질서 유지를 위한 규범으로 이해하기 때문에 보수적이라고 본다. 그래서 도덕은 무비판적이고 관습적

1) 창의성의 구성 요소는 4P로 분류할 수 있다. 즉, 창의적인 사람(person), 창의적인 과정(process) 그리고 창의적인 산물(products)과 개인의 창의성에 영향을 주는 사회적 환경(press) 등이다.

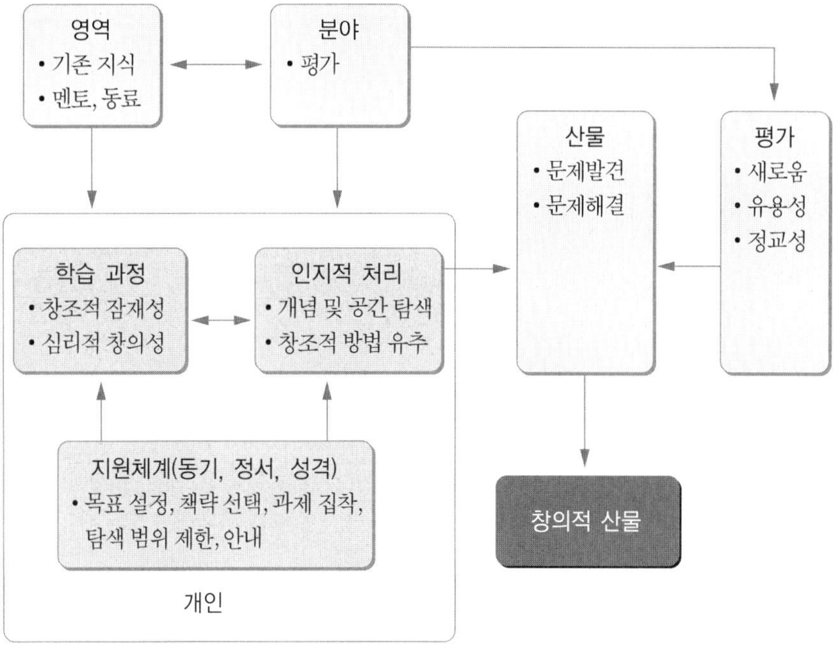

[그림 2-1] 창의성의 영역

출처: 최일호 외(2001). 한국심리학회지, pp. 429-430 재인용.

이고 창의적인 것과 무관한 것으로 이해한다. 그러나 도덕은 창의적이어야 하고, 창의성인 것에서 본질적 가치가 실현된다. 왜냐하면 도덕은 인간을 존중하고 사랑의 실현을 추구하기 때문이다. 안정적인 질서 유지는 방편적이고 수단적인 것에 불과하다. 도덕은 인간을 존중하고 인간에게 의미 있는 것을 추구한다는 측면에서 항상 창의적이어야 한다. 그리고 창의성은 도덕적이어야 한다. 창의성은 자신이나 사회에 긍정적인 것으로 발달할 수 있지만, 부정적으로 발달할 수 있는 가능성도 있다. 그리고 창의성의 결과는 개인은 물론 사회, 인류 전체에 영향을 주는 경우가 많다. 그래서 창의성은 도덕적이어야 한다. 이 모두를 포함하는 개념이 도덕적 창의성이다.

다음에서는 도덕적 창의성의 구체적인 내용과 발달에 대해 알아보고자 한다.

2. 도덕교육에서 창의성 교육의 접근과 도덕적 창의성의 특징

도덕교육의 관점에서 도덕적 창의성(moral creativity)에 관한 연구는 많지 않다. 도덕교육은 인간의 도덕성을 함양하는 것이 목적이다. 도덕성의 함양은 인간이 인간답게 행복하고 자율적으로 의미 있는 삶을 살도록 하는 것이다. 인간이 인간답게 산다는 것은 다양하게 정의할 수 있지만, 대체적으로 의미 있고 도덕적으로 바람직하게 사는 것이다. 인간이 인간답게 살 수 있도록 하기 위해서는 인간의 품성이 인간다워야 하고, 앎을 지혜롭게 실천할 수 있는 능력과 의지가 있어야 한다. 그리고 따뜻한 정서와 합리적인 의사결정력, 창의적인 문제해결력 등이 통합적으로 작용해야 한다. 이러한 관점에서 보면, 도덕성 개념에 도덕적 창의성이 포함된다. 그러므로 도덕성이 발달하면 도덕적 창의성도 발달할 수 있는 것이기 때문에 도덕적 창의성을 별도의 영역으로 구분하여 연구된 것이 많지 않다. 그리고 국내·외에서 도덕적 창의성의 연구 경향은 창의성 연구의 일반적 경향과 그 흐름을 같이한다.[2)]

그러면 도덕적 창의성의 의미는 무엇인가? 도덕적 창의성의 의미는 도덕이 창의적이어야 한다는 것과 창의적인 것이 도덕적이어야 한다는 두 가지 측면을 내포하고 있다. 그리고 무엇보다도 도덕적 창의성은 창의성이 도덕적이라는 것과 연결되어야 한다는 것이다. 이렇게 볼 때 도덕적 창의성은 도덕성과 창의성 개념이 통합된 것이라고 할 수 있다.

Martin(2006)은 도덕적 창의성이 덕이라고 하였다(Martin, 2006: 421-422). Pagnin(1993)은 창의성에서 중요한 것은 도덕적 상상력과 결합된 은유적 사고기술(metaphorical thinking skills)이라고 하였다. 그리고 Stein(1993)과 Schwebel

---

2) 최근에 창의성이라는 것이 비범한 사람에게만 나타나는 것이 아니라 일반인에게도 나타나며, 일상적인 삶에서 나타나는 것으로 이해됨으로써 도덕과 교육에서 연구 방향도 이러한 경향과 동일하게 이루어지고 있다. 국내에서 연구된 도덕적 창의성 연구는 창의성 함양을 위한 방법을 도덕교육에 적용한 사례에 머물고 있다. 문성학, 허재복, 노희정 교수의 관련 논문이 있다.

(1993)은 사회적이고 공동체적인 도덕적 창의성에 관련해서 언급했으며, 도덕적 창의성은 행동과 성취의 의미라고 하였다(Runco & Nemiro, 2003: 99-100).

도덕적 창의성의 개념을 명확하게 정의할 수 없지만, 대체적으로 다음의 내용이 포함된다고 할 수 있다. 첫째, 도덕적 창의성은 창의적 성향이나 기질 혹은 성격과 관련이 있다. 창의적 성격은 구체적인 각 개인이 지닌 창의성을 나타내는 것으로, 일반적이고 광범위한 장면에 적용되는 포괄적인 성격적 특성이다. Torrance는 창의적 성격은 민감하고 독립적이라고 하고, Halpin과 Goldenberg는 권위를 쉽게 수용하지 않는 성격을 강조하였으며, Davis는 관습과 예절에 대한 무관심, 고집, 지배에 대한 저항, 독단성, 집단 활동의 회피, 냉소주의, 변덕, 비협조성, 법과 규칙에 대한 의문 제기, 자기중심성 등을 들었다.

그런데 창의적 성격의 어떤 특징은 사회에 의미 있는 성향으로 작용할 수 있지만 그렇지 않은 성향도 있다. 예를 들어, 호기심, 흥미의 다양성, 개방성, 탐구심, 상상력 등과 다르게 권위에의 도전, 타인을 의식하지 않는 행동 등은 자신은 물론 사회에 비도덕적 성향이나 기질로 발달할 수도 있다. 창의성의 이러한 측면을 창의성의 어두운 측면(the dark side of creativity)이라고 한다. 창의적 성격이 양극성을 가지기 때문에 도덕적으로 성숙하게 발달할 수도 있지만 그렇지 못할 가능성도 있다. 도덕적 창의성은 창의적 성격을 성숙 인격으로 성장시키는 것과 관련된다.

둘째, 도덕적 창의성은 창의적 태도를 의미한다. 도덕적 창의성은 창의성 그 자체가 도덕적이어야 한다는 특징을 포함하고 있으며, 행위자에게 내재화되어 태도로 나타나야 한다. 그래서 도덕적 창의성은 덕 그 자체로 이해되기도 한다.

셋째, 도덕적 창의성은 사고력과 정서 그리고 실천 능력을 의미한다. 과학기술이 발달하면서 전통사회와 다르게 새로운 도덕적 문제가 발생하며, 그에 따라 문제의 해결방안도 독창적이고 새로워야 한다. 그러므로 도덕적 창의성은 시대의 변화 흐름에 따라 발생하는 도덕 문제, 개인에게 당면한 도덕 문제를 창의적으로 해결할 수 있는 사고력과 정서 · 실천 능력을 의미한다.

넷째, 도덕적 창의성은 도덕적 문제해결 방식과 관련이 있다. 도덕적 창의성은

도덕적 문제를 독창적이고 새롭게 그리고 합당성을 갖고 해결할 수 있는 능력을 의미한다.[3)]

이렇게 볼 때 도덕적 창의성은 창의적 성격이나 기질을 지닌 사람들이 의미 있는 삶을 구성하도록 하는 것을 그 목적으로 한다. 그리고 창의적 행동을 선택하거나 창의적 결과를 산출할 경우 도덕적으로 의미 있는 것을 지향하고 선택하며, 실천할 수 있는 능력과 태도라고 할 수 있다. 그리고 도덕적 문제해결 과정이 창의적이어야 한다는 것을 포함하고 있다.

이에 우리는 창의적 성격과 도덕적 창의성의 관계, 도덕적 창의성의 특징과 발달 그리고 도덕교육의 관점에서 도덕적 창의성을 함양하는 방법을 살펴보고자 한다.

1) 창의적 성격과 도덕적 창의성의 관계

창의적 성격에 대한 연구는 성격심리학에서 주로 이루어지다가 1950년 이후 창의적 성격 논의가 심리학뿐만 아니라 다른 연구 영역에까지 확산되면서, Guilford와 Torrance에 의해 본격적으로 이루어졌다.[4)] 물론 창의적 성격의 주된 연구는 정신분석학 관점과 인본주의 관점에서 이루어져 왔다.

정신분석학의 관점에서 보면, 창의적 성격은 대개 유년기에 있었던 문제 상황을 극복하는 결과로 형성된 것이다. 즉, 창의적인 사람은 유년기에 인생에 당면한 문제를 창조적으로 해결한 경험을 한 사람이다(윤명희, 2005: 36-37). Sigmund Freud는 창의적 성격은 태어나서 5년 이내에 발달하는데, 불쾌한 사건을 승화하면서 발달할 수 있는 것이라고 하였다. 예를 들어, 창의적 작품은 작가가 자신의

---

3) Martin(2005)이 제시한 도덕적 문제해결의 4단계는 도덕 문제 확인 → 도덕적 고려 → 도덕적 합리성의 고려 → 도덕적 결정 및 실행이다.

4) 성격심리학에서 다루어지는 성격의 의미는 인성(personality)으로 해석되고, 도덕교육에서는 성격(character) 의미로 규정되는데, 인성이나 성격 모두 가치 규범적인 뜻이 포함되어 있으므로 여기서는 유사한 의미로 사용한다.

욕구를 만족시키지 못했을 때 그 욕구를 충족시켰으면 하는 바람을 승화시킨 것이 많다는 것이다. Adler 역시 창의적 성격은 행위자의 내면에 있는 지각된 열등성을 보상하려는 의지를 통해 발달한다고 보았다.

이에 비해 인본주의 심리학자들은 창의성은 인간이 자신의 잠재성을 최대한으로 실현하고자 할 때 나타나는 심리적 상태이며, 평생에 걸쳐서 발달하는 것이라고 보았다. Maslow는 창의성이 평생에 걸쳐 발달할 수 있는 것이라고 보았으며, 인간의 욕구 위계 단계에서 상위 단계에 위치한 자아실현 욕구를 실현한 사람이 창의적인 사람의 특징이라고 하였다. 창의적 사람은 자아를 실현한 사람이며, 이들은 자아를 실현하는 과정에서 절정 경험(peak experience)을 하고, 이를 통해 창조적이고 성숙한 사람으로 성장한다고 보았다.

그 후 다양한 분야에서 창의적 성격에 대한 연구가 진행되고 있는데, Harrigton (1981)은 창의적 성격은 대체적으로 에너지가 많고 관심 분야가 폭넓으며, 자아에 대한 확고한 신념을 가지고 있다고 보았으며, Drevdal(1955)은 창의적 성격은 자아와 모험심이 강하고, 정서적으로 민감하며, 자유분방하고 과격하고, 자만심이 높고, 다혈적이고, 집단 활동에 잘 협조하지 않고, 통제를 꺼린다고 하였다. Perkins는 창의적 성격을 지닌 사람들의 전기를 분석하면서 창의적인 성격은 복잡하고 애매모호한 것을 견디는 능력, 문제를 발견하는 능력, 객관적인 능력, 문제를 새로운 각도로 재조명하는 능력, 모험을 기꺼이 하는 능력 그리고 내적인 동기 유발이 강한 성격이라고 하였다. Bernstein은 창의적 성격은 창의적 사고 성향을 지닌 사람이라고 하였다.

이렇게 볼 때 창의적 성격은 독립적이고, 모험을 즐기며, 자발적이고 자신이 관심 있고 좋아하는 일에 대한 몰입 능력이 뛰어나며, 자율적이고 복잡하고 신비로운 것을 즐기며, 사물의 관계를 즐기고 정신적인 비약을 즐기는 측면과 함께 고립적이고 비현실적이며, 권위에 도전하고, 우울함 등 양극단의 특징이 포함된다.[5)]

5) 우리나라에서 초등학생의 창의적 성격을 계발한 영역을 보면 독립심, 자기확신, 모험심 그리고 호기심, 독특함, 상상력, 집착성, 개방성, 인내, 민감성, 직관, 유머감각을 변인으로 하여 조사하였다(윤명희, 2005: 41).

창의적 성격의 양극성은 창의적 성격을 지닌 사람이 다른 사람과의 관계, 혹은 그들의 산출물이 개인이나 인류 역사에 도움을 줄 수도 있고, 반대로 커다란 피해를 줄 수도 있게 한다. 그러므로 창의적 성격은 그 자체만의 의미뿐만 아니라 사회적 관계, 더 나아가 인류적이고 세계사적인 차원과 인간다운 삶의 측면에서 연구할 필요가 있다.

McLaren은 창의성이 개인이나 인류에게 도움을 주지 못한다면 그것은 유해하며, 더구나 창의성 자체의 어두운 측면을 극복해야 한다고 지적하면서 도덕교육의 필요성을 제안하였다. 즉, 창의적인 성격이나 사람을 위한 기초적인 자질을 형성하기 위해서는 도덕 교육이 필요하다는 것이다. Platon 역시 공화국에서 창의성은 합리적이어야만 하고, 그것의 결과는 도덕적 측면에서 판단되어야 하며 도덕교육이 필요하다고 하였다(Runco & Nemiro, 2003). 창의적 성격이 의미 있고 가치 있는 것이 되려면 자아실현 혹은 인격적인 성숙과 연결되어 발달해야 한다.

그러면 창의적 성격을 지닌 사람은 자연스럽게 성숙한 인격자가 될 수 있는가 아니면 교육적 노력을 해야 하는가? 이에 대해 Maslow는 창의성은 자아실현을 이룬 사람들에게 기대되는 하나의 특징이기 때문에 창의적 성격을 지닌 사람들 스스로가 성숙한 인격자가 되도록 진심으로 노력해야 한다고 하였다.

그러면 성숙한 인격은 무엇이고, 이는 창의성과 어떻게 연결되는가? 성숙한 인격에 대한 이론을 제시한 학자들은 Erikson, Allport 그리고 Maslow 등이다. Allport는 『성격의 성장과 패턴』에서 성숙한 인격은 심리학적인 용어로서 정리할 수 없다고 하였다(Allport, 1961). 그는 어떤 사람이 정신적으로 건강하다든가, 건전하다든가, 성숙하다고 말하기 위해서는, 건강과 건전함과 성숙이 무엇인지 알아야 하는데, 이를 위해서는 어느 정도 윤리적인 판단이 포함된다고 하였다(Allport, 1961: 275-307).

Allport는 성숙한 인격자가 곧 창의적인 사람으로서 그 특징이 일상적인 태도로 나타난다고 하면서 자아의식의 확대, 타인과 따뜻한 관계 형성, 정서적 안정, 현실적 지각, 자기 대상화, 삶의 통일적 철학 등을 성숙한 인격의 특징으로 제시하였다(Allport, 1961: 283-307).

Erikson에 비해 Maslow는 성격이 욕구에 의해 발달하며 자아실현을 한 사람이 성숙한 인격이며, 이들이 삶을 실현하고 창의적인 사람이라고 하였다. Maslow는 성숙한 인격은 자연적인 것은 물론 인간의 본성을 포함해서 신뢰감을 갖는 태도, 멋있는 삶, 자신이 맡은 객관적인 과제를 끈기 있고 효율적으로 해결해 가는 자세, 개인생활 존중과 자기만족감, 다른 사람들이 아부하는 말이나 혹은 비난하는 말에 쉽사리 휘말리지 않는 태도, 새로운 경험에 대한 개방성, 실재의 궁극적 본성에 대한 관심, 타인에 관한 동정, 애정, 우정, 민주적인 태도, 윤리적인 태도, 유머감각, 창의성, 시대를 앞서 가는 특성을 포함한다.

그리고 성숙한 인격의 개념은 도덕교육에서는 도덕적으로 성숙한 인간으로 이해된다. 이러한 대표적인 예는 1988년 미국의 장학 및 교육과정 개발 위원회(Association for Supervision and Curriculum Development)가 제시한 것인데, 도덕적으로 성숙한 인간은 단순히 무엇이 옳은 것인가를 아는 것 이상을 의미하며, 도덕성을 가치 있게 여기고, 도덕적 의무를 심각하게 수용하는 사람의 모습이다. 즉, 무엇이 옳은 것인지를 판단하는 것만이 아니라, 판단한 것을 행하는 것에 대해 진지하게 관심을 기울이는 인간의 모습이다. 도덕적으로 성숙한 사람은 인간의 고귀함을 존중하고, 타인의 복리에 관심을 갖고, 개인적 이해관계와 사회적 책임을 통합하고, 성실하며, 도덕적 선택에 대해 숙고하고, 평화적으로 갈등 해결을 모색하는 특징을 지녔다(ASCD, 1988: 19-20).

이렇게 볼 때 성숙한 인격은 창의적이지만 창의적 성격을 지닌 모든 사람들이 성숙한 인격은 아니다. 창의적 성격이 성숙한 인격으로 자연스럽게 발달하는 것이 아니라, 성숙한 인격자로 발달하기 위해서는 노력이 필요하다. 그리고 성숙한 인격자가 되기 위해서는 도덕성과 창의성이 통합되어 발달해야 한다.

Gardner(2006)에 따르면, 인간은 누구나 창의성을 잠재적으로 갖고 있다. 그런데 창의성을 의미 있게 계발하기 위해서는 윤리적이고 인간적인 방식으로 활용하고 사용하고자 하는 것에 대한 관심이 있어야 한다. 즉, 좋은 일(good work)에 관심을 가져야 창의성이 의미 있게 발달하고 성숙한 인격으로 성장할 수 있다. 즉, 창의적 지능이 높은 사람이 낮은 사람보다 더 많은 정보와 생각을 표현할 수 있지만, 그러한 창의적 지능을 어떻게 사용하는지는 그 사람의 가치와 규범에 달려 있다. 예를 들어, 독일어에 높은 지능을 가지고 있던 Goethe는 창의적이고 위대한 작품을 남긴 반면, Goethe와 같이 높은 언어지능을 가졌던 나치의 선전부장이었던 Göbbels는 사람들로부터 증오를 받는 사람으로 역사에 영원히 남게 되었다는 것이다(조연순 외, 2008: 143 재인용).

그리고 창의적 성격이나 사고 및 행위가 일시적이고 즉흥적이 되지 않기 위해서는 어릴 적부터 습관이나 태도 형성 교육이 필요하다는 것이다.[6] [그림 2-2]는 창의적 성격과 성숙한 인격 그리고 이를 실현하기 위한 도덕적 창의성의 관계를 나타낸 것이다.

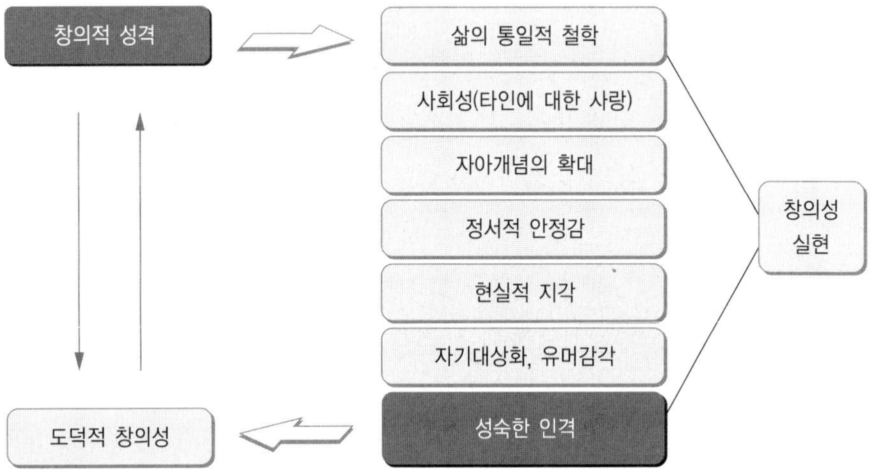

[그림 2-2] 창의적 성격과 성숙한 인격의 관계

6) 대표적인 이론이 균형적 지혜 이론이다. Stenberg(2003)는 균형적 지혜를 자신의 이익은 물론 다른 사람들의 이익과 더 나아가 도시, 국가, 환경 및 신과 같은 상황적 측면의 이익도 균형 있게 고려하여 기존 환경에 적응하거나, 환경을 조성하거나, 새로운 환경을 창조함으로써 궁극적으로 공공선을 이루게 하는 것이라고 하였다. 이러한 목적을 달성하기 위해 단기적 또는 장기적 안목을 가지고 성공적 지능과 창의성을 적용하는 것이 지혜다(조연순 외, 2008: 146).

2) 도덕적 창의성의 구성 요소

창의적 성격을 지닌 사람이 성숙한 인격으로 성장하기 위해서는 도덕적 창의성이 발달되어야 한다. 도덕적 창의성은 어떻게 발달하는가를 살펴보기 전에 도덕적 창의성의 내용과 특징을 고찰해야 한다. 도덕적 창의성의 특징과 구성 요소는 다음과 같다.

(1) 독창성

독창성은 도덕적 문제해결을 하는 과정과 결과가 새롭다는 의미다. 그리고 도덕적 창의성의 독창성은 형식적인 특징이면서 내용적 특징이다. 독창성은 기존의 것을 답습하지 않고 열린 시각으로 새로운 것을 추구하되, 그 바탕은 인간적인 것이다. 도덕적 창의성의 독창성은 기존의 한 집단이나 사회에서 중시하는 상식이나 집단의 이해관계가 아닌 보다 인간적이고 인류적인 관점에서 가치 있는 것을 추구하는 것이다.[7]

물론 도덕이 관습적이고 질서를 존중하며 전통적인 것을 안정적으로 고수하는 개념으로 이해되어 온 측면도 있다. 그래서 도덕이 독창성과 무관하며, 창의성이 지향하는 독립성, 새로움을 추구하는 가치와 모순되는 것으로 받아들여지기도 한다. 그런데 도덕은 기존의 질서를 답습하는 것이 아니라 보다 인간적으로 의미 있는 삶을 추구하고 지향하는 것이 그 목적이며, 질서를 유지하는 것 자체가 목적은 아니다. 만약 그 시대가 인간을 파괴하는 가치를 따른다면 도덕은 새로운 가치를 제안하고 변혁을 추구한다. 도덕은 질서가 아닌 인간이 의미 있게 사는 것, 인간이 서로 사랑하는 것이 궁극적인 목적이기 때문에 도덕은 변혁적이고 창의적이다.

7) 독창적이고 창의적인 도덕 개념을 제시한 Bergson은 닫힌 도덕과 열린 도덕은 그 기원을 달리한다고 하였다. 닫힌 도덕은 닫힌 사회에 그 기원을 두면서 집단 이기주의에 기인하고, 집단에 속한 구성원들에게만 관심과 애정을 갖는다. 닫힌 도덕에 비해 열린 도덕, 즉 창의적인 도덕은 인간적이고, 도덕적인 인간을 지향한다.

(2) 목적성

목적성은 도덕적 창의성이 지향하는 정신, 의도 혹은 가치를 말한다. 목적성은 도덕적 창의성의 중핵적 가치다. Haste는 도덕적 창의성의 구성 요소에는 상상력, 효율성, 책임성이 있는데, 목적성이 창의적 행위를 추동시키고 그 결과를 평가하는 근거가 된다고 한다(Runco & Nemiro, 2003: 95). 도덕적 창의성의 목적성에는 인간이 인간답게 사는 데 기여하는 것, 나와 타인이 궁극적으로 행복한 것, 나와 타인의 관계를 의미 있게 구성하는 것 등 궁극적인 가치가 포함된다.

(3) 주체성

주체성은 창의적 행위자가 독립적으로 판단하고 행위를 선택할 때 자율적이라는 의미다. 주체성은 독립적이고 변혁적이며 모험적이고, 시대의 습관적인 흐름을 거스르고 새로운 것을 추구한다. 그러므로 주체성은 스스로 행위를 선택하고 판단할 수 있는 능력과 관련된다. 일반적인 의미에서 도덕성은 타율적인 도덕성에서 자율적이고 주체적인 도덕으로 발전하여 발달한다. Piaget와 Kohlberg(1981)는 도덕성이 타율적인 도덕에서 자율적인 도덕으로 발달한다고 하며, 인습적 수준에서 인습 이후의 자율적이고 주체적인 도덕으로 발달하며, 그것이 발달된 단계라고 하였다(문용린 역, 2004: 66). 창의적 도덕성 역시 자율적이고 주체적인 단계에서 발달하는 것이다.

(4) 상상력

도덕적 창의성에는 상상력과 함께 도덕적 상상력이 포함된다. 도덕적 상상력은 주어진 상황이나 사태를 도덕적 관점에서 사려 깊고 진지하게 볼 수 있는 능력이다. 즉, 도덕적 상상력은 창의적 행위나 성격을 의미 있게 구성할 수 있도록 하는 능력이다(Fyre, 1963: 35). 상상력은 미래의 삶의 꿈과 자신의 모습, 이상, 기대, 목표를 개인선이나 공공선을 위해 기여할 수 있게 만드는 꿈이다.

Warnock은 '상상력은 즉각적인 것을 넘어서 가능성을 보는 능력이고, 우리 앞에 있는 것의 무한함을 지각하고 느끼는 능력이며, 이진에는 인지되지 않았던 어떤 것의 난해함, 어떤 문제의 복잡함을 지각하고 느끼는 것'(1977: 155)이라고 하였다. 도덕적 상상력은 은유, 상징 그리고 서사의 형태로 존재한다.

> 도덕적 지식은…… 명제에 대한 지적 이해가 아니다. 그리고 구체적인 사실에 대한 지적 이해는 더더욱 아니다. 그것은 지각이다. 복합적이고 구체적인 현실을 고도로 명료하고 풍부하게 반응적인 방식으로 이해하는 것이다. 그것은 상상력과 느낌을 통해 현전(現傳)하는 것들에 참여하는 것이다(Jonson, 2008: 461).

그리고 도덕적 상상력은 나를 포함한 다른 사람을 목적으로 대할 수 있게 하는 힘이다. 도덕적 상상력의 내용에는 다양한 것이 포함되는데, Joseph(2003: 16)는 도덕적 지각, 상상적 합리성, 반성, 정서, 자아에 대한 배려 등이 포함되는 다면적 개념이라고 하였다. 〈표 2-1〉은 Joseph가 제시한 도덕적 상상력의 구성 요소다.

〈표 2-1〉 도덕적 상상력의 구성 요소

도덕적 지각	타인과 그들의 요구, 욕구, 관심, 희망, 소망, 가능성을 인식하는 능력
상상적 합리성	도덕적 가치나 규칙을 모든 상황에 단순히 적용하는 것이 아니라 융통성 있게 대응하는 능력, 당면한 특정 문제와 쟁점들에 대한 도덕적 반응과 지식을 요청하는 상황에 대한 현실적 이해
반 성	신념과 행위에 대한 지속적인 조사, 자신이 다른 사람에게 어떻게 영향을 미치는지를 고려하는 것, 신념의 기원에 대한 탐구
정 서	타인에 대한 민감성, 그들과의 동정적이고 공감적인 관련을 허용하는 감정, 도덕적 행위의 촉매를 느낄 수 있는 능력
자아 배려	그들의 삶을 위해서 의미와 목적을 가질 개인의 요구를 긍정하는 것, 각 개인이 도덕적 행위자로서 고려되어야 하는 요구를 가진다는 사실을 인식하는 것

출처: Joseph(2003). Teaching about the Moral Classroom infusing the moral imagination into teacher education. *Asia-Pacific journal of Teacher Education, 31;* 이진희(2008). 도덕윤리교육, 26, p. 16 재인용.

(5) 책임성

책임성은 자신이 한 행위에 대해 책임을 진다는 의미다. 소극적인 의미로 도덕적 책임 여부는 잘못된 행동에 비난이나 제재를 가하는 것이다. 즉, 타인과 사회의 공공선을 저해했을 때 처벌을 하는 형태로 책임을 묻는다. 그런데 적극적으로 책임을 진다는 것은 그 행위를 개선하는 것이 목적이다. 그러므로 처벌이나 제재가 목적이 아니다. 소극적 의미든, 적극적 의미든 창의적 행위가 도덕적인 행위와 관련되기 위해서는 행위에 대한 책임성을 갖추어야 한다. 그리고 책임성 있는 창의적 행위가 되기 위해서는 그 행위를 하기 전에 심사숙고해야 하며, 의도하는 행위가 인간의 존엄성을 위해하지 않는지, 도덕적으로 바람직한 목적을 가진 행위인지, 혹은 도덕적으로 떳떳한 행위인지 등을 고려해야 한다.

(6) 도덕적 조망 능력

창의성이 의미 있는 산출물이나 행위를 나타내기 위해서는 사건이나 사태를 지혜롭게 해결할 수 있도록 하는 조망 능력이 필요하다. 도덕적 조망 능력(moral perspective-taking)은 사물이나 사태를 판단하고 선택하고 비판할 수 있는 능력뿐만 아니라 사회적 약자의 관점에서 사물을 볼 수 있는 눈, 관계적이고 배려적인 측면에서 사태를 볼 수 있는 능력과 사회 전체 구조의 측면에서 관찰하는 탐구 능력 등이 포함된다.

(7) 정 서

도덕적 창의성 영역에는 다른 영역과 달리 정서가 매우 중요한 역할을 한다. 정서는 창의적 행위가 가능하게 하는 동기다. 창의적 행위를 하기 위해서는 창의적 행위 그 자체를 사랑하는 내적인 동기가 필요하다. 즉, 과제 집착력, 자신감과 자아 존중, 개방성, 인내심, 새로운 문제에 대한 민감성, 엄격한 논리나 사고를 탈피할 수 있는 능력 그리고 새로운 것에 대한 공포 극복, 체면 손상을 두려워하지 않음, 열정, 신념 등이 내적인 정서 동기로서 필요하다. 이상 도덕적 창의성의 구성 요소의 특징을 정리하면 〈표 2-2〉와 같다.

〈표 2-2〉 도덕적 창의성의 구성 요소 및 특징

구성 요소	특 징
독창성	창의적 행위가 새로운 것을 추구하도록 하는 능력
목적성	창의적 행위가 인간에게 의미 있는 것을 추구하도록 하는 능력
주체성	자율적이고 독립적이며 객관적으로 판단할 수 있는 능력
상상력	창의적 행위가 가능하게 만드는 상징, 은유를 통한 구성 능력
책임성	창의적 행위가 도덕적으로 의미 있게 실천할 수 있도록 하는 능력
도덕적 조망 능력	창의성을 도덕적으로 생각하고 판단하고 느낄 수 있는 능력
정서	과제 집착력, 열정, 신념, 독립성, 인내심, 모험심, 공감, 배려 등의 내적인 동기

3. 도덕적 창의성을 함양하기 위한 도덕교육 방법

도덕적 창의성은 어떻게 발달하는가? 일반적으로 창의성은 연령에 따라 발달한다. 아동기의 창의성은 자기중심적 사고에 의해 외적 기준을 무시한 채 자발적이고 독창적으로 나타나다가, 아동기 후기에 이르면 사회화의 과정을 거치고 외적 지식에 동화되어 비창의적인 경향을 나타낸다. 그리고 형식적이고 추상적인 사고가 발달하는 청소년기에는 창의성의 실질적 토대와 기초가 마련된다. 그리고 성인기에 이르러 절정기와 쇠퇴기를 경험한다.

일반적인 창의성의 발달과 마찬가지로 도덕성 역시 다양한 요인, 특히 연령에 따라 발달한다(조연순 외, 2008: 123-124). Kohlberg(문용린 역, 2004: 66)는 도덕성의 단계를 3수준 6단계로 구분하고, 도덕성은 인습 이전 수준에서 인습 수준 그리고 인습 이후 수준으로 발달한다고 보았다.

Rosenbllat와 Winner(1988)는 Kohlberg의 도덕성 발달단계를 기초로 하여 창의성 발달을 인습 이전 단계(6~8세), 인습 단계(8~10세), 인습 이후 단계(12세 이후)로 구분하고, 인습 이후 단계가 되면 창의성이 활발하게 나타난다고 하였다. 인습 이전 단계에서는 각 영역의 관행, 경험 지식의 부족으로 더 융통성 있고 개방적인 독창적 사고를 하다가, 인습 단계에서는 각 영역의 인습에 동화되어 비창의적인 경향을 보이며, 인습 이후 단계에서는 한 영역의 인습, 지식, 정보를 획득하고 그것을 기반으로 하여 더 창의적인 수행이 가능하다고 한다(조연순 외, 2008: 123 재인용). 이렇게 볼 때 도덕적 창의성은 대체적으로 연령, 성별, 환경 등을 조건으로 하여 발달한다. 그러므로 도덕적 창의성을 함양하기 위해서는 창의성 교육과 함께 도덕성 교육이 적절하게 이루어져야 한다.

도덕적 창의성을 함양하기 위한 방법은 도덕적 창의성의 내용을 제시하는 방법, 도덕적 창의성의 방법을 중시하는 방법, 교사 중심 방법, 학생 중심 방법 등 다양하게 분류할 수 있다. 여기서는 도덕적 창의성을 함양하는 방법을 인지, 정서, 행동의 측면으로 구분하여 고찰하고자 한다.[8)]

1) 도덕적 창의성의 인지적 측면을 위한 방법

도덕적 창의성의 인지적 측면을 함양하기 위한 방법은, 수학적 창의성이나 과학적 창의성의 경우와 마찬가지로 도덕적 창의성의 사고력을 함양하는 것이다. 창의적 사고력에는 문제해결 능력, 정교성, 융통성, 대안을 모색하는 능력 등이 포함되는데, 도덕적 창의성에는 일반적인 창의적 사고력뿐만 아니라 비판적 사고력, 배려적 사고력, 반성적 사고력, 도덕적 조망 능력 등이 포함된다.

도덕적 창의성에서 비판적 사고력은 인간의 자율성, 독창성 그리고 창조적으로 대안을 모색하기 위해서 필요한 능력이다. 그리고 자율성을 신장하면서 스스로 독립적인 사고를 통해 자신의 의지에 근거해서 생각하는 능력이다. 비판적 사고력은 합리적 추론 능력이고, 최선의 합당한 근거를 모색하는 능력이며, 도덕적 창의성의 실천을 목적으로 하는 능력이다.

비판적 사고력의 요소에는 대체적으로 사실과 가치 주장 구분하기, 사실의 정

8) 도덕성의 영역 역시 인지, 정서, 행동을 그 구성 요소로 보지만, 그 구분이 명확하게 이루어지지 않고 통합적으로 작용한다. 도덕적 창의성 역시 마찬가지다.

확성과 적절성 확인하기, 자기주장을 뒷받침하는 근거나 이유 평가하기, 대안 모색하기, 결론 도출하기, 자기 수정하기의 절차와 요소 등이 포함된다.[9] 그리고 비판적 사고력의 평가는 명료성과 정확성, 정밀성, 적절성, 깊이, 넓이, 논리와 공정성 등이 기준이다.

배려적 사고력은 관계적 측면에서 판단할 수 있는 능력이다. 이에 비해 반성적 사고력은 행위를 하기 전에 심사숙고하는 능력뿐만 아니라 행위를 하고 난 후 자신의 행위를 평가하고 반성할 수 있는 능력이다. 배려적 사고력 요소에는 대체적으로 공감, 관계적 사고, 역할 채택, 배려 등이 포함된다. 그리고 배려적 사고의 종류에는 가치 부여적 사고, 정서적 사고, 행적 사고, 규범적 사고, 감정이입적 사고 등이 포함된다(Lipman, 2005: 336-348).

그리고 반성적 사고력 요소에는 가설과 결과의 추론 능력, 균형적 사고, 행동에 대한 반성적 평가, 진술에 대한 논증이나 평가 등이 포함된다. 반성적 사고의 종류에는 합당한 추론적 사고, 성찰적 사고 등이 있다.

도덕적 창의성을 함양하기 위해서는 이들 모든 사고력을 통합하고 신장해야 한다. 우리는 도덕적 창의성의 인지적 능력을 함양할 수 있는 구체적인 방법으로 질문법, 대화법, 문제해결 방법, 고차적 사고교육 방법 등을 고찰해 보고자 한다.

(1) 질문법

도덕적 창의성을 함양하기 위한 질문법의 대표적인 사례는 소크라테스식 문답법이다. 질문법의 목적은 학생들이 도덕적 창의성을 함양하기 위해 질문을 하고, 질문을 유도하고, 스스로 질문을 할 수 있도록 하는 방법이다. 도덕적 창의성에

9) 미국 철학회 델피 보고서에서는 비판적 사고력으로 해석, 분석, 평가, 추론, 설명, 자기규제를 제시하고, Beyer는 확인할 수 있는 사실과 가치 주장 구별하기, 정보 출처의 신뢰성 결정하기, 진술의 사실적 정확성 결정하기, 적절한 정보 · 주장 · 근거들과 부적절한 것 구별하기, 편견 찾아내기 그리고 진술되지 않은 가정 확인하기, 애매하거나 의심스러운 주장이나 논증 확인하기, 추론 과정에서 논리적 모순이나 오류 인식하기, 정당화되는 주장과 그렇지 못한 주장 구별하기, 논증의 설득력 결정하기 등을 제시한다(노영란, 2009: 33-36 재인용).

적합한 질문은 내용이 명료하고, 정확하고, 정밀하고, 적절하며, 질문의 깊이와 폭이 넓은 것이다. 또한 논리적이고 공정한 내용이 질문에 포함되면 효과적이다. 그리고 대화적 사고와 반성적 사고를 유추하거나 도출할 수 있는 질문이 좋다(노영란, 2009: 50-51).

(2) 문제해결법

도덕적 창의성 역시 궁극적으로 다른 교과에서처럼 도덕적 문제를 해결하기 위한 것이 그 목적이다. 물론 도덕적 문제해결 능력은 도덕적 창의성에서 인지, 정의, 행동과 적절하게 통합되어 실생활에서 나타나야 한다. 일반적으로 창의적 문제해결 학습 방법은, ① 문제의 확인, ② 문제의 정의, ③ 방법의 탐색, ④ 사고한 것에 따라 행위하기, ⑤ 행위한 결과 보기 등의 절차와 단계를 거친다. 일반적인 창의적 문제해결 방법은 도덕적 창의성에도 활용된다. 창의적 문제해결 방법을 도덕적 창의성에 적용하면, ① 도덕적 문제 상황의 확인, ② 대안의 모색, ③ 대안에 대한 분석 및 장단점 비교, ④ 해결 방안 모색, ⑤ 해결 방법의 결과 및 문제점 모색의 단계로 제시할 수 있다.

(3) 고차적 사고교육 방법

고차적 사고력을 함양하는 방법은 사고를 확장하고 탐구하는 능력을 신장시키는 것이다. 고차적 사고교육은 사고력을 두 가지 차원으로 구분하는데, 개념을 인식하는 차원과 개념을 일상생활에 응용할 수 있는 차원, 즉 고차적 차원이 그것이다.

고차적 차원의 사고력 기능에는 창의적 사고, 배려적 사고, 비판적 사고력, 반성적 사고력이 포함된다. 창의적 사고는 새롭거나 주어지거나 부딪힌 도덕적 문제를 인식하는 것 그리고 이를 판단하고 예측하고 문제해결을 할 수 있는 지혜를 포함하는 사고다. 그리고 이러한 창의적 사고력을 좀 더 확장시키고 발전시키기 위해서는 배려적 사고가 필요하다. 배려적 사고는 관계적 사고라고 할 수 있는데, 예를 들어 계절의 변화에 별 관심을 가지고 있지 않는 학생은 나뭇잎을 단조롭게 그린다. 그러나 관심을 가지고 있는 학생은 나뭇잎을 자세히 관찰하여 금빛, 푸른빛, 갈색빛 그리고 붉은빛 등으로 그리는 것을 볼 수 있다. 창의적 사고에 배려적 사고가 필요하듯이 비판적 사고도 필요하다(Lipman, 2005: 324-326). 그리고 고차적 사고에는 반성적 사고력과 대화를 통해 자신의 사고를 조절하고 안정감 있게 할 수 있는 능력이 포함된다.

고차적 사고력에는 민감성, 협동성, 자율성, 허용적 참여, 인지적 활동의 공유, 관계성, 의미의 탐색, 사회적 숙고, 공평함, 모델링, 절차로서 고찰하기 등이 평가 기준이 된다. 고차적 사고교육의 학습 방법은 교재 읽기→토론 주제 만들기→공동체 다지기→연습문제와 토론 계획 활용하기→심화 반응 고무시키기 등으로 진행할 수 있다(Lipman, 2005: 140-145).

2) 도덕적 창의성의 정서적 측면을 위한 방법

학생들이 도덕적 창의성을 함양하기 위한 방법은 창의적 정서를 함양하는 것이다. 따라서 도덕적 창의성과 관련된 정서를 교육하는 방법, 창의적 성격을 지닌 사람의 양극단의 정서를 모두 경험하게 하는 방법, 자기 정서를 평가 · 측정하거나 전기적으로 서술하는 방법 등이 가능하다. 도덕적 창의성의 정서의 하위 요소에 포함될 수 있는 긍정적인 자아상, 자아실현, 대인관계 기술, 의사소통 기술을 함양하면서 도덕적 창의성의 정서를 발달시키는 방법도 가능하다. 그리고 스스로 자신의 정서를 서사적으로 서술하는 전기적 정서 평가 방법으로서 자전적 글쓰기는 자신을 담담하고 솔직하게 관찰하고 비평해 가는 작업을 통해 자신의 정서를 확인하고 이해하고 재구성하는 능력을 함양할 수 있다. 다음은 도덕적 창의성의 정서를 함양하기 위해 활용해 볼 수 있는 방법이다.

(1) 무작위적 야누스적 사고 방법

Sak(2006)은 창의적 성격에는 야누스적 모습이 있다고 하였다. 그런데 이 야누스적 모습은 정반합을 통해 해결될 수 있거나, 어느 한쪽이 다른 한쪽을 극복하는 것이 아니다. 창의적 성격에 보이는 어두운 측면, 즉 야누스는 무의식적으로 발생하는 것이 아니라 적극적으로, 직접적으로 의식되며, 합쳐지지 않고, 정과 반은 해결되지 않는다. 즉, 서로 다른 방식으로 자유롭게 결합하는 것이다. 그러므로 창의성의 어두운 측면을 교육하기 위해서는 창의성의 긍정적인 면과 어두운 면을 함께 교육해야 한다. 무작위적 야누스적 사고기법을 활용한 학습 방법은 여러 개의 반대되는 개념, 대상, 이론들을 적극적으로 생각하게 하는 것이다. 즉, 어떤 사태를 제시하여 도덕적 창의성의 정서를 함양할 때, 여러 개의 정서를 경험하고, 도덕적 창의성의 정서가 발달할 수 있도록 도와주는 것이다(하주현, 2007: 140-145 재인용).

(2) 이야기하기

도덕적 창의성의 정서적 측면을 함양하기 위한 방법으로 이야기하기가 있다. 이야기하기는 객관적 사실의 전달이 목적이 아니라, 자신의 정서와 상태를 진지하고 솔직하게 드러냄이 목적이다. 이야기하기를 통해 자신을 드러내고, 살피고, 의미 있는 삶을 살 수 있도록 지향하는 것이 그 목적이다. 이야기하기 방법에는 일상적인 이야기, 추상적인 이야기 등이 가능한데, 정서적 측면을 강화하기 위해서는 일상적인 이야기하기가 효과적이다.

(3) 글쓰기

글쓰기 교육은 도덕적 창의성을 함양하기 위한 효과적인 방법으로 많이 활용되고 있다. 도덕적 창의성의 정서를 함양하기 위해서는 객관적이고 과학적인 측면과 함께 정서와 해석학적 상상력과 구성력을 함양할 수 있는 주제와 방법이 필요하다. 도덕적 창의성의 정서 함양을 위한 글쓰기 방법의 목적은 학생들의 창의성의 진지성, 성찰성, 목적성, 의미성, 책임성을 생각해 볼 수 있는 기회를 제공하는 데 있다. 예컨대 과학 상상 글쓰기를 하더라도 객관적이고 사실적인 추측과 상상뿐만 아니라 학생들이 미래의 과학 시대를 위해 자신의 삶을 어떻게 구성하고 투사하고 기획할 것인지를 묻고 쓸 수 있도록 도와주어야 한다(박세원, 2009: 328).

3) 도덕적 창의성의 행동적 습관을 위한 방법

도덕적 창의성을 함양하기 위한 행동적 측면은 습관적 태도와 실천의지를 함양하는 것이다. 행동적 습관의 함양은 행동주의 이론이나 사회발달론 관점에 해당한다. 도덕적 창의성의 태도를 습관화하거나 실천의지를 강화하는 방법으로 훌륭한 인격을 통한 모델링, 도덕적 창의성을 실현한 인물에 대한 긍정적 관찰학습, 현장학습 등이 가능하다.

지금까지 도덕적 창의성을 함양하기 위한 도덕교육의 방법을 고찰해 보았는데, 도덕적 창의성의 발달은 인지, 정서 및 행동이 통합적으로 작용해야 하며 개인, 가정, 학교 및 사회가 교육공동체로서 역할을 해야 한다. 또한 도덕적 창의성의 발달을 위해서는 학생은 물론 교사의 역할이 매우 중요하다. 교사가 스스로 도덕적 창의성의 모델 역할이 되어야 하고, 학생 개개인의 도덕적 창의성을 발달시키기 위해 각각에 맞는 적합한 방법을 개발 · 적용하는 것이 필요하다.

4. 초등학교 도덕과 교육과 도덕적 창의성 함양의 실제

1) 초등학교 도덕과 교육과 도덕적 창의성 함양의 방법

현재 초등학교에서 이루어지는 도덕과 교육에서 도덕적 창의성은 도덕과 교육의 목표를 달성하기 위한 한 요소로서 다루어지고 있다. 2007년 개정 도덕과 교육에서 초등학교 도덕과 목표를 통해 나타나는 도덕과 정체성은 '자신과 타인 · 사회, 국가 · 민족 및 자연과의 관계에 대한 올바른 이해를 바탕으로, 인간의 삶에 필요한 도덕규범과 예절을 익히며, 생활 속에서 제기되는 여러 가지 도덕 문제를 합리적으로 해결해 나갈 수 있는 도덕적 사고력과 판단력, 실천 동기 및 능력을 함양하여 자율적이고 통합적인 인격을 형성하는 교과'다. 도덕과 교육은 인간이 직면하는 세상이나 세계를 나와 주체적인 관계로 이해하며, 도덕규범과 예절을 익히고 도덕적 사고력과 판단력 그리고 실천 동기 등 도덕적 기술을 익혀서 자율적이고 통합적인 인간으로 자라는 데 도움을 주는 것이다.

도덕과 교육의 목적을 실현하기 위해 도덕교육의 내용은 가치 관계 확장을 중심으로 구성하고 있다. 그리고 도덕과 교육을 통해 함양해야 할 도덕성은 인지적 · 정의적 · 행동적 요소로 제시하고 있지만, 각 요소는 구분되는 특징을 강조하는 것이 아니라 도덕교육을 통해 최종적으로 기르고자 하는 자율적이고 통합적인 인격의 기초를 마련하는 것이라고 밝히고 있다.

인지적 요소는 일상생활에 필요한 도덕규범과 기본생활 예절을 배우고 익히는 일, 그리고 기본적인 도덕적 판단력을 기르는 일이 포함된다. 정의적 측면과 관련되는 태도는 공동체 속에서 다른 사람과 더불어 조화롭게 살아갈 수 있는 태도를 육성하는 데 필요한 것으로, 도덕적 정서와 감정, 도덕적 실천 동기와 의지를 기르는 일, 선과 옳음을 사랑하고 존중하며 실현하려는 도덕적 감정, 정서와 열정, 의지 및 그 밖에 공감과 연민 등이 포함된다. 행동적 요소에는 일상생활에 필요한 도덕규범과 기본생활을 실천하는 것, 도덕적 삶에 필요한 여러 가지 행위기능과 능력을 익히고 실천하면서 습관을 형성해 가는 것, 공동체 속에서 다른 사람들과 조화롭게 살아가는 것 등이 포함된다.

그리고 인지적 · 정의적 · 행동적 요소는 모두 궁극적으로는 도덕과 교육을 통해 필요한 지적 · 도덕적 덕을 길러 유덕한 인격자로 성장하는 것을 지향한다.

초등학교 도덕과 교육의 특징을 고려해 보았을 때, 도덕과 교육에서 도덕적 창의성은 도덕과 교육의 목표와 내용 전체에 포함되어 있다. 즉, 도덕성이 함양되면 도덕적 창의성은 발달한다고 할 수 있다. 그러나 도덕적 창의성이 발달하기 위해서는 도덕적 창의성의 요소를 강조해서 수업을 해야 한다. 그리고 도덕적 창의성 교육은 행동의 변화를 야기하도록 적극적으로 이루어져야 한다. 예를 들어, 주위에 어려움을 겪는 친구나 사람을 보았을 때 도덕적 창의성을 지닌 사람이라면 단순히 그 사람에게 연민이나 안타까운 마음을 갖는 것만으로는 부족하다. 도덕적 창의성을 지닌 사람은 어려움을 겪는 친구나 사람이 당면한 문세의 원인과 개인적이고 사회적인 구조를 통찰하고 대안적 방법을 모색하고, 적극적인 차원에서 존재적 책임감을 통감하고 도덕적으로 실천해야 한다.

현재 초등학교 도덕과 교육의 수업 현장에서 도덕적 창의성을 함양하기 위해 활용되고 있는 방법은 무엇인가? 도덕적 창의성 함양을 위한 사고력을 함양하는 방법, 도덕적 창의성의 정서 능력을 함양하는 방법 그리고 도덕적 창의성의 행동 능력을 함양하는 방법으로 구분할 수 있지만, 현장에서는 인지, 정서, 행동이 통합된 형태의 학습 모형을 적용하고 있다. 일선 학교에서 도덕적 창의성을 함양하기 위한 도덕과 수업의 방법으로 탐구공동체 수업 모형, 대화학습 모형, 이야기 학습 모형 등이 가능할 수 있는데, 각각의 모형의 특징을 살펴보면 다음과 같다.

첫째, 탐구공동체 수업 모형[10)]을 살펴보면, 도덕적 창의성을 함양하기 위해 도덕적 탐구 능력을 중시한다. 도덕적 탐구 능력은 도덕적 문제해결의 구성자이며 실천가로서의 자질이다. 그러므로 탐구공동체 수업 모형은 도덕적 훈화나 주입의 방식이 아닌 학생 스스로 도덕을 탐구하고 대안을 찾고 반성적 사고를 통해 실천 의지를 강화하는 것이다.

> 윤리 탐구의 목적은 특정 가치를 가르치는 것이 아니라, 개방적이고 지속적으로 가치와 표준, 실천을 검토해 보는 것이다. 그것들은 우리의 삶 속에서 있는 것이며, 공개적으로 여러 관점과 여러 관련 사실을 토론해 보려는 것이다. 윤리 탐구가 전제하고 있는 것은 그러한 토론과 반성이 상호 신뢰와 공정한 분위기에서 이루어질 때 다른 어떤 방법보다 학생들의 도덕적 책임감과 도덕적 지성을 더욱 더 발전시킬 수 있다는 것이다(박진환, 2004: 11).

탐구공동체 수업 모형은 구체적으로 정해진 절차는 없지만, 일반적으로 다음의 단계를 거친다.

10) 탐구공동체 수업 모형은 고차적 사고력을 함양하기 위한 방법을 구체적인 수업 장면에 적용・발달시킨 방법이다.

- 1단계: 동기 유발 다양한 활동을 통해 학습 흥미를 유발하는 단계다.
- 2단계: 정신적 사고 활성화 탐구를 시작하기에 앞서서 그 시간에 다룰 주제와 관련된 단어들에 대한 충분한 이해와 숙고를 조장할 수 있도록 유도하는 단계다.
- 3단계: 에피소드 제시 에피소드는 도덕적 사건이나 사태로 구성된 이야기 자료다.
- 4단계: 질문 끌어내기 에피소드를 읽고 난 다음에 생기는 질문들을 모둠별로 작성하고 선택하는 단계다.
- 5단계: 연쇄 질문 학생과 교사가 산파술 혹은 반어법적인 질문을 통해 질문 내용을 세련시키는 단계로 개념적 · 연역적 · 귀납적 · 경험적 · 감정적 · 유비적 · 목적적 질문들로 구성될 수 있다.
- 6단계: 숙고 판단 에피소드에 대한 질문과 교사의 연쇄 질문을 통해서 처음 자신이 가졌던 생각에 대해 깊이 생각하는 단계다.
- 7단계: 반성적 균형 각자의 판단과 다른 학습자들과의 의견 일치 정도에 따라서 한번 더 숙고하는 단계다.

둘째, 대화학습 모형은 도덕적 창의성을 계발하기 위해 교사-학생 간, 학생-학생 간의 자발적인 대화를 존중한다. 대화학습 모형은 모든 인간 존재 자체를 창의적으로 간주한다. 그러므로 학생의 자율성과 의미 구성력을 존중하면 도덕적 창의성이 자연스럽게 발달한다고 본다. 대화학습 모형은 학생들에게 대화의 계기를 제공하고, 분단 대화를 통해, 학습 경험을 공유하고, 대화를 정리하는 단계로 이루어진다. 물론 이 방법이 정형화된 것은 아니지만 대체적으로 활발하고 자유롭고 창의적으로 이루어지는 존재론적인 대화를 존중한다(허재복, 2003: 61).

셋째, 이야기학습 모형은 학생들의 도덕적 창의성은 이야기를 하고 공유하는 과정을 통해 발달한다는 것이다. 이야기학습 모형에서는 모든 인간을 이야기적 존재로 이해한다. 즉, 인간은 이야기를 듣고 이야기를 하면서 성장하고 발달한다는 것이다. 이야기학습 모형을 수업에 적용할 때는 고정적이지는 않지만 대체적으로 다음과 같은 단계를 따른다.

- 1단계: 이야기 사례 제시 도덕적 창의성 문제를 모색하고 탐구하는 단계다.
- 2단계: 느낀 점 이야기하기 이야기에 대해 느낀 것을 나누는 단계다.
- 3단계: 자신의 경험 이야기하기 마음을 열고, 서로의 이야기를 나누는 단계다.
- 4단계: 이야기 재구성하기 다른 사람의 이야기를 들으면서 자신의 이야기를 돌아보고 반성하며, 자신의 모습을 어떻게 형성할 것인가에 대한 노력을 하기 위해 이야기를 재구성해 보는 단계다.

그런데 도덕적 창의성을 강조하는 학습 방법은 무엇보다도 다음의 내용을 중시해야 한다. 첫째, 도덕을 전통적으로 답습하는 것이 아니라, 스스로 궁리하고 모색하는 주체적인 것으로 이해해야 한다. 도덕은 전통을 답습하는 고정적인 형식이 아니라 인간을 사랑하고 행복하게 만드는 자율성이 당위이자 원리다. 둘째, 인간 존재 자체가 창의적이기 때문에 인간을 존중하고 이를 사랑하는 것이 도덕적 창의성의 시작이다. 그러므로 도덕적 창의성은 학생 개개인을 존중하고 학생 모두가 도덕적 주체자로서 당당하게 자랄 수 있도록 하는 것이 기본 전제다. 셋째, 도덕적 창의성은 규범적 내용을 의미한다. 창의성은 가치중립적인 것이 아니라 가치성과 의미성 그리고 목적성을 지녔다는 것이다. 그러므로 도덕적 창의성을 적극적으로 가르쳐야 한다. 넷째, 도덕적 창의성을 실현한 사람은 자아를 실현한 사람이고 성숙한 인격자가 되어야 한다. 그러므로 창의성의 양극성을 경험하되, 창의성의 어두운 측면을 극복할 수 있게 하거나, 스스로 성찰하고 구성할 수 있도록 교육해야 한다. 그리고 도덕적 창의성을 함양하기 위해서는 성숙한 인격자로서 성장할 수 있는 습관과 태도가 중시되어야 한다. 다섯째, 도덕적 창의성은 판단력, 정서 및 행동이 통합적으로 발달되어야 하고, 이를 위해 도덕과 교육에서도 이를 통합적으로 가르쳐야 한다.

그러면 실제 초등학교 수업에서 도덕적 창의성을 함양하려면 어떻게 해야 하는가? 무엇보다도 다음의 몇 가지 원리가 존중되어야 한다.

- **창의적 사고의 존중과 함양 방법의 모색** 학생들에게 정해진 답을 요구하기보다는 문제를 던지고 학생 스스로 숙고하여 문제를 발견하고 해결해 가면서 도덕적 창의성이 성장할 수 있도록 돕는다.
- **경 험** 도덕적 창의성의 가치나 덕목, 즉 규범을 가르칠 때는 피상적이고 관념적인 것에서 벗어나 구체적이고 특수한 일상적 삶의 경험을 통해 실천할 수 있는 태도를 형성해야 한다. 경험의 공유는 우선 언어가 원활한 의사소통을 전제로 하며, 일상이 공유되어야 한다. 그리고 그 과정에서 나와 타인에 대해 귀 기울이고, 타인의 판단에 관심을 가져야 한다. 특히, 도덕적 창의성의 발달은 추상적인 것이 아니라 구체적인 경험을 통해 이루어지도록 해야 한다. 수업시간에 경험을 공유하기 위한 효과적인 방법은 예술적 체험이 효과적인 매개체가 된다. 인간 체험의 표현인 예술은 우리 마음에 이미지를 형성해 내는 능력인 감각과 상상력 등을 통해 체험에 대한 느낌을 전달해 준다. 예술적 체험은 과학적 인식과는 다른 미적 인식이 필요하다. Gadamer(1972)는 '예술은 일종의 인식(erkenntnis)이고, 예술의 체험은 이러한 지식을 공유하는 것' 이라고 주장하였다. 아름다움과 엄숙함, 경건함에 대한 학생들의 체험과 이에 대한 공유는 도덕적 창의성을 발달시키는 데 기여할 수 있다.
- **도덕적 문제해결 능력의 함양** 학생들이 도덕적 문제 상황에 직면했을 때 이를 해결할 수 있는 능력이 도덕적 창의성 요소에 포함되어 있어야 한다. 그리고 도덕적 창의성의 문제해결 능력에 통찰력과 책임감이 강조되어 교육되어야 한다.
- **능동적 참여와 대화** 학생들의 창의적 도덕성은 삶으로 나타나야 하고, 이를 위해서는 수업시간에 적극 참여하고 대화를 하면서 자신의 창의적 사고와 성품을 반성적이고 균형 있게 발달시킬 수 있어야 한다. 학생들은 학습 활동에 적극적으로 참여하는 것과 대화를 통해 도덕규범이나 기준을 습득하는 데 상호 주관성을 확보할 수 있을 뿐만 아니라, 자신의 생각을 고집하거나 독단적인 편견에서 벗어나 반성적 사고의 기회를 제공받을 수 있다.
- **정 서** 학생들의 도덕적 창의성을 함양하기 위해서는 내적인 동기인 정서가

강조되어야 한다. 도덕적 창의성에서 정서의 발달은 매우 중요하다. 따뜻한 정서와 날카로운 판단력 그리고 용기 있는 실천만이 개인은 물론 사회에 유의미할 수 있다.

- 상상력의 강조 도덕적 창의성은 다른 창의성과 마찬가지로 상상력과 함께 도덕적 상상력이 강조되어야 한다. 상상력과 도덕적 상상력을 함양하기 위해서 공감 능력, 역할 채택 능력, 은유와 환유의 능력을 강조하면 좀 더 효과적이다. 특히, 다양한 시각매체를 활용하면 학생들의 상상력을 효과적으로 발달시킬 수 있다. 그러므로 문학 작품 및 영화, 텔레비전의 드라마를 활용하는 것이 매우 좋다. 깊은 내면세계를 표현한 문학 작품이나 영화는 세계에 대한 호기심을 갖게 하고 상상력을 풍부하게 할 뿐만 아니라 다양한 인간의 삶에 대한 관심을 높여 더불어 사는 폭넓은 관점 채택과 승화된 공감 능력을 가진 성숙한 인격을 발달시키는 데 기여할 수 있다. 그리고 문학이나 드라마에 등장하는 창조적이고 성숙한 인격의 인물들은 창의적인 행동 동기를 갖게 하는 데 설득력이 있다.
- 적절한 외적 환경의 조성 학생의 도덕적 창의성은 자신이 처한 공동체의 상황적 맥락, 환경 및 분위기의 상호작용에 영향을 받는다. 학생들의 도덕적 창의성을 함양하기 위해서는 학교와 교실을 창의적이고 아름답게 조성하는 것도 필요하다.
- 학교, 가정 및 지역사회의 연계에 의한 지도 학생들의 도덕적 창의성을 함양하기 위해서는 가정과 지역사회가 유기적으로 연계 · 확대되면서 교육적 지도를 해야 한다.

2) 도덕적 창의성의 함양을 위한 교수-학습 방법의 실제

도덕적 창의성을 함양하기 위한 도덕과 교수-학습의 자료는 어떻게 개발되고 활용되어야 하는가? 먼저 학생들이 도덕적 창의성을 계발하기 위해서는 도덕적 창의성을 경험하고, 그 결과를 산출하고, 도덕적 창의성의 인지적이고 정서적인 것 그리고 행동적인 경향을 통합적으로 계발할 수 있는 자료가 개발되어야 한다. 도덕적 창의성을 계발하기 위한 자료의 개발 방향은 다음의 내용을 고려하면 효과적이다.

첫째, 학습 내용과 주제가 도덕적 창의성을 함양하기 위한 것으로 적합해야 한다. 이를 위해서는 초등학교 도덕과 교육 내용과 도덕적 창의성을 적절하게 결합시켜서 수업 활동을 해야 한다. 물론 그 외에도 잠재적 교육과정을 활용해서 수업할 수도 있다.

둘째, 도덕적으로 성숙한 인격과 유기적으로 결합할 수 있는 자료를 선정하여 교육해야 한다. 도덕적 창의성은 다른 창의성 영역과 다르게 창의성의 의미성, 가치성, 목적성 그리고 습관과 태도를 중시한다. 학생들의 도덕적 창의성이 성숙한 인격의 토대 위에서 발휘될 수 있도록 해야 한다.

셋째, 도덕적 창의성은 개인의 특성과 기질 그리고 이를 둘러싼 사건, 사람, 자료, 자기의 생활상 등 다양한 상황에서 생성되는 과정이다. 이러한 과정을 찾는 동기가 바로 자아실현의 완성이다. 그러므로 자신의 꿈, 삶의 의미와 목적성을 도덕적 창의성과 연결시키면 좋다.

넷째, 도덕적 창의성의 내적인 힘은 동기다. 그러므로 학생들이 도덕적 창의성을 함양할 수 있도록 동기를 부여할 수 있는 학습자료가 필요하다. 감동을 주는 글이나 아름다운 그림, 재미있는 만화 등이 동기 자료로 효과적이다.

다섯째, 도덕적 창의성을 함양하기 위해서는 내면적 변화와 성숙을 위한 학습자료를 제공함으로써 깊이 생각하고, 따뜻하게 배려할 수 있는 관계적 사고, 반성적 사고, 창의적 사고를 통합적으로 경험하도록 하는 내용을 제공하는 데 관심을 두어야 한다.

여섯째, 도덕적 창의성 교수-학습 자료를 구성하기 위해서는 창의성 교수-학습 방법을 적극적으로 활용해야 한다. 창의성 교수-학습 방법을 도덕과 교육의 내용에 맞게 적절하게 변용 적용하는 것이 필요하다.

일곱째, 도덕적 창의성을 함양하기 위해 교수-학습의 방법이 필요하지 않은 경우에는 도덕적 창의성의 구성 요소와 관련된 학습 주제를 도덕과 교수-학습 방

〈표 2-3〉 도덕적 창의성의 평가 사례

특 징	평가 요소 및 척도	판 정	내 용
독창성	도덕적 문제 상황을 파악하고 문제를 해결하는 데 독창적인 면이 탁월하다.	상	도덕적 문제 탐구지 작성 및 발표
	도덕적 문제 상황을 파악하고 문제를 해결하는 데 독창적인 면이 적당하다.	중	
	도덕적 문제 상황을 파악하고 문제를 해결하는 데 독창적인 면이 낮다.	하	
책임성	도덕적 문제 상황을 파악하고 문제의 책임을 분명하게 파악하여, 이를 해결하는 데 적극적이다.	상	프로젝트 과정 및 결과 보고서 제출
	도덕적 문제 상황을 파악하고 문제의 책임을 분명하게 파악하지 못하고 있고, 이를 해결하는 데 다소 소극적이다.	중	
	도덕적 문제 상황을 파악하고 문제의 책임을 파악하지 못하여, 이를 해결하는 데 매우 소극적이다.	하	

법과 결합하여 구성하는 것도 가능하다.

여덟째, 도덕적 창의성을 함양하기 위한 방법이 그다지 많지 않기 때문에 수업에 활용하는 것이 쉽지 않다. 그럴 경우 되도록 방법이나 형식보다는 그 정신이나 목적을 함양하는 데 의의를 둔다.

그러면 도덕적 창의성을 위한 평가 요소는 어떻게 결정해야 하는가? 도덕적 창의성의 평가 척도는 도덕적 창의성의 구성 요소를 수업 내용에 맞게 적절하게 구성해야 할 것이다. 〈표 2-3〉은 도덕적 창의성의 평가 사례다. 이 평가 척도는 강제 결합법을 바탕으로 구안되었으며, 다른 형태로 변형하여 활용할 수 있다.

◆도덕과 수업의 실제

도덕적 창의성을 함양하기 위한 하나의 방법으로 영화 만들기를 활용할 수 있다. 영화 만들기 수업은 영화 제작 과정을 도덕 수업에 적용하는 것이다. 영화는 공장에서 물건을 만드는 것과는 상당히 다른 작업 과정을 거친다. 아무것도 없는 빈 화면에서 시작하여 창조적인 과정을 거쳐 화려한 영상과 음향으로 가득 채워지기 때문이다. 그렇게 채워진 화면이 살아서 움직이고 사람의 마음을 울리고 웃

긴다. 빈 화면에 아름다운 영상이 흐르고 아름다운 음악이 어우러져 만들어지는 영화는 창의적인 능력이 없으면 완성할 수 없다. 그리고 영화는 만드는 사람의 가치와 규범이 담길 수밖에 없는 매체다. 영화 만들기는 독창성, 주체성, 목적성과 책임성을 분명하게 평가할 수 있는 매우 효과적인 과정이고, 만들어진 영화가 기록으로 남기 때문에 도덕적 창의성을 발달시키는 데 매우 효과적이다.

① 영화 만들기를 활용한 이야기 수업 과정

영화 만들기를 도덕과 수업에 활용하고자 할 때는 전문적인 영화 작품을 만들거나 완성도 있는 작품 구성이나 제작 그 자체에 목적이 있는 것이 아니다. 도덕과 수업을 창의적으로 구성하고 만들며 학생들이 도덕적 창의성 형성에 직접 참여하는 것을 목적으로 하기 때문에 영화 제작의 일반적인 과정을 따르되, 수업의 흐름에 맞추어 생략하거나 일부분만 강조해서 활용하면 된다. 영화 만들기를 수업에 활용하고자 할 때, 탐구수업 모형, 대화학습 모형, 이야기학습 모형을 적절히 활용하면 좋다. 이야기학습 모형을 활용한다면, 도덕적 주제 선정하기→스토리보드 작성하기→촬영→편집→이야기 나누기→이야기 재구성하기 단계로 진행하는 것이 좋다. 각 단계를 구체적으로 설명하면 다음과 같다.

- **1단계: 도덕적 주제 및 제재의 선택과 인식** 교과서에 제시된 제재나 관련된 도덕적 주제들을 선정한다. 제재에 대한 정확한 인식에서 영화 만들기가 시작된다. 영화 주제를 정할 때는 교과 내용을 고려하고, 학생들의 경험을 불러일으키며, 교사와 학생 간의 대화를 통해서 전체 학생들이 제재에 대한 명확한 의미를 인식하는 데 주안점을 둔다. 도덕 교과서의 주제가 도덕적 창의성과 직접 연결되지 않는 부분이 많으므로 자연스럽게 연결될 수 있도록 교사의 지도가 필요하다.
- **2단계: 도덕적 주제의 확인과 스토리보드의 제작** 스토리보드는 영화 제작의 설계도이며 도덕적 주제를 모둠원이 함께 확인하면서 주제를 만들어 가는 단계다. 이 단계에서 학생들은 1단계에서 익힌 도덕적 주제에 관련된 내용을 자

신의 이야기로 바꾸게 된다. 모둠의 구성은 5~6명이 적당하다. 이 단계는 도덕적 대화가 적극적으로 이루어지기 때문에 다양한 의견을 나눌 수 있도록 해야 하며, 제작이 가능한 설계도를 작성할 수 있도록 해야 한다.

- 3단계: 촬영 학생들이 가장 즐거워하는 시간이다. 연출, 조연출, 조명, 음향 등의 역할을 나누어 작업하면 적절한 효과를 거둘 수 있다.[11] 이 단계에서는 자신의 이야기로 만든 스토리보드를 가지고 직접 제작하므로 창의성이 뚜렷이 나타나며 학생들의 개별적 도덕 수준도 나타난다. 영상촬영은 서정시와 유사한 점을 많이 가지기 때문에 최대한의 의미를 전달할 수 있는 최소의 장면을 구상해야 한다.
- 4단계: 편집 스토리보드를 보며 찍은 영상을 편집하는 단계다. 이 단계에서 학생들 개별 혹은 모둠마다 창의성이 나타난다.
- 5단계: 느낀 점 이야기하기 만들어진 작품을 교사와 학생들이 함께 보며 이야기하는 수업의 마지막 단계이며, 학생들이 가장 기다리는 시간이다. 감상하기의 시간을 통해서 제작된 작품을 실생활의 문제로 구체적으로 지각할 수 있다. 또한 완성된 장면을 통해서 다양한 의견과 가치 선택의 양상을 다시 생각할 수 있으며, 학생들의 행동 수정도 기대할 수 있는 단계다. 이 단계에서는 교사가 도덕적 창의성을 자극하는 발문을 많이 하는 것이 효과적이다. 발문을 통해 창의적 사고를 확산시키고, 학생들 상호 간의 탐구 능력을 향상시킨다.

② 수업의 실제

다음은 영화 만들기를 도덕과 수업에 적용한 예다.

11) 초등학교의 현실에서는 기술적인 부분에서 교사가 적극적으로 개입하는 것이 좋을 듯하다. 교사의 개입이 필요한 이유는 학생들이 직접 할 경우 많은 시간이 드는 단점이 있기 때문이다. 만약 방학 과제를 활용할 경우나 재량 활동 시간까지 포함해서 도덕 수업을 할 경우 학생들이 직접 촬영을 하는 것은 좋은 체험이 될 수 있다.

▣ 4학년 2학기

▣ 〈2단원〉 우리 모두를 위하여, 〈3단원〉 공정한 생활

〈표 2-4〉 영화 만들기와 도덕과 제재 구성(예)[12]

<table>
<tr><th rowspan="2">제 재</th><th colspan="3">학습 내용</th><th rowspan="2">비 고</th></tr>
<tr><th colspan="2">차시 계획</th><th>영화 제작의 단계(재구성)</th></tr>
<tr><td rowspan="3">2. 우리 모두를 위하여</td><td>1</td><td>공공장소에서의 예절과 질서의 중요성 알기</td><td>• 공익광고 감상하기
• 제재의 의미 알아보기</td><td>• 공공적 측면에서 창의성이 어떻게 나타나야 하는지 함께 생각해 보게 한다.</td></tr>
<tr><td>2</td><td>공공장소에서 지켜야 할 여러 가지 예절과 질서에 대한 자신의 생활 반성하기</td><td>• 스토리보드 작성하기
• 촬영 계획 세우기</td><td></td></tr>
<tr><td>3</td><td>공공장소에서의 예절과 질서 지키기 실천하기</td><td>• 촬영하기</td><td></td></tr>
<tr><td rowspan="3">3. 공정한 생활</td><td>1</td><td>공정하게 행동해야 하는 까닭 알기</td><td>• 앞 제재의 영화 감상하기
• 본 제재의 의미 알아보기</td><td>• 공정과 도덕적 창의성을 연결시켜 생각해 보게 한다.</td></tr>
<tr><td>2</td><td>평소에 공정하게 행동했는지 반성하기</td><td>• 스토리보드 작성하기
• 촬영 계획 세우기</td><td></td></tr>
<tr><td>3</td><td>공정한 생활 실천하기</td><td>• 촬영하기</td><td></td></tr>
<tr><td>※ 차시 외 시간 활용의 예 (재량)</td><td>재량</td><td>영화를 활용한 도덕 수업 돌아보기</td><td>• 제작한 영화 감상하기
• 생활 반성과 내면화하기</td><td></td></tr>
</table>

영화 만들기를 위해서는 교과서 내용에 따라 영화 만들기 주제와 제재를 연결시켜서 구성해야 하는데 구체적인 예는 〈표 2-4〉와 같다.[13]

도덕적 창의성을 함양하기 위해 영화 만들기를 활용할 때 다음의 사항을 유의해야 한다. 첫째, 수업의 큰 흐름을 따라가면서 도덕적 창의성을 함양할 수 있도

12) 각 차시별로 제시되는 교과서의 내용 중 2개 이상의 활동이 필요한 경우는 지역과 학생 실정에 맞는 것을 사용한다. 또한 제시된 문제 상황이나 예화 또는 활동이 학교 실정에 부적절한 경우에는 교사가 학생의 수준에 적절한 새로운 문제 상황이나 예화, 활동을 구성하여 제시할 수 있다(교육인적자원부, 2007: 44-45).

13) 영화 만들기는 2007년 부산 혜화초등학교에서 직접 적용하고 발표하였다(이미식, 이태윤, 2007).

록 적절하게 안배해야 한다. 둘째, 영화 만들기 그 자체가 도덕적 창의성을 경험할 수 있는 장치이므로 학생들이 즐겁게 참여할 수 있도록 교사가 유도해야 한다. 이를 위해서는 교사의 칭찬과 격려가 필요하다. 셋째, 영화 만들기의 과정을 중시해야 한다. 즉, 영화 만들기가 목적이 아니라 그 과정이 존중되어야 한다. 학생들이 주제를 연결시키고 확인하고, 스토리보드를 작성하고 완성된 작품을 감상하며 이야기하는 과정을 존중해야 하고, 그 과정에서 학생들의 삶이 변화될 수 있도록 해야 한다. 넷째, 영화 만들기 작품은 학생들이 감상할 수 있도록 학교/학급 홈페이지에 실어서 자신은 물론 학급의 역사물이 되도록 하고 반성의 자료로 활용하는 것도 필요하다.

5. 결 론

도덕적 창의성의 영역은 매우 중요하지만 많은 연구가 이루어지지 않았다. 그것은 도덕적 창의성이 도덕성에 포함될 수 있다는 것과 함께 도덕적 창의성이라는 영역을 특화시키기가 쉽지 않기 때문이다. 그런데 도덕적 창의성은 창의적 성격을 지닌 비범한 사람뿐만 아니라 일반인 누구에게나 필요한 능력이며 태도다. 누구나 창의적인 사람이 되고 싶어 하지만, 그 이유와 목적이 무엇인지에 대한 진지한 논의는 숨겨져 있다. 그런데 인간이 창의적이어야 하는 이유는 누구나 행복한 삶을 주체적으로 살기 위해서이며, 인간만이 고유하게 부여받은 자율성을 존중받기 위함이고, 새로운 시대에 맞는 삶을 살고 싶기 때문이다. 궁극적인 것은 행복하고 인간적인 삶이다.

도덕적 창의성은 창의성의 목적, 책임, 의도성에 관심을 갖는다. 그리고 창의성이 한 인간이나 시대에 유의미하게 사용되거나 계발되는 것을 그 목적으로 한다. 그러므로 도덕적 창의성은 유아기부터 자연스럽게 형성될 수 있도록 해야 한다.

도덕적 창의성을 함양하기 위한 방법은 일반적으로 인식되어 온 창의적 능력을 함양하기 위한 방법을 도덕과 교육에 적용시킨 경우가 많다. 그러나 도덕과 교육의 고유한 특성이 있기 때문에 도덕과 교육에 적합한 모델과 수업 방법이 개발되어야 한다. 물론 우리나라의 아동, 청소년 그리고 성인에 적합한 도덕적 창의성 발달단계와 평가 요소를 결정할 수 있는 기준을 개발하는 것도 필요하다.

다른 교과 영역과는 다르게 도덕과 영역에서 도덕적 창의성의 영역에 대한 연구는 매우 미흡한 실정이므로 향후 지속적인 연구가 진행되었으면 하는 바람이다.

참고문헌

김기정 역(1996). 긍정적 자아개념의 형성. 서울: 문음사.
김종문(1995). 대화학습의 도덕교육. 서울: 교육과학사.
교육인적자원부(2007). 초등학교 교사용 지도서 도덕 4-2. 서울: 대한교과서주식회사.
노양진 역(2008). 도덕적 상상력. 서울: 서광사.
노영란(2009). 비판적 사고교육과 도덕교육적 의의 및 적용방안. 초등도덕교육, 29.
문성학, 이문수, 정소흔(2003). 도덕윤리교과에서의 창의성 교육. 중등교육연구, 51(2).
문용린 역(2004). 도덕성의 발달과 심리. 서울: 학지사.
박세원(2009). 존재의 성장과 교육. 서울: 교육과학사.
박종성 역(2007). 생각의 탄생. 서울: 에코.
박진환(2004). 립맨의 탐구공동체 특징과 윤리교육. 탐구공동체 교육, 4.
박진환, 김혜숙 공역(2005). 고차적 사고력 교육. 서울: 인간사랑.
송영민 역(2008). 상상력을 활용하는 교수법. 서울: 울력.
송인섭(1995). 당신의 가치를 존중하는 삶-자아존중감이 있는 나. 서울: 상조사.
윤명희(2005). 초등학생용 창의성 성향검사 개발. 아시아교육연구, 6(4).
이미식, 이태윤(2007). 도덕과 교과교육연구 발표회 자료집.
이미식, 조인실, 임동택, 김미선(2009). 초등학교 교사를 위한 미디어 교육의 실제. 서울: 서현사.
이재신, 박기현, 황계자 공역(2007). 창의성과 학교교육. 서울: 원미사.
이진희(2008). 공감과 그 도덕교육적 함의에 관한 연구. 도덕윤리교육, 26.
임선하(1993). 창의성에의 초대. 서울: 교보문고.
장상호 역(1990). 인간주의 교육. 서울: 박영사.
정범모(1997). 인간의 자아실현. 서울: 나남출판사.

정은이(2005). 일상적 창의성의 새로운 이해. 서울: 한국학술정보.

조연순, 성진숙, 이혜주(2008). 창의성 교육. 서울: 이화여자대학교.

최일호 외(2001). 새로운 생각은 어떻게 가능한가? 한국심리학회지.

추병완 외 공역(1998). 인격교육론. 서울: 백의.

하주현 외(2007). 창의성의 공통된 특성으로 양극성. 영재와 영재교육, 6(1).

허재복(2003). 도덕교육의 본질과 창의성 그리고 대화학습. 대구교육대학교 논문집, 38.

ASCD (1988). Panel on Moral Education, Morel Education in the Life of the School. Alexandria.

Allport, G. W. (1961). *Pattern and growth in personality*. Holt, Rinehart and Winston: New York.

Coles, R. (1986). *The Moral life of child*. New York: Atlantic Monthly Press.

Collins, G. (1984). A dean of pediatricians looks at today's family. The New York Times, May 28.

Frye, N. (1963). *Developing imagination*. Harvard University Press.

Gadamer, H. G. (1972). *Wahrheit und methode*. J. C. B. Mohr.

Gadamer, H. (2006). *Multiple intelligence*. New York: Basic Books.

Maslow, A. H. (1964). *Religions, values and peak experience*. Columbia, Ohio: Ohio State University Press.

Martin. M. W. (2005). *Moral creativity*. Oxford University: New York.

Martin. M. W. (2006). Moral creativity in science and enginnering. *Science and Engineering Ethics, 12*.

Runco, M. A., & Nemiro, J. (2003). Creativity in the Moral Domain: Intergration and Implications. *Creativity Research Journal, 15*(1).

Warnock, M. (1977). *Schools of thought*. London: Faber & Faber.

Wall, J. (2005). *Moral creativity: Paul ricoeur and the poetics*. Oxford University Press.

제 3 장

국어과 창의성 계발의 지도 방안

제 3 장

국어과 창의성 계발의 지도 방안

1. 서 론

21세기 현대사회가 다매체 환경의 정보화사회로 급격하게 변모하면서, 사회 전반에서 다양한 변화가 일어나고 있다. 특히, 구성주의 패러다임의 대두에 따라 교육 분야에서도 지식의 본질과 기능에 대해 심도 있는 논의가 이루어지고 있으며, 동시에 인간과 문화에 대한 관심도 고조되고 이에 대한 연구도 다각도로 이루어지고 있다. 이처럼 사회 전반에 걸친 다양한 시도들은 교육의 목표와 내용 구성에서 과거 어느 때보다도 창의성에 관심을 기울이게 하고 있다. 국어과 교육에서 창의성이 지니는 교육적 의의는 무엇인지에 대해 더 깊이 있게 고민할 시점이다.

최근 창의성 계발에 관한 국어과 교육의 저서와 논문을 살펴보면, 국어교과의 관점과 관련하여 창의성 계발 방향을 설정하거나 창의성 계발 방법에 대한 연구가 주류를 이루고 있다. 우선 국어과 교육에서 바라보는 창의성 계발의 방향이나 국어과의 창의성 요소에 대한 연구로는 김은성(2003, 2004), 김창원(2003), 이경화(2003), 조하연(2003), 김미혜(2004), 박종훈(2004), 박수자(2004) 등의 논문이 있다. 이 연구들은 기존의 창의성 이론이나 연구를 바탕으로 국어과 교육의 관점에서 창의성 개념을 규정하고, 교육 내용으로서 창의성 요소를 선정하는 방안에 대해 논의하고 있다.

또한 국어 수업에서 활용할 수 있는 교수-학습 방안에 대한 연구로는 이주섭과 이경화(2004), 최경희(2004), 권순희, 서명옥(2006), 정소영(2006), 김정선, 손승현(2008), 김은영, 이성은(2009) 등의 논문이 있다. 이 연구들은 창의성 요소들을 전래동화나 시와 같은 문학 장르에 적용하거나 창의적 표현 능력에 주목하고, 혹은 SCAMPER 기법을 활용하고 있다. 창의성을 단행본 제목으로 한 저서도 여러 권이 있는데, 그중에서도 이주섭 외(2004b)는 창의성 신장을 위한 국어과 교수-학습 자료를 다양하게 개발하여 소개하고 있는 점이 주목할 만하다. 정혜승 외(2006)는 창의성 계발을 교과 목표로 해석하고 국어과 수업에서 사용하는 여섯 가지 전략을 학습 자료와 함께 제시하고 있다. 이 외에도 조영식(1999), 최현섭 외(2001), 독서지도연구모임(2003) 등의 연구가 있다.

현재 국어과 교육 연구에서 이루어지고 있는 창의성 계발 연구는 교육 내용 선정부터 구체적인 학습전략에 이르기까지 다양하지만, 좀 더 국어교과의 특성을 살린 창의성 계발 방안에 대한 실증적인 연구가 뒷받침되어야 한다.

2. 창의성 계발 연구의 전제

1) 창의성과 언어

창의적 사고력에 대한 일반적인 정의를 살펴보면, '새로움과 적절성'을 그 특징으로 한다. 창의성의 속성으로 적절성을 든다면 창의성은 독창적이되 실용화할 때 더 의의가 있으며, 이때 다른 이가 받아들일 수 있는 설득의 논리를 전제하고 있다고 풀이할 수 있다. 보통 창의성은 논리성과 구별하여 다루지만, 설득의 논리를 전제하는 이상 그 두 가지가 무관할 수는 없다. 국어과 교육에서 주목하는 것이 이 부분이다. 언어의 사용 자체가 이미 논리적이고 창의적이지만, 아무도 그러한 창의성에 관심을 두지 않는다. 그렇지만 내용이든 표현이든 언어로 생성된 산출물은 논리성보다는 창의성 측면에서 더 높은 평가를 받는다.

사실, 사회에서 의사소통의 목적은 대부분 지식의 전달과 수용이다. 그렇지만 굳이 구성주의의 영향을 예로 들지 않더라도 세상의 관점은 변화하여 지식 자체보다는 지식에 대한 필자의 생각을 요구하는 상황이 늘고 있다. 지식을 그대로 옮기는 것은 이제 필자의 개성을 드러내는 창의성과는 거리가 멀다고 평가된다.

이러한 변화는 특히 국어 수업에서 중요한 의의를 지닌다. 국어교과는 생각의 도구이자 의사소통의 도구로서 언어를 가르치는 교과이므로, 범교과적 성격상 지식 그 자체에 교육의 목적을 두지 않는다. 그러나 학생들에게 아무리 자신의 생각을 쓰도록 권장하여도 여전히 학생들의 작문에서 창의성을 찾아보기는 힘들다.[1] 이는 국어 수업에서 교사의 독려만으로는 창의성이 계발될 수 없다는 뜻이다. 학생들의 창의성이 발현되는 수업이 되려면 먼저 그에 적합한 학습과제가 제시되어야 한다.

원래 창의성은 현실적인 문제해결의 필요성이 요구되던 산업 현장에서 주목받았는데, 점차 현실적인 문제해결만이 아니라 장기적 안목에서 교육의 목표가 되기에 이르렀다. 창의성이 학생들의 문제해결 능력의 향상과 결부되면서 창의성은 문제해결의 한 영역으로서 본격적인 교육 목표가 되었다. 이러한 맥락에서 지식과 문제해결 그리고 창의성의 관계에 대해 김영채(1995)의 다음과 같은 언급은 매우 시사적이다.

> 창의성에 대한 현재의 접근법은 창의적인 능력이나 습관을 나열하거나 효과를 쉽게 낙관하던 이전의 것과는 상당히 다르다. 인지심리학자들은 적어도 두 가지 점에서는 의견을 같이하고 있다. 즉, 어떤 영역에서 전문적인 문제해결자가

1) 박수자(2002)는 대학생 작문을 검토한 결과, 대부분 매우 관념적인 내용과 진부한 표현의 작문을 하고 있다고 지적하고, 그 원인을 '주제에 대한 생각이 미흡하고 참고자료의 조사가 부족하며, 생각의 파편을 나열하는 등 내용 조직력이 부족한 것'으로 들었다.

> 되려면, 영역의 구체적인 지식을 많이 학습해야 하고, 이러한 지식 기반에 적용할 수 있는 어떤 일반적인 문제해결 전략을 습득해야 한다.

학생의 창의성을 계발하려면 기존의 지식을 배제할 것이 아니라, 기존의 지식을 여러 각도에서 사용하는 과정에서 기대하지 않았던 직관을 떠올리게 되는 일련의 상호작용이라는 측면에 주목해야 한다. 그래서 학생들이 새로운 문제에 직면하여 능동적으로 국어 활동을 수행하게 하는 것과 그러한 학습과제를 해결하는 데 필요한 지식을 사용하게 하는 과정을 구안하는 것은 매우 중요하다.

최근 국어과 교육의 내용은 현대사회의 복잡한 의사소통 양상의 변화를 반영하는 관점에서 사회구성원의 다양한 의사소통 기술, 복잡한 문화적 관점 그리고 다양한 매체환경을 수용하는 방향으로 연구되고 있다. 교수방법도 교사 중심에서 학습자 중심의 활동으로 전환하면서 학습자 간의 활발한 의사소통 환경 조성과 다양한 언어 활동의 시연 및 조정으로 바뀌고 있다. 이러한 경향은 다양한 주제(학문)를 다루는 언어적 소통(국어 활동)이라는 범교과로서의 국어과 특성을 고려할 때, 국어과 교육의 창의성 계발의 필요성이나 지향성에 매우 부합한다고 볼 수 있다.

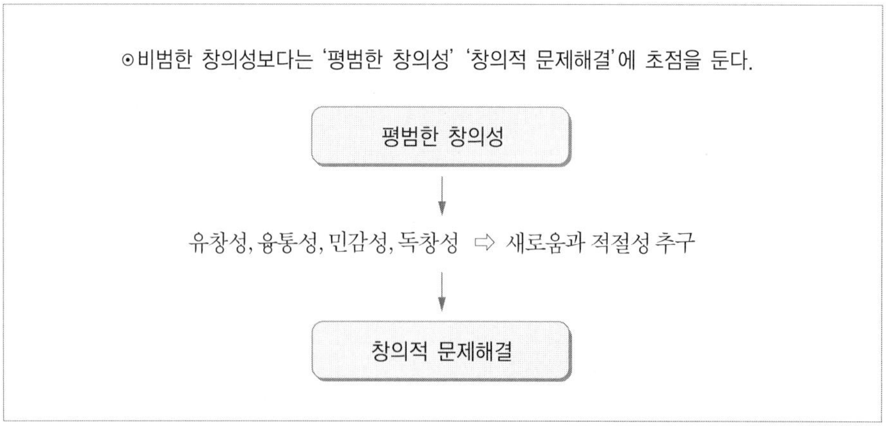

[그림 3-1] 국어과 창의성 계발의 초점

2) 국어교과와 창의성 계발의 방향

현재 국어과 교육 목표나 내용 개발에서 이론적 근거로 삼는 사고기능은 Bloom의 인지 영역 평가 목록인 '회상 또는 재인, 이해, 적용, 분석, 종합, 평가'와 Barrett의 다섯 가지 읽기 기능으로서 '축어적 재인 또는 회상, 재조직, 추론, 평가, 감상' 그리고 Marzano가 제안한 '초점 맞추기, 정보 수집하기, 조직하기, 분석하기, 생성하기, 통합하기, 평가하기' 등이다. 용어상으로는 창의적 사고력보다는 논리적이고 비판적인 사고력에 더 가깝다는 인상을 준다.

국어과 교육에서 계발하고자 하는 학습자의 사고력은 언어적 사고로서 언어를 그 중심으로 본다. 또한 인간의 사고가 세상에 대한 일종의 재현(representation)으로서 상징적이라고 할 때, 그 핵심적인 역할은 언어의 기능에 있다. 현재 국어과 교육과정이 전반적으로 언어(텍스트)를 기반으로 분석적 사고나 비판적 사고력에 더 큰 비중을 두고 서술되는 것과 무관하지 않다. 그렇지만 전체적으로 표방하는 최근의 교과 목표는 창의적 사고력이다.

문제는 교과의 지향점과 수업 현실이 제대로 맞지 않다는 데 있다. 시대의 변화에 따라 학교 수업에서 교사는 학습자에게 창의적인 것을 권장하지만, 청의성이 계발되는 구체적인 경로나 방법에 대해 잘 알지 못하고, 또 대개 창의적이라고 여겨지는 생각이나 행동을 학습자가 보이면 교사는 오히려 당황한다. 대부분의 학습자는 그렇지 않기 때문이다. 그래서 개인의 창의성은 보편성이나 표준성에 가려 결국 도태된다. 또한 대부분의 사람들은 다른 사람과는 다른 개성을 추구한다고 말하지만, 결국에는 유행을 따라 다른 사람들과 비슷한 무리에 소속되는 안정감을 원한다. 이러한 현실을 극복하기 위해서는 교육 목표에 부합하는 국어 단원의 설계가 무엇보다 절실하다.

'창의성'을 '창의적 문제해결 능력'으로 구체화하면 국어과 교육 내에서 창의적 사고와 비판적 사고를 모두 아우르는 창의적 사고력, 즉 '새로움과 적절성'의 계발이 가능해진다. 여기서 이화국 외(2003)에서 제시한 [그림 3-2]는 매우 시사적이다.

[그림 3-2] 학습 경험의 기초 요소가 학습 경험을 형성하는 과정

우선 '내용' 면에서 현재 교과서에 수록된 언어 활동을 구체적으로 지원하는 심도 있고 다양한 지식을 체계화하고, '과정' 면에서 그 지식을 사용하는 학습 활동이 창의적 사고를 고무하는 효과적인 학습과제를 개발해야 한다. 국어과 교육에서 의도하는 창의적 사고력 계발이란, 지식을 활용하는 창의적 사고를 언어를 통해 계발하는 것이다. 이때 평가의 목표는 창의적 사고력이지만, 평가 내용은 지식을 구사하는 언어 표현 방식이 될 것이다. 따라서 [그림 3-2]는 [그림 3-3]과 같이 부연될 수 있다.

창의성을 진정으로 계발하기 위해서는 종래의 교과서 중심의 국어 수업, 교과서에 수록된 제한된 텍스트와 정보에 한정된 국어 수업 그리고 1차시(40분)의 수업 시간을 탈피하여 좀 더 현대사회와 미래 사회에 적응하기에 적합한 열린 수업 환경으로 변모해야 한다. 교과서는 분석적인 언어만이 아니라 통합적인 성향의 시각 기호까지도 모두 반영하는 다양한 멀티 텍스트 교재로 전환하고, 수업 시간과 교과목에 구애받지 않고 학습자의 다양한 탐구 활동과 개인별 과제 수행이 가능하도록 하는 통합 수업의 형태가 추가적으로 개발되어야 한다. 창의적 사고력을 계발하기 위한 수업이 교과 목표에서 교수-학습 과정에 이르기까지 제대로 이루어질 때 비로소 교과 특성을 반영한 창의적 사고력의 계발은 물론 평가가 제대로 이루어질 수 있다.

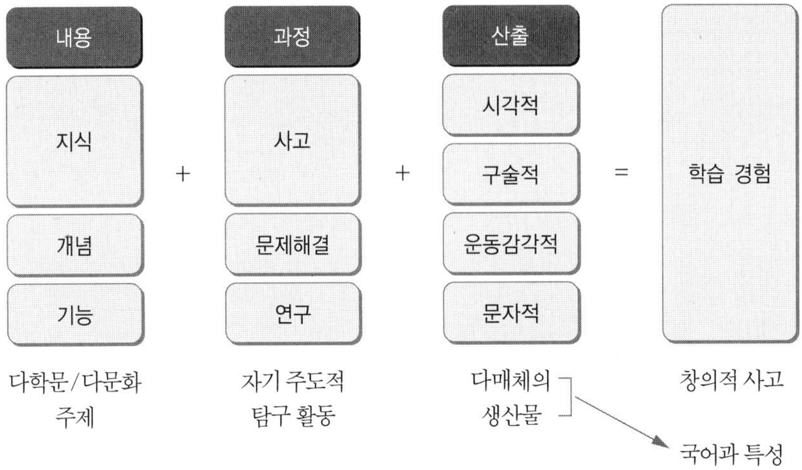

[그림 3-3] 국어과 창의성 계발 학습의 과정과 초점

◆국어과 창의성 계발의 방향

- 지식 기반의 다양한 이해: 다양한 읽을거리(지식), 우뇌 기반 경험, 다양한 학습자료(다학문, 다문화, 다매체)의 제시를 통한 비교와 토론
- 텍스트 수준에서 창의성 표현: 창의적 읽기를 통한 창의적 쓰기

3) 국어과 문학 영역에서의 창의성

국어교과에서 창의성은 '창의적 언어 사용 능력'과 결부되어 있으며, 따라서 언어적 창의성에 초점을 맞추고 있다. 제7차 국어과 교육과정의 핵심적인 특징 중의 하나가 창의적 사고력의 신장을 강조한 점인데, 이는 학습자 중심의 교육과정, 즉 보편성보다는 개별성, 규범성보다는 비규범성, 획일성보다는 다양성을 중시하는 교육과정 방향과 맞물려 있다(김중신, 1999). 교육과정에서의 명시는 국어과에서의 창의성에 대한 다양한 측면에서의 논의를 촉발하는 직접적인 계기가 된 것으로 보인다. 국어적 창의성 또는 언어적 창의성에 관한 개념 정착부터 내용, 방법 그리고 평가의 문제 등에 이르기까지 다양한 층위에서 심도 있는 논의가 이

루어지고 있다.

이러한 논의의 핵심은 국어교과에서의 창의성은 언어(국어)를 매개로 드러나거나 실현된다는 점이다. 언어적 창의성은 창의적 사고와 창의적 표현을 포함하는 개념이다. 사고와 표현에서의 창의성은 각각 언어 활동 과정에서의 창의성과 언어 활동 결과물에서의 창의성으로 구별된다. 따라서 국어교과에서의 언어적 창의성에 대한 접근은 언어 텍스트를 매개로 한 이해와 표현 활동에 어떻게 개입할 것인가 하는 문제로 요약된다. 창의적 듣기, 창의적 말하기, 창의적 읽기 및 창의적 쓰기에 대한 각론이 모두 가능하다는 말이다.

그러나 기존의 연구물을 살펴보면 창의적 국어 활동에 관한 연구가 주로 쓰기 영역, 혹은 문학 영역에 집중되어 있는 것이 발견된다. 창의적 사고 '과정'에 초점을 맞춘다고 해도 궁극적으로는 교육의 적절성이나 효과성을 판단하기 위해서라도 그 과정을 거친 결과로서의 '무엇(output)'이 요구되기 때문이다. 창의적 이해에 대한 논의나 강조가 전혀 없는 것은 아니지만, 대체적으로 창의적 표현에 무게중심이 더 놓이는 것은 창의성의 특징을 고려해 볼 때 쉽게 수긍할 만하다.

이러한 언어적 결과물 중에서도 특히 관심을 끄는 것 중 하나가 문학적 언어의 사용일 것이다. 문학 자체가 기존의 언어적 · 사회적 제반 관습에 대한 도전이라는 창의적 속성을 지니고 있을 뿐만 아니라, 창작에 관련된 무수한 논의들이 문학 행위 자체의 창조적 속성을 규명하는 데 초점을 맞추고 있는 경우가 많기 때문이다.

최인자(2000)는 서사 표현 지식을 전달해야 할 것이 아니라, 학습자 스스로 구성하도록 하는 것이 창의력 교육의 핵심이라 보고, 문제 중심의 교수법을 제안하였다. 교사가 문제와 자료를 제시하고, 학습자는 이 문제를 해결하기 위한 학습의 목표를 세워 자기 주도적으로 학습하는 모델인데, 이때 교사는 이질적인 텍스트를 논쟁적으로 제시할 필요가 있으며, 학습자는 이에 따라 표현 지식을 문화적 다양성의 입장에서 생성해 가는 것이다.

조하연(2003)은 '낯설게 하기'를 문학 언어의 속성으로 보고, 창의적 사고교육을 위해 이를 활용할 수 있는 가능성을 탐색하였다. 이 연구를 통해 제안된 수행단계는 다음과 같다.

◆ '낯설게 하기'를 활용한 창의적 사고의 모형

① 대상 확인하기

② 대상을 다른 질서 속에서 파악하기(다양한 문학기법 활용)

③ 최초의 인식과 달라진 점 찾기

④ 두 가지 인식의 타당성 비교하기

⑤ 인식 주체로서의 자신을 비판적으로 검토하기

이 경우 다양한 문학기법이 하나의 하위 단계로서만 다루어지는 문제가 있지만, '낯설게 하기'의 기본 원리가 창의성 교육과 밀접한 관련이 있음을 주목한 점에서 그 의의를 찾을 수 있다.

남민우(2003)는 '시적 창의성'을 시적 활동(창작과 수용) 영역에서의 문제를 새롭게 해결하고자 함으로써 우리 시대에 '우리가' 또는 '장래에' 적절하다고 평가할 수 있는 새로운 시적 활동의 산물을 산출하는 과정이며, 이를 통한 사회의 변화를 실현하는 과정이자 행위로 규정하였는데, 상대적으로 창의적 이해 활동과 관련한 논의를 포함하고 있음이 확인된다. 특히, 기존에 비판적 문식성 차원에서 논의되어 왔던 시 형식의 이데올로기성 비판하기 등을 창의적 수행(이해)의 범주에서 제안하였는데, 창의성 개념을 상당히 포괄적으로 사용하고 있다는 점을 알 수 있다.

문학교육적 관점에서 창의성은 문학을 목적으로 한 활동(표현)에만 한정되는 것이 아니라, 문학을 매개로 한 활동(이해와 감상)을 통해서도 드러날 수 있다고 볼 때, 창의적 표현 및 창의적 수용과 관련한 보다 정교하고 치밀한 연구가 필요하다고 본다. 요약하면, 문학 영역에서의 창의성은 창의적 수용과 창의적 표현 활동으로 대별될 수 있으며, 이러한 두 활동이 균형을 이룰 때 학습자의 창의성은 더 고양될 수 있을 것이다.

3. 창의성 계발의 지도 현황

1) 현행 교육과정의 관련 내용

현재 국어교과는 활동 중심의 교과서와 학습자 중심의 국어 활동에서 비롯되는 학습자의 창의적인 이해와 표현 활동을 매우 권장하고 있다. 가령, 주어진 문제 상황에서 가장 많은 아이디어를 산출해 내는 유창성이나 새로운 반응이나 아이디어를 끌어내는 독창성의 경우, 말하기나 쓰기의 내용 선정이나 생성 활동과 밀접한 관련이 있다. 어떤 문제에 대한 다양한 접근을 강조하는 융통성이나 문제를 명확히 하거나 보충하는 정교성은 학습자가 내용을 조직하거나 표현하는 활동과 밀접하게 연관된다. 국어과의 창의성이란 '창의적인 사고를 바탕으로 이해와 표현을 하는 국어 활동에서 학습자가 새롭고 적절한 산물을 만들어 가는 사고 과정'이라고 볼 수 있다. 따라서 이해와 표현의 국어 활동을 향상시키고자 하는 국어과 교육과정 전반에 이미 창의성을 전제로 한 진술이 이루어지고 있다고 볼 수 있다.

좀 더 구체적으로 교육과정에서 언급된 경우를 살펴보도록 하자. 우선, 제7차

〈표 3-1〉 제7차 교육과정에 나타난 창의성 관련 내용 요소

구분	내용
명시적으로 표현된 경우	3-쓰-(3) 내용을 창의적으로 생성하여 글을 쓴다. 5-국-(1) 언어가 창조적으로 쓰임을 안다. 10-쓰-(6) 창의적으로 글을 쓰려는 태도를 지닌다.
암시적으로 표현된 경우	4-쓰-(8) 컴퓨터를 이용하여 자신의 생각을 글로 쓴다. 5-쓰-(7) 비유법으로 글을 쓴다. 5-쓰-(9) 전달 효과를 고려하여 자신의 글을 컴퓨터로 편집한다. 6-쓰-(6) 표현의 효과를 고려하여 문장을 고쳐 쓴다. 9-쓰-(4) 문체의 효과를 고려하여 글을 쓴다. 10-쓰-(2) 상황에 따라 내용을 적절하게 생성하여 글을 쓴다. 10-쓰-(3) 내용 조직의 일반 원리에 따라 효과적으로 내용을 조직하여 글을 쓴다. 10-쓰-(4) 표현의 일반 원리를 사용하여 효과적으로 글을 쓴다.

교육과정의 학년별 내용 요소에서 '창의적'이라는 표현이 명시적으로 표현된 경우와 암시적으로 표현된 경우(전제)를 〈표 3-1〉에 제시하였다.

명시적으로 표현된 경우 교육과정 해설을 보면, 3학년 쓰기는 '창의적 내용 생성의 실체, 창의적 내용 생성 방법, 창의적으로 글쓰기'를 학습 요소로 하여, 자유

【교과서 자료 1】 제7차 초등 국어 3학년 '쓰기' 교과서

2 아는 내용과 새로 안 내용을 바탕으로 하여 글을 써 봅시다.

1. 사진을 보며 내가 가 보고 싶은 곳을 정하여 봅시다.

(미국)

(중국)

(제주도)

2. 내가 가 보고 싶은 곳에 대하여 아는 내용을 써 봅시다.

3. 내가 가 보고 싶은 곳에 대하여 더 알아보고 싶은 내용을 조사하여 정리해 봅시다.

4. 아는 내용과 새로 안 내용을 바탕으로 하여, '내가 가 보고 싶은 곳'을 제목으로 하여 글을 써 봅시다.

5. 쓴 글을 친구와 바꾸어 읽어 봅시다. 그리고 새로 안 내용을 친구와 함께 이야기하여 봅시다.

1 더불어 사는 삶

내가 잘 알고 있는 이야기를 새롭게 꾸며 써 봅시다.

1. 그림을 보고, 내가 알고 있는 토끼와 거북의 이야기와 어떤 점이 다른지 친구와 말하여 봅시다.

1

2

2. 24쪽의 그림 1과 2를 보며 이야기가 어떻게 달라질지 간단하게 적어 봅시다.

그림 1

- 왜 거북은 토끼를 깨웠겠습니까?
- 잠에서 깨어난 토끼는 어떤 생각을 하였겠습니까?
- 이야기는 어떻게 끝나겠습니까?

그림 2

- 강 건너에 있는 결승점을 보고, 토끼와 거북은 각각 어떤 생각을 하였겠습니까?
- 토끼와 거북은 강을 어떻게 건너겠습니까?
- 이야기는 어떻게 끝나겠습니까?

로운 분위기에서 학습자가 창의성을 발휘하여 글을 쓰도록 지도하라고 제시되어 있다. 이때 '연상 작용을 통한 즉각적이고 즉흥적인 내용 생성 방법' '관점 바꾸기, 재해석하기, 새롭게 꾸미기(상상력의 활용)' 등의 방법을 소개하였다. 10학년은 '창의적 글쓰기의 필요성, 창의적 글쓰기의 좋은 점, 창의적 글쓰기의 방법, 창의적 글쓰기' 등으로 학습 요소를 제시하고 있다. 이때 학습자 스스로 개별적으로 자신만의 창의적인 방법을 만들어 내도록 권장하고 있으며, 창의적 글쓰기가 지닌 가치에 대해서도 안내하도록 하였다.

반면 2007년 개정 교육과정은 장르 중심의 구체적인 서술을 하고 있는 관계로 성취 기준의 내용 요소에서 '창의성'이라는 용어 자체는 없지만, 학습자의 관점(필자의 개성적인 표현이 부각됨)을 강조하는 서술이 곳곳에 나타나 있다.

제7차 교육과정에서는 물론 2007년 개정 교육과정에서도 대표적인 수업 모형으로 '창의성 계발 학습 모형'(〈표 3-2〉 참조)을 제시하고 있고, 창의성 관련 내용 요소를 〈표 3-3〉과 같이 제시한다. 이처럼 교육과정과 교육과정 해설에서는

〈표 3-2〉 2007년 개정 교육과정에 나타난 창의성 계발 학습 모형

과 정	주요 활동
문제 발견하기	• 문제 살펴보기 • 문제 분석 및 찾기 • 문제 재진술하기 • 문제해결을 위한 계획하기
아이디어 생성하기	• 관련 자료나 방법 찾기 • 개념이나 지식 익히기 • 문제를 다른 각도에서 검토하기 • 문제해결을 위한 다양한 아이디어 산출하기
아이디어 평가하기	• 아이디어 검토하기 • 집단 토의하기 • 아이디어 평가하기(최선의 아이디어 선택) • 아이디어 정리하기
적용하기	• 일반적인 상황에 적용하기 또는 관련짓기 • 문제점 탐색 및 수정하기

〈표 3-3〉 2007년 개정 교육과정에 나타난 창의성 관련 내용 요소

1-쓰-(3) 주변에서 일어난 일에 대한 자신의 생각을 글로 쓴다.
6-쓰-(2) 문제에 대한 자신의 관점과 해결 방안이 잘 드러나게 연설문을 쓴다.
7-쓰-(5) 자신의 생활 경험을 바탕으로 독자에게 감동이나 즐거움을 주는 글을 쓴다.
8-쓰-(4) 목적, 독자, 매체가 쓰기의 내용과 형식에 미치는 영향을 고려하면서 글을 쓴다.
8-쓰-(5) 여러 가지 표현 방법을 활용하여 자신의 삶이 잘 드러나게 자서전을 쓴다.
9-쓰-(3) 인용과 해석의 방법을 사용하여 책이나 글을 평가하는 글을 쓴다.
9-쓰-(4) 문체의 효과를 고려하며 조언하거나 충고하는 글을 쓴다.
9-쓰-(5) 영상 언어의 특성을 살려 영상으로 이야기를 구성한다.
9-문법-(1) 언어의 규칙성, 사회성, 역사성, 기호성, 창조성 등을 이해한다.
10-말-(1) 인터넷 매체를 활용하여 효과적으로 자신을 소개한다.
10-말-(2) 자신과 배경 지식이 다른 청중에게 여러 자료를 활용하여 효과적으로 보고한다.
10-쓰-(3) 시사 문제에 대하여 자신의 관점을 명료하게 드러내는 시평을 쓴다.
10-쓰-(5) 예술 작품에 대한 심미적 경험을 드러내는 비평문을 쓴다.

창의성 계발을 권장하는 흐름이 잘 나타나 있다. 특히, 2007년 개정 교육과정 해설의 '교수 학습 방법' 부분에서는 '국어 활동과 창의적 사고'의 관계를 고려하여 지도해야 한다는 진술이 곳곳에 제시되어 있다.

이에 따라 실제 국어 수업에서 교사도 학습자의 창의성을 계발하는 수업을 실시해야 한다. 이때 가장 중요하게 고려해야 할 것은 바로 학습자로 하여금 스스로 '문제를 발견'하도록 유도해야 한다는 점이다. 보통 교과서는 목표 중심의 접근을 하게 되므로, 그 자체로 이미 문제(학습과제)를 제시하고 있다는 점에서 학습자의 창의성 계발과 멀어질 수 있다.

따라서 이미 제시된 문제라도 면밀히 분석하고 여러 각도에서 문제를 관찰하도록 안내해야 한다. 물론 이때 문제와 관련된 자료를 조사하는 활동이나 생각해 낸 아이디어의 타당성을 평가하는 활동도 안내해야 한다. 또한 교사는 학습자에게 정답을 요구하기보다는 학습자 스스로 답을 구하려는 탐구 활동을 강조하고, 창의적 사고가 반영된 해답(해결 방안)을 찾도록 권장해야 한다.

2) 창의성 계발 연구물의 내용

국어과 창의성 계발 연구물에 소개된 창의성 계발 방법을 정리하면 〈표 3-4〉와 같다. 〈표 3-4〉를 보면, 앞서 현행 교육과정과 관련하여 진술하였지만 국어과 교육에서 지도하려는 학습자 중심의 국어 활동 자체가 이미 방법이나 목표 도달 측면에서 창의성을 전제로 하거나 필수 요소로 고려하고 있음을 알 수 있다. 이러한 맥락에서 창의성의 특성이나 구성 요소가 국어교과 내에서 어떤 기능이나 역할을 하는 것인가에 대한 접근이나 논의는 별 의미가 없다. 중요한 것은 국어 활동에서 학습자의 창의성이 어떻게 드러나도록 혹은 향상되도록 할 것인가 하는

〈표 3-4〉 창의성 계발 연구물에 나타난 내용의 비교

창의성 신장을 위한 쓰기 교수-학습 자료		창의성 계발을 위한 국어과 교수-학습 전략	
사전 지식 활용하기	• 새 정보와 사전 지식 통합하기 • 예측하기 • 자유 연상하기 • 생각그물 만들기 • 이야기 나누기	배경 지식 활성화 전략	• 예측하기 • 핵심어로 문장 만들기 • 비유로 끌어내기 • K-W-L
조직하기	• 다양한 방법으로 분류하기 • 의미지도 그리기 • 여러 방식으로 얼개 짜기 • 도해 조직자 활용하기 • 구조를 표로 만들어 활용하기	어휘 학습 전략	• 내 말로 정의하기 • 예를 들어 개념 이해하기 • 의미 자질 분석하기 • 단어의 나무
바꾸어 생각하기	• 다른 각도에서 보기 • 이어질 내용 말하기 • 구성 요소 바꾸기 • 다른 형식으로 바꾸기 • 다른 내용으로 바꾸기 • 가정하기	정교하게 읽기전략	• '왜'라고 질문하기 • 글 여행하기 • 말 속의 인물 찾기 • 글 틀로 읽고 쓰기
보완 · 확장하기	• 추론하기 • 상상하기 • 명료화하기 • 의문 갖기 • 유추하기	비판적으로 읽기전략	• 학습일지 쓰기 • 토론망 • 글쓴이에게 질문하기 • 함께 검토하기

비평하기	• 선입견이나 편견 파악하기 • 광고기법 평가하기 • 논리의 오류 찾기 • 주관적인 감정이 담긴 언어 구별하기 • 평가 기준 정하고 평가하기 • 비판하기	다양한 관점으로 읽고 쓰기 전략	• 상상 속으로 • 입장 바꾸어 읽고 쓰기 • 누누무어로 읽고 쓰기 • 탐구 도표로 읽고 쓰기
반응하기	• 줄거리 또는 주제에 대해 정서적인 반응하기 • 등장인물과 동일시하기 • 심상 형성하기		
점검하기	• 자기평가하기 • 자기 질문하기		

출처: 이주섭 외(2004b); 국어과 창의성 신장 방안. 서울: 박이정; 정혜승 외(2006). 창의성 계발을 위한 국어과 교수 · 학습 전략. 서울: 사회평론.

측면에서 학습 내용 개발(학습과제 구성)이나 학습 방법의 개발이라는 점을 다시 확인할 수 있다.

3) 문학 영역에서의 창의적 수용과 창의적 표현

문학이 만들어 낸 형상은 현실에 조회하는 것이 아니라 재조직된 경험과 창조될 가능성에 호소하는 것이므로 필연적으로 은유가 되며 따라서 다의성을 지닌다. 이러한 문학의 특성이 곧바로 창의력을 위한 사고력의 기반으로 강조되는 미덕이다(김대행, 1998).

문학에서 창의성 문제는 대체적으로 문학을 창작하는 행위와 밀접한 관련을 맺고 주로 논의되어 왔다. 문학을 예술적 창조라고 보았을 때, '창조'는 창의와 직결된 개념이기 때문이다. 즉, '뜻을 새롭게' 한 결과물로 '빚어진' 것이 문학인 셈이다. 이는 일반적으로 문학을 매개로 창의성을 논할 때 문학을 창작하는 주체, 즉 작가의 일련의 정신적 활동에 주목하는 경향으로 드러난다. 그러므로 문학교육에서는 작가가 거치는 이러한 일련의 창의적 사고 과정을 학습자도 수행할 수 있도록 하는 데 초점을 맞춘다.[2)]

창작 행위에서 수행되는 창의적 사고 과정은 대체적으로 대상을 어떻게 표현할 것인가 하는 문제로 수렴된다. 이 지점에서 창의성은 문학적 표현 방식과 연계되어 논의될 수밖에 없다. 그러므로 문학 영역에서의 창의성이 낯설게 하기나 비유 등의 기법 논의로 옮아가는 것은 자연스럽다고 볼 수 있다.

문학을 수용하는 과정에서의 창의성 문제는 구성주의 및 독자반응이론에 대한 강조와 맞물려 있다. 하나의 문학 텍스트를 여러 독자가 읽는다고 가정하고, 그 텍스트가 독자 개개인의 가치관이나 처한 환경 등에 따라 여러 다른 방식으로 읽힐 수 있다고 보았을 때, 그러한 서로 다른 여러 가지 해석 혹은 비평을 독려하는 한 방식이 창의성이다.

포괄적으로 보면, 문학 창작에서의 창의성 문제는 창작 과정에서 작가가 수행하는 일련의 정신적 활동을, 문학 수용에서의 창의성 문제는 비평가가 수행하는 일련의 정신적 활동을, 어떻게 학습자로 하여금 수행하도록 할 것인가 하는 문제로 수렴된다고 볼 수 있다. 전자와 관련된 대표적인 연구로 유영희(1999), 정정순(2005), 신민섭(2008) 등을 꼽을 수 있으며, 후자와 관련해서는 김성진(2004), 김정우(2004)의 연구를 참조할 수 있다. 즉, 문학교육에서 창의성의 문제는 문학 텍스트 생산에서의 작가적 사고 활동과 문학 텍스트 수용에서의 비평가적 사고 활동을 어떻게 교육 내용으로 구체화하느냐 하는 문제로 귀결된다.

(1) 창의적 수용

창의성은 대개 고유성을 특징으로 한다. 고유성은 곧 차별성을 의미하는 것으로, 기존에 있어 온 것과 다름 혹은 다른 사람의 것과 다름이라는 특성이 두드러질 때 창의적이라 할 수 있다. 하지만 특정 문학 텍스트를 자신만의 방식으로 창

---

2) 여기에 전제되어 있는 것은 창작 자체가 창의적 언어 행위라는 점이다. 이는 너무 당연한 전제인 듯하지만, 한편으로는 정치한 논의가 이루어질 필요가 있는 전제이기도 하다. 특히, 국어교육적 관점에서 섬세한 논의가 필요하다고 판단되는데, 이는 별도의 연구를 필요로 하는 문제다.

의적으로 수용한다고 했을 때, 그 '창의적'인 수용의 의미를 구체화하지 않으면, 문학 텍스트에 대한 무수한 오독이 창의적 수용이라는 이름으로 허용되는 문제가 발생한다.

그렇다면 문학 텍스트를 창의적으로 수용한다는 것은 무슨 의미인가? 일차적으로 국어과 교육과정에서 쓰고 있는 용례를 따라 그 의미를 정리해 보고자 한다. 먼저 제7차 교육과정에서 문학의 창의적 수용과 관련된 부분을 제시하면 다음과 같다.

> (나) 문학의 수용
> ① 작품을 인식적, 미적, 윤리적 측면에서 이해하고 감상한다.
> ② 작품 이해와 감상의 결과를 비판적, 창의적으로 수용한다.
> ③ 작품에서 다룬 가치를 자신의 삶과 연관 지어 내면화한다.

작품 이해와 감상의 결과에 대한 창의적 수용이 무엇을 의미하는지 알아보기 위해 ②항에 대한 교육과정 해설을 제시하면 다음과 같다.

> 이 내용은 작품을 비판적으로 수용하기, 다양한 관점에서 작품을 감상하고 비교하기, 작품 감상의 결과를 내면화하기 등으로 세부 내용을 구성한다. 이들 내용을 학습하기 위해서는 위의 ①항과 관련지어 심도 있는 감상 활동을 하도록 하여야 한다. 특히, 개별적인 감상보다는 소규모 모둠학습이나 발표학습을 하는 것이 좋다.

이와 같은 교육과정 해설에서 알 수 있듯이, 창의적 수용은 다양한 관점에서 작품을 감상하고, 그 감상의 결과를 비교하는 활동으로 구체화되어 있다. 개정 교육과정에서는 '비판적 · 창의적 수용'이라는 진술이 '다양한 맥락에서 이해하고 감상하여 평가한다.'(교육인적자원부 고시 제2007-79호)로 대체되었는데, 비판적 수용이 '평가'로 수렴된 것으로 볼 때, 창의적 수용은 다양한 맥락에서의 이해와 감상에 대응하는 것으로 볼 수 있다.

개정 교육과정에서 '창의적 수용'이라는 목표 진술을 쓰지 않은 것은 '창의적 수용'이라는 용어가 여전히 불명료하고 논쟁적이라는 점을 짐작하게 하지만, 한편으로는 '창의적 수용'에 대해 '다양한 관점(맥락)'에서의 이해와 감상을 의미하는 정도에서의 합의는 존재하는 것으로 이해할 수 있을 것이다.

여기서 '다양한 관점' 혹은 '다양한 맥락'이 의미하는 것은 무엇인가? 우선 이들 용어가 작품의 수용 과정에서 텍스트 변인보다 수용자 변인에 더 초점을 두고 있는 것임은 쉽게 이해된다. 다양한 관점 혹은 맥락을 투입하는 주체는 독자일 수밖에 없다는 점에서 그러하다.

이에 대한 구체적 논의는 김정우(2004)를 참조하는 것이 용이한데, 여기서는 시 해석 활동에서 수용자 변인이 어떻게 창의적 의미 실현에 관여하는가를 밝히고 있다. 이때 수용자 변인은 '독자의 경험 지평 융합'과 '맥락 재구성'으로 구체화되고 있다.

독자의 경험 지평의 융합은 시를 해석할 때 독자의 실제 세계와 밀접하게 관련된 의미를 끌어내는 것을 말한다. 자신의 생활 세계 속으로의 능동적 연관 짓기, 그리고 그로부터 연상되는 독자의 경험을 바탕으로 시의 의미를 벗어나지 않는 범위 내에서 상상하기가 이에 해당한다. 김수영의 시 〈눈〉에 나오는 '기침과 가래'를 로커(Rocker)들의 샤우트(shout) 창법과 연결시킨 해석이 '독자의 경험 지평 융합'의 예로 제시되어 있다. 이 경우 창의적 이해 혹은 수용이란, 독자 자신의 기억 속에 축적되어 있는 자신만의 경험을 토대로 동시대 생활 맥락 속에서 의미를 끌어내는 과정이 된다.

이와 달리 맥락 재구성은 시의 맥락을 재구성하여 새로운 상징적 의미로 실현하는 것을 가리킨다. 특히, 상징이나 비유로 이루어진 시의 경우 이러한 맥락 재구성이 용이한 것으로 이해된다. 즉, 상징이나 비유의 구조로 이루어진 시에서 독자가 그 구조가 훼손되지 않는 선에서 본의에 해당하는 새로운 맥락을 투입하여 시를 이해하는 것이다. 박남수의 〈새〉에서 '새'와 '포수'의 관계를 시인과 비평가의 관계로 해석한 경우가 이의 예로 제시되어 있다.

두 사례에서 알 수 있듯이, 기존의 관례적 해석을 벗어나 새로운 방식으로 해석하면서 동시에 그 해석의 결과가 타당한 것으로 받아들여질 때 창의적 수용이 이루어진 것으로 이해될 수 있다.

이렇게 볼 때, 앞서 교육과정 해설에서 구체화되었던 '다양한 관점' '다양한 맥락'은 결국 수용자 개개인의 경험과 현재적 삶의 맥락을 통해 규정된다. 그러나 문제는 이러한 다양한 관점과 맥락을 투입하여 '창의적' 해석을 할 수 있도록 유도하는 일련의 활동이 상당한 고급 독자인 비평가들의 비평 텍스트를 분석하는 과정에서 제시되었다는 점에 있다. 교육을 현재 학습자가 도달해 있는 수준에서 더 나은 수준으로 끌어올리는 일련의 의도된 과정이라 보면, 고차원적인 수준의 사고 활동을 도달할 목표 수준으로 제시하는 것 자체가 문제가 있다고 할 수는 없다. 다만 이러한 일련의 활동이 어떻게 학습자 개개인의 수용 과정에서 구체화될 수 있는지 보다 실제적인 제안이 뒤따를 필요가 있다는 것이다.

(2) 창의적 표현

앞서 언급한 것처럼, 문학 창작에서 수행되는 창의적 사고 과정은 문학적 언어 사용 방식과 밀접하게 연관되어 있다. 동일한 체험 내용이라 하더라도 어떻게 표현하느냐에 따라 창의적일 수도 있고, 그렇지 않을 수도 있기 때문이다. 따라서 창의적 표현의 문제는 문학적 언어 운용의 원리에 대한 접근으로 수렴된다. '창의성'이라는 말을 직접적으로 강조하지는 않았지만, 시 창작 교육 내용으로서 이미지화, 형상성, 낯설게 하기 등을 제안한 연구들은 창의적 표현의 원리에 대한 접근이라 보아도 무방하다.

Dewey에 따르면, 창의성은 인간을 포함하는 자연의 모든 개별적인 존재에 잠재된 성향으로, 이러한 인간의 본성적 창의성은 습관화된 의미와 가치가 갱신되는 경험을 통해 실현된다(김경자 외, 2003). 습관화된 의미와 가치를 갱신하기 위한 대표적인 행위가 창작이며, 습관화된 의미를 뛰어넘기 위해 동원될 수밖에 없는 것이 이미지, 비유, 낯설게 하기 등의 문학적 언어 사용 원리인 것이다.

여기서 특히 낯설게 하기(defamiliarization)는 그 개념 자체에 창의성을 내포한다. 기존의 낯익은 것들에 대한 반성 혹은 전복이 이 말에 포함되어 있기 때문이다. 낯설게 하기는 러시아 형식주의에서 유래했는데, 익숙한 것을 익숙하지 않게 하는 것을 의미한다. 다만 주의할 것은 낯설게 하기에서 낯섦, 즉 '신기성' 그 자체가 목표가 되어서는 안 된다는 점이다. 낯설게 하기는 목표가 아니라 수단이라는 점을 분명히 인식해야 한다. 즉, 효과적이고 적확한 표현을 위한 수단으로 동원되어야 하는 것이 낯설게 하기다.

동시에 낯설게 하기를 수행하기 위해 어떠한 방법적 원리를 동원해야 하는가 하는 문제에 대해서는 다양한 답이 가능할 수 있다는 점도 언급할 필요가 있다. 다시 말해, 낯설게 하기는 그 자체가 방법이 아니라, 어떤 방법이 동원된 결과다. 비유를 통해 혹은 글자 크기의 변화나 행 배열의 변형을 통해 낯선 결과에 이를 수 있는 것이지, 낯설게 하기 자체가 구체적인 방법은 아니라는 말이다.

그러므로 시론에서는 운율, 비유 등의 시적 형식 및 시적 표현 방식 일체가 낯설게 하기의 세부 장치들로 이해되기도 한다. 이들이 자동화된 의식 속에서 무의미하게 받아들이는 일상적인 체험을 의미 있는 체험으로 전환하여 받아들일 수 있도록 하기 위한 장치에 해당하기 때문이다.

'사과가 빨갛다.'고 하는 것은 일상적으로 의미화되어 있지 않은 체험이지만, '사과가//빨/갛/다'라고 연과 행을 구분하여 쓸 경우 휴지를 통해 한 글자씩 띄어 읽도록 유도함으로써 독자로 하여금 낯설게 느끼게 하며, 결과적으로 사과가 빨갛다는 사실이 왜 새삼스러운 체험으로 강조되고 있는지 시의 문맥에 유의하며 읽도록 유도한다. '사과가 붉다.'라고 쓰는 경우나 '사과가 막 떨어지려는 해처럼 빨갛다.' 등으로 쓰는 경우 또한 사과의 '빨갛다'라는 속성을 다른 방식으로 재체험하게 하는 낯설게 하기의 사례들이다. 일반적으로 사과에 대해 '붉다'라는 형용사를 잘 쓰지 않기 때문이며, '저녁놀이 질 무렵의 태양'과 '사과'의 유사성은 자주 언급된 것이 아니기 때문이다.

이렇게 볼 때 시적 장치는 자신의 체험의 고유성을 언어로 구현하는 과정에서 필연적으로 요청되는 것이다. 따라서 창의적 표현을 위해 일차적으로 중요한 것은 일상적인 체험의 연속 속에서 의미 있는 체험을 발견하는 안목, 의미 있는 체험을 간과하지 않는 섬세함이다. 흔히 문학적 감수성으로 언급되기도 하지만, 창의적 표현이라는 국면과 관련하여 좀 더 구체적으로 말하자면, 일상적으로 누적되는 체험 속에서 특정 체험이 자신에게 어떤 의미가 있는지, 어떤 감동이나 슬픔을 주는지 깨달을 수 있는 민감성이다.

창의적 표현과 관련하여 문학 교육과정을 살펴보면 '문학의 생산'이라는 항목이 이에 해당한다고 볼 수 있다.

(나) 문학의 생산

① 내용과 형식, 맥락, 매체를 바꾸어 작품을 비판적 · 창조적으로 재구성 한다.

② 다양한 시각과 방법으로 작품을 창작한다.

①번 활동은 본격적인 창작 활동 이전에 기성 시를 가지고 일부를 바꾸어 다시 써 보는 '재구성' 활동에 해당한다. '창조적 재구성'이 한편으로 창의적 표현과 관련하여 주목을 요하기도 하지만, 자신의 체험의 고유성이 창의적 표현의 출발점이 된다고 볼 때 ②번 활동이 본격적인 창의적 표현을 위한 활동에 해당한다고 할 수 있다.

'다양한 시각과 방법으로 작품을 창작한다.'를 시라는 장르에 한정하여 정리해 보면, 특정 체험을 의미 있는 체험으로 발견한 다음, 다양한 시적 장치를 동원하여 이를 언어화하는 과정으로 생각해 볼 수 있다.

4. 창의성 계발을 위한 지도

국어교과 내에서 창의성 계발은 크게 문학 분야와 비문학 분야로 구분하여 접근할 수 있다.

1) 창의성 계발에서 독서와 작문의 관계

국어과 교육에서 굳이 구술문화와 문자문화로의 이행이 지닌 의의나 현대사회에서 문식성의 중요성을 거론하지 않더라도 국어 교과서가 인쇄된 텍스트로 제시되는 것만큼, 국어 수업의 비중이 문자언어의 이해와 표현 활동인 독서와 작문 지도에 있다는 점을 부인할 수 없다. 다른 모든 교과도 교과서를 사용하여 수업을 하는 한 이 현실은 마찬가지다. 그렇다면 독서와 작문을 통한 창의성 계발 방안의 구성이 절실하다.

독서와 작문은 문자언어를 사용하는 능력으로서 좌뇌에 기반하고 가장 추상적인 언어 기호를 다룬다. [그림 3-4]에 나타나 있듯이, 인간의 경험은 다양하지만 이것을 추상화하여 언어로 이해하거나 표현하는 것은 경험이 부족하고 아직 발달 과정에 있는 어린 학습자들이 수행하기에는 매우 어려운 과제임이 분명하다.

그러나 최근 사회적으로 소통되는 독서나 작문 텍스트에서 다양한 시각기호의 사용이 확대되면서 우뇌의 활용도 적극적으로 권장되는 상황이다. 따라서 무엇보

[그림 3-4] 에드가 데일의 경험의 원추

출처: 이삼형 외(2007). 국어교육학과 사고. 도서출판 역락. 재인용.

다도 학습자의 경험이 다양해지고, 이 경험을 토대로 한 독서와 작문이 이루어져야 진정한 창의적 사고력의 계발이 가능하게 될 것이다.

[그림 3-4]에서와 같이, 학습자로 하여금 다양한 경험을 직접 하도록 권장하고, 이러한 경험에서 생각하고 느낀 점을 반드시 작문으로 정리하도록 한다. 또한 직접 경험이 어렵다면 매체를 활용한 간접 체험을 하도록 하며, 이 경험들이 각종 미디어 읽기와 결합하여 작문과 연계되도록 해야 한다. 이런 경험이야말로 학습자로 하여금 더 넓고 더 깊고 더 새롭게 생각하는 가장 중요한 자원이 될 것이다. 학습자의 경험을 다양화하여 작문 및 독서와 연계하는 것에는 여러 가지 경로가 있다.

최근에는 독서를 수동적인 이해 과정으로 보지 않고, 정보를 수용하고 비판하며, 독자의 관점에서 창의적으로 읽는 다양한 사고 과정으로 규정함에 따라 창의적인 독서 활동이 관심을 끌고 있다. 독서를 하면서 상상하고 공감하는 과정을 거쳐 독자 나름의 관점으로 완성하는 과정이 독자의 창의성을 계발할 수 있

| 예시 1 | 장면을 떠올리고 공감하며 읽기

나는 눈을 감고 천천히 숨을 깊이 들이쉬었다. 출발을 알리는 총성이 크게 울리자 주자들은 출발선을 박차고 나와 서로 선두를 차지하기 위해 앞으로 달려 나갔다. 나는 빠르고 큰 보폭으로 호흡을 고르게 가다듬으며, 동시에 머릿속으로는 내 걸음 수를 세면서 달렸다. 달리기 좋은 자리를 차지하기 위해 서로 다투는 동안 나도 팔꿈치를 내두르며 앞으로 파고들었다. 선두 그룹이 첫 번째 코너를 돌 때, 나는 코스 옆에 세워 둔 삼각뿔을 다리로 치는 바람에 세고 있던 걸음 수를 잊어버렸다. 코너 바깥쪽으로 방향을 바꾸려다가 나는 내 뒤에서 뛰던 주자 하나를 가로막게 되었고, 항의를 하는 고함 소리가 들렸다. 그 순간 나는 바닥으로 고꾸라졌다.

–『하버드 대학생들의 생각과 자기표현은 어떻게 다를까』(민선식, 부지영 공역, 2003)

다고 본다.

반면, 작문의 경우는 필자 스스로 개성을 표현하는 쓰기를 하는 과정에서 창의성이 계발된다고 본다. 독서에 비해 산출물을 내야 하는 목표 지향적이고 의도적인 과정인 만큼 작문을 하기 위해서는 연습이 필요하다. 연습 과정에서 학습자 스스로의 생각과 느낌을 개성적인 표현으로 만들어 갈 수 있다. 그것이 바로 국어

| 예시 2 | 개성이 묻어나는 표현을 음미하며 읽기

못 본 척 눈 감기로 한다. 한 시절 유럽의 부흥을 주도했던 피렌체의 성성한 과거의 영광, 번영의 자취들. 도시의 상징이 된 두오모도, 메디치 가문이 수세기에 걸쳐 모아온 위대한 유산 우피치 미술관도, 머리를 쪼아대는 무례한 비둘기를 내버려두는 광장 앞 석상 코시모 메디치도, 완벽한 몸매를 자랑하며 벌거벗고 선 다비드상도, 조각에서 살아온 것 같은 이목구비의 이곳 남자들도, 오늘은 안녕.

못 들은 척 귀 막기로 한다. 이 도시를 호령했던 인물들이 수백 년의 세월을 건너 살려내는 먼 과거로부터의 소리. 이곳에서 재주를 펼치고, 기량을 겨루고, 명성을 얻었던 이들. "이제야 겨우 예술에 입문했는데, 이렇게 죽음을 맞이하다니!"라고 임종 직전에 고백했다는 미켈란젤로, 그가 죽어서 돌아오고 싶어 했던 도시가 이곳이었다지.

–『유럽의 걷고 싶은 길』(김남희, 2008)

| 예시 3 | 문장 쓰기 활동: 논리적인 표현 연습에서 창의적인 표현으로 완성하기

꽃이 피었다. → 아름다운 꽃이 활짝 피었다. → 내가 사랑하는 아름다운 장미 꽃이 들판에 활짝 피었다.

| 예시 4 | 읽기와 쓰기의 연계 활동: 논리적인 내용 전개에서 창의적인 내용 구성

① 내용의 생성: 읽은 글에 대한 해석, 논평, 인용 등을 통해 내용 생성

② 내용의 조직: 생각의 구성, 내용의 조직과 문단의 구조 생성

③ 표현: 어휘의 획득, 표현의 모방, 개성 있는 표현 창출

활동에서 지향하는 창의성이고 창의성 계발이다.

2) 창의적 작문 지도와 평가

국어과에서 의도한 창의성이란 '언어의 창의성'으로서, 말하기나 쓰기를 통해 창의성이 발휘되는 것이다. 그래서 국어 학습자의 창의적인 사고력을 계발하기

| 예시 5 |

올해 예일 어린이 병원의 성탄 파티 때 우리는 아이들 얼굴에 그림을 그려 주기로 했다. 성탄 트리를 함께 만들고 나서 아이들은 줄지어 우리 앞에 섰다. 그림 그리기에 별로 소질이 없는 나는 내심 걱정이 되었다. "무슨 그림을 그려 줄까?" 내가 묻자, 첫 아이가 "눈사람이요."라고 대답했다. 나는 아이의 뺨에 흰색 동그라미 두 개를 그리고 검은색 눈과 입을 그려 넣었다. 아이는 거울을 보더니 흡족한 미소를 지었고 사실 내가 보기에도 썩 괜찮은 그림이었다. 다음에는 여자아이였는데 산타클로스를 그려 달라고 했다. 눈사람보다는 어려웠지만 그래도 빨간색 삼각형 모자에 구름 같은 흰 수염을 그리자 아이는 신이 나서 뛰어갔다.

다음은 네댓 살로 보이는 흑인 아이였다. "이름이 뭐니?" 내가 묻자 "자마, 근데 난 왼쪽 뺨에는 특공대 군인 아저씨, 오른쪽 뺨에는 파워레인저 로봇을 그려 줘." 나는 난감하기 짝이 없었다. 하지만 이제 와서 못한다고 할 수 없는 노릇인지라 나름대로 정성을 다해 그렸다. 그러나 결과는 왼쪽 뺨에는 초록색 방울, 오른쪽 뺨에는 빨간색 방울 하나씩 붙어 있는 형상이 되었다. 거울을 내밀며 나는 자마가 울음을 터뜨릴까 봐 겁이 났다.

그러나 놀랍게도 자마는 울음 대신 함박웃음을 짓더니 의자에서 펄쩍 뛰어내려 내 목을 꼭 껴안았다. "너무 멋지다. 고마워요!" 결국 눈물을 흘린 것은 자마가 아니라 나였다. 부근의 빈민촌에 사는 이 아이들은 아마 우리가 준 선물 하나와 뺨의 그림이 이번 성탄절에 받는 선물의 전부이리라. 자마를 안고 나는 이야기 하나를 떠올렸다.

거센 폭풍우가 지나간 바닷가 아침이었다. 태양이 천천히 잿빛 구름을 뚫고 얼굴을 내밀기 시작했다. 한 남자가 해변을 걷고 있는데 열 살 정도의 소년 하나가 무엇인가를 미

> 친 듯이 바다 쪽을 향해 던지고 있었다. 남자가 다가가 무엇을 하고 있느냐고 묻자 소년이 답했다. "이제 곧 해가 높이 뜨면 뜨거워지잖아요. 그럼 여기 있는 모든 불가사리가 태양열에 죽게 될 테니까 이 불가사리들을 바닷속으로……."
>
> 남자는 크게 웃음을 터뜨리며 소년을 보고 말했다. "얘야, 이 해변을 봐라. 폭풍우로 밀려온 불가사리가 셀 수 없을 정도로 많은데 네가 하는 일이 무슨 소용이 있겠니?" 소년은 수긍이 가는 듯 잠시 생각에 잠기더니 다시 불가사리 하나를 집어 힘껏 바다를 향해 던졌다. 불가사리는 첨벙 소리와 함께 시원스럽게 물속으로 들어갔다. 소년은 미소를 지으며 남자에게 말했다. "적어도 저 불가사리에게는 소용이 있었지요."
>
> 이 아이들은 내게 가르쳐 주었다. 진정한 변화는 아이의 얼굴에 푸른색 방울을 그리는 것과 같이 아주 작고 구체적인 일에서 시작된다는 것을. 그것이야말로 자선의 참의미라는 것을. 자마는 나의 불가사리였다.
>
> –미국 보스턴 고등학교 학생의 글, 중앙일보 '삶과 문화' 칼럼 中

위해 주목해야 할 분야는 바로 학습자가 스스로 필자로서의 개성을 표현하는 창의적 작문(creative writing)이다. 이제 다음의 예시 글을 보면서 국어과에서 추구하는 창의적 사고력에 대해 생각해 보자.

이 글을 읽으면 필자의 마음이 그대로 느껴지면서 잔잔한 감동이 밀려온다. 이 글이 감동을 주는 이유는 우선 필자가 자신의 직접 경험에서 우러난 생각과 느낌을 글의 주제로 잘 선정하여 진솔하게 담아냈기 때문이다. 또 무엇보다도 이 글이 창의적 작문이라는 근거는 필자가 글의 내용을 생성하고 조직하는 과정을 의도적으로 의식하며 글을 쓰고 있다는 점을 포착할 수 있기 때문이다.

글을 쓸 때 자신의 생각을 제대로 담아내는 것도 어렵지만, 그것을 독자가 이해하고 감동받는 글로 조직하고 표현하는 것은 더욱 어렵다. 여기서 창의적 사고란 글감의 선정만이 아니라 글의 내용을 생성하고 조직하는 과정에서의 필자가 더하는 새로움과 적절성까지도 포함한다는 뜻으로 풀이할 수 있다. 이처럼 학습자의 개성이 글로 잘 표현될 수 있도록 하려면 학습자의 의도적인 훈련이 요구된다.

그러나 작문 지도를 하다 보면 필자의 개성을 살리는 학습자의 사고 과정보다는 교사가 접근하기 쉬운 가시적인 언어 표현에 초점을 맞추어 지도하게 되고, 막상 실제 작문 평가에 들어가면 다시 글의 내용이 작문의 질을 평가하는 데 더 영향을 미친다는 점이 문제다. 교사가 학습자의 사고를 볼 수 없는 가르치는 입장이 아니라 글을 읽는 평가자(독자) 입장에 서면, 학습자의 사고 과정이 잘 드러난 내용에 의해 직접적인 영향을 받기 때문이다. 이처럼 작문 지도에서 학습자의 사고 과정이 나타날 수 있는 방식으로 접근하지 않고, 표현 지도에만 초점을 두는 교수-학습 과정이나 내용 요인에 의해 창의성을 판단하는 평가는 지양되어야 한다.

창의적 작문은 말하기나 듣기, 읽기를 포함한 다양한 의사소통 과정을 거쳐 학습자 나름의 사고를 통해 내용을 생성하고 표현해 내는 창의적 사고력이 결집된 형태다. 따라서 교과 통합 주제에 대해 총체적 언어의 관점에서 창의적 작문을 가르치면서 학습자의 창의적 사고력을 계발하고, 그 과정에서 학습자의 창의적 사고 정도를 평가하며 나아가 창의적 작문이라는 산출물을 통해 학습자의 창의성을 평가할 수 있다. 창의적 사고력의 평가가 진정한 의미를 확보하기 위해서는 개인의 창의성 정도를 포착하는 수준에서 나아가 창의성 계발 과정에서 평가를 효과적으로 이용할 수 있어야 한다. 이런 맥락에서 창의적 작문을 활용한 창의성 계발과 창의성 평가는 매우 유용하리라 생각된다.

국어과의 특성상 작문 내용의 정보성은 매우 다양하게 나타날 수 있으므로, 학습자가 선택한 글의 내용을 교사가 제약할 수는 없다. 그러나 문제를 발견하고 내용을 선정한 다음, 글의 내용으로 생성하고 조직하는 과정에 대한 체계적인 지도는 창의적인 사고력을 계발하고자 하는 국어과 작문 지도에서 반드시 이루어져야 한다. 학습자(필자)의 생각이 글의 내용이나 표현으로 실현되는 과정을 〈표 3-5〉처럼 구체화해 볼 수 있다.

창의성이 보통의 망상이나 공상과 다른 점은 생산적인 상상력 때문이다. 창의성을 계발하고자 한다면, 창의적인 생각을 만들어 내는 발상의 과정과 그것이 망상이 아니라는 근거를 자료 조사를 통해 찾아낼 수 있어야 한다. 단계적으로 살펴보면, 창의적인 생각의 생성 과정은 자유롭게 생각하면서 개인의 지식을 끌어내

〈표 3-5〉 창의적 작문의 교수-학습 단계

단 계	학습 비중	학습 초점	학습 내용: 지식의 이해와 활용	이 행
1단계	창의성 > 언어	발상과 내용 선정	• 어휘와 창의적 발상기법 훈련 –어휘와 문장 수준의 '결합과 재조직'을 통한 창의성 추구 • 다양한 기호(code)의 텍스트 읽기 –다양한 자료 조사를 통한 정보의 확충과 비판적 사고	읽기 (듣기) ↓
2단계	창의성 ≒ 언어	내용 생성과 조직	• 창의적 사고와 텍스트 구성 –아이디어 수준의 내용과 자료를 내용 전개 방법을 통해 가공하여 작문 내용으로 조직	말하기 ↓
3단계	창의성 < 언어	내용의 효과적 표현	• 효과적인 문체 구사 훈련 –장르 특성에 맞는 서술 방법[3] –내용을 정교하게 표현하는 기법[4]	쓰기

는 데서 출발하는데, 여기에 고안된 여러 가지 사고기법이 있다. 다음으로 다른 인간의 지식을 인용하고 검토하는 비판적 사고 과정이 있다. 일단 어느 정도의 내용이 생성된 다음에는 정리된 내용을 해석과 추론 그리고 분석을 거쳐 그 타당성을 검토해 보는 과정이 있어야 한다. 어떤 장르의 작문을 하든지, 〈표 3-5〉와 같은 과정을 통해 창의적인 사고를 훈련하고 창의적인 작문을 만들어 내는 학습 활동이 필요하다.

또 〈표 3-5〉의 교수-학습 과정에서 학습자의 창의적 사고력의 진행 정도를 수

3) 장르 특성과 형식에 맞는 문체가 관습적으로 존재한다. 가령, 설명적인 글은 객관적이고 논리적인 서술이 되어야 하며, 시는 감각적이고 운율적인 시어가 선택되어야 한다. 그러나 이런 기본적인 틀을 조금만 벗어나면 신문기사도 시처럼 표현되고, 시도 신문기사처럼 서술되는 가능성을 생각해 볼 수 있다. 그것이 바로 관점의 문제이고, 창의성의 문제다.

4) 제7차 초등학교 국어과 교육과정 2학년 쓰기 영역에서 '자신의 생각을 문장으로 정확하게 쓰는' 학습 활동을 하고 있다. 같은 학년 국어 지식 영역에서는 '꾸미는 말'을 사용하도록 하고 있다. 다시 말하면, 2학년 수준에서 이미 필자로서의 생각이 문장으로 더 다듬어질 수 있도록 하고 있다는 말이다. 1차 쓰기에서 나아가 계속 들여다보며 스스로의 생각을 '수식어의 사용이나 복합문(내포문)의 작성, 비유의 사용 등'으로 더 상세화할 수 있다면, 학습자는 분명 필자로서 개성적인 표현이 가능해질 것이다.

〈표 3-6〉 창의적 글쓰기를 점수화하기 위한 검사 척도에서 추출한 문항[5)]

<table>
<tr><td>내용:
아이디어의
명료성,
유창성, 묘사,
전반적인
효과</td><td>[유창성]
• 4 = 글이 매우 유창하고 운율적이다. 필자는 언어를 매우 효과적으로 사용하여 일련의 흐름을 만들어 낸다. 단어의 선택이 가끔 독특하고 상상적이지만, 그래도 적절하다. 상투어로 가득 차 있지 않다. 필자는 단어나 문장 구조를 가지고 실험하기를 두려워하지 않으며, 매우 효과적으로 한다.
• 3 = 대부분의 경우, 단어와 문장 구조의 선택이 성공적이다. 몇 개의 실수가 있어도 작품의 언어적 흐름과 아름다움을 희석시키지 않는다.
• 2 = 필자는 상투적인 표현을 사용한다. 작품은 독자들을 놀라게 할 만한 그런 단어를 선택하지 못한다. 문장은 부드럽게 흘러가며, 기술적으로 유창하지만 강력하지는 못한데, 그 이유는 언어와 단어 선택이 관례적이기 때문이다. 필자는 특별히 기술적인 혹은 독특한 단어를 사용하지 않거나 어휘사전(thesaurus)을 적절히 사용하지 못한 것 같다.
• 1 = 필자는 단어를 매우 잘못 사용한다. 단어의 선택이 적절한지에 대한 관심이 전혀 없다. 글은 산만하며, 연결이 안 되어 있고, 지나치게 짧다. 어휘는 부적절하게 단순하고 흔한 것이다.
[묘 사]
• 4 = 필자는 기술적으로 언어를 잘 사용한다. 심상이 창의적이고, 상상적이며, 독특하고, 기술하고 있는 것에 대한 느낌을 분명하게 전달한다. 독자는 묘사된 것을 보거나 느끼거나 맛볼 수 있다. 주제에 대한 상황 설정이 잘되어 있다. 독자가 글 속에 있는 것처럼, 분명한 분위기를 묘사하고 있다. 등장인물과 상황은 생생하고 삼차원적이다.
• 3 = 필자는 상황을 제공하고, 등장인물을 묘사하고, 상상적인 면을 다룬다. 그러나 기술은 때로는 단조롭고 평탄하다. 기술하는 어휘 선택이 가끔 마음속에 생생한 심상을 가져다주지만, 때로는 그저 그렇다.
• 2 = 필자는 상황을 제공하고, 등장인물을 기술하며, 상상을 시도하지만 기술은 무의미하고 평탄하다. 단어의 선택이 독자들을 상황 속으로 끌고 가지 않고, 등장인물에게도 생명을 주지 못한다. 상황, 등장인물 그리고 장면이 완전하게 개발되어 있지 않다. 당신은 필자가 당신을 어디에 데려가려는지 알지만 그곳에 다다르지 못한다. 묘사는 상상력이 부족하다.
• 1 = 상황도 심상도 없다. 등장인물은 가장 기계적인 용어를 사용하고 있다. 필자는 하나의 장면을 보거나 묘사적인 언어를 제공하려는 노력을 하지 않는다.</td></tr>
<tr><td>문법:
문장 구조,
철자, 간결함</td><td>[문장 구조]
• 4 = 문장 구조에 중요한 오류는 없으며, 단지 1~2개의 작은 오류가 있다. 문장 구조는 문장의 복잡성에 관계없이 정확하다.
• 3 = 문장 구조에 아주 적은 중요한 혹은 사소한 오류가 있다. 그런 것들은 매우 복잡한 문장 구조에서 나타난다.
• 2 = 문장 구조 속에 몇 가지 중대한 오류가 있고, 사소한 오류들이 많이 있지만 의미는 분명하다. 오류는 매우 복잡한 문장이나 좀 더 단순한 문장들에서 나타난다.
• 1 = 문장 구조에 오류가 너무 많아서 글의 의미가 가끔 흐려진다.</td></tr>
</table>

시로 평가할 수 있다. 창의적 작문에 나타난 창의성을 평가하는 요소는 〈표 3-6〉과 같다. 일반적으로 창의성 계발 정도를 창의적 산출물의 표현에만 집중하여 가늠할 수 있다. 그러나 창의성 평가 그 자체가 중요한 것이 아니라 창의성 계발 과정이 중요하므로 학습의 과정과 결과를 아울러 평가해야 한다. 창의적인 작문이란 내용을 생성하기 위해 생각하는 과정과 내용을 언어로 표현하는 쓰기 과정이 결합되어 만들어지기 때문이다. 그렇다고 해서 창의성 계발 과정이 작문에만 있다고 한정하는 것은 물론 아니다.

창의적 작문이 성공하기 위해서는 단지 작문에 국한된 활동이 아니라, 토의나 토론, 면담 등을 통해 말하기나 듣기 활동을 하고 다양한 텍스트를 읽으면서 다양한 정보의 수집 능력과 비판적 사고력을 필수적으로 계발하게 된다. 따라서 창의적 작문 수업은 새로운 의미에서 국어 수업의 종합적인 모습이라고 할 수 있다. 창의적 작문 지도는 국어과에서 가장 특성화할 수 있는 창의성 계발 프로그램이다.

3) 창의성 계발을 위한 작문 지도

소개하는 글쓰기에 관한 제7차 중학교 국어 교과서 내용을 살펴보면, 소개하는 글에 담길 내용 요소 위주로 간단히 안내하고 있음을 알 수 있다. 개성을 중시하는 소개하는 글의 목적에 비추어 본다면, 이러한 교과서 활동은 매우 형식적인 수준이라고 볼 수 있다. 이에 대하여 여기서는 창의성에 초점을 둔 소개하는 글쓰기 수업지도안을 구성해 보고자 한다.

5) 이화국 외 공역(2003). 영재 교육의 방법과 자료(상). 서울: 대교, p. 316 재인용.

【교과서 자료 2】 제7차 중학교 국어교과서

활동 1 자기 소개서와 관련하여 다음 활동을 해 보자.

5

1. 자기 소개서는 흔히 언제 쓰게 되는지 알아보자.
   - 대학 입학 시험을 치를 때
   -
   -
   -

2. 자기 소개서가 필요한 이유를 말해 보자.
   -
   -
   -

3. 자기 소개서를 잘 쓰려면 어떻게 써야 할지 자유롭게 말해 보자.

(2) 자기 소개서 쓰기 — 121

활동 3 두 학생이 쓴 자기 소개서를 비교하여 읽어 보자.

5

가 제 이름은 박지한입니다. 저는 15년 전에 우리 집안의 첫째 아들로 태어나 지금까지 생활해 오고 있습니다. 저는 동생이 한 명 있습니다. 이제 초등학교 4학년입니다. 저는 8살에 초등 학교에 입학했는데, 동생은 생일이 빨라서 7살에 입학했습니다. 제가 중학교에 들어온 다음부터는 사이좋게 지내고 있습니다. 초등 학교를 다닐 때에 운동을 좋아해서 건강하게 학교를 다녔습니다. 초등 학교 생활 중에서 5학년 때가 가장 기억에 남습니다. 5학년 때 반 대항 축구 경기에서 제가 결승 골을 넣어 우승했습니다. 중학교에 입학해서는 운동을 많이 하지 않고, 이렇게 공부를 열심히 하고 있습니다. 그러나 기회가 있으면 운동을 하려고 노력하고 있습니다.

나 저는 황예경입니다. 저는 조치원에 있는 한 병원에서 태어나 지금은 서울에서 살고 있습니다. 저희 식구는 아버지, 어머니, 저, 이렇게 셋입니다. 아버지께서는 예절을 중요시하셔서 저는 조금 엄하게 자란 편입니다. 형제들이 없어 외로울 때도 있지만, 그만큼 친구들을 더 많이 사귈 수 있는 기회가 될 수 있어서 좋습니다. 지금도 친구들과 잘 지내며 가족들과 행복하게 생활하고 있습니다. 저는 특기는 없지만 취미는 많습니다. 컴퓨터, 클라리넷 등등……. 앞으로 컴퓨터 분야를 공부하여 컴퓨터 프로그램을 만드는 기술자가 되고 싶습니다. 그리고 사회에 기여하는 당당한 사람이 되었으면 합니다.

1. 두 학생이 쓴 소개서의 내용이 어떻게 다른지 말해 보자.

2. 어떤 것이 자기 소개를 잘 했다고 생각하는가? 그 이유는 무엇인지 말해 보자.

(2) 자기 소개서 쓰기 — 123

|소개하는 글쓰기 수업지도안|

〈개 관〉

이 수업은 학습자가 자신을 다른 사람에게 소개하는 글쓰기를 하도록 지도하는 데 초점을 둔다. 자기 소개의 글쓰기는 다른 종류의 글쓰기에 비해 특히 더 '개성적인 표현'이 중요한 비중을 차지하는 형식이다. 학습자가 자신을 개성 있게 표현하기 위해서는 학습자 스스로 창의적 사고를 충분히 발휘해야 한다.

1. 학습 목표

다른 사람에게 자신을 소개하는 글을 쓸 수 있다.

2. 참고자료

- 중학교 '자기 소개하기 글쓰기' 학습 단원
- 하버드 입학생의 자기소개서
- 레오나르도 다빈치의 자기소개서
- 〈금발이 너무해〉 영화 속 주인공의 자기소개 동영상

3. 주요 활동

- 자기 소개하기의 목적(의도), 대상(독자), 상황 등을 분석한다.
- 소개하는 목적과 상황에 적절한 소개의 형식을 정한다.
- 자기 소개하기에 필요한 자료를 조사하고, 핵심 내용을 정리한다.
- 내용을 '소개하기' 형식에 맞게 쓰고(만들고), 표현을 다듬는다.

4. 활동 단계 및 내용

- 학습 목표를 확인하고, 학습 상황을 설명한다.
- 참고자료를 보면서 소개하는 글쓰기의 기능과 가치에 대해 이해한다.
- 각자 소개하는 글을 쓰고 다듬는다.
  - 소개하는 목적에 맞는 글의 형식을 확인한다.
  - 소개하는 내용을 정리한다.
  - 소개하는 글을 쓰고 다듬는다.
- 친구들과 돌려 읽으면서 평가한다.
- 학습 목표를 확인하고 정리한다.

5. 수업 예시안

- 학습 목표를 제시하고, 학습 상황을 설명한다.
  - 학습 목표: 자기를 소개하는 글을 쓴다.
  - 학습 상황: 대상(독자), 의도(목적) 및 상황 확인
- 참고자료를 보면서 소개하는 글쓰기의 기능과 가치에 대해 이해한다.

- ①~③의 내용과 표현 방식을 이해한다.
  - ① 수필 형식의 자기소개서 – 하버드대학교 입학 목적
  - ② 편지 형식의 자기소개서 – 레오나르도 다빈치의 취업 목적
  - ③ 동영상 형식의 자기소개물 – 영화 주인공의 하버드 로스쿨의 입학 목적
- 소개하는 글쓰기의 표현 방법에 대해 토의한다.

• 각자 소개하는 글을 쓰고 다듬는다.
- 소개하는 목적에 맞는 글의 형식을 확인한다.
- 소개하는 내용을 정리한다.
- 소개하는 글을 쓰고 다듬는다.

• 친구들과 돌려 읽으면서 평가한다.
- 소개의 목적을 달성하였는지 평가한다.
- 독창성이 드러난 부분을 찾아 그 효과를 말해 본다.
- 보완할 부분을 찾아 수정한다.

• 학습 목표를 확인하고 정리한다.

| 예시 6 | 하버드 입학생의 자기소개서

시 계

주위를 둘러보니 방이 미세하지만 분명 바뀌어 있다. 다리가 가느다란 코끼리가 방의 벽을 둘러싸고 있고, 주위 사람들이 거대한 곤충들로 변해 있다. 시계는 녹아 내려 내 손목에서 뚝뚝 떨어지고 있다. 달리의 그림 속의 몽환일까? 아니면 카프카의 소설 속에 나오는 악몽일까? 초현실주의의 바람이 내 머릿결을 스치며 지나친다. 존재에 대한 혼란이 내 상상력을 사로잡는다.

이 창조의 두 거장이 만든 이미지 속에서 나는 그 아름답고 그칠 줄 모르는 상상의 투영물을 보게 된다. 자유분방하고 경계를 완전히 무시하지만, 상상의 마술과 힘으로 기득 차 있다. 그 이미지들은 사진처럼 세밀하진 않지만 오히려 백 배 더 진실한 것이다. 나도 가끔은 세상을 다르게 볼 때가 있다. 정말로 따분한 수업 시간에는 때때로 수업 내용에

서 얻는 다른 이미지들을 상상하면서 졸음을 떨친다. 예를 들면, 역사 선생님께서 미국 남북전쟁 당시의 전투 장면을 설명하실 때는 높게 올린 깃발을 향해 불을 뿜는 머스킷 총들을 떠올린다.

나는 자주 삶이란 하나의 모험 같은 것이라고 생각한다. 낭만적이고, 이상적이며, 또 유쾌한 모험 말이다. 따분한 기억력 테스트 대신 의지 시험을 해 보기도 하고, 논쟁 대신 기지 싸움을 해 보고, 삶을 사실적으로 보는 대신 운명에 맞서는 실존적이고, 치열한 전쟁으로 생각해 본다. 그러한 상상 속에는 내가 때때로 얼굴 없는 적에 맞서거나, 산을 오르기도 한다. 어쩌면 나는 황소와 싸울 수도 있고 지붕 위로 붕붕 날아다닐 수도 있다.

때때로 이렇게 세상을 내 상상에 맞춰 새롭게 고치는 것이 과연 좋은 일인지 의문을 가질 때도 있다. 물론 모든 사람이 그러한 상상을 한다는 것이 사실이다. 극도로 현실적인 사상가들조차도 작품을 통해 자신들의 세계관을 그리게 되는 것은 어쩔 수 없는 일이다. 달리와 카프카도 '예외'가 아니며, 그들은 단지 '극단'일 뿐이다. 왜 우리는 이렇게 현실에서 도피하고 싶어 하는 걸까?

여느 다른 사람들이 그러하듯, 나도 종종 현실 세계에 완전히 속해 있지 않다고 느낄 때가 있다. 그러나 물론 나는 현실 세계에 속해 있고, 이 세상은 다른 사람들의 것이듯 나의 것이기도 하다. 이런 지각 세계와 현실 세계 사이의 모순을, 나는 세계를 약간 바꿈으로써 해결한다. 예를 들어, 자동차 대신 마차를 생각하거나 또는 숙제를 한다고 생각하지 않고 경시 대회에 낼 수필을 쓴다고 여기는 것이다. 그러면 모든 사물은 내 주변에서 제자리를 찾게 된다.

정말로 그것은 간단한 해결책이다. 자신을 변화시켜 세상에 맞추는 것이 아니라 세상을 바꿔서 자신에게 맞추는 것이다. 소망을 충족시키는 아주 간단한 방법이며 바라는 것은 모두 이루어진다. 또한 정신력으로 시계를 녹이는 행위는 마치 병 속에 요정을 넣듯이 시계 속에 지성을 가두어 버리는 것보다 훨씬 낫다. 생각할 수 있는 자유는 많은 것을 필요로 하지 않는다. 세상을 자신의 생각에 맞추는 것이 세상에 자기의 사고를 맞추는 것보다 훨씬 더 고결하다.

–『하버드 대학생들의 생각과 자기표현은 어떻게 다를까』(민선식, 부지영 공역, 2003)

| 예시 7 | 레오나르도 다빈치의 자기소개서

가장 고귀한 존재이신 각하, 자칭 전쟁 무기의 발명가라는 자들과 기술자들이 만든 무기를 자세히 검토해 본 결과, 일반 무기와 크게 다르지 않다는 사실을 발견하였습니다. 그래서 아무 편견 없이 저만이 가진 비밀을 존귀하신 각하께 알려 드리고자 합니다. 각하께서 시간만 허락하신다면, 다음에 소개하는 모든 발명품들을 실험을 통해 직접 보여 드리고 싶습니다.

1. 저는 물건을 쉽게 운반할 수 있는 매우 가볍고 튼튼한 기구의 제작 계획안을 갖고 있습니다.
2. 어떤 지역을 포위하였을 때 물을 차단할 수 있는 방법과 성곽 공격용 사다리를 비롯한 헤아릴 수 없을 만큼 여러 가지 도구를 만드는 방법을 알고 있습니다.
3. 높고 튼튼한 성벽으로 포격을 가해도 요새를 무너뜨릴 수 없는 경우, 반석 위에 세운 성곽이나 요새라 할지라도 무너뜨릴 방책을 가지고 있습니다.
4. 대단히 편리하고 운반하기 쉬우며, 작은 돌멩이들을 우박처럼 쏟아낼 포를 만들 계획안을 가지고 있습니다.
5. 해전이 벌어질 경우, 공격과 방어 양쪽 모두에 적당한 여러 가지 배의 엔진을 만들 계획안이 있으며, 위력이 대단한 대포와 탄약과 연기에 견딜 수 있는 전함을 만들 계획안도 가지고 있습니다.
6. 또한 적에게 들키지 않고 땅 밑이나 강 밑으로 굴이나 비밀 통로를 만들어 통과하는 방법을 알고 있습니다.
7. 또 쉽게 공격받지 않는 안전한 차량을 만들 수 있습니다. 대포를 갖춘 적이 밀집한 곳이라도 이 차량으로 밀고 들어가면 적은 흩어지지 않을 수 없을 겁니다. 그리고 차량 뒤를 따라서 보병 연대가 어떤 피해도 없이 적의 반격을 물리치고 진군할 수 있습니다.
8. 또 필요하다면 대포와 박격포, 가벼운 포까지 만들 계획을 가지고 있습니다. 이것들은 흔히 쓰이는 일반적인 대포들과는 전혀 다르게 멋있고 세련된 모양을 갖추게 될 것입니다.
9. 대포를 사용할 수 없는 곳이라면 사출기와 덫을 비롯해서 놀라운 효과를 발휘하는 특별한 엔진을 만들어 사용할 수 있습니다. 간단히 말해 다양하고 무한히 많은 종

류의 공격과 방어용 엔진을 공급할 수 있습니다.

10. 평화 시에는 공공건물이나 개인용 집을 건축하는 데 그 누구보다도 각하께 만족을 드릴 수 있다고 믿는 바입니다. 그리고 어느 곳에서든 다른 곳으로 물길을 낼 수 있습니다.
11. 대리석이나 청동, 진흙으로 조각상을 만들 수 있으며, 그림 또한 그릴 수 있습니다. 제 작품은 어느 미술가의 작품과 비교해도 뚜렷한 차이를 드러낼 것입니다.
12. 더욱이 저는 청동 기마상을 만들고 싶습니다. 이 기마상은 각하의 아버님이신 황태자님과 명예롭고 훌륭한 스포르차 가문을 영원토록 추억하게 할 기념물이 될 것입니다.

–『다빈치처럼 생각하기』(공경희 역, 2005)

| 예시 8 | '금발이 너무해'의 자기소개에 관한 창작물

* 하버드 법학 대학원에 입학하려는 엘 우즈는 의상을 전공한 학점 4.0의 금발 미녀
* 담당 교수 추천서 + 자기소개서(비디오로 대치) + LSAT 179
* 동영상(비디오)의 내용

제 이름은 엘 우즈입니다. 하버드의 모든 분께 제가 어떻게 훌륭한 변호사가 될 수 있는지 보여 드리겠습니다. 클럽 회장으로서 저는 주목을 끄는 기술과 토론 기술에 능하죠. ……이 밖에도 말하자면 끝이 없죠. 법정 용어는 생활화하고 있어요. ……이것이 절 선발해야 할 이유입니다.

엘 우즈, 미래의 새로운 변호사!

* 여주인공의 'LA 시립대 의상 전공, 4.0 평점, LSAT 179' 조건에 대하여 하버드 입학위원회에서는 "다양하면 좋지 않나요? 특별활동 경력이 특이하네요. 뮤직비디오에 출현했다는데요, 음악에 관심이 많군요. 자선바자회에 인조 모피 팬티를 디자인해서 팔았다는데요, 동물을 사랑하는 박애주의자군요." 등의 평을 내려 입학을 허가한다.

지금까지 국어 교과서에 소개된 '자기 소개하기 글쓰기'의 학습 활동을 좀 더 학생의 개성이 드러나는 글 혹은 창의적인 산출물로 만드는 과정에 대하여 살펴보았다. 소개하려는 목적과 소개를 듣는 대상과 상황에 따라 앞서 언급한 '다학문, 다문화'의 주제를 반영하여 스스로 탐구한 여러 자료를 추가하여 글을 쓴다면, 분명 형식적이고 피상적인 소개의 글을 벗어난 참신한 소개서가 될 것이다.

4) 문학 영역에서의 창의적 표현 교육의 실제

창의적 표현 교육에서 무엇보다 중요한 것은 '자신만의 체험'에 대한 주목과 발견이다. 동일한 체험 내용이라 하더라도 그 체험이 '자신'에게 어떻게 받아들여지고 어떤 느낌으로 기억되는지에 대한 구체적인 접근 없이 곧바로 창의적 '표현' 활동으로 접근한다면, 실제 학습자 개개인의 개성이 전혀 없는 기교 중심의 결과물만 산출될 가능성이 크다. 이러한 점에 유의하여 실제 진행된 연구 결과(정정순, 2009)를 바탕으로 다음과 같은 활동 과정을 하나의 예시로 제안하고자 한다.

- 학습 목표 비유적 표현을 활용한 창의적 시 쓰기
- 참고자료 학습자 개개인의 체험을 효과적으로 환기할 수 있는 이야기 자료나 동영상 자료
- 주요 활동 특정 화제(예: 잔소리, 숙제)에 대한 학습자 개개인의 체험을 비유적인 이미지(상황)로 그려 보기
- 유의 사항
  - 비유가 무엇인지에 대한 개념적 접근이나 연역적 설명에서 출발하지 말고, 비유로 표현할 수밖에 없는 상황[6]을 제시하여 이를 바탕으로 시 창작에 이르도록 할 것

6) 이 부분에서 연구자 혹은 교사의 적극적이고도 다양한 활동 모색이 요청된다. 이 글에서는 정정순(2009)에서 활용한 관념(비가시적 체험) 그리기 활동을 적용하여 예시해 보고자 한다.

–자신의 마음을 얼마나 적절한 상황으로 표현하였는가(그림 및 시)에 초점을 맞추도록 할 것

• 활동 단계 및 내용

단계	주요 활동	참고
도입	• 활동 제시: 마음 그리기를 통한 시 창작 • 화제 제시: 잔소리[1)] • 잔소리와 관련된 개별 체험 환기(그때의 마음이 어떠했는지 환기), 개별 체험 환기에 효과적인 보조자료 활용 가능(예: 잔소리 관련 장면이 있는 생활 동화, 교사에 의한 잔소리 재연) • 그림 그리기 활동에 도움이 될 만한 언어적 비계[2)] 제공 • 주의: 평가를 의식하지 않는 활동이 되도록 할 필요가 있음(진솔한 느낌의 자유로운 표출을 장려하기 위하여)	• 실제 잔소리에 대한 자신의 느낌을 그림으로 그린 한 초등학생의 그림 제시[1)] • '잔소리를 들으면(듣고 있을 때는) 내가 ~이 된 것 같다.' '잔소리를 들을 때는 내가 ~에 있는 것 같다.' '잔소리가 ~처럼 느껴진다.' '잔소리는 나를 ~하게 만든다.' [2)]
전개	• 마음 그리기 • 그려진 그림을 어떻게 시로 옮기는 것이 좋을지 교사 시범[3)](위에서 제시한 한 초등학생의 그림에 대해 교사가 시로 옮길 때 주의할 점 등을 점검해서 시로 옮긴 것을 보여 줄 것) • 그림을 시로 써 보기	• 마음 그리기 과정에서 교사의 평가적 언급은 자제할 것 • 이미지 중심의 접근 필요[3)]
정리	• 그림과 시를 같이 발표해 보기 • 마음 그리기 및 그림을 시로 쓰기 활동의 의미 정리[4)]	• 비가시적인 무엇(마음)을 가시적이거나 감각적인 무엇으로 변형하는 데 비유의 핵심 원리가 있으며, 그것이 창의적 표현을 가능하게 함[4)]

도입 단계에서 마음 그리기 활동의 예시 작품으로 이호철(1994)을 참조하면 도움이 된다. 이러한 활동을 학생들에게 하도록 한 결과, 창의적이라고 볼 수 있는 비유적 발상의 그림들이 상당히 많이 나온 것을 확인할 수 있었다. 이 중 일부를 소개하면 [그림 3–5]와 같다.

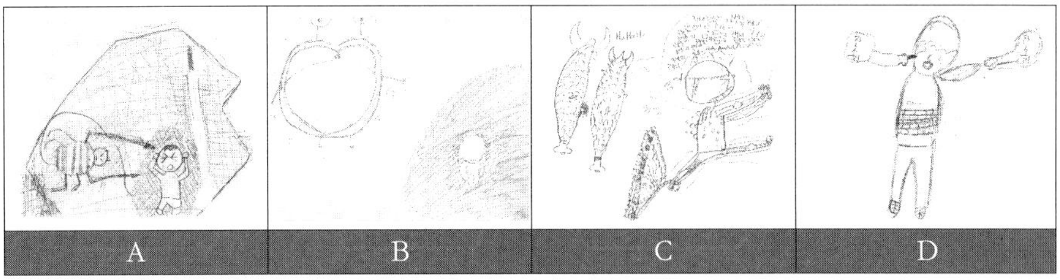

[그림 3-5] 마음 그리기 활동의 예

A에서는 잔소리를 '거미줄'로, 잔소리를 듣고 있는 자신의 모습은 거미줄에 걸려 있는 모습으로 그려 놓았다. 이렇게 볼 때 잔소리를 하는 어른이 거미가 되는 셈이다.

B에서는 잔소리를 아이들 앞에 군림하는 '큰 입술'의 이미지로 포착해 냈다. 일반적인 얼굴의 형상 없이 잔소리하는 '입'에만 주목하여 그림을 그린 것으로서, 인접성의 원리에 의한 환유의 속성을 잘 보여 주고 있다. 큰 입술과 대비되는 아이의 작은 모습은 잔소리에 대한 심리적 억압감을 여실히 보여 준다.

C에서는 잔소리를 자신을 조종하고 자신을 마음대로 가두는 '도깨비 방망이'로 표현하였다. 특히, 자신의 발에 묶여 있는 무수한 잔소리 사슬에도 불구하고, 이로부터 줄행랑을 치고자 하는 아이의 모습은 잔소리에 대한 느낌을 효과적으로 드러내 보인다.

D에서는 잔소리 자체보다 잔소리를 들을 때의 자신의 상태에 더 초점을 맞추고 있는 것으로 보인다. 잔소리를 들을 때의 자신의 모습을 '줄에 묶여 있는 포로'로 그려 놓았다.

이 외에도 잔소리를 '칼, 화살, 창', 똑같은 소리만 계속 반복하는 '녹음기' '시끄러운 로봇' 등으로 그린 경우 그리고 잔소리를 듣는 자신의 모습을 '군대에서 조교의 말을 듣는 군인의 모습' '잔소리를 모으는 탱크' '천둥 번개 치는 곳에서 벌서는 것' '사람 앞에 선 개미' '얼음' 등으로 그린 경우가 눈에 띄었다. '유령'과 '악마' 등의 포괄적이고 관습적인 대상으로 그린 경우도 있었는데, 자신의 체험에 주목하는 활동이 익숙하지 않아서인 듯하다.

이와 같은 결과물을 통해 잔소리에 대한 자신의 느낌이나 마음을 시로 바로 쓰게 하는 것보다 이렇게 그림으로 그려 보게 하는 활동을 통해 접근하는 것이 보다 창의적인 시를 쓰도록 하는 데 도움이 될 수 있음을 잘 알 수 있다.

이를 시 창작 활동까지 연계하지 못하였지만, 이미 시로 표현할 내용이 잘 형성된 상태이므로 시 창작까지 어렵지 않게 이어지리라 예상된다.

5. 결 론

지금까지 국어교과에서 학습자의 창의성을 계발하는 방향과 수업 자료에 대해 논의해 보았다. 국어교과에서 학습자의 창의적인 언어 능력을 계발하기 위해서는 학습자로 하여금 다양한 문화 컨텐츠를 경험하도록 유도하고, 풍부한 독서를 통해 지속적으로 학습자의 도식을 확장하도록 격려하는 것이 필요하다. 풍부한 언어적 · 사회적 맥락을 경험하는 것은 학생의 창의적 사고력의 기반을 든든하게 하며, 학생의 어휘력과 표현력이 정교하게 계발되도록 할 것이기 때문이다.

또한 학습자의 창의적인 표현 방법(혹은 기술)을 계발하도록 지도해야 한다. 창의적인 언어 표현(개성적인 문체)의 모방과 정련 과정이 안내되어야 하며, 디지털 리터러시의 활용 방안에 대해서도 지도해야 한다. 가령, 수식어의 정교한 사용이나 내포문(복합문)의 구사 방법을 지도하고, 다양한 문학적 표현 방법은 물론 하이퍼텍스트 작성 방법이나 텍스트 디자인에 이르기까지 모두가 학습 자원이 될 수 있다. 앞으로 학습자의 국어 활동이 창의적으로 전개될 수 있는 학습과제가 다양하게 지속적으로 개발되어야 할 것이다.

문학 영역에서의 창의성 교육 또한 이와 유사한 과제를 안고 있다고 볼 수 있다. 국어과에서의 창의성 교육은 표현과 이해라는 언어 활동을 매개로 이루어진다고 앞서 밝힌 바 있다. 이때의 언어 활동은 창의성을 기르기 위한 수단이기도 하면서, 창의성을 드러내는 목적이기도 하다.

언어 활동이 창의성을 기르는 수단으로 활용되는 점에서 본다면, 다양한 언어적 경험이 무엇보다 중요함을 알 수 있다. 동일한 사물이나 사건, 사태에 대해서 다양하게 표현되어 있는 시나 소설 등을 활용할 필요가 있다는 뜻이다. 다양한 표현에 전제되어 있는 것은 글을 쓴 사람의 개성이다. 개성은 관점의 차이, 정서적 반응의 깊이 차이, 관심의 정도 차이 등과 깊게 관련되어 있다. 이러한 개성이 어떻게 문학 속에서 실현되는가에 주목하는 활동은 자신의 개성을 찾아가고, 확립해 가는 과정에서 반드시 다루어져야 하는 활동이다. 자양분이 부족한 상황에서 무성한 아름드리 나무가 자라기를 기대할 수 없는 것과 같은 이치다.

이렇게 볼 때, 창의성 교육에서 학습자의 언어적 결과물을 조급하게 요구하는 것만큼 경계해야 할 것은 없다. 학습자로 하여금 다양하고 폭넓은, 풍부한 문학적 경험을 갖도록 하는 것이 일차적으로 요청되어야 한다. 이러한 문학적 경험이 충분히 축적되면서, 학습자 스스로 자신의 개성과 목소리를 찾아갈 것이다.

창의성이 드러난 목적으로서의 언어 활동은 축적된 문학적 경험이 튼튼하게 뒷받침되어 있을 때 효과적으로 실현되리라 본다. 앞서 시 창작 활동을 통해서도 드러났듯, 자신의 개성과 목소리를 적극적으로 실현할 수 있도록 안내하고 돕는 활동을 통해서 자연스럽게 창의적 언어 결과물을 얻을 수 있을 것이다.

이와 관련하여 학습자들이 어떻게 자신의 목소리에 귀 기울이고, 그러한 자신의 내면언어를 어떻게 외화하도록 할 것인가와 관련하여 좀 더 많은 후속 연구들이 있어야 할 것이다. 언어적 기교와 표현하고자 하는 바의 내용이 분리되지 않는, 자연스럽게 하나의 과정으로 묶일 수밖에 없도록 안내하는 그러한 활동에 대한 구안이 많을수록 형식화된 언어적 결과물은 줄어들 것이기 때문이다.

참고문헌

공경희 역(2005). 다빈치처럼 생각하기. 서울: 대산.

교육부 고시 1997-15호. 고등학교 교육과정 해설-국어. 교육부.

교육인적자원부 고시 제2007-79호. 고등학교 교육과정(I). 교육인적자원부.

교재편찬위원회(1998). 다매체 시대의 글쓰기. 서울: 세종출판사.

권순희, 서명옥(2006). 창의적 표현 능력 신장을 위한 국어과의 교수-학습 전략 방안. 한국초등국어교육, 32. 한국초등국어교육학회.

김경자, 조경원, 이현식, 양은주, 이미숙, 허희옥(2003). 창조적 지식기반사회를 위한 학교 교육과정론. 파주: 교육과학사.

김남희(2008). 유럽의 걷고 싶은 길. 서울: 미래인.

김대행(1998). 사고력을 위한 문학교육의 설계. 국어교육연구, 5. 서울대학교 국어교육연구소.

김미혜(2004). 국어적 창의성의 구성 요소에 관한 연구. 국어교육학연구, 20. 국어교육학회.

김성진(2003). 글쓰기에서 관습과 창의성의 관계에 대한 연구. 국어교육학, 16. 국어교육학회.

김성진(2004). 비평 활동 교육의 내용 연구. 서울대학교 대학원 박사학위논문.

김영채(1995). 사고와 문제해결의 심리학. 서울: 박영사.

김은성(2003). 국어과 창의성 교육의 관점. 국어교육학연구, 18. 국어교육학회.

김은성(2004). 국어과 창의성 교육의 기본 개념. 국어교육, 113. 한국어교육학회.

김은영, 이성은(2009). 언어적 창의성 향상을 위한 SCAMPER 발상 기법 프로그램 개발. 한국초등국어교육, 39. 한국초등국어교육학회.

김재봉(2002). 창조적 국어 사용과 논증문화. 한국초등국어교육, 20. 한국초등국어교육학회.

김정선, 손승현(2008). SCAMPER 기법을 활용한 창의적 글쓰기 지도 효과. 한국초등국어교육, 38. 한국초등국어교육학회.

김정섭, 강승희, 강순희(2003). 동화를 통한 창의성 교육. 서울: 서현사.

김정우(2004). 시 해석 교육 내용 연구. 서울대학교 대학원 박사학위논문.

김정자(1999). 글쓰기 관습과 창의성. 문학교육학, 제3호. 한국문학교육학회.

김중신(1999). 창의적 사고력과 문학교육. 문학교육학, 제4호. 한국문학교육학회.

김창원(2003). 창의성 중심의 국어과 교육과정 구성 방향. 국어교육학연구, 18. 국어교육학회.

남민우(2003). 창의성 신장을 위한 시 교육과정 연구. 문학교육학, 제15호. 한국문학교육학회.

노명완 외(2003). 창조적 지식 기반 사회와 국어과 교육. 서울: 박이정.

독서지도연구모임 편(2003). 창의적인 독서 지도 77가지. 서울: 해오름.

류호섭 역(1996). 창조적 사고. 서울: 도서출판 국제.

민선식, 부지영 공역(2003). 하버드 대학생들의 생각과 자기표현은 어떻게 다를까. 조선일보사.

박수자(2001). 읽기 자료를 활용하여 내용 생성에 초점을 둔 쓰기 지도. 2001년 부산교대 초등교육연구소 지원 교과교육세미나 발표자료집.

박수자(2002). 지식의 창의성의 맥락에서 본 쓰기 유형 개발. 이중언어학, 20. 이중언어학회.

박수자(2004). 국어과 평가와 창의적 사고력. 한국초등국어교육, 24. 한국초등국어교육학회.

박재문(1998). 지식의 구조와 구조주의. 서울: 교육과학사.

박종훈(2004). 쓰기 평가를 통해 본 국어과 창의성 개념 설정의 문제. 국어교육학연구, 20. 국어교육학회.

송광용 역(1991). 논리적으로 생각하기 논리적으로 글쓰기. 서울: 도서출판 공간.

신민섭(2008). '낯설게 하기'의 시적 표현 교육 연구. 서울대학교 대학원 석사학위논문.

신세호 외 공역(1984). 창의력 개발을 위한 교육. 서울: 교육과학사.

신현정 역(2002). 역동적 기억. 서울: 시그마프레스.

유영희(1999). 이미지 형상화를 통한 시 창작교육 연구. 서울대학교 대학원 박사학위논문.

이경화(2003). 언어적 창의성의 개념과 국어과 교육 내용 연구. 한국초등국어교육, 23. 한국초등국어교육학회.

이삼형, 김중신, 김창원, 이성영, 정재찬(2007). 국어교육학과 사고. 도서출판 역락.

이상회 역(1999). 창조성과 정신. 서울: 김영사.

이영애 역(1992). 인간 사고의 심리학. 서울: 교문사.

이영애 역(2003). 사고 유형. 서울: 시그마프레스.

이주섭 외(2004a). 언어적 창의성 신장을 위한 국어과 교수-학습 자료 개발 연구. 한국초등국어교육, 24. 한국초등국어교육학회.

이주섭 외(2004b). 국어과 창의성 신장 방안. 서울: 박이정

이호철(1994). 살아있는 그림 그리기. 보리.

이화국 외 공역(2003). 영재 교육의 방법과 자료(상)(하). 서울: 대교.

장경렬 외 편역(1997). 상상력이란 무엇인가. 서울: 살림.

장은영 역(1998). 지식창조기업. 서울: 세종서적.

전경원(2000). 창의학. 서울: 학문사.

정소영(2006). 전래동화를 활용한 국어과교육의 창의성 신장 방안. 한국초등국어교육, 31. 한국초등국어교육학회.

정정순(2005). 시적 형상성의 교육내용 연구. 서울대학교 대학원 박사학위논문.

정정순(2009). 맥락 중심의 시 창작 교육-비유적 발상을 중심으로. 문학교육학. 한국문학교육학회.

정혜승(2004). 창의성 계발을 위한 국어과 교재 구성의 원리. 어문연구, 32(1). 한국어문교육연구회.

정혜승, 전지영, 박나현, 지인옥, 하수민(2006). 창의성 계발을 위한 국어과 교수·학습 전략. 서울: 사회평론.

조영식(1999). 창조적 독서교육. 서울: 인간과 자연사.

조하연(2003). 문학적 속성을 활용한 창의적 사고의 교육 방안 연구. 국어교육학연구, 16. 국어교육학회.

진형준 역(1997). 상상력의 과학과 철학. 서울: 살림.

천경록(2001). 국어과 수행평가와 포트폴리오. 서울: 교육과학사.

최경희(2004). 창의성 신장을 위한 시 쓰기 지도 방법. 한국초등국어교육, 25. 한국초등국어교육학회.

최인자(2000). 창의력을 위한 '문제' 중심의 교수·학습 방법론. 국어교육학연구, 10. 국어교육학회.

최현섭 외(2001). 창의적인 쓰기 수업 어떻게 할까? 서울: 박이정.

최현섭 외 공역(2000). 작문, 문단 쓰기로 익히기. 서울: 삼영사.

제 4 장

사회과 창의성 교육의 이론과 실제

제 4 장

사회과 창의성 교육의 이론과 실제

1. 서 론

이 장에서는 사회과에서 추구할 수 있는, 또는 사회과를 통해서 기를 수 있는 창의성의 이론과 실제를 다루고자 한다. 즉, 교과교육으로서 사회과 교육을 통해서 기를 수 있거나 길러야 할 창의성의 개념과 의미를 밝혀 보고, 사회과 수업을 통해서 이를 직접 육성할 수 있는 실천상의 문제를 탐색하고자 한다.

사회과에서의 창의성 개념을 밝히기 위해서는 기존의 사회과 창의성 교육에 대한 실태와 연구 동향을 검토할 필요가 있다. 그리고 영역 특수적 관점에 입각하여 사회과에서 추구하려는 창의성의 개념을 모색해야 한다. 이러한 작업을 통해서 사회과 창의성의 개념을 밝히고, 이를 육성할 수 있는 수업 모형을 탐색하고, 이러한 수업 모형에 가장 부합하는 내용을 선정하여 현장에 직접 적용할 수 있는 수업 전개의 사례를 제시하고자 한다.

2. 사회과 창의성 교육의 연구 동향과 실태

현재 사회과에서 창의성 교육이 적합하게 이루어지고 있는가에 대한 물음에 대하여, 사회과 교육계에 종사하는 대부분의 사람들은 쉽게 답하지 못하거나 부정적인 대답을 하는 경향이 있다. 교과교육 차원에서의 창의성 교육이 필요하다는 일반적인 인식의 공감대가 형성되고 있음에도 불구하고, 아직까지 사회과에서는 창의성 교육이 제대로 이루어지지 않고 있으며, 이와 관련된 연구 또한 미미한 실정이다. 그동안 사회과에서는 창의성을 하나의 인지기술 내지 사고기능으로만 받아들여 모든 학습 모형이나 방법으로 적용하려는 경향이 있었다(김보경, 2008: 5). 즉, 창의성은 기술이나 방법이지, 하나의 내용으로 성립할 수가 없었다. 따라서 여기서는 사회과에서 추구해야 할 또는 길러야 할 창의성의 개념과 의미를 도출하기 위한 기초 작업으로서 그동안 사회과에서의 창의성 교육에 대한 연구 동향과 교사들의 인식 실태를 파악해 보고자 한다.

1) 사회과 창의성 연구의 동향

현재까지 우리나라에서 이루어지고 있는 사회과 창의성에 대한 연구는 크게 두 가지 부류가 있다. 하나는 일반적인 창의성을 사회과 교육을 통해서 어떻게 육성할 수 있는지에 대한 접근이고, 다른 하나는 사회과의 고유한 창의성을 설정하고 이를 어떻게 육성할 것인가를 고민하는 관점이다. 즉, 전자가 영역 일반적(domain-general) 관점이라면, 후자는 영역 특수적(domain-specific) 관점의 연구에 해당한다. 전자의 연구는 일반적인 창의성이나 다른 교과에서의 창의성에 대한 연구와 크게 다르지 않다. 그러나 후자의 연구는 일반적인 창의성이나 다른 교과와 구분되는 사회과 창의성에 대한 독특성과 특수성을 추구하고자 한다. 그동안 사회과 교육계에서 이루어진 창의성 교육에 대한 연구는 대부분 영역 일반적인 관점이었다. 다만, 최근에 김보경(2008)이 영역 특수적 관점에서 사회과 창의성 개념을 새롭게 모색하는 연구 결과를 내놓았다.

먼저 우리나라 사회과 교육계에서 이루어진 창의성 교육 관련 연구를 간략하게 살펴보기로 하자. 1997년에 서재천은 「유추법을 이용한 창의성 교육 방법에 대하여」라는 논문을 발표하였다. 이 논문은 사회과 수업에서 Gorden이 주장하는 비유법(synectics)을 활용함으로써 창의성을 기르는 방법을 소개하고 있다. 이듬해인 1998년에는 한면희의 「초등사회과에서의 창의성 교육」과 이혁규의 「사회과에서의 창의적 사고력과 교수-학습 방안」이라는 연구가 이루어졌다. 이들 연구는 창의성 혹은 창의적 사고력의 개념에 대하여 소개한 다음, Williams의 창의적 교수 모형 혹은 Osborn의 창의적 문제해결 모형을 소개하고, 이를 사회과에서 실천하는 문제를 검토하고 있다. 그리고 최용규(1999)는 「사회과 교육을 통한 창의성 함양」을 통해 창의적 사고력의 개념과 창의성을 촉진시키는 학습환경에 대하여 언급한 다음, Feldhusen의 창의적 문제해결 모형을 사회과에 적용하는 문제에 대하여 검토하였다. 조국남과 박성혁(2005)은 「사회과 교육을 통한 창의성 교육」에서 여러 학자들의 창의적 문제해결 모형을 소개한 다음, 사회과에서 창의성을 기를 수 있는 방법들에 대하여 검토하였다. 그리고 정호범, 박용조 및 이수경(2006)은 「초등 사회과에서 창의성 향상과 문제해결 학습의 효율화를 위한 '문제 상황' 자료 개발」이라는 연구를 추진하였다. 이들은 사회과에서 창의성을 기르기 위한 수업 도입 자료로서 '문제 상황' 자료를 개발하고, 이를 초등학교 사회과 수업에 실제로 적용하는 실험 연구를 수행하였다. 이종연 외(2007)의 「창의적 문제해결 모형 기반 초등학교 사회과 수업의 효과성 분석」 연구도 창의성을 기르기 위하여 창의적 문제해결 모형을 초등학교 사회과 수업에 직접 적용하고, 그 결과를 검증하는 실험 연구를 수행하였다. 한편 사회과에서 창의성과 관련된 박사학위 논문으로 박재은(2001)과 김보경(2008)의 연구가 추진되었다. 박재은의 연구는 사회과에서 혼합 질문 전략을 중학교 3학년 학생들에게 적용하여 그 효과를 검증했고, 김보경은 사회과에서 추구해야 할 창의성의 개념을 '사회적 창의성(social creativity)'으로 새롭게 재개념화하였다.

그리고 외국에서도 사회과 창의성 교육과 관련한 연구는 극히 미약하다(김보경,

2008: 24 참조). 사회과에서 창의성과 관련한 연구물로 Baloche(1994), Sewell과 그의 동료들(2002) 등의 연구가 있으나, 이 연구들도 일반적인 창의성을 사회과 수업에 적용한 것에 불과하다. 즉, Baloche(1994)의 논문은 사회과 교육에서 창의적 사고와 비판적 사고를 기르기 위하여 설계된 질문기법을 협동학습 구조와 결합하는 교수전략에 대하여 연구한 것으로서, '창의성'과 '협동 능력'이 미래의 직업인으로서 갖추어야 할 중요한 능력이 될 것이라고 주장하였다. 그리고 Sewell과 그의 동료들(2002)의 논문은 시골의 소규모 초등학교 학생들을 대상으로 창의적 문제해결 학습(CPS)을 사회과 수업에 적용한 연구로서, 연구자들은 창의적 문제해결 학습이 문제해결력, 의사소통 능력, 비판적 사고력, 정보 활용 능력과 같은 다양한 시민적 능력의 발달에 기여한다고 주장하였다.

앞서 살펴본 바와 같이, 우리나라와 외국에서 사회과 창의성과 관련하여 추진된 연구는 그리 많지 않다. 그나마 대부분의 연구가 창의성의 일반적인 성격이나 개념 그리고 창의적 문제해결 학습을 소개하는 정도에 그치고 있다. 또한 사회과 수업을 통해서 직접 창의성을 육성하는 방법을 적용 · 실천한 연구도 미미한 실정이다. 이러한 상황에서 알 수 있듯이, 사회과에서의 창의성 교육은 창의성의 일반적인 개념이나 방법을 사회과 내용에 적용하는 수준이 될 수밖에 없었다. 즉, '사회과답지 못한 창의성 교육'이 이루어지거나 '창의적이지 못한 사회과 교육'이 실천될 가능성을 항상 지니고 있었다. 이러한 현실을 극복하기 위해서는 사회과에 적합한 새로운 창의성 개념의 모색과 실제 수업 현장에서의 적용력을 높이는 방안에 대한 연구가 이루어져야 할 것이다.

2) 사회과 창의성 교육의 실태

그동안 사회과에서의 창의성 교육은 제대로 실천되지 못했고, 최근에 와서야 사회과 교사들 사이에 창의성 교육에 대한 관심이 일어나기 시작하였다. 그 이유는 사회과의 역할과 특성을 바라보는 지배적 관점에서 찾을 수 있다. 그동안 사회과에서는 창의적 사고보다는 과학적 · 논리적 · 비판적 사고를 강조하여 왔으며, 그 결과 탐구학습이 중심이 되었다. 그리고 사회과는 학습자로 하여금 사회를 개선 · 진보시키는 데 필요한 지식과 능력을 육성하기보다는 기존 사회에 적응하는 사회화의 기능을 주로 수행하여 왔다. 사회과 교육에 대한 이러한 주류적 관점은 곧 사회과에서 창의성 교육의 필요성을 도외시하게 만드는 결과를 낳은 것이다. 하지만 사회과에서 창의성 교육이 전혀 실천되지 못한 것은 아니다. 다만 그동안 사회과에서 이루어진 창의성 교육은 일반적인 창의적 문제해결 모형을 사회과에 그대로 접목시키거나 사회과의 특성을 제대로 반영하지 못하는 모습을 보여 왔다.

한편 사회과에서의 창의성 교육에 대한 교사들의 인식에서도 부정적인 모습들이 많았다. 김보경(2008: 36-42)은 사회과에서의 창의성 교육에 대한 초등 교사들의 인식 실태를 다음과 같이 일곱 가지로 정리하고 있다.

첫째, 사회과에서 창의성 교육이 다른 교과에 비해 다소 경시되었던 이유는 많은 교사들이 교과 내용에 중점을 두었기 때문이다. 그 이유를 두 가지 측면에서 볼 수 있다. 하나는 창의성의 본질에 사회과의 내용이 부합되지 않는다고 보는 것이고, 다른 하나는 사회과에서 다루고 있는 내용에서 사회규범과 같은 내용은 창의성의 본질과 맞지 않는다고 보는 것이다. 이러한 인식은 사회화 및 사회 적응을 강조하려 했던 과거 사회과의 풍토에서 비롯되었다고 볼 수 있다. 다른 교과와 달리, 사회과의 내용은 주로 사회현상에 관한 것이다. 즉, 사회과에서는 '사회적' 문제를 주로 다룬다. 따라서 교사들의 인식과 달리, 앞으로의 사회과 창의성 교육은 오히려 '사회적' 내용에 부합하는 새로운 개념의 정립이 요구된다고 할 수 있다.

둘째, '사회과 차원에서의 창의성은 그 성격 면에서 일반적인 창의성의 그것과 같다고 생각하는가' 하는 질문에서는 '그렇다'와 '그렇지 않다'는 의견이 거의 반반이었다. 즉, 사회과에서의 창의성을 일반적인 창의성과 구별 짓는 교사와 그렇지 않은 교사의 비율이 비슷하다. 따라서 사회과에서의 창의성을 일반적인 창의성으로부터 차별화하고 구체화할 필요가 있다.

셋째, 사회과 수업에서의 창의성 교육의 실천 여부에 대해서 응답자의 절반이 '조금 실천한다'와 '거의 실천하지 않는다'로 나누어진다. 대부분 현장에서는 창의성 교육이 애매모호하기 때문에 실시하지 않을 수도 있고, 실천한다고 해도 소집단 토의나 동기 유발 정도로 실천하고 있었다. 이러한 조사 결과는 앞으로 사회과에서 창의성을 신장시키기 위한 구체적인 교수–학습 방법이나 지도 방안이 강구되어야 함을 말해 준다. 즉, 교과 수업 시간 외에 별도로 창의성 교육을 실천하는 것이 아니라, 평상시 수업 시간에 다루는 내용을 통해 창의성을 신장시킬 수 있는 방안이 모색되어야 한다.

넷째, '사회과에서 창의성 교육을 할 때 무엇에 중점을 두었는가' 하는 질문에는 문제해결의 신장과 확산적 사고에 주로 초점이 맞추어져 있다. 사회과가 문제해결을 중시하는 교과임을 반영할 수 있고, 확산적 사고를 중심으로 한다는 것은 창의성을 일반적인 관점에서 바라보는 경향이 있다는 것이다.

다섯째, 사회과에서 창의성 교육을 할 때 가장 유의해야 할 점에 대해서는 내용의 재구성, 교과의 내용(지식, 기능), 학생의 특성 그리고 일반적 창의성 원리의 준용 순으로 나타났다. 내용의 재구성과 교과의 내용을 중요하다고 한 것에서 알 수 있는 것은, 간과되었던 지식 또는 내용을 반영해야 한다는 교사들의 의지가 담겨 있다고 볼 수 있다.

여섯째, '현재 이루어지고 있는 사회과에서의 창의성은 적절하다고 생각하는가' 하는 질문에 대해 대부분의 교사들이 '그렇지 않다'라고 대답하였다. 그리고 현재 이루어지고 있는 사회과 창의성 교육의 문제점에 대해서는 결과물을 강조하는 풍토와 교과의 특수성 배제, 방법이나 기법 위주의 사고교육, 확산적 사고만의 강조 순으로 나타났다.

마지막으로, '사회과 창의성의 의미에 대해 재해석이 필요하다고 생각하는가' 하는 질문에 많은 교사들이 사회과 창의성의 재해석이 필요하다고 하였다. 그 이유에 대하여 특히 다른 교과에서와는 달리 사회적 관계를 고려한 창의성을 강조하는 의견이 있었다. 이러한 사회적 관계가 다른 교과와의 차이점이자 그동안 간과되었던 정의적 측면이라고 볼 수 있다. 또한 재해석의 방안으로 방법의 창의성이라고 하여 수업 방법, 수업 모형의 측면에서 재해석이 필요하다는 의견도 있었다. 설문 결과에서 알 수 있듯이, 현장의 사회과 교사들은 사회과에 적합한 창의성 교육의 이론과 실천 방법의 개발과 보급을 요구하고 있다.

3. 사회과 창의성의 개념과 의미

여기서는 사회과 교육을 통해 기를 수 있고 길러야 하며, 가장 중요하게 추구해야 하는 창의성은 무엇이며, 그 의미는 무엇인가에 대하여 검토하고자 한다. 즉, 창의성의 일반적인 특성 중 사회교과의 특성이나 상황에 가장 부합하는 창의성은 무엇인지 살펴볼 것이다. 이를 '사회적 문제해결력'으로 설정하고, 그 의미와 속성에 대하여 검토하고자 한다.

1) 사회과 창의성 개념의 설정: 사회적 문제해결력

사회과에서 필요로 하는 창의성이 무엇인지를 규명하기에 앞서, 사회과 교육은 창의성과 어떻게 관련되는지 살펴볼 필요가 있다. 사회과 교육은 전통적으로 사회생활을 유능하게 영위할 수 있는 시민적 자질(citizenship)을 육성하는 교과로 인식되어 왔다. 그렇다면 시민적 자질 혹은 시민성을 구성하는 요소는 무엇인가? 그리고 시민성의 구성 요소 중에서 창의성이 발휘될 수 있거나 창의성과 관련되는 영역은 무엇인가? 이런 물음에 답하는 것이 곧 사회과에서의 창의성 개념을 도출하는 전제가 될 것이다.

사회과는 성립 초기부터 오늘에 이르기까지 사회현상에 관한 지식과 사회생활에 필요한 각종 기능과 능력 그리고 사회 구성원으로서 갖추어야 할 가치와 태도를 중요시하고 있다. 즉, 사회과 교육을 통해 육성하고자 하는 민주시민으로서 갖추어야 할 중요한 요소는 사회현상에 관한 지식, 기능, 가치 태도라고 말할 수 있다. 그렇다면 사회현상에 관한 지식, 기능, 가치 태도 중 창의성과 관련이 깊은 요소는 어느 것인가? 물론 창의성은 영역과 분야를 막론하고 관련될 수 있다. 여기서는 사회과 교육을 통해 길러야 할 가장 중요한 창의성을 사회생활을 영위하는 데 필요로 하는 능력과 성향으로 간주하고자 한다. 즉, 사회과 '창의성'을 곧 사회과 '창의력'으로 간주한다. 개개인의 창의성이 구체적으로 구현된 모습이 곧 창의력이라고 볼 수 있기 때문이다.

사회과에서는 Dewey 이래 문제해결 능력의 신장을 끊임없이 추구하여 왔다. 문제해결은 문제 상황으로부터 탈피하는 것으로, 과정에 반드시 사고가 개입된다. Dewey는 이를 일컬어 '반성적 사고(reflective thinking)'라고 부르기도 하였으나, 문제 상황에서 벗어나기 위하여 노력하는 과정에서 개입되는 사고력을 넓은 범주에서 창의적 사고 혹은 창의성으로 부를 수 있다. 이러한 관점은 창의성을 사고(thinking)와 동일하거나 유사하다고 생각하는 입장이다. 이렇게 본다면, 사회과 교육으로 길러야 할 '창의적 사고력'이란 곧 '문제해결 능력'이 된다.

사회과 교육을 통해 기를 수 있는 구체적인 능력에는 탐구 능력, 문제해결 능력, 의사결정 능력, 가치판단 능력, 사회참여 능력 등이 있다. 즉, 이러한 능력은 창의성과 깊은 관련이 있으며, 이러한 능력의 육성에서 학습자의 창의력이 발휘될 수 있다. 여기서는 이러한 능력들을 포괄적으로 함의하는 용어로서 '사회적 문제해결 능력'이라는 개념을 도입하고자 한다. 사회과의 기능 목표로서의 문제해결 능력이 좁은 의미로 사용되었다면, 여기서 말하는 사회적 문제해결 능력은 좁은 의미의 문제해결 능력을 포함해, 앞서 제시한 사회과의 다양한 기능 목표를 포괄하는 넓은 의미로 사용한다. 그리고 문제해결을 위해서는 문제와 관련된 사실적인 정보(지식)와 가치를 고려해야 한다고 볼 때, 사회적 문제해결 능력은 지식과 가치 태도 영역과도 직간접적으로 관련된다고 보아야 한다. 즉, 사회문제를 해결하기 위해 이루어지는 실제의 수업에서는 특정 영역의 한 가지 목표만 달성되는 것이 아니라, 창의적 사고를 비롯한 다양한 사고력과 여러 영역의 학습 목표가 동시에 달성될 수 있다고 보아야 한다.

문제해결을 위한 하나의 수업 장면에서 여러 종류의 사고력이 관련되고 있음을 살펴보자. 문제해결을 위한 수업 과정에서 학습자는 다양한 형태의 사고력을 기를 수 있다. 예를 들어, 문제 상황에서 무엇이 진짜 문제인지를 가려내는 작업은 결정적으로 창의적 사고를 필요로 한다. 가능한 해결책을 찾고 이를 뒷받침해 주는 정보를 선별하는 작업도 창의적 사고가 필요한 부분이다. 문제를 분석하는 데 필요한 문제에 대한 여러 가지 설명을 만들어 내는 작업도 창의성이 관계된 부분이다. 문제해결 과정에서 비판적 사고의 요소도 필요하다. 예를 들면, 학습자는 문제에 대한 설명이 적절한지, 혹은 해결책이 적절한 것인지 등 모두 비판적 사고를 통해 판단한다. 또 토의 과정에서 학습자가 제기하는 주장이 한쪽으로 편향되어 있는지, 논리적 모순은 없는지도 비판적 사고를 통해 판단한다. 그리고 학습자는 여러 가지 문제해결의 대안 중 하나를 선택해야 하는 상황에서 항상 의사결정을 해야 한다. 또 문제해결을 통해 얻은 결론 그 자체가 다른 상황에서 의사결정을 하는 데 기초가 될 수도 있다. 요약하면, 다양한 사고력이 하나의 수업 장면을 통해 연결될 수 있으며, 또 훈련될 수 있다는 것을 알 수 있다. 즉, 문제해결이라는 이름으로 진행되는 수업에서 창의적 사고뿐 아니라, 의사결정, 비판적 사고의 내용이 포함되어 있다는 것이다. 또 각각의 사고 형태가 서로 밀접하게 관련되어 있음을 알 수 있다.

한편, 창의성이 나타내는 사고의 징표는 대체로 두 가지 측면으로 나뉜다. 하나는 사고력 또는 사고기능으로서, 여기에는 사고의 유창성, 융통성, 독창성, 정교성 등이 포함된다. 이 사고기능들은 창의성이 인지적 영역에 해당하는 것으로 이해되고 있다. 다른 하나는 사고의 태도와 인성 변인, 즉 창의적 사고 성향으로서 민감성, 자발성, 독자성, 근면성, 호기심, 변화에 대한 개방성 등이 포함된다. 이 사고 징표들은 창의성의 정의적 영역에 해당하는 것으로 이해되고 있다. 이렇게 볼 때, 사회과에서 다루는 지식과 기능 목표는 창의성의 인지적 영역과 관련되며, 가치 태도 목표는 창의성의 정의적 영역과 관련된다고 볼 수 있다. 즉, '넓은 의미의 사회적 문제해결'은 지식, 기능, 가치, 태도와 모두 관련될 수 있다. 그러면 사회과에서 추구하는 창의력으로서의 사회적 문제해결 능력에 대하여 보다 구체적으로 살펴보자.

2) 사회적 문제해결력의 의미와 특성

의식적인 정신 활동인 창의적 사고는 궁극적으로 삶의 과정에서 당면하게 되는 '문제'에 현명하고 합리적으로 대처할 수 있는 능력과 관련된다. 즉, 창의적 사고 과정은 문제해결 과정으로 나아가게 된다는 것이다. 이는 창의성의 본질적인 부분인 사고가 어떤 과정을 거쳐서 이루어지는가에 대한 다양한 설명에서 확인된다.

인지심리학자 Hayes는 '창의적 해결은 문제해결 행위이며, 특별히 그것은 잘 정리되지 않은 문제의 해결'이라고 하면서, 창의적 사고에서 주요 인지 조작은 문제해결의 모든 부분이라 할 수 있는 문제 발견, 아이디어 생성, 계획 수립이라고 한다(성일제 외, 1989: 83). Torrance는 창의성을 곤란한 문제를 인식하고 그것을 해결하기 위하여 아이디어를 내고 가설을 세우고 검증하며, 그 결과를 전달하는 과정이라고 보았다(강현석 외, 2003: 5).

Dewey는 사고 과정에 대하여 보다 엄밀한 설명을 하면서 사고 과정을 문제해결 과정과 동일시하고 있다. 그는 인간의 사고는 여러 단계로 이루어져 있고, 목적 지향적인 과정이며, 다음과 같은 단계로 나아간다고 하였다. 첫째, 문제의 인식 단계로, 이는 어려움을 느끼는 것이다. 둘째, 문제의 위치를 정하고 정의하며 이에 관련된 특질을 분리시키는 단계다. 셋째, 가능한 대안을 형성하는 단계다. 넷째, 가장 좋은 해결책을 찾기 위해 여러 가능성을 숙고하거나 추리하는 단계다. 마지막으로, 선택한 해결책의 가능성을 시험해 보는 단계다.

사회과에서 길러야 할 창의력을 '사회적 문제해결 능력'이라고 말할 때, 일반적으로 말하는 '문제해결'과 '사회적 문제해결'의 차별성에 대하여 검토할 필요가 있다. 여기서 말하는 사회적 문제해결이란 일반적인 문제해결의 절차와 논리를 사회과 교육에 적용하는 것이다. 다시 말하면, 사회적 문제해결의 의미는 사회과에서 추구하는 창의성, 즉 다른 교과와 달리 사회과에서 주로 다루는 문제의 특성과 문제해결의 속성을 함의하고 있다. 그렇다면 사회과에서 추구하는 창의성으로서의 '사회적 문제해결'은 어떤 특성을 갖고 있는지 살펴보자. 사회과에서 다루는 문제와 문제해결의 속성을 함의하는 사회적 문제해결의 특성은 다음과 같다.

- 사회과의 교육 내용과 방법 자체가 '사회적'이라는 특성을 갖는다.
- 사회과에서 추구하는 시민적 자질은 개인적 능력뿐 아니라 '사회적 능력' 혹은 '사회적 기술'과 관련된다.
- 사회과 창의성은 '집단성'이라는 특성을 갖는다.
- 사회과 창의성의 구성 요소는 '사회적 관계'와 연결되는 경우가 많다.

첫째, 사회과의 교육 내용과 방법 자체가 '사회적'이라는 특성을 갖는다. 사회과의 내용은 다른 교과와는 달리 인간 사이의 관계 속에서 이루어지는 현상이다. 즉, 사회과에서 다루는 내용은 인간의 생활 터전으로서의 장소와 공간, 인간이 살아온 경로와 시간 그리고 인간이 살아가는 집단으로서의 사회, 이 세 가지 차원에서의 관계를 중심으로 구성된다. 그럼으로써 사회과는 학습자에게 인간의 문제와 다른 사람과의 관계성, 즉 함께 살아가는 방법, 정체성을 드러내는 방법, 문제를 드러내고 해결하는 방법, 삶의 문제에 대한 과학적 태도 등을 가르쳐야 하는 책무를 띠고 있다. 이러한 관점에서 사회과에서의 창의성 교육을 생각해 볼 때, 사고 기능과 인지적 측면을 지나치게 강조하던 것에서 정의적 측면까지 결합하려는 움직임이 필요하다. 여기서 말하는 정의적 특성은 다른 사람들과의 관계 속에서 드러나고 이루어져야 하는 태도와 성향을 뜻한다(김보경, 2008: 86). 이렇게 볼 때, 사회과에서 추구해야 할 창의력과 다른 교과에서 추구하는 창의력과의 근본적 차이는 교육 내용에서 찾을 수 있다. 즉, 사회과에서의 창의력은 바로 '사회문제'를 이해하고 해결하는 과정에서 발휘되는 창의적 성향과 특성을 가진 사고력이라고 할 수 있다(조국남, 박성혁, 2005: 116). 다시 말하면, 사회과에서 창의적 사고를 구성하는 요소 가운데 가장 중요한 측면은 사회문제에 대한 해결 능력이다.

또한 사회과에서 다루는 내용은 사회적 지식으로서 인간의 상호작용 속에서 발견된 지식이라고 볼 수 있다. 따라서 교육 방법에서도 일방향적인 수업보다는 교사와 학습자, 학습자와 학습자 간 쌍방향적인 사회 작용을 할 때, 사회과 사고력과 내용에 대한 이해를 더욱 증진시킬 수 있을 것이다(김수경, 2009: 19).

둘째, 사회과에서 추구하는 시민적 자질은 개인적 능력뿐 아니라 '사회적 능력' 혹은 '사회적 기술'과 관련된다. 사회과는 사회 속에서 사람들이 함께 살아가는 방법을 배우는 교과이고, 인간과 공간 · 시간 · 사회와의 중층적 관계의 이해를 목표로 삼는 교과다. 함께 살아간다는 것은 생활 속에서 직면하는 문제에 대하여 자신이 혼자 생각하고 대처하기보다는 자신의 생각을 여러 사람과 같이 나누고 조율하는 과정을 필요로 한다. 즉, 사회과는 '시민적 자질'의 육성이라는 목적하에 인간관계에 관한 경험과 지식을 통합한 교과다. 여기서 '시민적 자질'은 사회생활 속에서 건전하고 창의적인 인간관계를 형성하며 살아가는 능력을 말한다. 즉, 사회과에서 기르고자 하는 창의력은 건전한 인간관계를 형성하기 위한 다양하고 복잡한 기능을 익히는 일과 관련되어야 한다. 다시 말하면, 사회과 창의력의 의미 중 하나가 바로 건전한 사회생활을 영위하기 위한 '인간관계의 형성 능력'이다. 사회과에서의 창의성 교육도 이러한 사회적 관계라는 특성을 반영해야 한다. 이렇게 기존의 논의 구도의 한계를 넘어서서 사회적 관계와 정의적인 측면까지도 포섭할 수 있는 새로운 창의성이 요구되는데, 이를 '사회적 창의성'으로 부르기도 한다.[1] 즉, 개인적 능력과 더불어 사회적 관계에서 요구되는 사회적 기능과 타인에 대한 배려 등 정의적 특성들이 조화롭게 통합될 때, 사회에서 추구하는 시민성을 충족시킬 수 있게 될 것이다. 사회과에서 전제하는 시민이란 독립된 개인이 아니라 사회의 구성원이기 때문에, 자신이 속한 사회 속에서 유능하게 살아가기 위해서는 개인적 능력 외에 인간관계에서 오는 사회적 문제들을 잘 해결할 수 있는 능력도 갖추고 있어야 한다.

---

1) 사회과에서 '사회적 창의성'이라는 개념은 김보경(2008)이 처음으로 그 의미를 정립하였다. 김보경은 사회과의 영역 특수적 관점에서 사회과 교육에서 추구해야 할 창의성의 개념을 '사회적 창의성'으로 명명하면서, 그 근거로 한 개인의 창의성 발현이 그 개인뿐 아니라 그 개인을 둘러싸고 있는 집단의 사회적인 관계 속에서 이루어질 수 있고, 또 창의성이 드러나는 과정 자체가 사회적이라는 점을 들고 있다. 그리고 '사회적'의 의미를 다음과 같이 설명하고 있다. "사회과에서의 지식은 사회적 지식이고, 태도는 사회적 태도다. 그리고 사회과의 근본 목표가 사회적 인간을 기르는 것이라면 이는 개인들이 끊임없이 관계하면서 살아가는 모습을 가리키는 것이다. 따라서 '사회적'이라는 의미가 사회교과에서 길러야 할 창의성을 좀 더 특수적으로 살펴볼 수 있게 해 줄 것으로 본다"(2008: 63). 여기서 논하는 '사회적 창의성'과 관련된 대부분의 내용은 김보경의 연구 결과에 따른 것임을 밝힌다.

셋째, 사회과 창의성은 '집단성'이라는 특성을 갖는다. 사회과 창의성이 갖는 또 다른 특성 중 하나는 집단성에서 찾을 수 있다(김수경, 2009: 28-29). 사회과에서의 창의성은 어떤 문제 상황을 해결하는 것에 초점이 맞추어져 있고, 그러한 해결 과정은 개인적인 사고 과정과 함께 집단적인 사고를 통해서 보다 새롭고 효과적인 대안으로 발전될 가능성이 크다. 즉, 여러 가지 문제 상황에 직면하고 이러한 문제들을 해결해야 하는 사회과에서는 해결책을 결정하는 데 단순히 개인적인 해결책을 찾는 것으로 끝나기보다는 집단적 차원에서 좀 더 풍부하게 논의함으로써 그 의미가 확대될 수 있다. 이 과정에서 개인이 아이디어를 공유하고 반성하며 계속적으로 다른 대안을 추구하는 것은 최초의 아이디어를 다듬고 정교화하는 데 가장 중요한 방법이다. 개인적 창의성은 집단 속에서 사회적 창의성과 합류되어 개인적으로는 더 나은 앎을 생성시키고, 집단적으로는 구성원들과의 인지적 · 정서적 유대를 형성시킬 수 있게 된다(김보경, 2008: 104). 결국 사회과에서의 창의성은 개인적 측면과 사회적 측면의 요소들이 문제해결 과정에서 상호 영향을 주고받으며 통합될 때 완성될 수 있다.

넷째, 사회과 창의성의 구성 요소는 '사회적 관계'와 연결되는 경우가 많다. 사회과에서의 창의성 교육은 개인적 창의성과 사회적 창의성이 결합된 총체적 형태로 전개되어야 한다. 개인적 창의성은 개인 내적으로, 사회적 창의성은 집단 간의 관계에서 발현된다. 전자는 개념적 지식, 인지적 사고기능, 창의적 성향, 창의적 행동의 과정이 순환되고, 후자는 관계적 지식, 사회적 기능, 타인에 대한 인간관계 형성, 리더십으로 구성된 내용 요소가 상호작용하고 있다(김보경, 2008: 101). 개인적 창의성은 사회적 창의성에 포함되지만, 서로 끊임없이 영향을 주고받는다. 따라서 양자는 단절된 것이라기보다는 서로 관계를 맺으며 연결되어 있다. Csikszenmihalyi도 창의성은 아무것도 없는 진공상태에서 뚝 떨어지는 것이 아니라 개인과 환경 사이의 상호작용의 결과라고 주장하였다. 즉, 개인이 속해 있는 사회적 구조나 관계의 중요성을 말하는 것이다. 영화를 예로 든다면 제작자, 감독, 배우, 관객, 정부 정책 등의 사회적 관계에 따라 창의적인 영화의 발전 여부가 좌우될 수 있다는 것이다(최용규 외, 2008: 343).

이렇게 볼 때 사회과에서의 창의성은 개인적인 사고 과정뿐 아니라 집단적인 사고 과정도 중시되기 때문에, 집단적 문제해결이나 의사결정 과정에서 원만한 해결을 위한 합의, 타협, 관용 및 수용의 자세도 필요하다.

3) 사회적 문제해결의 출발점: 사회적 문제 상황

사고 과정은 어떤 것이든지 현재 진행 중인 어떤 것, 현재 상태로서는 아직 완결되거나 이루어지지 않은 어떤 것을 출발점으로 한다(Dewey, 1916: 171). 여기서의 '어떤 것'은 다름 아닌 '잘 정리되지 않은 문제'이거나 아니면 '곤란한 문제' 또는 '어려움을 느끼는 문제'다. 즉, 문제 상황을 말한다. 문제 상황의 의미는 다음과 같은 Dewey의 '문제'에 대한 설명으로부터 찾을 수 있다.

> 문제가 된다는 것은 '혼란스러운(confusing)' '당황스러운(perplexing)' '어지러운(disturbed)' '불안정한(unsettled)' '엉거주춤한(indecisive)' 등의 형용사가 가리키는 특징을 포함하고 있다. 동시에 그 말은 '거슬림'이나 '걸림돌' '분기점' '장애물' 등의 명사가 가리키는 특징도 내포하고 있다. 요약하면, 문제가 된다는 것은 순조롭고 직접적인 행동의 방향을 가로막는 모든 사건을 포괄하는 말이다(Dewey, 1949: 282; 김무길, 2004: 7 재인용).

Dewey의 언급에서 보는 것처럼, 문제 상황의 두드러진 특성은 '불확실성(uncertainty)'에서 찾을 수 있다. 불확실하다는 것은 '아직 성격이 충분히 파악되지 않은 불완전한 사태에 당면하여 우리가 느끼는 곤혹, 혼란, 의심'과 같은 것으로서, 현재의 상황이 개인의 현재 행동에 일정한 방향성을 주지 못하고 혼란이나 갈등을 야기하는 것을 의미한다. 이와 같은 문제 상황은 곧 현재 어떻게 행동해야 하는가 하는 문제가 개인에게 심각한 문제로 대두되는 사태인 것이며, 유기체로서의 인간의 균형 상태를 깨뜨리고 장애물과 걸림돌로 남아 그 해결을 강요하고 있는 것이다(김무길, 2004: 7).

결국 사고 과정에서의 관건은 학습자의 사고를 촉발할 수 있는 문제 상황이다. 왜냐하면 문제해결 과정에서의 사고 과정이란 분절적이고 단절된 과정이 아니라 연속적이고 통합적인 과정이므로 학습자가 문제 상황에 몰입되어 사고가 촉발되기만 하면 전체 사고 과정은 자연스럽게 진행될 수 있는 것이기 때문이다. 즉, 불확실성에서의 탈출이 곧 문제해결이며, 문제해결의 출발점으로서의 불확실한 상태가 곧 문제 상황이다. 문제 상황은 대체로 다음과 같은 네 가지 속성을 띤다(최용규 외, 2008: 152). 첫째, '흥미성'이다. 문제 상황 그 자체에 학습자가 흥미를 가질 수 있어야 한다. 학습자가 흥미를 느낄 때 어떤 목적을 갖고 그것을 달성하려고 노력하기 때문이다. 둘째, '실제성'이다. 문제 상황은 실제의 경험적 장면이어야 한다. 실제적 문제 상황은 사고를 불러일으키는 직접적인 자극이 될 수 있기 때문이다. 셋째, '불완전성'이다. 문제 상황은 불완전한 정황을 내포하고 있어야 한다. 그래야만 학습자가 보다 당혹스러워하고, 혼란스러움을 느끼기 때문이다. 넷째, '반상식성'이다. 학습자의 상식적인 경험에 반하는 것이어야 한다. 학습자는 자신의 기존 지식으로는 해결이 안 되는 문제 상황에서 보다 의혹이 생기게 되며 노력을 기울일 수 있기 때문이다. 이와 같은 속성을 띠고 있는 문제 상황의 사례는 다음과 같다.

- 우리나라의 한옥에는 왜 2층이 없을까?
- 우리나라의 옛날 돈에는 왜 네모난 구멍이 나 있을까?
- 다른 지역의 소싸움대회는 관람료를 받는데, 진주의 소싸움대회는 왜 관람료를 받지 않을까?

4) 사회적 문제해결의 절차

그동안 사회과에서의 문제해결은 전통적으로 Dewey의 반성적 사고 이론에 근거하였다. 여기서는 그동안 사회과에 적용 · 실천되어 왔던 전통적 문제해결의 논리와 절차에 대하여 살펴보고자 한다(최용규 외, 2008: 116-120).

인식 주체의 사고 과정을 사회 인식 형성의 논리로서 수업을 구성하는 입장은 프래그머티즘(pragmatism) 인식론을 기반으로 한다. 프래그머티즘, 특히 Dewey의 입장에서는 인식을 경험(환경)과의 상호작용으로 본다. 즉, 우리는 어떤 욕망을 가지고 특정한 환경 속에서 생활하는데, 이 욕망을 실현할 수 없는 상태에 직면할 경우 의문과 문제를 갖게 되며, 이 문제를 해소할 수 있는 새로운 방법을 찾게 된다는 것이다. 인식은 문제에 대한 새로운 해결 방법이라고 할 수 있으며, 그것은 문제 상황을 새롭게 지적으로 재구성하는 것이다.

프래그머티즘 인식론에서 진리 결정의 기준은 특정 상황 내의 객관적 조건에 부합해야 한다는 것과 관념에 따른 행동이 우리의 목적에 유용해야 한다는 두 가지다. 이 진리 조건을 만족한 인식이 참이며, 이 참인 인식에 이르기 위해서는 보다 합리적 방법을 취해야 한다. 이 방법을 취하면 특정 상황이나 문제가 명확해지며, 새로운 해결 방법이 생각나 이를 사용한 결과가 고찰되어 그 결과에 대해서 책임을 가질 만큼 숙고된다. 이 숙고한 인식을 Dewey는 '사고'라고 부른다.

사고는 특정 상황에서 생기는 문제를 그 상황 내에서 해결하기 위해 새로운 해결 방법에 따라서 우리의 행동을 목적에 대한 유용성에 비추어 고려하고, 계획하고, 준비하는 것이다. 그것은 문제 상황을 새롭게 지적으로 재구성하는 것이다. Dewey는 이 사고를 '반성적 사고'라고 부르는데, 우리의 일상적인 시행착오적인 행동도 이러한 지적인 사고 과정을 거쳐 질적으로 높은 반성적 행동 내지 반성적 경험이 된다.

프래그머티즘적 인식론에서 인식 과정은 반성적 사고 과정에 따라서 조직된다. 이 반성적 사고가 이른바 문제해결적 사고이며, 일반적으로 다음과 같은 6단계의 과정을 거치게 된다(최용규 외, 2008: 118-119).

① **문제 상황**: 제시된 사실이나 경험에 바탕을 둔 기존 관념과의 차이로 문제 상황이 만들어진다.

② **문제 설정**: 문제 상황에서 우리가 해결할 수 없는 것이 문제로서 설정된다.

③ **가설 수립**: 문제를 해결하기 위하여 지금까지의 경험이나 관찰된 사실로부

터 몇 가지의 해결책을 추론하게 되는데, 이 해결책이 가설이다.

④ **추론**: 가설은 논리적으로 맞지 않는 것과 사실에 바탕을 두지 않는 것은 폐기되며, 유효성을 갖는다고 생각되는 가설은 '……라면 ……이다.'라는 가언 명제로 재구성된다.

⑤ **실험**(점검과 평가): 가언 명제가 특정 상황에 놓여 우리의 욕구 충족이라는 관점에서 목적이 명확해지고 그 목적에 따라 가언 명제에서 수단이 도출되어 행동으로서 제시된다('……를 위해서는 ……해야 할 것이다.'). 이 행동이 특정 상황에서의 문제해결 방법으로서 유용성을 갖는가가 판단된다.

⑥ **보증된 언명**(문제해결): 유용하다고 보이면 가언 명제와 그 목적 · 수단 · 행동의 관련이 참이라고 생각되어 보증된 언명으로서 우리의 관념에 위치하게 된다.

이와 같은 과정은 환경을 새롭게 지적으로 재구성하는 과정으로, 다음과 같은 특징을 갖는다.

- 인식 주체의 문제 출현으로 이 과정을 진행하고 합목적성에 따라 진리가 결정되기 때문에 사고 과정의 추진력이 '주체적'이다.
- 특정 상황에서 사고 활동을 통해 해결 방법을 발견하려고 하기 때문에 사고 과정이 '구체적'이다.
- 해결 방법은 가언 명제로부터 목적 · 수단 · 행동의 관련으로 재조직되어 진위의 판단이 내려지기 때문에 해결이 '행동적'이다(池野範男, 1983: 34-35).

이렇게 볼 때, 사회과에서의 문제해결은 Dewey의 반성적 사고 논리에 기반을 두고 있으며, 그 과정에서 확산적 사고를 비롯한 창의적 사고의 특성이 강하게 작용한다고 말할 수 있다. 그리고 사회과의 문제해결은 학습자의 '주체적'인 사고 작용에 의해 '구체적'인 문제 상황으로부터 벗어나기 위한, '행동적'인 대안의 도출이라는 것을 알 수 있다.

이처럼 사고 과정은 문제 상황을 새롭게 지적으로 재구성하기 위해 문제 상황에서 문제를 주체적으로 인식하고 재구성하는 가운데 가언 명제로부터 행동적 파악으로 변환하여 가설의 진위를 평가하고 상호 관련의 망상 조직을 만들어 간다. 이 망상 조직은 앞서 살펴본 것처럼 관찰된 사실, 경험으로부터의 추론, 사실로부터의 추론, 목적, 수단, 행동이라는 요소를 가지고 있다. 수단과 행동은 목적과 추론과의 논리적 관계에 있기 때문에 일단 추론에 들어가면 그 망상 조직은 사실, 추론, 목적의 세 가지 요소로 만들어진다고 생각된다.

프래그머티즘 인식론에서의 사고 과정은 보다 많은 지식을 망으로 조직하는 것에 의해 학생들의 상식적 관념을 새로운 관념으로 재구축하는 것이다. Dewey는 지식을 이러한 문제해결적 사고로 얻은 것이라고 본다. 따라서 이 지식은 반성적 사고로 얻은 주체적 지식이므로 학생들의 창의적 사고와 깊이 관련될 수 있다. 새로운 관념은 사실 · 추론 · 목적 · 수단 · 행동의 관련에 지적으로 재구성된 지식의 망상 조직이다. 그것은 사실을 설명할 뿐만 아니라 사실, 추론과 목적으로부터 수단과 행동을 도출하고, 하나의 행위를 선택하기 때문에 하나의 결단을 나타내고 있다. 이것이 학습되면 지금까지와는 다른 행위 선택을 하기 때문에 학습자의 사고체계를 변용하는 것이며, 이는 곧 학생들의 창의력을 육성하는 결과를 가져온다.

4. 사회과 창의성 수업 모형의 탐색: 문제해결 학습 모형

창의성 신장과 관련하여 그동안 여러 학자가 제안한 수업 모형은 대부분 '창의적 문제해결 모형'이었다.[2] 이러한 창의적 문제해결 모형은 그 단계와 명칭에서

2) 일반적으로 창의적 문제해결과 관련 있는 수업 모형으로는 Osborn, Guilford, Feldhusen, Treffinger, Wallas 등의 것이 대표적이다. 이들이 제안한 창의적 문제해결 모형의 과정은 다음과 같다. Osborn: 사실과 관심 영역의 발견 → 자료 발견 → 문제 발견 → 아이디어 발견 → 해결 방법 발견 → 아이디어 수용. Guilford: 문제 상황 인지 → 문제 정의 → 자료 수집 → 잠정적 해결 산출 → 문제 재구조화 → 새로운 해

대동소이하다. 그리고 창의성 신장을 주목적으로 개발된 이러한 모형들이 사회과에서 개발되어 실천되고 있는 문제해결 학습 모형과도 그 논리와 단계, 활동 등에서 상당 부분 유사성과 공통성이 존재한다. 즉, 일반적인 창의적 문제해결 모형과 사회과 문제해결 학습 모형은 Dewey의 사고 이론에 그 기반을 두고 있다는 점, 창의력의 신장이 문제(혹은 문제 상황)로부터 출발하고 있다는 점, 문제와 관련한 사실적인 정보와 자료 수집이 필요하다는 점, 문제 상황과 관련하여 다양한 아이디어나 해결책을 산출한다는 점 등에서 유사하다.

그러나 기존의 창의적 문제해결 모형들은 주로 개인적 차원의 인지적 사고 중심의 창의성을 나타낸다는 점과 과정 전반이 (좁은 의미의) 문제해결에 초점을 맞추고 있다는 점에서 사회교과의 특성에 부합하는 창의성 모형이 요구되고 있다(김보경, 2008: 108). 즉, 창의성의 개인적 측면뿐 아니라 사회적 · 집단적 측면에 대한 고려와 사회과에서 추구하는 탐구, 의사결정, 가치판단에 대한 능력의 반영 그리고 가치 태도 등의 정의적인 요소를 고려할 수 있는 넓은 의미의 문제해결을 추구하는 수업 모형의 정립이 요구된다. 이와 관련하여, 최근에 김보경(2008)과 김수경(2009)이 사회과에 적용할 수 있는 창의성 모형을 제안하였다.

김보경은 사회적 창의성 신장을 위하여 사회과 창의성 모형을 [그림 4-1]과 같이 제안하였다(2008: 109-115).

각 단계별 활동 내용은 다음과 같다. 첫 번째 단계인 '문제 상황 제시'에서는 학습자로 하여금 호기심을 유발할 수 있는 사회적인 문제 상황을 제시한다. 이때 문제 상황은 수업의 도입 자료로서의 역할과 흥미 유발 자료의 역할을 동시에 수행할 수 있어야 한다.

두 번째 단계인 '개인적 창의성 과정'에서는 다음과 같은 활동이 포함된다. 우선 문제의 인지에서는 왜 그것이 문제가 되었는지, 구체적으로 어떤 문제를 가지

결안 산출. Feldhusen: 문제 찾기 → 문제 명료화 → 문제 확정 → 아이디어 산출 → 해결안 마련 → 실행계획 수립. Treffinger: 곤란의 상태 → 사실 발견 → 문제 발견 → 아이디어 발견 → 해결안 발견 → 수용안 발견. Wallas: 준비 → 부화 → 조명 → 검증. 이들 수업 모형들은 한 가지 정답이나 해결책이 있는 문제 상황보다는 여러 개의 해결 가능성이 있는 문제 상황에 초점을 맞추는 공통점이 있다.

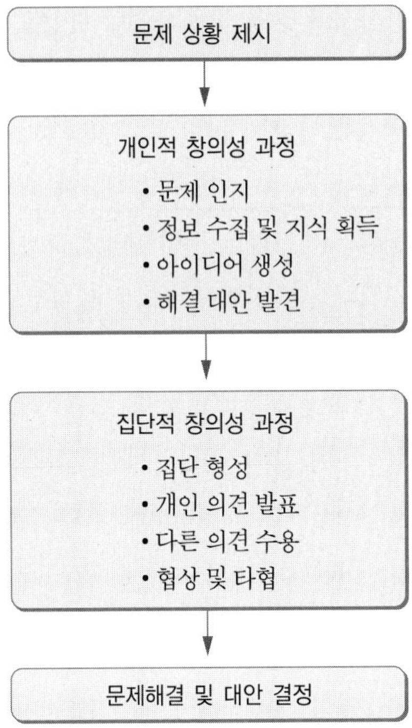

[그림 4-1] 사회과 창의성 모형

고 있는지, 그 문제의 특성이나 범위가 무엇인지에 대해 밝힌다. 그러고 나면 문제에 관련된 정보 수집 및 지식 획득을 한다. 그다음은 아이디어를 생성하는데, 이때 생성되는 아이디어는 창의성의 인지적 사고기능을 이용하여 다양하게 생각해 볼 수 있도록 한다. 마지막으로, 가장 적합하다고 생각되는 해결 대안을 발견한다. 이러한 개인적 창의성 과정은 개개인에게 일어나고, 창의성의 원리 및 구성요인을 촉진하거나 거르는 체로서의 역할을 하게 된다.

세 번째 단계인 '집단적 창의성의 과정'에서는 우선 집단을 형성하는 것이 필요하다. 즉, 문제해결의 내용이나 활동에 따라 다양한 형태의 소집단을 형성하는 것이다. 집단이 형성되고 나면, 개인적 과정을 통해 발견된 각자의 해결 대안에 대하여 발표한다. 이때는 처음의 문제 인식에서 어떻게 자신이 이러한 해결책을 내놓았는지에 대하여 구체적으로 설명하는 것이 필요하다. 이 과정에서 학습자는 자신의 대안과 다른 사람의 대안을 비교 · 검토하고, 필요한 내용을 수용하기도 한다. 즉, 해결 대안이 서로 다를 때, 새로운 측면에서 자기 스스로를 검토함으로써 새로운 사고 실험에 참여할 수 있게 된다. 이러한 과정을 통해 학습자들은 상호 이해와 협동, 배려 등의 정의적인 측면을 경험하게 된다. 각자의 해결 대안을 발표하고 다른 의견에 대해 검토한 다음에는 협상과 타협의 과정을 거친다. 이 과정에서 각 개인은 자신의 의견을 다른 사람에게 인정받을 수 있고, 다소 부족했던 부분들은 다른 사람의 견해를 통해 더 충실하게 만들 수도 있다. 이러한 활동을 거치게 되는 집단적 창의성 과정에서는 앞서 언급한 활동들이 반드시 순차적으로 일어나는 것이 아니라, 현실적으로는 동시적, 병렬적으로 발생한다고 보아야 한다.

사회적 창의성 모형의 마지막 단계인 '문제해결 및 대안 결정'에서는 처음에 제시된 문제 상황을 해결할 수 있는 적절한 대안을 수용하고 그 방법을 찾는다. 이

〈표 4-1〉 사회과 창의성 수업 과정

단 계			특 징
1단계	문제와 대면하기	문제 상황 직면하기	학습자와 밀접한 관련성이 있고, 학습자의 호기심과 자발성을 유발할 수 있으며, 확산적이고 개연적인 질문이 다양한 형식으로 제시됨
		해결할 문제 명료화하기	제시된 자료에서 학습자가 해결하고자 하는 문제를 명료화함
2단계	아이디어 산출하기 (개인적 사고 과정)	관련 자료 수집하기	문제와 관련된 자료를 다양한 매체를 활용하여 수집 및 정리함
		아이디어 산출하기	확산적 사고와 관련된 다양한 창의적 사고기법을 활용하여 될 수 있는 대로 많은 아이디어를 산출해 냄
3단계	아이디어 평가하기 (집단적 사고 과정)		수렴적 사고와 관련된 다양한 창의적 사고기법을 활용하여 2단계에서 나온 아이디어들을 평가 및 선정하거나 아이디어를 될 수 있는 대로 많이 통합하여 새로운 하나의 해결책을 구성함
4단계	아이디어 실행하기		해결책을 실행하기 위한 계획을 세우거나, 자신의 일상생활에 접목하여 실행함

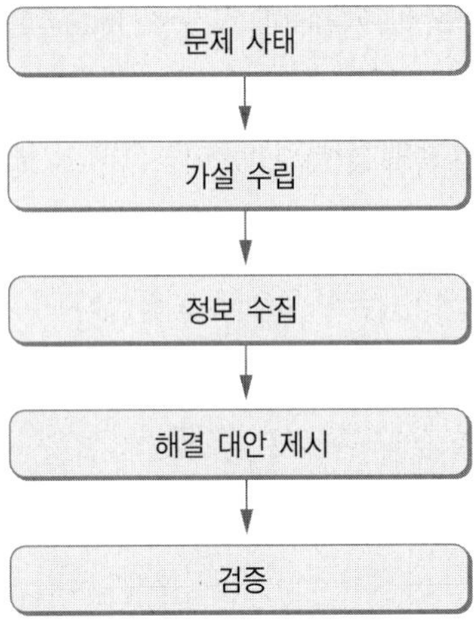

[그림 4-2] 문제해결 학습의 수업 과정

때 자신이 개인적 과정에서 내렸던 해결안과 비교하였을 때, 변경되거나 발전된 것이 무엇인지 스스로 성찰할 수 있는 기회를 갖는 것이 중요하다.

그리고 김수경은 Feldhusen의 창의적 문제해결 모형을 참고하여 사회과 창의성 수업 과정을 〈표 4-1〉과 같이 제안하였다(2009: 33).

한편 오늘날 사회과에서 주로 적용 · 실천되고 있는 문제해결 학습은 Dewey의 사고 과정을 근간으로 하여 개발되었으며, 일반적인 과정은 [그림 4-2]와 같다(최용규 외, 2008: 139-141).

이러한 문제해결 학습의 수업 과정을 단계별로 설명하면 다음과 같다.

1) 문제 사태 단계

① 문제 상황 제시

설명이 필요한 문제 상황을 제시한다.

- 당혹스러운 문제 상황이란, 학생의 인지 부조화(cognitive dissonance)를 유발

하는 사태, 즉 평소의 관념으로는 잘 이해가 되지 않는 사태(예: '왜 김 씨는 이 씨보다 일을 열심히 하는데 돈을 벌지 못할까?')이거나, 당장 생활에 불편을 주는 사태(예: '왜 교통 체증이 일어날까?') 등을 말한다.

- 문제 상황을 보여 주는 자료(사진, 동영상 등)는 단순히 자극적으로 학습자들의 관심을 끌어 모으는 것이 아니라 학습자들에게 장차 학습하게 될 주제를 한마디로 표현할 수 있는 상징적인 것이어야 한다.

② 문제에 공감하기

문제 상황이 학습자 개개인에게도 심각하게 느껴져 이를 해결할 필요성을 느끼게 해 준다.

- 문제 사태가 함축하고 있는 심각성에 대해 토의한다.
- 문제가 개인이나 사회에 미치는 영향에 대해 토의한다.

2) 가설 수립 단계

① 문제의 본질적 원인에 대한 브레인스토밍

앞에서 제기된 문제 상황이 벌어진 이유에 대해 생각해 본다.

- 왜 그러한 문제가 발생했는지 자유롭게 말하게 한다. 문제의 본질을 어떻게 규정하느냐가 중요하다. 예를 들어, 환경문제의 경우 환경문제의 본질이 인간의 의식 문제인가, 자본주의 경제체제의 문제인가, 아니면 환경기술의 문제인가를 검토한다. 또한 김 씨 가게가 이 씨 가게보다 장사가 잘되는 이유는 부지런해서인가, 사업전략이 좋아서인가, 장소가 좋아서인가 등에 대하여 검토한다.
- 교사는 학습자들이 제시한 의견을 비슷한 것끼리 정리해 준다.

② 문제의 원인에 대한 잠정적 가설 수립

- 학습자들이 제기한 의견을 평가한다. 이때 기준은 문제의 원인과 결과 사이의 논리적 관련성, 문제해결책에 대한 접근 가능성 등이다.
- 생활에서 부딪히는 문제들은 정답이 있어서 쉽게 해결될 수 있는 것들이 아니고 문제를 어떻게 바라보느냐에 따라 해결책이 달라질 수 있다는 점을 강조한다.
- 문제의 원인에 대한 가설의 잠정성을 유지한다.

3) 정보 수집 단계

① 자료 수집

문제와 관련된 자료들을 찾아서 문제의 본질 및 해결책에 대한 정보를 수집한다.

- 자료원의 종류에 대해 모둠별 혹은 전체 토의를 통해 결정한다.
- 수집할 자료의 종류에 대해 토의한다. 예를 들어, 자료의 종류는 문제의 본질에 관한 자료여야 한다. 해결책에 관한 자료는 기존 문제해결 방식의 한계에 대한 자료 등으로 분류하거나, 아니면 자료의 성격에 따라 문헌 자료, 인터뷰 자료, 통계 자료, 사진 · 그래픽 자료, 동영상 자료 등으로 분류할 수 있다.
- 모둠별로 수집된 자료를 가공한다.

② 자료를 통한 결론 도출

모둠별로 자료를 통해 얻은 결론이 무엇인지 토의한다.

- 문제 발생의 가장 타당한 원인은 무엇인가?
- 문제를 어떻게 규정하는 것이 문제해결에 가장 유리한가?

4) 해결 대안 제시 단계

① 문제해결책에 대한 브레인스토밍

- 모둠별로 문제해결에 필요한 모든 방안에 대해 자유롭게 브레인스토밍한다. 제시된 의견에 대해 비판하지 않고, 자유롭게 의견이 개진되도록 한다.
- 제시된 해결책 중 유사한 것들을 정리한다.

② 문제해결책의 평가

- 평가 기준을 만든다(예: 문제의 본질과의 논리적 관계, 필요한 자원의 확보 여부, 경제성, 효율성, 시간, 노력).
- 평가 기준을 토대로 평가 루브릭을 만든다.
- 평가 루브릭을 통해 학습자들이 제시한 각각의 해결책을 평가하고 우선순위를 정한다.
- 모둠별로 발표한다.

5) 검증 단계

① 행동 계획 수립

문제해결책을 실천할 수 있는 계획을 세운다.

- 문제해결책을 실천하기 위해 필요한 자원과 노력에 대해 토의한다.
- 필요한 자원과 노력을 효율적으로 조직하는 방안에 대해 토의한다.
- 해결책을 통해 거둘 수 있는 성과를 예상하여 단기와 장기로 나누어 정리한다.
- 해결책의 시행으로 생길 수 있는 부작용에 대해 논의한다.

② 결과 정리 및 보고

문제의 발생, 문제 본질의 규정, 대안 모색, 행동 계획, 유사 사례와의 관계 등을 정리하여 모둠별로 발표한다.

사회과에서 이러한 과정을 거치는 문제해결 학습은 사회적 문제해결과 관련하여 다음과 같은 의미를 갖는다. 첫째, 학습자의 사고를 촉진한다. 문제해결 과정이 곧 사고 과정이기 때문이다. 둘째, 문제해결 학습은 지식의 진위가 교실 안에서 밝혀지도록 한다. 즉, 문제해결 학습은 학습자들의 다양한 지식이 모두 수용되어 내용의 진위 여부를 확인하는 과정으로 전개된다. 셋째, 문제해결 학습에서의 문제는 학습자의 실생활과 직접 관련이 있는 것이어서 실감 나는 사회 인식이 가능하다. 이러한 특성들은 그동안 사회과에서 적용되어 왔던 문제해결 학습이 학생들의 창의성 신장과 직접적인 관련성이 있음을 말해 주는 것이다.

한편 앞서 소개한 김보경(2008)과 김수경(2009)이 제안한 사회과 창의성 모형은 문제해결 단계를 개인적 과정과 집단적 과정으로 순차적으로 구분하였다면, 사회과에 전통적으로 적용해 왔던 문제해결 학습은 문제해결의 여러 단계에서 개인적 창의성과 집단적 창의성이 상호 교류할 수 있다는 점에서 차이가 있다. 이런 점에서 본다면, 앞으로 사회과에서 창의성을 신장하기 위한 수업 모형 혹은 수업 과정을 적용할 때, 문제의 성격이나 문제해결 과정에서의 활동에 따라 지금까지 살펴본 몇 가지 유형 중에서 적절한 것을 선택적으로 활용하려는 노력이 필요하다. 그리고 여러 유형의 문제해결 학습 모형의 단계를 필요에 따라 선택적으로 조합하여 적용할 수도 있을 것이다. 다음에서는 사회과에서 창의성 신장과 관련성이 크거나 사회적 문제해결 능력을 육성하기에 적합한 내용과 주제는 어떤 것들이 있는지, 그리고 이를 수업 자료로 개발하는 문제 등에 관해서 검토해 보고자 한다.

5. 사회과 창의성 교육에 적합한 내용과 자료의 개발

사회과에서 다루는 문제들은 대부분 사회문제다. 이러한 문제들은 개인적 문제해결뿐 아니라, 사회 구성원이 함께 공유하며 해결해야 한다. 따라서 사회과에서 다루는 문제들은 개인적 창의성만으로 완성되는 것이 아니라, 구성원들의 여러 가지 생각을 바탕으로 함께 검토하고 다른 발상을 하는 과정이 요구된다. 즉, 사회과 창의성 교육에서는 창의성의 개인적 측면과 사회적 측면의 조화를 고려해야 한다. 이러한 속성에 부합하는 내용이 '사회적 문제'이며, 이를 수업 자료화한 것이 '문제 상황' 자료다. 앞 절에서 검토한 사회과에서의 창의성 모형에서도 수업의 도입 과정에서 필수적으로 요구되는 것이 문제 상황임을 밝히고 있다. 즉, 문제 상황 자료는 사회과 문제해결 학습을 전개하기 위한 도입 자료로서의 성격과 흥미 유발 자료로서의 성격을 동시에 가지고 있으며, 사회적 문제해결력을 육성하는 데 필수적인 자료다. 따라서 사회과 수업에 적용할 수 있는 적절한 문제 상황 자료의 개발 여부가 사회과에서 창의성 교육의 성패를 가늠하는 직접적인 잣대가 될 수 있다.

그러면 문제 상황 자료는 어떻게 개발하는가? 우선, 사회과 교육과정과 교과서 내용에 대한 분석을 통해 문제해결과 관련될 수 있는 내용을 추출해야 한다. 그런 다음, 추출된 내용을 문제 상황으로 재구성한다. 그리고 재구성된 문제 상황을 실제 수업에 직접 투입할 수 있는 자료로 제작한다. 이때 고려해야 할 점은 앞에서 살펴본 문제 상황의 속성(흥미성, 실제성, 불완전성 및 반상식성)을 충족해야 하고, 사회적 문제해결력의 육성에 적합한 주제와 내용으로 구성해야 한다는 점이다. 초등학교 5~6학년 사회과 교육과정 분석을 통해 재구성한 문제 상황의 사례를 제시하면 다음과 같다(정호범, 박용조, 이수경, 2006: 210-211 참조).

- 조상의 지혜와 얼이 담겨 있고 우리나라를 대표하는 옷인 한복이 널리 입혀지지 않는 까닭은 무엇일까?
- 세계에서 인정한 김치가 우리 학교 급식실에서는 왜 버려지고 있을까?
- 일반 김밥에 비해 먹기에 간편하지 않고, 영양분도 풍부하지 않은 충무김밥이 만들어지게 된 까닭은 무엇일까?
- 건강에 좋다는 한옥보다 아파트를 많이 짓는 까닭은 무엇일까?
- 공기도 나쁘고 살기 어렵다면서 사람들은 왜 서울에서 사는 것일까?

- 진주에서 하루에 출생하는 아이가 9.3명이고, 사망하는 사람의 수가 5.5명인데, 인구는 왜 늘어나지 않는 것일까?
- 농기계가 발달하였음에도 농촌에 일손이 부족한 까닭은 무엇일까?
- 왜 같은 상품이라도 상점에 따라 가격 차이가 나는 것일까?
- 자장면의 값은 20년 전에 비해 60배가 오르고, 초코파이의 값은 4배밖에 오르지 않은 까닭은 무엇일까?
- 진주시가 공공기관을 유치하려는 까닭은 무엇일까?
- 논개 축제는 진주의 대표적인 자랑거리인데 왜 전라북도 장수에서도 논개 축제를 하는 것일까?
- 다른 지역의 소싸움대회에는 관람료가 있는데, 진주의 소싸움대회에는 왜 관람료가 없을까?
- 왜 신라에만 여왕이 있었을까?
- 신라 화랑들은 왜 여자처럼 화장을 했을까?
- 측우기로 비의 양을 재어서 어디에 활용했을까?
- 우리나라 한옥은 왜 2층이 없을까?
- 상평통보는 왜 둥근 모양에 네모난 구멍이 나 있을까?
- 한지의 우수성에도 불구하고 요즘은 왜 한지를 많이 사용하지 않을까?
- 옛날 장승들은 왜 무서운 얼굴을 하고 있을까?
- 거북선은 임진왜란 이후 조선 후기에는 왜 전투에 투입되지 않았을까?
- 대한민국 임시정부는 왜 상하이에 세웠을까?
- 왜 우리나라는 서양에 비해 왼손잡이의 비율이 적을까?
- 대통령과 국회의원의 임기는 왜 다를까?
- 자국민과 외국인이 바라보는 나라의 이미지가 다른 이유는 무엇일까?
- 옛날 사람들은 지구가 둥글다는 것을 어떻게 알 수 있었을까?
- 우리 동해를 일본해로 표기하는 지도가 많은 이유는 무엇일까?
- 우리나라는 정말 물 부족 국가일까?
- 짧은 기간에 우리나라가 인터넷 강국이 될 수 있었던 이유는 무엇일까?

이렇게 재구성된 문제 상황은 실제 수업에 적용할 수 있도록 자료화해야 한다. 이것이 곧 '문제 상황 자료'인데, 앞에서 제시한 문제 상황 중 몇 가지를 수업 자료로 개발한 것을 예시하면 다음과 같다.

| 문제 상황 자료 1 | 한옥에 2층이 없는 까닭은?

■ 우리나라 한옥의 모습입니다. 한옥은 여러 종류가 있습니다. 양반이 살았던 기와집은 물론이고 서민이 주로 생활했던 초가집, 강원도의 귀틀집, 궁궐 등등 우리나라의 고유한 건축은 한옥입니다.

기와집

초가집

궁궐

옛 관청

귀틀집

제주도 돌담집

■ 다음은 외국의 주택과 옛 궁전의 모습입니다. 우리 전통 한옥과 어떤 점이 다른지 살펴보세요.

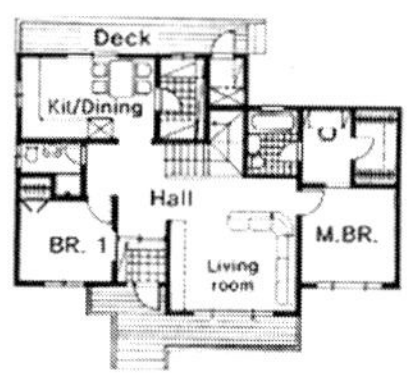

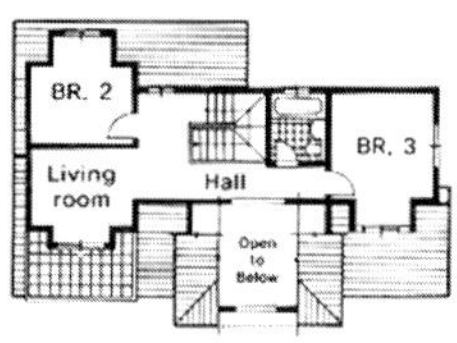

★ 우리 전통 한옥에는 2층이 보이지 않네요. 모두 단층으로 지었다는 말인데……. 물론 우리나라에 2층 이상의 옛 건물이 없는 것은 아닙니다. 주로 누각과 성문 등이 2층 이상으로 구성되어 있죠. 개인 집에서는 일반적으로 2층 이상의 건물을 보기 힘든데, 고려시대에는 2층 건물이 있었다는 기록은 있으나 조선시대에는 정작 2층 이상의 한옥을 발견하기 어렵습니다. 황룡사 9층 목탑처럼 나무와 돌 등을 이용해 높은 탑도 잘 만들었던 우리 선조의 건축기술인데 왜 2층 한옥은 없는지 궁금해지지 않나요?

| 문제 상황 자료 2 | 옛날 돈에 네모 모양의 구멍이 난 까닭은?

■ 다음은 한국은행 주최로 열린 우리나라의 시대별 화폐 관련 전시를 소개하는 보도자료입니다. 옛날 사람들이 사용했던 화폐의 종류를 알아보고, 오늘날의 화폐와 비교하여 그 특징을 찾아봅시다. 지금부터 화폐 속에 숨겨진 재미있는 수수께끼 여행을 시작합니다.

■ 조선 후기 널리 통용되었던 조선 대표 화폐 상평통보와 오늘날의 동전을 비교해 봅시다.

★ 조선시대의 상평통보를 보면 전체적으로는 둥근 모양을 하고 있고 가운데에 구멍이 뚫려 있네요. 왜 동전에 구멍을 뚫었을까요? 또 당시에 동전에 구멍을 뚫는 것이 꼭 필요했었다면 둥근 모양이나 다른 모양의 구멍을 뚫지 않고 왜 네모난 구멍을 냈을까요?

6. 사회과 창의성 모형의 적용 사례

지금까지 사회과에 적용할 수 있는 창의성 모형에 대하여 검토하였고, 이어서 이러한 수업 모형에 적절하게 부합될 수 있는 수업 내용으로서의 '문제 상황'과 수업 자료로서의 '문제 상황 자료'에 대하여 살펴보았다. 여기서는 앞에서 검토한 내용을 토대로 사회과 교실에서 실제로 수업을 실천하고 적용하는 사례를 살펴보고자 한다. 일상적인 사회과 수업을 전개하는 과정에서 창의력을 자연스럽게 육성하려는 의도로 앞서 살펴본 문제 상황 자료 중 '우리 전통 한옥은 왜 2층이 없을까?'라는 주제와 '우리나라 옛날 동전에는 왜 네모난 구멍이 나 있을까?'라는 주제에 대하여 사회과 문제해결 학습 모형에 기초한 수업 전개안을 제시해 보기로 한다.

【사회과 창의성 모형】 적용 사례 1

▣ 주제: 우리 전통 한옥은 왜 2층이 없을까?

▣ 수업 목표: 전통 가옥인 한옥에 2층이 없는 이유를 알 수 있다.

단계	주요 학습 내용	교수-학습 활동		자료 및 유의점
		교사 활동	학생 활동	
문제 사태	문제 상황 제시	• 한옥에 다녀온 경험이 있나요? • 어떤 구조를 갖고 있는지 발표해 봅시다.	–시골 할머니 댁, 안동 하회마을, 진주 향교 등이 있습니다. –지붕이 기와이고 나무 마루가 있습니다. 별채도 있습니다.	• 서양 가옥 설계 도면 • 전통 한옥 사진
	문제 공감 하기	• 전통 한옥의 구조와 서양 가옥의 구조를 비교해 봅시다. 어떤 점이 차이가 있나요?	–서양 집의 경우 설계도를 보면 2층 구조도 많고 요즘 아파트의 경우도 복층으로 높은 경우가 많습니다. –우리 한옥은 방들이 옆으로 붙어 있고 각 건물들이 1층입니다. –만든 재료가 서로 다릅니다. –우리 한옥은 자연 소재를 많이 사용하고 서양의 경우는 콘크리트나 스틸 등을 많이 사용했습니다. –집 색깔도 서양이 화려합니다.	

문제 설정	문제 설정	• 서양 집들과 요즘 집들은 2층 이상의 건물이 많은데, 우리 전통 가옥인 한옥은 모두 1층입니다. 그 이유가 무엇일까요?		
가설 및 추론	가설 설정	• 한옥의 종류를 살펴봅시다. • 각 모둠별로 한옥이 1층인 까닭을 의논하여 발표해 봅시다. • 어떤 방법으로 알 수 있을까요? • 다른 모둠의 의견 중에서 잘못 생각한 것이 있다면 발표해 봅시다. • 각 모둠에서 가장 옳다고 생각하는 이유를 정해 봅시다.	– 기와집, 초가집, 궁궐, 옛 관청 등이 있습니다. – 우리는 온돌을 사용했기 때문에 2층으로 지으면, 2층에는 불을 땔 수가 없어 난방이 안 될 수 있기 때문입니다. – 흙으로 건물 벽을 세웠는데, 지탱하는 힘이 약해서 2층은 무리일 수 있습니다. – 조상들은 땅의 기운을 중요하게 생각해서 높이 살면 하늘이 노하거나 자신의 몸이 병들 수 있다고 생각했을 것입니다.	• 판서기록
실험	정보 수집	• 어떻게 하면 각 모둠에서 정한 내용이 옳은지 알 수 있을까요?	– 한옥 마을을 직접 찾아가 봅니다. – 인터넷과 전문 서적을 통해 그 이유를 조사해서 확인합니다.	• 인터넷, 책, 건축가 면담 등
	잠정적 결론 내리기	• 모둠별로 내린 결론을 발표해 의견을 공유해 봅시다.	– 각 모둠에서 정리한 내용을 발표한다. – 다른 모둠의 발표 내용에 부연 설명 기회를 준다.	
보증된 언명	해결 대안 제시	• 왜 요즘은 건강에도 좋고 더 멋스러운 한옥을 많이 짓지 않는 것일까요?	– 재료비가 비싸기 때문입니다. – 한옥을 짓는 기술자들이 부족하기 때문입니다. – 한옥을 지으려면 땅이 많이 필요해서입니다. – 좁은 땅에 많은 세대가 살 수 있는 아파트 형이 우리 실정에 더 알맞기 때문입니다.	• 새로운 한옥 설계 모형
	관련 사례 확인하기	• 높은 탑도 잘 만들 수 있었던 당시 기술로 보아 보다 효율적인 한옥을 만들려면 어떻게 하면 될까요?	– 요즘은 보일러를 사용할 수 있고 전기장판, 난로 등을 이용할 수 있으니 2층, 3층 등의 한옥을 지으면 됩니다. – 여러 별채를 세워 여러 집들이 한 채씩 사용하고 마당과 텃밭 등은 공동으로 사용합니다. – 자연 재료를 요즘 흔한 재료로 바꾸고 전통양식으로 짓습니다.	

【사회과 창의성 모형】 적용 사례 2

▣ 주제: 우리나라 옛날 동전에는 왜 네모난 구멍이 나 있을까?

▣ 수업 목표: 상평통보와 같은 우리나라 옛날 동전에 왜 네모 모양의 구멍을 만들었는지 말할 수 있다.

단계	주요 학습 내용	교수-학습 활동		자료 및 유의점
		교사 활동	학생 활동	
문제 사태	문제 상황 제시	• 옛날 돈의 모습이 담긴 사진을 보여 줍니다. • 옛날 돈을 살펴보고 모양과 그 특징을 말해 볼까요?	– 둥근 모양이고 가운데 구멍이 나 있습니다. 네모난 구멍이 있습니다.	• 옛날 돈 사진 • 실물 화상기 • 별전은 보충 설명을 해 준다.
	문제 공감하기	• 동전이 사용되기 전에는 어떻게 거래를 했을까요? • 오늘날의 동전과 비교해 볼 때 옛날 돈은 어떤 점이 비슷하고 어떻게 다를까요?	– 조개껍데기, 쌀, 특산품을 서로 바꾸었습니다. – 모양이 둥근 것은 같습니다. – 새겨진 그림이나 숫자는 다릅니다. – 옛날 돈은 네모난 구멍이 있습니다. – 색깔이나 재료, 크기가 다릅니다.	
문제 설정	문제 설정	• 왜 우리나라 동전은 둥근 모양을 하고 있을까요? • 옛날 돈에는 왜 구멍이 나 있을까요? • 조선시대에 사용되었던 상평통보에는 왜 네모난 구멍을 만들었을까요?	– 만들기 쉬워서 – 갖고 다니기 편하니까 – 새끼줄로 끼워 다니려고 – 네모난 구멍을 내는 것이 쉬웠기 때문에 – 둥근 모양에 네모난 구멍이 어울려서 – 네 글자를 새기기 쉽도록 하기 위해서	• 충분한 가설이 형성되도록 시간을 준다.
		• 그동안은 화폐가 널리 사용되지 않다가 왜 상평통보는 전국적으로 사용될 수 있었을까요?	– 국가가 장려했기 때문에 – 상업과 시장이 발달해서 – 다른 것을 교환하는 것보다 편리해서	
가설 및 추론	가설 설정	• 각 모둠별로 그 까닭을 의논하여 발표해 봅시다.	– 만들기 쉬워서 – 갖고 다니기 편하니까 – 조상들이 둥근 것을 선호했기 때문에 – 새끼줄로 끼워 다니려고 – 네모난 구멍을 내는 것이 쉬웠기 때문에	• 자유로운 토의 시간과 허용적인 분위기를 조성한다.

실험	정보 수집	• 의논해서 가장 옳다고 생각하는 의견을 정해 확인해 봅시다.	– 각 모둠에서 가장 정답이라고 생각하는 것을 정한다. – 관련 자료를 찾아서 확인한다.	• 고무찰흙, 모양 자, 나무젓가락, 이쑤시개 등
	잠정적 결론 내리기	• 모둠별로 그 까닭을 확인하여 발표해 봅시다.	– 다른 모둠의 발표에 이견이 있으면 질문, 보충한다.	
보증된 언명	해결 대안 제시	• 상평통보 이외에 옛날 동전의 모양이 이와 같은지 확인해 봅시다. 어떤 점이 같고 어떤 점이 다른가요?	– 둥근 모양인 점이 같습니다. – 상평통보는 네모난 구멍이 있고 가장 널리 사용되었습니다.	• 조폐공사 사이트
	관련 사례 확인하기	• 왜 이전에는 상평통보와 같은 화폐가 널리 사용되지 못했을까요?	– 산이 많아 거래가 활발하지 않아서 – 화폐에 대한 믿음이 별로 없어서 – 만들 수 있는 기술이 부족해서	

7. 창의성 신장을 위한 사회과 교실 문화

그동안 창의성을 기르기 위한 많은 수업 모형과 기법이 개발되어 왔다. 그러나 이러한 수업 모형이나 기법이 교과의 수업에서 제대로 실천되지 않고 있다. 실제로 우리나라 사회과의 경우도, 1950년대에 문제해결 학습 모형, 1970년대에 탐구학습 모형이 소개되었고, 최근에는 구성주의와 문제기반 학습(problem-based learning) 이론들이 소개되고 있으나 현장에서 제대로 실천되고 있다는 이야기는 들리지 않는다. 때문에 최근에 관심을 받고 있는 연구 주제가 왜 고등 사고를 교실에서 가르치기 어려운가 하는 문제다. Onosko는 일선 현장에서 고등 사고를 촉진하기 어려운 이유를 다음의 여섯 가지로 설명하고 있다(최용규 외, 2008: 357).

- 교사의 전통적이고 절대주의적인 지식관과 수업관
- 광범위한 내용의 피상적 학습
- 학생에 대한 교사의 낮은 기대 수준
- 많은 학생 수
- 수업 준비 시간의 부족

• 고립된 교사 문화

학교 현장에서 창의력을 비롯한 고등 사고력을 신장시키기 위해서는 이와 같은 여섯 가지 요소들에 대한 개선과 함께, 수업을 둘러싼 교실 문화의 조성이 필요하다. 이와 관련하여 Newman은 '사려 깊은 교실(classroom thoughtfulness)'이라는 개념을 제안하면서 수업 시간에 이루어지는 교사와 학생들의 상호작용이 얼마나 사고를 자극하는지를 평가할 수 있는 방안을 제시하였다. Newman이 제시한 사려 깊은 교실 특성의 지표는 다음과 같다(최용규 외, 2008: 358).

- 많은 주제를 피상적으로 다루기보다는 소수의 주제를 깊이 있게 다루는가?
- 수업의 흐름이 논리적으로 일관성과 연속성 있게 전개되는가?
- 교사의 질문에 대해 학습자가 생각할 시간이 충분히 주어지는가?
- 교사는 학습자가 도전해 볼 만한 질문이나 학습과제를 제시하는가?
- 교사는 학습자들에게 제대로 된 설명과 하나의 결론에 대한 합당한 이유를 제시하고 있는가?
- 교사는 학습자들의 의견에 대해 그 근거를 제시하도록 소크라테스식으로 파고드는 질문을 하고 있는가?
- 교사는 학습자가 새롭고 틀을 깨는 생각이나 설명, 문제해결책을 제시할 수 있도록 격려하고 있는가?
- 교사는 설사 권위적인 주체로부터 제시된 의견이라도 결코 절대적으로 옳은 것은 아니라는 점을 일깨워 주고 있는가?
- 학습자의 일상적 생활 경험과 수업 내용과의 연계가 잘 이루어지고 있는가?
- 교사가 솔선수범하여 사고하는 과정을 학습자에게 보여 주고 있는가?
- 학습자 스스로가 하나의 문제를 설명하고 결론에 대한 근거를 제시하고 있는가?
- 학습자는 실제로 새롭고 틀을 깨는 생각, 설명, 가설 혹은 문제해결책을 제시하고 있는가?

- 학습자는 질문을 던지고 다른 사람의 의견에 비판자로서의 역할을 견지하고 있는가?
- 학습자의 참여 내용이 학습 주제에 적절하며, 논의의 흐름에 잘 맞는가?
- 수업에 참여하는 학습자의 비율은 어떠한가?
- 수업 전체 시간에서 학습자가 참여하는 시간의 비율은 어떠한가?
- 주제에 대한 토의 시간 중 학습자가 참여하는 비율은 어느 정도인가?

8. 결 론

지금까지 사회과 창의성 개념으로서 '사회적 문제해결 능력'에 대하여 검토하였고, 이를 육성할 수 있는 수업 모형으로서 '문제해결 학습'의 전개 모습에 대하여 살펴보았다. 모든 교과는 나름대로의 특성과 정체성이 있다. 사회과는 '사회(social, society)'라는 속성을 떠나서는 성립되기 힘든 교과다. 따라서 사회과에서 다루게 되는 창의성이나 창의적 사고 역시 사회라는 특성과 관련될 수밖에 없다. 이러한 관점에서 여기서는 영역 특수적 관점에서 사회과의 창의성을 '사회적 창의성'으로 규정하고, 이를 구체화한 능력 혹은 사고력으로서 '사회적 문제해결 능력'을 중심으로 논의를 전개하였다.

교과교육은 해당 교과 자체의 배경이 되는 학문적 지식과 탐구 결과를 우선적으로 강조하기 때문에 교과교육을 통한 창의성 교육은 한계가 있다는 지적이 있어 왔지만, 여기서는 사고 과정으로서의 수업 구성 논리를 갖고 있는 문제해결 학습을 통하여 사회과에서 창의성 교육의 실천이 가능함을 보여 주고 있다. 사회과 수업을 통해 학습자가 창의적 사고를 경험하게 하기 위해서는 무엇보다도 교사의 사전 계획과 준비가 치밀해야 한다. 학습자로 하여금 문제를 발견하고 이를 해결할 수 있는 상황, 즉 문제 상황을 선정하거나 재구성해야 하며, 이를 수업 자료로 제작·개발해야 한다. 수업 자료로서의 '문제 상황 자료'는 교과서가 가진 한계를 극복하는 데 도움이 될 뿐 아니라, 수업의 도입 자료로서 학습자로 하여금 창의적 사고를 경험하게 하는 단초를 제공한다.

아직도 많은 교사들은 사회과를 창의성과 거리가 먼 것으로 생각하는 것 같다. 창의성을 기르기 위해서는 별도의 프로그램을 개발하고 적용해야 한다거나, 사회과의 일상적인 수업은 창의성과 별로 상관이 없다고 보는 것이다. 이러한 생각이 불식될 때, 사회과에서의 창의성 교육이 제자리를 잡아 갈 것이다.

참고문헌

강현석, 김창호, 이재순(2003). 창의성 계발을 위한 교과교육과정 설계 원리와 방향. **중등교육연구**, 51(2).

김무길(2004). 듀이의 상황 개념과 교육. **교육철학**, 32.

김보경(2005). 사회과 창의성 교육의 반성과 전망. **사회과교육연구**, 12(2).

김보경(2008). 사회과 창의성 교육의 재개념화- '사회적 창의성' 을 중심으로. 한국교원대학교 대학원 박사학위논문.

김수경(2009). 창의성 함양을 위한 초등 사회과 프로그램 개발 및 적용. 한국교원대학교 교육대학원 석사학위논문.

박도인(2007). 창의적 문제해결 모형 기반 초등학교 사회과 수업에서 학습동기, 메타인지, 창의적 문제해결력의 관계. 이화여자대학교 대학원 석사학위논문.

박영근, 천정미(2003). John Dewey의 반성적 사고와 창의성 교육. 대한사고개발학회 2003 연차학술발표대회 발표논문.

박재은(2001). 사회과 경제 영역에서 창의성 신장을 위한 혼합질문 학습의 효과. 한국교원대학교 대학원 박사학위논문.

서재천(1997). 유추법을 이용한 창의성 교육 방법에 대하여. **사회과학교육연구**. 한국교원대학교.

성일제, 윤병희, 양미경, 한순미, 이혜원, 임선하(1989). **사고교육의 이론과 실제**. 서울: 배영사.

이종연, 구양미, 진석언, 서정희, 고범석(2007). 창의적 문제해결 모형 기반 초등학교 사회과 수업의 효과성 분석: 학습자의 창의적 문제해결력 및 학업성취도에 미치는 영향을 중심으로. **교육공학연구**, 23(2).

이혁규(1998). 사회과에서의 창의적 사고력 교수-학습 방안. 초등사회과교육, 10.

정호범, 박용조, 이수경(2006). 초등 사회과에서 창의성 향상과 문제해결학습의 효율화를 위한 '문제 상황' 자료 개발. 사회과교육연구, 13(4).

조국남, 박성혁(2005). 사회과교육을 통한 창의성 교육. 시민교육연구, 37(2).

최용규(1999). 사회과교육을 통한 창의성 함양. 사회과교육연구, 6.

최용규, 정호범, 김영석, 박남수, 박용조(2008). 사회과, 교육과정에서 수업까지(개정판). 서울: 교육과학사.

한면희(1998). 초등사회과에서의 창의성 교육. 초등사회과교육, 10.

池野範男(1983). 社會科授業理論の認識論的基礎づけ(II)-子供の思考を育てる社會科の場合. 日本教科教育學會誌.

Baloche, L. (1994). Breaking down the walls: Integrating creative questioning and cooperative learning into the social studies. *Social Studies 85*(1), 25-30.

Dewey, J. (1916). *Democracy and education*. New York: Macmillan.

Sewell, A. M., Fuller, S., Murphy, R. C., & Funnel, B. H. (2002), Creative problem solving: A means to authentic and purposeful social studies. *Social Studies 93*(4), 176-179.

Smith, J. A. (1979). *Creative teaching of the social studies in the elementary*. Allyn and Bacon.

제 5 장

수학교육과 수학적 창의성의 이론과 실제

제 5 장

수학교육과 수학적 창의성의 이론과 실제

1. 서 론

'창의적인 사람만이 살아남을 수 있다.' '아이디어 경쟁은 창의성에서 결정된다.'와 같은 말이 오가는 현대사회에서는 어떤 분야에서건 전통적이고 획일화된 사고로는 성공하기 어렵다. 학교교육에서도 창의성 교육의 중요성이 강조되고 있다. 예를 들면, 제7차 교육과정의 기본 방향으로 21세기의 세계화 · 정보화 시대를 주도할 자율적이고 창의적인 인재의 육성을 목표로 삼고 있으며, 창의력과 인성교육을 '21세기 새 시대가 요구하는 교육의 양대 축'(우종옥, 2000)이라 말하고 있다.

개인적 차원에서 창의성 교육은 개인의 아이디어 발산과 사고의 촉진에 있다고 볼 수 있다. 과거 전통적인 교실 수업에서 교사는 학생들이 조용히 앉아서 복종하기를 기대하며 미지의 세계에 대한 학생들의 엉뚱한 질문에 칭찬을 거부하여 창의성을 말살하는 경우를 종종 보아 왔다. 개인차가 있을지라도 각자 100%의 창의성을 발휘하게 되면, 외적으로는 그 사람의 최고의 기능 발휘를 하는 것이고, 내적으로는 최고의 행복을 느끼게 된다. 이러한 측면에서 학교교육에서의 창의성 교육은 교육을 참으로 교육답게 하기 위해서 필요한 일이다(정종진, 2002). 한편 사회적 측면에서 창의성 교육은 새로운 기술 개발과 인재 양성이다. 창의성이 학문 분야뿐만 아니라 기업, 사업, 스포츠 등 모든 조직 운영과 업무에서 아이디어 개발과 축적을 통해 기술 개발을 앞당기고 인재를 양성하는 효과를 기대할 수 있을 것이다.

수학은 규칙성과 관계에 대한 연구이고, 자료를 조직하고 분석하고 종합하게 하는 사고의 한 방법이며, 질서와 내적 일관성을 갖는 예술이자, 의사소통을 가능하게 하는 언어이며, 또한 모든 사람들이 일상생활에서 사용할 수 있는 도구다(강문봉 외, 2003). 수학은 오늘날 사회의 모든 분야에서 중요한 역할을 담당하고 있는 대표적인 학문이다.

과학 · 공학 · 기술 관련 분야에서 수학은 기초 학문으로 그 중요성을 인정받고 있으며, 사회 · 교육 · 경제 · 예술에서도 연구를 위한 도구로 사용되고 있다. 예를 들면, Piaget의 인지 발달단계를 연구하기 위한 도구에서 IQ 검사나 창의성 검사, 또는 적성검사 등 인간의 능력이나 특성을 측정하는 검사들이 수학적 내용을 포함하고 있다. 여러 영역에서 수학이 이용되는 이유는 수학이 가지는 고유한 특성 때문인데, 수학은 위계적이고 고차원적인, 그리고 융통성 있는 사고를 요구하는 학문이라는 것이다.

그럼에도 불구하고 사람들은 수학은 정해진 해법과 답이 있는데 어떻게 창의성이 발휘될 수 있는가 하는 의문을 가질 수 있다. 또한 일부 사람들은 수학의 창의성은 순수 수학자와 같은 전문 수학자의 몫이며, 일반 학생들은 전문 수학자들의 작업을 모방하는 수준에 머물 것이라고 생각한다. 수학적으로 창의적인 산출물은 과학이나 예술과 같이 어떤 실제적인 수행이나 물리적 산출물을 동반하는 것이 아니라 추상적인 사고 활동의 결과이기 때문에 수학적 창의성의 본질을 논의하는 것은 어려운 작업이다.

수학적 창의성 연구의 어려움을 인식한 것도 다소 오래되었다. 수학적 창의성을 연구할 수 있는 사람은 수학적 지식이 풍부한 전문 수학자인 동시에 인간의 심리적 과정을 성찰할 수 있는 전문 심리학자라야 한다는 것이다(Hadamard, 1945). 수학적 창의성 연구의 역사가 짧고 깊이가 얕아서 창의성 본질에 대한 선행 연구가 부족한 상태다.

Sternberg와 Lubart(1999)는 창의성 연구를 위한 여섯 가지의 기본적인 접근과 이들 접근의 종합인 세 가지의 통합(confluence) 이론을 제안하고 있다. 즉, 신비주의적 접근, 실용주의적 접근, 심리-역동적 접근, 심리-측정적 접근, 인지적 접근, 사회-성격적 접근이 있고, 개인 · 영역 · 분야의 상호작용을 강조하는 체계 접근, 사례연구를 하는 진화체계 접근 그리고 투자이론 접근의 세 가지 통합 이론을 제시하였다. 이들 접근은 창의성 개념과 이론을 명료화하는 데 도움을 준다.

학교 수학에서 수학적 창의성은 수학적 힘의 신장을 강조하면서, 단편적인 지식과 단순한 문제 풀이의 기능 숙달에서 탈피하여 새롭고 다양한 상황에 대처하기 위한 문제해결력과 창의적인 사고 및 태도를 강조하는 것과 직접적으로 관련된다(교육인적자원부, 2000).

지금까지 수학교육에서 창의성과 관련된 연구에서는 수학적 창의성(mathematical creativity)을 일반적인 창의성과 비슷하게 여기거나, 수학적 문제해결력과 유사한 개념으로 인식해 왔다(김진호, 2004; 유윤재, 2004; Mann, 2005; Sriraman, 2004). 또한 학교 수학에서의 수학적 창의성에 대한 연구는 소수의 영재 학생들과 관련된 특별한 능력으로 간주되어 왔다. 그러나 수학적 창의성은 일반적인 창의성과 다른 특징을 가지고 있으며, 특정한 소수 학생의 전유물도 아니다. 수학적 창의성은 모든 학생들에게서 발현될 수 있는 능력이며, 교사와 학생의 노력에 따라 다양한 형태로 계발 가능한 것이다(황우형 외, 2006).

여기서는 우선 수학적 창의성의 정의와 융통성을 저해하는 고착에 대해 살펴보고자 한다. 그런 다음, Sternberg와 Lubart가 분류한 창의성 접근에 따라 기존의 수학적 창의성 연구를 검토해 볼 것이다. 수학적 창의성을 여러 접근에 따라 논의함으로써 그 개념을 좀 더 명확히 하고, 궁극적으로는 수학적 창의성의 개념 발달을 이끌어 내는 데 공헌할 수 있으며, 수학적 창의성을 지도하는 수학 교사와 프로그램 개발자에게 기존 창의성 연구에 대한 정보를 제공할 것이다. 아울러 인지

심리학과 교육학에서 얻은 여러 가지 결과를 수학 분야에 적용해 보는 것은 관련자에게 흥미를 줄 것이다.

그다음으로 수학적 창의성의 평가에서 유창성, 융통성, 독창성, 정교성이 어떤 수학 문제를 통해 평가될 수 있는지, 일반적인 창의성과 어떤 차이를 보이는지 살펴보고, 평가의 준거에 대해 살펴볼 것이다. 그리고 수학 창의적 문제해결력 검사를 위한 모형과 그 특징에 대해 기존의 연구를 제시하고, 수학적 사고력을 중심으로 각각을 설명하고 이와 관련된 문항들을 다루고자 한다. 또한 수학적 창의성을 위한 교수-학습 자료의 필요성과 프로그램 설정의 준거를 제시하고, 그 예를 살펴본다. 마지막으로 학교 수학에서 창의성을 다루기 위해, 수학교육에서 변화된 '수학'의 위상에 대해 살펴본 다음, 수학적 창의성을 학교 수학에서 다루기 위한 모형과 그 내용을 제시하고자 한다.

2. 수학적 창의성

1) 수학적 창의성의 정의

창의성의 정의는 창의성 연구의 논리적 출발점이 될 수밖에 없다(Mayer, 1999). 창의성 측정을 위한 도구 개발, 창의성 프로그램 개발과 실천, 수업전략 등 거의 모든 창의성 관련 연구는 그것의 명확한 정의에 근거하여 이루어지기 때문이다. 일반 창의성에 대한 정의는 학자마다 다르다. 그러나 일반적으로 받아들이는 창의성의 정의는 '새롭고 가치 있는 어떤 것'으로 독창성과 유용성을 강조하며, 유용성은 효과성, 윤리성 그리고 가치를 포함한다.

수학적 창의성을 바라보는 관점은 학교 수학과 전문 수학으로 구분할 수 있다. 학교 수학에서의 창의성은 교육적 관점에서 창의성을 논의하는 것인데 반해, 전문 수학의 창의성은 수학 창조를 말한다. 전문 수학자의 수학 창조가 학교교육에 반영되고 있지만, 수학적 창의성 연구에 관해서는 학교 수학에서의 창의성 연구가 주를 이루고 있다.

학교 수학에서 다루어져 왔던 수학적 창의성은 두 가지, 즉 사고 과정과 객관적인 산출물이다. 전자는 수학적 창의성을 하나의 고착된 정신 작용에서 벗어나는 능력으로 보는 인지적 관점이며, 후자는 비일상적이거나 독창적인 그리고 확산적 사고에 의한 수학적 문제해결 능력이다(이강섭, 황동주, 2007).

인지적 사고 과정으로서의 수학적 창의성 개념은 사고의 특별한 질적 특성을 강조하게 된다. 러시아의 수학교육 심리학자 Krutetskii(1976)는 수학적 창의성을 쉽고 빠르게 전환하는 정신 조작 능력으로, Laycock(1970)은 다양한 방법으로 문제를 분석하고 패턴을 관찰하여 유사성과 차이점을 보는 능력으로, Romey(1970)는 새로운 방법으로 수학적 아이디어, 기교 및 접근을 결합하는 능력으로 보았다(Haylock, 1987 재인용).

특히 Haylock(1987)은 수학적 창의성을 사고의 고착화를 극복하고 정신적 고착을 벗어나는 능력, 즉 개방된 수학적 상황에서 다양하고 독창적인 반응을 할 수 있는 능력으로 보았다. Ervynck은 수학적 창의성은 네 가지의 요소, 즉 이해, 직관, 통찰력 및 일반화의 상호작용에 의해 나타난다고 하였다(류희찬 외 공역, 2003).

산출물 측면에서 수학적 창의성 개념은 수학적 문제를 위한 독창적이거나 비범하고 적용 가능한(즉, 적절한) 해법을 찾아내는 능력으로(Spraker, 1960), Jensen(1973)은 수학적 상황이 제시되었을 때, 적용 가능한(적절한) 다양한 문제를 제기하는 능력으로 보았다. 그리고 많은 수학적 창의성 검사 도구들이 산출물 관점에서 만들어졌다.

김부윤과 이지성(2005)을 비롯한 국내의 연구자들은 수학적 창의성을 '수학적 문제 상황에서 기존의 지식과 경험 등을 바탕으로 정형화된 틀을 벗어나, 주어진 문제를 다양한 방식으로 분석하여 문제의 요소나 수학적 아이디어 등을 새로운 방식으로 결합하여 결과를 얻는 것'으로 규정함으로써 두 가지 관점 모두를 지지하는 경향을 보였다.

학교 수학 내에서도 수학적 창의성을 전문 수학자 입장에서 바라보는 관점이 있다. 강완(2003)은 수학의 발달 과정을 수학적 창의성의 발현 과정으로 보아, 수학적 창의성을 곧 수학의 발달로 보았고, 김진호(2005)는 「수학자가 수학을 탐구하듯이 학습자도 수학을 탐구할 수 있는 방안 모색」이라는 논문 제목에서 알 수 있듯이 수학의 구성을 강조하는 창의적인 교수-학습 모형을 제안하였다. Huckstep (2002)은 수학을 만드는 수학자처럼 수학적 개념을 학습해야 한다고 강조하였다. 이같이 수학의 지식 생성은 수학적 창의성을 전문 수학자의 지식 생성과 동등한 것으로 본 것이다.

2) 고착과 융통성

Haylock(1987)은 수학에서 사고의 고착이 창의적 사고를 방해하는 것으로 보았다. 그는 고착의 종류를 절차적 고착과 내용 고착으로 구분하고 있으며, 이것들은 Krutetskii(1976)의 '자기 제한(self-restriction)'의 개념과 유사하다고 말한다.

(1) 절차적 고착

절차적 고착은 이미 Luchins(1942)의 '아인슈텔룽의 효과(Einstellung effect)' 실험에서 입증되었다. Luchins의 실험은 특정 알고리즘이나 전형적인 해결 방법에 피험자의 마음이 고정되도록 설계된 일련의 문제해결에 초점을 둔 실험이다. 문제를 푸는 사람들은 그들의 성공 경험 때문에 문제해결에서 특정 조작자들을 편파적으로 선호하게 된다. 문제해결의 이러한 편파성을 '갖춤새 효과(set effect)' 또는 '아인슈텔룽의 효과'라 한다. 학습자가 그런 부적절한 전략에 집착하는 이유는 그들이 과거에 성공했기 때문이다. 좋은 예가 Luchins(1942)가 연구한 물 주전자 문제다.

Luchins는 실험에서 피험자들에게 용량이 다른 물 주전자와 많은 양의 물을 주어 일정한 양의 물을 만들게 하였다. 〈표 5-1〉에서 목표량에 도달하기 위해서는 'B-A-2C'를 하면 된다. 여기서 6번 이후의 문제는 다른 방법으로 해결해야 하지만 동일한 방법으로 문제를 푼다는 것이다.

〈표 5-1〉 러친스의 물 주전자 문제

문 제	A 주전자의 용량	B 주전자의 용량	C 주전자의 용량	목표량
1	21	127	3	100
2	14	163	25	99
3	18	43	10	5
4	9	42	6	21
5	20	59	4	31
6	23	49	3	20
7	15	39	3	18
8	28	76	3	25
9	18	48	4	22
10	14	36	8	6

(2) 내용 고착

문제를 읽었으나 문제해결에 필요한 유용한 정보를 발견하지 못하여 문제해결에 실패하는 경험을 종종 하게 된다. 내용 고착은 학생들이 기존의 학습 혹은 관습적으로 익숙한 지식이나 내용 때문에 다른 새로운 것을 생각하는 데 방해를 받는 경우를 말한다. 이는 암묵적으로 부정확한 전제에서 문제를 이해하고 출발하여, 문제해결에 필요한 대상의 적합성을 정확하게 지각하지 못할 수 있다. 왜냐하면 그것이 기존에 사용된 것과는 다른 새로운 방법으로 사용되어야 문제가 해결될 수 있는데, 문제해결자에게는 관습적인 맥락으로 표상되기 때문이다(Haylock, 1987).

【문제 1】 30cm의 자 양끝에 동전 4개와 2개를 놓았다. 연필의 위치를 어디에 두어야 자가 균형을 유지하는가?

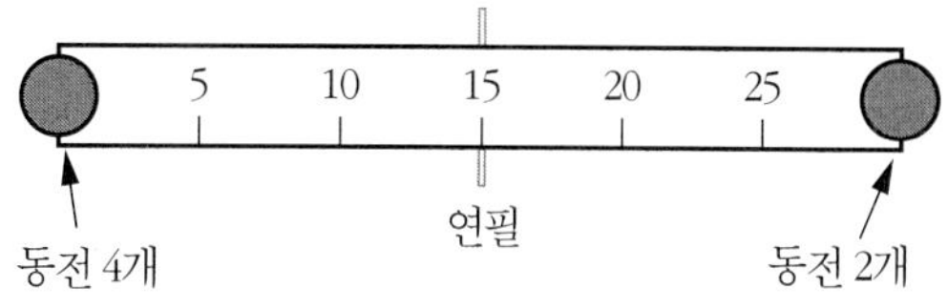

【문제 1】과 같은 경우, 많은 사람들이 연필을 10cm 위치에 두면 평행을 유지할 것이라 생각한다. 그렇게 생각하는 이유는 아마도 평행저울의 원리를 적용하였기 때문이다. 그러나 사실은 그렇지 않다. 자의 무게와 동전의 무게에 따라 균형을 유지하는 연필의 위치는 달라진다. 10cm와 15cm의 중간에 연필을 두어야 문제가 해결된다.

학교 수학에서 절차적 고착과 내용 고착을 일으키는 수학적 문제는 많다. 교사가 가르쳐 준 문제해결 방식에 집착하여 다른 유용한 사고를 하지 못하거나, 학생들이 알고 있는 규칙을 그 규칙이 통하지 않는 다른 상황에 적용하여 정답에 이르지 못하는 경우를 종종 볼 수 있다.

3. 수학적 창의성 연구를 위한 접근

Sternberg와 Lubart가 창의성 연구를 위해 제안한 여섯 가지 기본 접근에 따라 수학적 창의성 이론을 설명하면 다음과 같다. 좀 더 자세한 것은 김판수(2008)의 논문을 참조할 수 있다.

1) 신비주의적 접근

신비주의적 접근(mystical approaches)에서는 창의성을 개인의 능력이 아니라 신이 내린 신성한 영적 과정으로 본다. 이러한 관점은 역사적으로 창의성을 과학적 연구로 인식하는 데 방해가 되었는데(Sternberg & Lubart, 1999), 그 예를 수학에서도 쉽게 찾아볼 수 있다. Blaise Pascal은 자신의 수학적 통찰이 신으로부터 부여된 것이라 했고, Leopold Kronecker는 신은 정수를 만들고 나머지 모든 것은 인간이 만들었다고 했으며(Gallian, 1994), 피타고라스 시대 이후에는 정수를 신과 같은 속성을 가진 것으로 여겨 왔다(이상원 역, 2002).

더 나아가 철학이나 신학과 연계하면서 수학을 신비한 대상으로 간주하였다.

Pickover의 『신의 베틀(Loom of God)』(이상원 역, 2002)이라는 제목이 암시하는 것처럼 수학은 신이 조직한 산물이며, 역사적으로 그것을 탐구하는 수학자는 매우 특별한 사람으로 간주되어 왔다. 이 책의 첫 페이지는 다음과 같이 시작한다.

> 수학과 신비주의는 문명의 태동기부터 인간을 사로잡는 문제였다. 역사적으로 수는 죽음을 피할 수 없는 미약한 존재인 인간이 영혼에서 구원을 찾고 마법을 행하며 소원을 이룰 수 있도록 해 주는 어떤 힘을 지닌 것으로 여겨져 왔다(p. 1).

피타고라스가 "수는 만물의 척도다."라고 천명할 정도로 수는 신비의 대상으로 여겨졌다. 피타고라스 학파는 수가 가지는 기이한 특성에 매료되어 수학을 종교와 관련지었다. 그들은 숫자를 기초로 하여 세계를 해석하는 체계를 정립하였는데, 그들에게 수학에 내포된 여러 가지 원리와 규칙은 신비 그 자체다. 또한 수학적 신비는 도형이 가지는 아름다움에서도 발견된다. 이러한 아름다움은 컴퓨터에 의해 수학자만이 알 수 있었던 수학의 내재적 아름다움을 일반인도 쉽게 알 수 있도록 구현되고 있다.

수학이 이상적인 지식을 추구하고 이를 통해 발견한 이상과 세계 사이의 관계를 연구하는 한, 수학은 종교와 얼마간의 공통점을 갖는다(양영오, 허민 공역, 1995). 수학과 종교의 공통점은 우선 이상적인 지식을 추구하는 것이며, 또한 수학의 대상이 인간 정신의 공통 의식 내에 존재하는 개념이고, 이와 같이 공유된 수학적 개념은 수학적 믿음의 교리를 구성한다는 것이다. 그러한 점에서 신비주의적 접근은 수학 및 수학적 창의성의 발달에 부정적인 영향을 끼쳤다.

그런데 학교교육에서 수학적 신비를 유용하게 활용할 수 있다. '수학이 신비하다.'는 생각을 하는 사람은 수학에 대한 흥미와 깊은 탐구에 더욱 이끌려 수학적 발견에 집중하거나 심취할 수 있기 때문이다.

2) 실용주의적 접근

창의성에 대한 이론적 연구보다는 실제적인 창의성 계발에 관심을 두고 있는 실용주의적 접근(pragmatic approaches)은 Edward De Bono의 Plus, Minus, Interesting(PMI), Osborn(1953)의 브레인스토밍, Gordon(1961)의 시네틱스(synetics) 등 대표적인 주창자와 기법에 기초하고 있다. 이런 접근법은 상당히 대중적이고 창의성 계발에 유용하지만, 심리학적 관점에서 타당성과 이론적 근거가 결여되어 있다(Sternberg & Lubart, 1999).

수학에서 성행하는 실용주의적 접근은 크게 두 가지로 볼 수 있다. 하나는 Polya가 제안한 문제해결 발견술(heuristic)이다(우정호 역, 2005). 다른 하나는 어떤 문제를 해결할 때 가능한 한 많은 해결 방법이나 아이디어를 찾게 하는 확산적 사고 기법이다.

Polya가 제안한 수학적 문제해결의 4단계는 '문제에 대한 이해→계획의 작성→계획의 실행→반성'으로 구성되어 있다. 문제를 이해하였더라도 계획을 세울 수 없는 경우가 많고, 문제를 해결할 방도가 생각나지 않을 수 있다. 이때 발견술이 유용할 수 있다.

이러한 발견술에는 그림을 그리고 적절한 기호 붙이기, 문제의 변형, 정의로 되돌아가기, 분해와 재결합, 유추하기, 일반화와 특수화, 보조 요소 도입하기, 거꾸로 연구하기, 방정식 세우기 등이 있다. Polya는 이들 발견술이 실용적 목적을 가지고 있음을 분명히 하고 있다(우정호 역, 2005).

최근 교실에서 유행하는 수업으로, 확산적 사고에 의해 수학적 창의성을 고취시킬 수 있는 방법 중 하나는 개방형 문제를 다루는 것이다. 1970년대 일본에서 Shimada와 다른 연구자들이 함께 '미완결 문제'를 과제로 제시하여 다양한 정답을 추구하며 이전에 학습했던 지식이나 방법을 결합함으로써 새로운 것을 발견하도록 하는 개방형 문제의 지도 방법을 제안하였다(권오남 외, 2005 재인용). 미완결 문제란 문제에서 무엇을 요구하는지 정확히 묻고 있지 않는 문제를 말하므로 정답이 하나가 아니라 여러 가지 유형의 답이 가능하다. 이러한 문제는 개방형 문제로 불린다. 개방형 문제를 통한 접근은 학생의 창의적인 수학 활동을 자극하며 흥미를 이끌어 내는 전략으로 실용적 접근으로 볼 수 있다.

3) 심리-역동적 접근

의식적 실체와 무의식적 충동(drives) 사이의 긴장에서 발생한다는 아이디어에 기초한 심리-역동적 접근(psycho-dynamic approaches)은 창의성 연구에서 20세기의 주요한 이론적 연구 방법이다. 처음에는 전통적인 심리-분석적 사고에서 출발하였으나 오늘날에는 심리-역동적 접근으로 발전하였다(김정희 역, 2007). 심리-역동적 접근이 창의성 연구에 공헌하였지만 20세기 과학적 연구 흐름에 편승하여 큰 성공을 거두지 못했다. 게슈탈트(Gestalt) 학파가 창의성의 한 단면인 통찰을 연구하였지만, 그들의 연구는 통찰의 특성에 국한되었고 통찰의 본질에 관해서는 진전을 보이지 못했기 때문이다. 그러므로 거의 모든 연구가 유명한 창작자의 사례연구에 집중하게 되었다(Sternberg & Lubart, 1999).

Sriraman(2004)은 '준비 → 부화 → 조명 → 검증'의 단계로 이어지는 창의적 과정에 대한 게슈탈트 모델이 수학적 창의성 연구의 심리-역동적 접근의 중요한 예시를 제공하였으며, 이 모델은 Polya, Schoenfeld 및 Lester의 문제해결 모델을 만드는 계기가 되었다고 주장하였다. 이러한 설명은 수학적 창의성의 심리-역동적 접근의 결론에 불과하며, 그 과정을 말해 주지는 못했기 때문에 수학적 창의성에서 심리-역동적 접근을 논의하는 것이 어렵다.

그런데 수학적 문제해결과 무의식 간의 관계를 설명한 수학자는 Jules Henri Poincaré(1854~1912)와 Jacques Salomon Hadamard(1865~1963)를 제외하고는 찾기 힘들어서 그들의 이야기에 의존할 수밖에 없다. Hadamard(1945)의 저서 『수학 분야에서의 발명의 심리학(The Psychology of Invention in the Mathematical Field)』에는 많은 무의식에 대한 Poincaré의 일화를 담고 있다. Poincaré의 또 다른 일화를 담고 있는 저서는 Toulouse가 1910년에 발행한 『앙리 푸앵카레(Henri Poincaré)』다.

이 자료에 따르면, Poincaré의 작업 습관은 이 꽃에서 저 꽃으로 날아다니는 벌에 비유할 수 있다. 그는 매일 한두 시간씩 작업을 하면서 또 다른 작업에 몰두하였다. 왜냐하면 그는 그가 다른 문제에 마음을 쓰는 동안 잠재의식은 바로 그 문제에 대한 일을 계속하고 있을 것이라 믿었기 때문이다(Toulouse, 1910). Toulouse는 Poincaré의 사고를 다음과 같이 요약하였다.

> 그는 세밀한 부분을 무시했다. 그는 아이디어에서 아이디어로 도약했고, 각 아이디어에서 얻은 사실을 모아 문제를 해결했다(Belliver, 1956).

Hadamard는 무의식을 발견에 필수적인 것으로 간주하였다. 그는 발견이 내성의 결과와 우연의 개입뿐만 아니라 무의식의 작업이 반드시 있었다는 것을 알 수 있다고 결론짓고 있다. 무의식이 수학적 통찰과 수학적 창의성의 발현에 어떻게 기능하는지에 대한 연구는 추후 과제로 남아 있다.

4) 심리-측정적 접근

미국심리학회 의장 수락 강연에서 Guilford(1950)는 베토벤이나 아인슈타인과 같은 유명한 인물의 희소성이 창의성 연구에 제약이 됨을 주목하고, 심리-측정적 접근(psychometric approaches)과 필기도구를 사용하여 일상적 주제를 다루면서 창의성을 연구할 수 있음을 제안했다. 많은 연구자들이 Guilford의 제안을 채택하여 '발산적 사고'는 빠르게 창의적 사고를 측정하는 주요 도구가 되었다. 이런 검사들은 표준적인 '창의성' 척도로 발전되어 사람들을 비교하는 편리한 방법이 되었다(Sternberg & Lubart, 1999).

Guilford의 업적을 토대로, Torrance는 유창성, 유연성, 독창성 그리고 정교성을 점수화한 'Torrance 창의적 사고 검사(TTCT)'를 개발하였다. 우리나라 수학에서는 Torrance의 TTCT와 같이 표준화되고 대중화된 수학적 창의성 검사 세트는 없다고 하지만, 실험 연구나 영재교육 대상자의 선발에서 수학의 일부 능력에 대

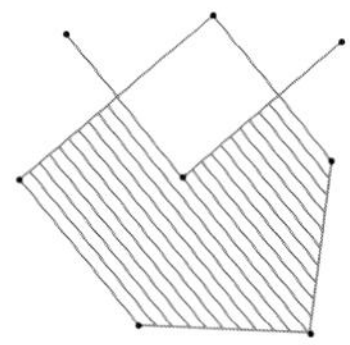

[그림 5-1] 넓이가 2cm^{2}인 도형의 예

한 창의성 검사가 이용되고 있다. 예를 들면, 한국교육개발원(김홍원 외, 1997)에서 개발한 표준화된 수학적 창의성 문제해결력 검사(Mathematical Creative Problem Solving Ability Test: MCPSAT)는 수학적 창의성을 수학적 문제 상황에서 고정된 사고방식을 탈피하여 다양한 산출물을 내는 과정 및 능력으로 간주하여 개발된 검사로서, 유창성, 융통성, 독창성이라는 하위 구성 요인을 가진다(김판수, 2008 재인용).

Haylock(1987)은 확산적 산출물 검사에 의해 평가되고 있는 수학적 창의성 검사를 문제해결, 문제 설정, 재정의로 분류하였다. 첫째, 문제해결은 많은 해나 과정을 낼 수 있는 문제인데, 전형적인 과제는 다음과 같다. 사용 가능한 자연수 18, 2, 10, 12, 40, 48, 3, 20, 90, 15를 임의로 나열하고 이들의 전부 또는 일부와 자신이 알고 있는 수학 기호를 사용하여 답이 30이 되는 식을 만들어 보시오(권오남, 2005). 3×3 격자 위에 선분을 그어 넓이가 2cm^2 되는 서로 다른 도형을 될 수 있는 대로 많이 그려 보시오([그림 5-1] 참조)(Haylock, 1987). 둘째, 문제 설정은 수학적 요소가 들어가는 상황을 제시하고, '될 수 있는 대로 많은 문제를 만들어 보시오.'와 같은 문제를 주는 것이다. 그 상황을 표현하는 방법은 글이나 그래프, 차트, 도형 등이 될 수 있다.

끝으로 재정의는 단지 수학적 속성으로서, 그 상황의 요소를 연속적으로 재정의함으로써 학생들에게 여러 가지 독창적인 방법으로 반응하도록 상황을 제시하는 것이다. 예를 들면, Foster(1970)의 카드 분류 검사는 학생들이 여러 속성(예: 모양, 색, 수)에 따라 카드를 지속적으로 재정의하도록 요구하는 검사다. 또는 몇 개의 숫자를 주고 이것들을 두 가지 이상의 집합으로 분류하도록 요구한다. 재정의의 다른 예는 두 수 25와 36의 공통점을 되도록 많이 찾는 문제인데, 이 문제도 두 수의 속성에 따라 연속적인 재정의를 요구한다(김판수, 2008 재인용).

확산적 사고에 의해 수학적 창의성을 측정하는 표준화된 대표적인 검사 중 하나는 TTCT의 하위 영역인 도형검사다. 검사의 구성 요인은 유창성, 독창성, 정교성, 제목의 추상성, 성급한 결론에 대한 저항이지만, 이것은 사실상 수학에서의 기하나 도형 학습과는 거리가 있다(김부윤, 김철언, 이지성, 2005)는 비판을 받는다. 특히 Dirkes의 연구에서는 수학의 확산적 사고 수행은 일반 확산적 사고 검사와 무관하며(Haylock, 1987 재인용), 수학에서 확산적 산물은 하나의 특정 능력인 것이지 일반 창의성 능력과 수학적 재능의 단순 조합이 아니라는 것이다(Haylock, 1987). 그렇다면 수학에서 확산적 산출물 능력과 수학적 수행 간에는 어떤 상관이 있는가?

Jensen(1973)의 11~12세 아동을 대상으로 한 연구에서, 확산적 산출물에 의한 수학적 창의성과 수리적성 능력(numerical aptitude)이나 수학 성취 사이의 관계는 유의미하나 약한 상관관계를 보였다. 11~12세의 아동을 조사한 Haylock의 연구에서 수학 학력검사는 확산적 산출물을 측정한 수학적 창의성 검사이건 고착을 극복하는 능력을 측정한 수학적 창의성 검사이건 상관없이 학력과 창의성의 두 점수는 서로 결코 결정적인 영향을 미치지 않는다는 것을 밝히면서, 수학적 창의성은 수학 성취도나 학력과는 다른 어떤 수학적 능력이라는 생각을 더 지지하게 되었다(Haylock, 1987 재인용).

확산적 산출에 의한 수학적 창의성과 수학 학력과의 낮은 상관은 수학적 창의성 검사가 다소 일반 창의성과 유사하기 때문이며, 그와 같은 수학적 창의성이 수학의 고유한 본질이나 특성을 반영하지 못한다고 본다. 수학적 창의성 프로그램도 확산적 산출 방식을 내포하고 있어 확산적 사고방식에 의해 수학적 창의성 점수가 상승했을 것으로 생각된다.

수학에서 창의성 검사는 TTCT의 문제 유형과는 다른 형태를 취하고 있는데, 문제를 해결하기 위해서는 근본적으로 수학적 사고력이 높으며, 정보처리가 빠르고, 아이디어가 풍부해야 풀 수 있는 문제로 구성되는 측정도구로 보아야 한다.

5) 인지적 접근

심리-역동적 접근이 의식과 무의식적 사이의 충돌과 같은 긴장에서 발생하지만 인지적 접근(cognitive approaches)은 창의적 사고의 내면에 깔린 심적 표상과 인지 과정에 대한 이해를 추구한다. 여기서는 창의적 인간의 사고양식이나 그런 사고를 흉내 내는 컴퓨터 시뮬레이션을 주로 연구한다.

컴퓨터 시뮬레이션 접근은 전문가가 생각하는 방식대로 컴퓨터가 작동하도록 프로그램화하여 새로운 사고를 창출하게 하는 방식이다. 예를 들면, BACON이라는 초기 프로그램은 '두 항의 값이 다 같이 증가하면, 비율을 생각하라.'는 식의 발견술을 사용하여, 행성 궤도에 대해 Kepler가 이용한 관찰 데이터를 조사함으로써 행성 운동에 대한 Kepler의 제3의 법칙을 재발견했다(Sternberg & Lubart, 1999 재인용). 이러한 이점에도 불구하고 창의성이 발현되는 상황과는 무관하게 일련의 과정이 기계적인 방법으로 작동된다는 점에서 크게 환영받지 못한다.

먼저 수학 영재들의 인지적 특성을 살펴보자. 수학적 창의성을 수학의 영재성과 동일한 개념으로 간주한 러시아의 심리학자 Krutetskii(1976)에 따르면, 수학적 능력의 구조는 세 가지 요소, 즉 수학 정보의 획득, 수학 정보의 처리, 수학 정보의 기억과 저장으로 구성되어 있다. 16~20세의 청소년 후기의 수학 영재를 연구한 Kieβwetter(1985)는 수학적 사고 과정에 가장 중요한 여섯 가지의 활동을 제시하였다. 즉, 자료의 조직, 패턴이나 규칙의 인식, 문제의 표상 변화, 새로운 영역에서 패턴이나 규칙의 인식, 매우 복잡한 구조의 이해와 처리, 가역적 사고 및 사고 전환, 관련된 문제의 발견 및 구성 등이다. Kieβwetter가 발견한 것도 정보의 신속한 처리와 표상 능력으로 대별될 수 있다.

문제해결에서 형태심리학의 모델은 포화(saturation), 부화(incubation), 영감(inspiration), 실증(verification)인데, 이 모델은 이후 Hadamard가 말한 창의적 문제해결 4단계인 준비, 부화, 조명, 검증과 내용적으로 동일하다(고상숙 외 공역, 2003). 그리고 Sriraman(2004)의 연구에서도 수학 분야, 경력 그리고 대학원생 지도 경력을 고려하여 5명의 수학 전문가를 선정한 다음 면담한 결과를 분석해 보았더니 그중 3명은 이 4단계를 거쳐 수학을 창조하는 것으로 확인되었다.

또한 Hadamard가 말한 창의적 문제해결 단계가 Liljedahl(2004)에 의해서도 재확인되었다. Liljedahl는 Hadamard가 1945년에 했던 것처럼 유명한 수학자의 설문을 분석한 결과 Hadamard의 4단계를 확증했을 뿐만 아니라 그것을 확장하는 데 도움을 주었다. 예를 들면, 부화 과정에서는 구체적이고 세밀하게 생각하는 것이 아니라 전체를 이해하고, 준비 단계에서는 독서보다 대화를 통해 지식을 교환한다. 그리고 초기 단계에서 수학자는 다른 사람의 연구물을 수동적으로 받아들이는 것이 아니라 능동적으로 그들의 작업을 소화하고 연습하면서 자신만의 수학을 재창조한다. 조명 단계에서 기회(내재적 기회, 외재적 기회)는 조명과 통찰에서 간혹 결정적인 역할을 한다.

6) 사회-성격적 접근

국어사전을 보면 창의성은 '창의를 나타내는 특성'이며, 창의력은 '새로운 생각을 해내는 힘'으로 정의하고 있다. 창의력이 창의성의 인지적 능력을 나타내는 것인데 반해, 창의성은 인지적 특성과 사회-성격적 특성을 포함하는 개념으로 볼 수 있다. 사회-성격적 접근(social-personality approaches)에서는 창의성의 원천으로서 성격적 변인, 동기 변인, 사회문화적 환경에 대해 관심을 갖는다(김판수, 2008).

여기서도 수학적 인물에 대한 연구 부족으로 수학 영재를 대상으로 한 연구에서 그 특성을 유추해 볼 수 있다. 우리나라 중학생들의 수학 · 과학 영재와 일반 학생 간의 인지적 · 정의적 · 정서적 특성을 비교한 연구의 정의적 측면에서 수학 영재는 일반 학생보다 수학적 성향이 긍정적이며, 과학 영재에 비해서 수학에 대한 자신감, 호기심, 수학에 대한 과제 집착력, 메타인지의 성향이 더 높았다. 수학 영재는 일반 학생보다는 도전적 과제를 선호하고, 발표에 대한 자신감이 더 컸으며, 과학 영재보다는 자기 조절이 더 효율적이었다. 정서지능 면에서 수학 영재는 정서 조절과 정서 활용이 일반 학생보다 높았다(김선희, 김기연, 이종희, 2005).

초등학교 6학년 수학 영재 2명을 집중적으로 관찰한 사례연구에서, 수학 영재의 사회-성격적 측면에서의 일반적 특성으로 호기심과 경쟁심, 독서 선호, 리더십을 들고 있다. 이런 특성들은 일반 영재아동의 특성과 유사하였다(김민정, 류성림, 2007).

한편 수학적 창의성에 대한 사회-성격적 태도를 측정할 수 있는 검사 도구가 일본의 齊藤昇(1998)에 의해 개발되었다. 이 도구는 확산성, 논리성, 적극성, 집중성 · 지속성, 독자성, 수렴성, 정밀성의 7개 요인으로 구성되어 있으며, 27개의 문항으로 이루어져 있다. 이 검사는 김부윤과 이지성(2006)에 의해 한글판(CAS-K)으로 수정 · 번안되었으나, 이를 초등 분야에 적용하는 데 문제가 많아 박문정(2007)이 수정 · 번안하였다.

그 외 창의성과 성격 유형과의 관계 연구(Hang, 2006), 수학적 창의성과 수학 자기효능감에 대한 연구(서종진, 황동주, 2004) 등 수학적 창의성과 정의적 요인에 대한 연구가 다양하게 진행되고 있다.

4. 수학적 창의성의 평가

교육은 교육 내용, 교사에 의한 수업, 학생의 학습 그리고 평가의 네 가지 요소로 구분되며, 여기서 평가는 나머지 세 요소를 변수로 갖는 함수로 볼 수 있다. 평가는 교육 활동 전반에 대한 정보를 수집하여 분석한 다음 그 가치를 판단하는 체계적인 활동으로, 교과 내용의 적절성에 대한 기준을 제공하고 교사의 수업과 학생의 학습에 대한 피드백을 제공하는 수단이 된다.

수학적 창의성 평가의 기본적인 목표는 학습자의 수학적 창의성을 신장시키는 데 있다. 평가를 통해서 교사에게는 어떻게 지도하고 교수해야 하는가에 대한 인식과 계획에 대한 정보를 제공하며, 학습자의 수학적 창의성에 대한 자료와 정보를 제공함으로써 그 정보를 다시 학습자의 수학적 창의성 신장에 투여할 수 있게 한다. 또한 학습자에게는 학교 수학에서 획득한 지식과 정보가 수학적 창의성에서 어떻게 활용되는가를 경험하고 다양한 문제 상황을 접하게 함으로써 창의성의 중요성을 인식하게 하고 그 육성에 관심을 가질 수 있게 한다(김부윤, 김철언, 이지성, 2006).

그동안 수학교육에서 창의성을 측정하고 수량화하여 평가하는 것은 일반적 창의성의 하위 요소에 대한 반응을 살펴보는 연구들과 함께 진행되었다. 곧, 수학적 창의성의 평가는 수학 문제해결을 중심으로 하는 수학적 활동에서[1] 비롯되는 사고 성향으로서의 인내심과 호기심, 집착력, 자신감 등의 정의적 측면 그리고 사고

〈표 5-2〉 창의성의 하위 요인에 따른 평가의 범주와 척도

범주 \ 점수		1	2	3	4
유창성	서로 다른 정답 수나 해결 방법 또는 새로운 질문	불완전하거나 쓸모 없는 접근	최소한 1개의 적절한 접근 혹은 관련된 질문	최소한 2개의 적절한 접근 혹은 관련된 질문	몇 개의 적절한 접근 혹은 관련된 질문
융통성	대수, 기하, 그래프 등 다양한 범주의 해결전략 또는 질문		동일한 방법을 사용한 모든 접근법(예: 그래프, 대수 방정식)	최소 두 가지 방법의 전략(예: 그림, 그래프, 대수, 물리적 모형화)	몇 가지 해결책(예: 기하, 그래프, 대수, 물리적 모형화)
독창성	독특하고 통찰력 있는 해결전략, 방법 및 질문	방법은 다르지만 해결에 도달하지 못함	해결에 도달하지만 일반적인 방법	소수의 학생들에 의해 사용되는 흔하지 않은 방법	1~2명의 학생만 사용하는 독특하고 통찰력 있는 방법
정교성	표, 그림, 모델 등을 이용한 간단명료한 사고 표현과 진술	주어진 설명이 짧거나 없음	설명을 이해할 수 있으나 몇 군데가 불명확함	올바른 수학적 용어를 사용한 명확한 설명	그래프, 도표, 모형, 식 등을 사용한 간단명료한 설명

1) Guilford(1959), Shaw와 Simon(1962) 등은 창의성을 문제해결력으로 정의하였다(서혜애, 2004 재인용). 창의적 사고력을 신장시키기 위해서는 고정관념(고착 상태)에서 벗어난 개방적 사고(확산적 사고)를 필요로 한다. 문제해결에서의 창의력 평가를 위한 문제의 유형은 해결 방법과 결과의 열림과 닫힘에 따라 다양한 해결 방법을 요구하는 문제, 다양한 답을 요구하는 문제 그리고 다양한 해결 방법과 답을 요구하는 문제로 구분할 수 있다(남승인, 2007).

기능으로서의 독창성, 융통성, 유창성, 정교성 등의 인지적 영역을 측정하면서 진행되어 왔다. 이 가운데 특히 창의적 사고기능은 문제해결의 결과에서 비롯되는 산출물, 즉 객관적인 결과물을 대상으로 하기 때문에 지금까지 수학적 창의성의 평가는 주로 사고기능에 초점을 맞추었다. Sheffield(2000)는 수학적 창의성에서 이러한 사고기능의 하위 요인에 대한 평가의 범주와 척도를 〈표 5-2〉와 같이 제시하였다. 수학적 창의성에서 이러한 각각의 하위 요인에 초점을 둔 평가 문항의 예를 들면 다음과 같다(남승인, 2007).

1) 유창성

문제해결에서 유창성은 답 또는 답을 구하기 위한 방법을 얼마나 많이 만들어 낼 수 있는가와 관련된 것으로, 수학적 창의성에서의 유창성은 답 또는 답을 구하는 과정의 개수로 평가된다. 예를 들어, 【문제 2】(방승진, 이상원, 2001)는 주어진 표를 분석하여 관계식을 찾아내는 것으로, 여기서 얼마나 많은 관계식을 찾아내는가에 따라 유창성 점수를 매길 수 있다.

【문제 2】 다음 표는 5개 야구 팀의 기록을 나타낸 것이다. 표 사이에 특정한 규칙이나 관계가 발견될 수 있다. 표를 분석하여 가능한 한 많은 관계식을 찾아보라.

팀 명	게 임	승	패	무	승 률	게임차
A	25	16	7	2	0.696	
B	21	11	8	2	0.579	3.0
C	22	9	9	4	0.500	1.5
D	22	8	13	1	0.381	2.5
E	22	6	13	3	0.316	1.0

2) 융통성

문제해결에서 융통성은 서로 다른 사고 방법이나 전략을 얼마나 많이 사용하는가를 고려하는 것이다. 융통성을 평가하기 위해서는 반응을 유사한 반응 범주로 분류하고, 서로 다른 범주의 반응의 개수를 수량화하여 점수를 결정할 수 있다. 예를 들어, 【문제 3】(초등수학교과서 5-나, 2004)은 '예상과 확인' '표 만들기' '식 세우기' '그림 그리기' 등의 전략을 이용하여 문제를 해결할 수 있으며, 또한 '예상과 확인'에서는 어느 정도의 예상 과정을 거쳐 답에 도달하는지, 확인을 통해 예상이 어떻게 조정되는지 등에 따라 수학적 창의성에서의 융통성을 가늠해 볼 수 있다.

【문제 3】 창수 아버지의 나이는 43세고, 창수는 10세, 형은 13세, 동생은 6세입니다. 창수네 삼 형제의 나이의 합과 아버지의 나이가 같아지는 때는 지금부터 몇 년 후입니까?

3) 독창성

문제해결에서 독창성은 얼마나 통찰력 있고 참신한가와 관련된 것으로, 반응의 상대적 희귀 빈도를 의미한다. 예를 들어, 【문제 2】의 경우 관계식을 찾는 과정에서 여러 행과 열을 조합하여 새로운 관계를 찾아낸다거나, 【문제 3】의 경우 문제해결에서 사용한 전략의 수는 비슷하지만 다른 학생들이 미처 생각하지 못한 새로운 전략을 이용했다면 독창성 영역에서 높은 점수를 받는다.

4) 정교성

문제해결에서 정교성은 수학적 사실을 얼마나 간단명료하게 그리고 세련되게 표현하고 발전시키는가와 관련된 것으로, 자신의 생각을 표현하는 세련미의 정도에 따라 평가된다. 예를 들어, 【문제 4】(남승인, 2007; 방승진, 이상원, 2001)에서 다른 학생에 비하여 다양한 분류 기준(평면과 입체, 꼭짓점, 모서리, 면의 개수, 면의 모양, 대칭성 등)에 따라 분류한 학생은 수학적 창의성에서의 정교성이 높다고 할 수 있다.

【문제 4】 다음 입체도형은 여러 가지 기준으로 분류할 수 있다. 주어진 도형에 대해 분류 기준을 정하고, 그 기준에 따라 분류해 보시오.

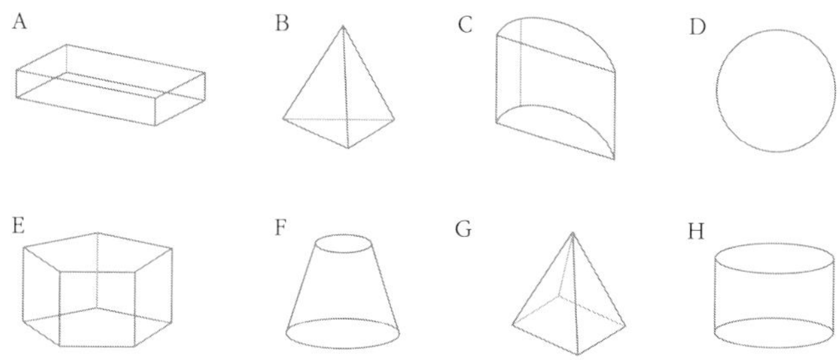

다음은 조석희 외(2001)의 『간편 창의적 문제해결력 개발 연구(I)』에서 수–논리 영역에 제시된 문항으로, 각각에서 수학적 창의성(유창성, 융통성, 독창성, 정교성) 영역을 평가하는 기준을 나타낸 것이다.

【문제 5】 바둑돌로 사각형 만들기(초등학교 고학년용)

- 유창성: 옳은 답안의 개수
- 융통성: 다음과 같은 네 가지 유형으로 구분할 수 있지만, 두 변을 고정시키고 네 번째 바둑돌의 위치를 변화시키면서 체계적으로 찾는지를 확인하기 위해 유형 ②, ③은 6개 이상씩, 유형 ④는 4개 이상이면 융통성 점수를 각각 1점씩 추가한다. 단, 유형 ①, ②, ③에서는 점만 찍어 놓고 선을 연결하지 않은 것은 인정하지만, 유형 ④에서는 선을 직접 그리는 것만을 인정한다.

① 직사각형

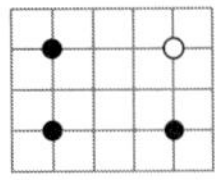

②-1 사다리꼴

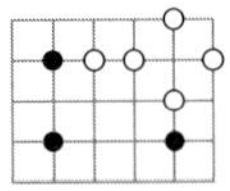

②-2

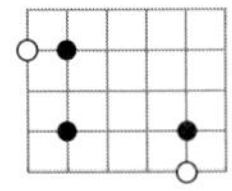

③-1 불특정한 볼록(둔각) 사각형

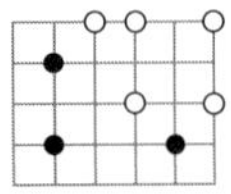

③-2

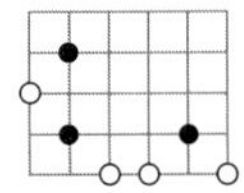

④ 오목 사각형(아래 독창성 항목에 있는 예시들)

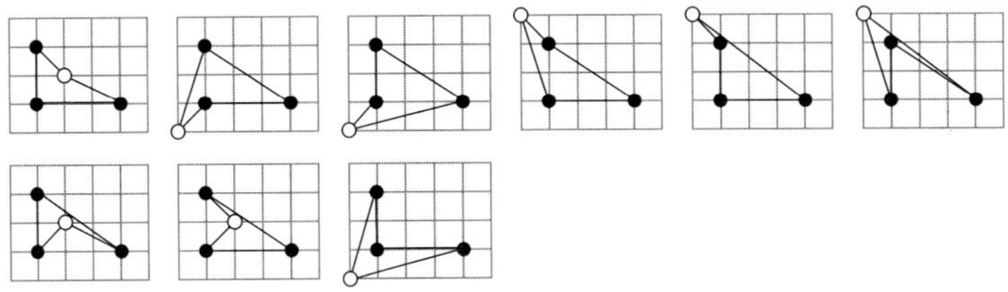

• 독창성: 오목 사각형의 경우 학생들이 반응하는 빈도수에 따라 각각 독창성의 점수를 1, 2, 3점으로 구분한다.

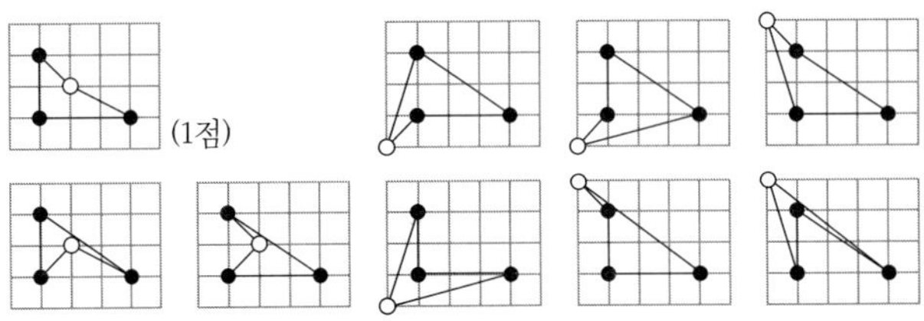

• 정교성: 옳은 답의 수가 정해져 있으므로 체계적으로 찾으면 모든 답을 찾을 수 있다. 따라서 수렴적 사고를 통해 일반화할 수 있으므로 다음과 같은 정교성 점수를 준다. 볼록 다각형(직사각형 1개, 사다리꼴 7개, 둔각사각형 9개)을 모두 찾으면 2점, 그중 1개를 빠뜨리면 1점, 오목 다각형 중 네 번째 바둑돌이 같은 위치에 있으면서 모양이 다른 것을 2개 찾으면 2점, 3개 이상 찾으면 3점을 준다.

한편 김홍원, 김명숙 및 송상헌(1996)은 수학 문제해결에서 문항별로 유창성, 융통성, 독창성, 정교성의 점수를 측정하는 과정에서 독창성에 많은 점수를 부여하였는데, 이는 유창성과 융통성은 중복되는 부분이 있고, 수학적 창의성에서 독창성이 보다 중요하다는 판단 기준에 따른 것이었다. 그러나 김홍원 외(1997)의 연구에서는 창의성의 네 가지 요인 가운데 유창성, 융통성, 독창성의 세 가지 요인만을 측정하였다. 정교성을 측정하지 않은 이유는 정교성이 대부분 답을 그림으로 나타내는 문항에서만 측정될 수 있고, 이전의 연구 결과에서 독창성 점수를 얻은 문항 중 일부만이 정교성 점수를 얻었기 때문이다. 즉, 정교성 점수를 얻은 반응들은 모두 독창성 점수를 얻으며, 또한 정교성 점수를 얻는 학생의 수가 극히 적었다. 따라서 정교성을 측정하지 않아도 수학적 창의성을 충분히 측정할 수 있다고 판단한 것이다. 더불어 유창성, 융통성, 독창성은 비교적 객관적인 준거(빈도수)에 의해 점수를 줄 수 있는 반면, 정교성은 주관적인 판단에 따라 점수가 부여되는 문제점 또한 이러한 판단 기준의 배경이 되었다.

이처럼 수학교육에서 수학적 창의성의 평가는 수학 문제해결과 밀접한 관련이 있고, 풀이 과정과 그 결과에서 드러나는 답의 유형 및 풀이의 유형에 따라 그리고 그 빈도수에 따라 유창성과 융통성, 독창성의 점수를 부여하기 위한 객관적인 기준을 마련하고자 하였으며, 현재 이러한 결과들은 수학 창의적 문제해결력 및 수학적 창의성을 위한 교수-학습 자료의 개발 연구에서 수학적 사고력 영역에 대한 평가와 함께 전개되고 있다. 다음에서는 수학 창의적 문제해결력, 수학적 사고력과 수학적 창의성 그리고 수학적 창의성을 기르기 위한 교수-학습 자료에 대해 각각 살펴보고자 한다.

5. 수학 창의적 문제해결력

1) 수학적 창의성에서 문제해결의 중요성

수학과 교육과정의 변화에서 주목해야 할 시기는 1980년대 이후로, 오늘날까지 학교 수학에서 화두가 되는 주제는 '문제해결(problem solving)'이다. 이와 관련해서 Polya(1962)는 수학교육의 첫 번째 목적은 수학적으로 사고하는 것을 가르치는 것이라고 했는데, 여기서 '사고하는 것을 가르친다는 것'은 단지 수학적 정보만을 전달하는 것이 아니라 이러한 정보적 지식(know-that)을 사용하여 문제를 해결할 수 있는 방법적 지식(know-how)과 사고 태도, 바람직한 정신적 습관의 육성을 의미한다고 하였다. 그렇다면 수학에서 방법적 지식은 무엇을 의미하는가? 그에 따르면, 방법적 지식은 문제, 특히 단순히 정형화된 문제가 아니라 어느 정도의 독립심, 판단, 독창성, 창조성을 요구하는 문제에서 그러한 문제를 해결하는 능력을 의미한다. 이는 곧 수학 문제해결에서 수학적 사고력을 이끌어 낼 수 있으며, 수학적 창의성과 관련된 다양한 요소를 관련시킬 수 있음을 의미한다. 그리고 이와 같은 맥락에서 오늘날 수학교육에서 최우선적인 과제는 문제해결에서 요구되는 방법론적 활동을 개발하고 지도하는 것이어야 한다. Polya(1962)가 문제를 해결하는 능력과 방법적 지식의 개발을 중시하고 수학적 발견술(heuristics)을 교육적 입장에서 부활시키려고 한 것은 바로 이러한 교육 목적(수학적 사고력과 수학적 창의성의 지도)을 수학교육을 통해 실현하고자 했기 때문이다(우정호 역, 2005).

Polya(1962)가 강조했던 문제해결에서의 실제적인 측면은 '문제에 대한 이해→계획의 작성→계획의 실행→반성'이라는 일련의 문제해결 과정에서 찾아볼 수 있다. 그에 따르면, 문제해결에서 요구되는 방법적 지식은 모방과 학습자 자신의 실제적인 경험을 통하지 않고서는 획득될 수 없는 성질의 것이다. 이를 위해 교사에게 요구되는 것은 학생의 창의성과 수학적 사고를 이끌어 낼 수 있는 여러 가지 발견술적 질문과 권고이며, 이를 통해 학생은 문제해결에 전형적이며 유용한 사고를 하면서 문제를 해결하게 된다. 또한 Polya(1962)는 교사의 문제해결 예시를 모방하면서 학생 스스로 교사가 제기한 질문과 권고를 적절하고 자연스럽게 구사하면서 실제로 많은 문제를 해결해 보는 실천을 통해서 문제해결이 이루어질 수 있다고 보았다. 이를 통해 수학에서의 문제해결 활동은 경험과 판단이 요구되는 발견·발명의 활동이 되고, 이러한 발견·발명의 과정에서 창의성이 길러지는 것이다(우정호 역, 2005). 이처럼 문제해결에서 가장 중요한 것은 정보적 지식처럼 직접적으로 전달되는 것이 아니라, 학생들 스스로 경험을 통해 문제해결에서 요구되는 방법적 지식을 발견하는 것이다.

다음은 수학과에서 창의성을 지도하면서 문제해결과 관련해서 학생들에게 강조되는 부분으로, 특히 단순한 반복적인 '실행'이 아니라 '계획의 실행'을 제외한 나머지 세 과정에 초점을 맞춘 것이다.

첫 번째로, 문제에 대한 이해는 그 대상이 영재이든 일반 학생이든 결코 예외가 될 수 없는 것이, 주어진 문제를 충분히 읽지 않는다는 사실이다. 문제를 충분히 읽고, 문제를 자신의 것으로 소화할 만큼 충분히 이해가 되었다면, 문제 속에 포함된 정보만큼은 질문이 필요하지 않을 것이다. 그러나 많은 경우 수업 시간에 학생들은 문제 속에 있는 사실조차 확인하지 않고 그것들을 되묻는 습관이 있는데, 이는 문제에 대한 이해가 얼마나 소홀하게 다루어지고 있는지를 단적으로 보여준다. 수학과에서 문제해결과 관련해서 수학적 창의성의 발현은 문제에 대한 이해가 출발점이며, 이러한 이해에서 다양한 문제해결 전략을 비롯하여 해결 과정과 해답 또한 다양한 관점에서 제시될 수 있다.

두 번째로, 계획의 작성은 초등수학부터 다양한 문제해결 전략이 다루어지고 있으며, 이러한 전략을 어떤 문제에서 어떻게 사용해야 할지를 보여 주고 있다. 예를 들면, 초등학교 4학년까지는 식 세우기, 그림 그리기, 표 그리기, 단순화하기, 규칙 찾기, 거꾸로 풀기, 예상과 확인 등을 하나씩 제시하고 있으며, 5학년 이후에는 하나의 문제에 이러한 전략들이 함께 사용되고 있다. 그리고 중학교 이후 수학에서는 이러한 산술적인 문제해결 전략이 문자 기호의 등장과 함께 대수(algebra)를 통해 제시된다. 그러나 학생들은 문제해결에서 유용한 이러한 전략들에 대해 그 역할과 가치를 인식하지 못하고 있다. 단적으로 초등학생은 예상과 확인에서 이러한 시행착오의 과정이 수학에서 가장 못마땅한 부분으로 여겨지고 있으며, 이렇게 반복되는 과정이 수학을 싫어하는 한 요인이 되고 있다. 그러나 예상과 확인은 수학사에서 가장 중요한 발견의 수단이 되어 왔으며, 수학자들의 창의적 발견 과정에서 가장 핵심적인 역할을 해 온 전략이다. 예상과 확인은 단순하게 연필을 굴려서 나오는 우연의 결과와는 질적으로 다른 성격의 것이다. 예상과 확인은 하나의 문제해결 전략이다. 예상하기 위해 학생들은 문제를 충분히 이해해야 하며, 확인하는 동안 새로운 조정 과정을 거치면서 해답에 이르는 보다 합리적이고 빠른 길을 찾게 된다. 수학적 창의성은 이 과정에서 다양한 형태로 발현된다. 그리고 이러한 사고 과정을 통해 문제를 해결하는 지름길을 발견하고, 문제를 해결했을 때 맛볼 수 있는 기쁨을 누린다. 문제해결에서 가장 중요한 것은 문제를 해결했을 때만 가질 수 있는 성취감이며, 이러한 성취감은 문제해결에서 학생들의 직접적인 경험을 전제로 한다. 계획의 작성은 문제해결에 도달하기 위한 준비 단계이며, 문제를 공략하기 위한 전략을 짜는 단계다. 따라서 수학적 창의성에서 요구되는 융통성, 유창성, 독창성 등의 요소들은 계획의 작성부터 다양한 해결전략을 구상하고, 이를 사고 실험을 통해 구현하는 과정에서 비롯되는 것으로, 문제에 대한 이해에 이어지는 이 단계는 창의적 문제해결을 위한, 그리고 정보의 조직화 능력, 수학적 추론 능력 등 수학적 사고력을 발현하는 데 핵심적인 역할을 한다.

세 번째로, 반성은 계속해서 수학 학습을 가능하게 하는 원동력으로, 확산적 사고를 바탕으로 한다. 반성은 확산적 사고를 통해 자신이 문제해결에서 경험한 것들을 더욱 풍요롭게 만들어 준다. 수학에서 반성이 없으면 이후 새로운 문제에서의 도약을 기대할 수 없게 된다. 여기서 반성은 단순한 검산과는 다른 차원의 것임을 분명히 해야 한다. 반성은 단순한 피드백 그 이상이다. 즉, 문제에서 다른 풀이를 찾거나 혹은 조건을 가감하거나 차원을 달리하면서 또 다른 문제의 무리(cluster)를 만들어 내는 작업이다. 곧, 창의적 사고를 기반으로 하는 작업이 반성 단계에서 진행되는 것이다. 반성을 거치면서 문제의 양과 질은 급속도로 증가한다. 그리고 반성을 통해 논리-수학적인 지식들은 보다 분명한 자신의 실체를 드러낸다. 따라서 문제해결에서 반성은 마침표가 아니라 언제나 새로운 출발점에 놓여 있음을, 따라서 새로운 문제에서 그 해결에 대한 실마리를 제공할 수 있다는 사실을 분명하게 인식하고 있어야 한다.

2) 수학 창의적 문제해결력

일반적으로 수학적 창의성의 평가는 수학 창의적 문제해결력(Mathematical Creative Problem Solving Ability: MCPSA) 평가를 통해 이루어진다.[2] 수학 창의적 문제해결력은 기존에 알고 있는 지식, 개념, 원리, 문제해결 방법을 새롭게 관련지어 수학 문제를 해결하거나, 자신이 새롭게 지식, 개념, 원리, 문제해결 방법을 창안하여 수학 문제를 해결하는 능력이다.[3] [그림 5-2]는 수학 창의적 문제해결력 개념 모형을 제시한 것으로, 기본적인 틀은 앞서 보았던 Polya의 문제해결 과정을 따르고 있으며 각 단계에서 수학적 사고력과 수학적 창의성, 배경 지식, 수학적 과제 집착력의 네 가지 요소가 어떻게 작용하는지를 포함시킨 것으로, 이에 대해 살펴보면 다음과 같다(김홍원, 김명숙, 송상헌, 1996).

먼저 수학 창의적 문제해결 과정은 문제 이해, 계획 수립, 계획 실행 및 반성의 4단계로 구성되며, 각 단계는 직선적인 관계가 아니라 상호작용적이며 순환적인 관계에 있다. 그리고 문제 이해와 계획 수립의 중간에는 부화/조명의 과정이 있는데, 이는 수학적 창의성이 발현되기 위한 준비와 함께 그 형태를 결정하는 과정이 된다.

각각의 단계에는 수학적 사고력, 수학적 창의성, 수학 문제에 대한 과제 집착력, 배경 지식 등 네 가지 요인이 결합되어 작용하며, 특히 각 단계에서 수학적 창의성이 강하게 작용하면 확산적 사고와 연결되고, 수학적 사고력이 강하게 작용하면 수렴적 사고가 일어난다. 결국 수학 창의적 문제해결의 각 단계에서 수렴적 사고와 확산적 사고가 어떻게 유기적으로 결합하는가에 따라 수학적 창의성이 결

---

2) 지금까지 수학적 창의성 연구는 창의적인 수학적 문제해결에 초점을 맞추며 진행되어 왔다(한길준, 정승진, 2002; 김정효, 권오남, 2000; 김경자, 2000; 신현용, 한인기, 1999; 송상헌, 1997). 일반적으로 창의적 문제해결에서의 관심은 문제해결의 과정에 있으며, 결과 측면에서는 독창성 측면에 초점이 맞추어져 있다.

3) 한국교육개발원(1996)에서 개발된 수학 창의적 문제해결력 검사 도구의 경우, 지능이나 학교 수학 성적이 높은 학생 또는 교사가 추천하는 학생으로 해당 학년 학생의 10~15% 범위를 대상으로 한다. 그리고 측정하고자 하는 능력은 크게 수학적 사고력과 수학적 창의성으로 구분되며, 수학적 지식 또한 요구되지만, 지식이 미치는 영향은 최소화하고 지식을 활용하는 능력에 초점을 맞추고 있다.

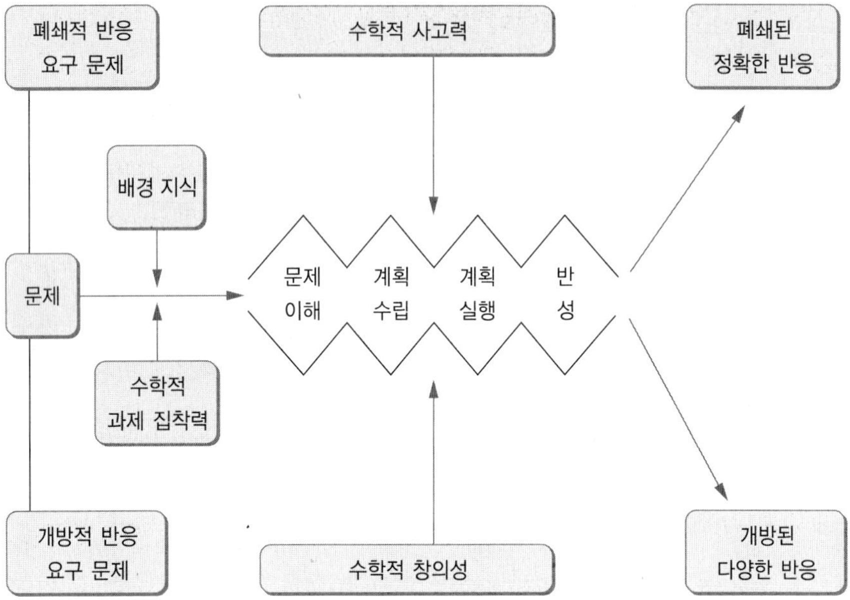

* 수학적 사고력: 직관적 통찰 능력, 정보의 조직화 능력, 공간화 · 시각화 능력, 수학적 추상화 능력, 수학적 추론 능력(연역적 능력, 귀납적 능력), 일반화 및 적용 능력, 반성적 사고 능력
* 수학적 창의성: 유창성, 융통성, 독창성, 정교성

[그림 5-2] 수학 창의적 문제해결의 과정

정된다. 즉, 수학 창의적 문제해결력은 한 가지 반응 또는 폐쇄된 정확한 반응의 형태로 나타나거나, 다양한 반응의 형태로 나타나는데, 폐쇄된 정확한 반응을 요구하는 문제에서는 최종적으로 수렴적 사고가 보다 많이 관련되는 것이며, 개방된 다양한 반응을 요구하는 문제에서는 확산적 사고가 보다 많이 관련된다. 여기서 중요한 것은 수학적 사고력이 수렴적 사고와, 수학적 창의성이 확산적 사고와 보다 관련된 것으로, 이들 사이의 관계가 절대적이지 않다는 점이다. 일반적으로 폐쇄된 정확한 반응을 요구하는 문제에서는 창의성 요인을 찾아보기 어렵지만, 수학의 경우 이러한 문제에 대해서도 창의적 문제해결력에서의 수학적 창의성과 관련을 맺을 수 있다. 즉, 학생이 기존에 알고 있지 않은 새로운 방법을 고안하고 적용해서 풀 것을 요구하거나 서로 다른 내용 영역의 원리들을 새롭게 관련시켜

해결할 것을 요구한다면, 그 문제는 창의적 문제해결력을 통해 수학적 창의성 요인을 측정하는 것으로 볼 수 있다.

한편 송상헌(2004)은 수학 창의적 문제해결력 평가를 위한 문제를 구성하는 세 가지 요소에 주목하면서 이러한 평가를 개발하는 데 요구되는 원칙에 대해 설명하였다. 먼저 세 가지 요소는 주어진 현재의 상태(givens, 조건)와 원하는 또는 도달하고자 하는 상태(goals, 목표) 그리고 어떤 한 상태에서 다음 상태로 가는 데 필요한 규칙 또는 절차(operations, 조작)다. 다음은 수학 창의적 문제해결력 평가 문항을 개발할 때 염두에 두어야 할 원칙이다.

- 문제 개발의 분명한 목적을 확립해야 한다.
- 평가 내용의 타당성을 고려해야 한다.
- 문제 유형의 선택을 개발 목적에 맞추어야 한다.
- 교육과정 내용과의 관련성을 파악해야 한다.
- 문제의 수준과 난이도를 고려해야 한다.
- 문제의 조건은 충분하고 독립적이어야 한다.
- 문장은 정확하고 논리성을 갖추어야 한다.
- 기존 문제의 변형은 새로운 문제 개발의 시발점이 된다.
- 개발된 문제의 활용과 관리적 측면까지 고려해야 한다.
- 마지막으로 개발한 문항을 시험지의 세트로 구성하면서 각 문항들이 유기적인 관계 및 조화를 이루도록 배열해야 한다. 어느 한쪽에 편중되지 않도록 내용 영역과 사고 영역을 구분하고 난이도와 배점을 판단해야 하며, 각 문항의 형식이나 어투가 전체적으로 일관성을 유지해야 한다. 문제의 난이도가 전체적으로 고려되어야 하며, 문항의 형태에 따라 배열하는 것 또한 고려되어야 한다(일반적으로 총점을 기준으로 단답형 60%, 서술형 20%, 다답형 20%의 비율이 자주 활용된다).

6. 수학적 사고력과 수학 창의적 문제해결

수학적 사고력은 수학 창의적 문제해결력 검사에서 측정하고자 하는 하위 능력 및 내용으로, 수학적 창의성과 함께 강조되는 평가 요소다. 수학은 사고 방법을 학습하는 교과다. 수학에서는 자료나 정보를 조직하고 분석·종합하는 방법을 사용하고, 이 과정에서 다양한 형태의 수학적 사고 방법을 필요로 한다. 이를테면, 단편적인 자료로부터 규칙이나 성질을 찾아내어 그 규칙이나 성질이 그 자료를 포함하는 집합 전체에서 일반성을 나타낸다는 사고는 귀납적 사고다. 또한 유추적 사고, 연역적 사고, 통합적 사고, 발전적 사고, 단순화의 사고, 추상화의 사고, 일반화의 사고, 특수화의 사고, 기호화의 사고, 수량화·도형화의 사고 등 수학에서는 수학을 배우고 가르치는 과정에서, 그리고 문제를 해결하기 위한 수단으로서 수학의 방법에 관련된 다양한 수학적 사고가 존재한다. 이와 함께 수학의 내용적 측면과 관련해서는, 수학에서 각각의 내용에 바탕이 되는 생각으로, 단위의 사고, 표현의 사고, 조작의 사고, 알고리즘의 사고, 식에 대한 사고 등 다양한 범주의 사고가 존재한다(강문봉 외, 2001).

다음에서는 이러한 수학적 방법과 내용에 관련된 수학적 사고 가운데 수학 창의적 문제해결력에서 수학적 창의성과 함께 다루어지는 수학적 사고력에 대해 살펴보고자 한다. 여기서 살펴볼 수학적 사고력에는 직관적 통찰 능력, 정보의 조직화 능력, 공간화·시각화 능력, 수학적 추상화 능력, 수학적 추론 능력(귀납적 사고, 연역적 사고), 일반화 및 적용 능력 그리고 반성적 사고력이며(김홍원, 김명숙, 송상헌, 1996), 이러한 사고력은 수학과에서 일반적 창의성을 벗어나 수학적 창의성의 특징을 보다 분명하게 설명해 준다.

1) 직관적 통찰 능력

직관적 통찰 능력이란, 주어진 정보나 조건들 사이의 관계나 구조의 본질적인 핵심을 직감적으로 파악해 내며, 문제해결의 결정적인 단서를 순간적으로 떠오르게 하는 능력을 말한다. 이러한 능력은 수학적인 대상, 관계 등을 일반화하는 능력과 사고를 단축하는 능력의 결합으로 설명될 수 있다. 이를 위해 이전에 이미 알고 있는 정보를 사용하고 처리하는 것이 필요하다. 또한 모든 문제의 해는 반드시 명쾌하고 정확한 사고 과정을 거쳐 얻어지는 것이 아니라, 처음에는 성공하지 못하지만 의도하지 않은 갑작스러운 영감이 떠오르는 경우가 대부분이다. 창의적 문제해결 과정을 준비기, 부화기, 조명기, 검증기의 4단계로 구분한다면, 통찰은 부화기에서 조명기로 넘어가는 과정에서 발생하며, 이 과정에서 직관적 통찰 능력은 기존의 고정된 사고방식에서 벗어나 문제를 해결하기 위한 결정적인 실마리를 제공하게 된다. 이를테면, 【문제 6】은 도형에서의 직관적 통찰 능력을 요구하는 문제의 예다.

【문제 6】 오른쪽 그림에서 ABCD는 정사각형이고, CDE는 정삼각형입니다. 이때 각 AED의 크기는 얼마입니까?

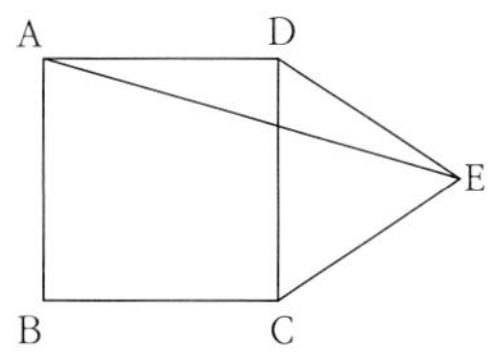

① 15° ② 20° ③ 22.5° ④ 25° ⑤ 27.5°

2) 정보의 조직화 능력

정보의 조직화 능력은 주어진 문제에서 필요한 정보를 수집하고, 문제해결 전략을 사용할 수 있도록 이를 분류하고 조직하는 능력이다. 예를 들어, 완벽하게 진술되지 않은 문제에서 그 문제의 질문이 무엇인지를 찾아내고, 불완전하거나 부족한 정보를 가진 문제에서 더 필요한 정보를 추가하며, 과잉 정보를 가진 문제에서는 그러한 정보에 얽매이지 않고 관련 있는 정보들로만 문제를 정확히 해결해 내는 능력을 말한다. 보통 수학 문제는 정확한 조건이 주어진 상태에서 한 가지의 정확한 답을 찾는 것이지만, 정보의 조직화 능력을 이끌어 내기 위해서는 질문을 찾아내고 만들거나 또는 정보의 부족이나 과잉을 발견하고 조직하는 문제여야 하며, 문제에서 본질적인 수학적 의미의 관계를 추출할 수 있어야 한다. 【문제 7】은 주어진 연산과 관계로부터 정보를 이끌어 내고, 이러한 정보를 조직화하는 능력을 알아보기 위한 문제다.

【문제 7】 오른쪽 그림에서 주어진 연산을 실시하여 그 관계식이 성립하도록 ○ 안에 자연수를 써넣을 때, ㉣에 들어갈 자연수는 얼마입니까?

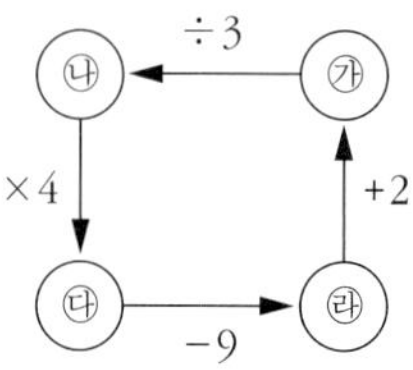

① 16 ② 17 ③ 18 ④ 19 ⑤ 20

3) 공간화 · 시각화 능력

공간화 능력은 공간지각 능력, 회전 능력, 공간시각 능력 등으로 구분되는데, 공간 사이의 관계를 정확하게 인지할 수 있는 능력, 도형의 변화 상태를 정확하게 파악할 수 있는 능력, 공간 정보를 가시화하여 표현할 수 있는 능력 등을 의미한다. 시각화 능력은 시각적인 정보를 표현 · 변형 · 전달 · 실증 · 반성하는 능력으로, 그림 정보를 이해 · 해석하는 능력과 시각적 처리 능력으로 구별된다. 그림 정보를 해석하는 능력은 그래프, 차트, 그림 등에 사용된 시각적 정보를 읽고 이해하고 해석하는 능력이다. 시각적인 처리 능력은 시각적으로 주어지지 않은 정보를 시각적으로 표현하거나 나타내는 능력으로, 시각적으로 주어진 이미지를 조작 · 변형하는 것을 포함한다. 다음의 【문제 8】은 정육면체 주사위를 시각화하여 공간에서 그 눈들이 어떻게 놓이는지를 파악하는 능력을 알아보기 위한 문제다.

【문제 8】 오른쪽 그림과 같이 마주 보는 면에 있는 눈의 수의 합이 7인 똑같은 3개의 주사위를 붙여 놓으면, 이웃한 주사위와 접한 면은 모두 4가 됩니다. 이 네 면에 있는 눈의 수의 총합은 얼마입니까?

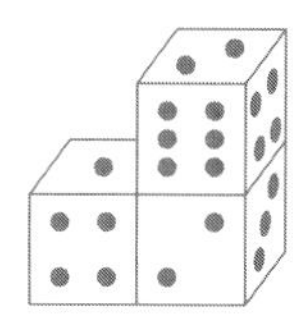

① 12 ② 14 ③ 16 ④ 18 ⑤ 20

4) 수학적 추상화 능력

수학적 추상화 능력이란, 비구조화된 수학적 문제 상황을 적당한 수학적 개념이나 수학적 상징 기호나 수식, 그림 등으로 표현함으로써 형식화해 내는 능력을 말한다. 개념화, 수량화, 기호화, 형식화, 구체화, 추상화 등과 같이 수학적 내용을 개념화하고, 수식이나 기호로 간단히 조직하고 표현해 내는 모든 수학적 형식화 능력은 수학적 추상화 능력과 관련되어 있다. 이를테면, 【문제 9】는 규칙에 따라 도식화된 문제 상황을 추상화하여 수식을 파악하는 문제로, 수학적 내용을 개념화하고 형식화하는 능력에 기반한다.

【문제 9】 다음은 자연수를 어떤 규칙에 따라 그림으로 나타낸 것입니다. 각각의 그림은 순서대로 1, 2, 3, 7, 14, 55를 표시한 것입니다.

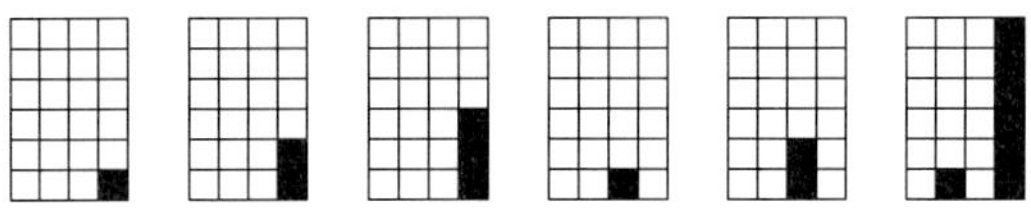

이 규칙대로 수를 표시할 때, 다음 그림은 어떤 수를 나타냅니까?

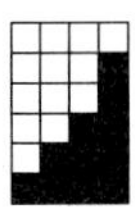

① 195 ② 321
③ 418 ④ 441
⑤ 467

5) 수학적 추론 능력

수학에서 추론 능력(귀납적 사고, 연역적 사고)은 귀납이나 연역 등의 방법을 통해 체계적으로 추측해 내는 능력을 말한다. 이 가운데 귀납적 사고는 하위의 구체적인 사례들을 종합하여 상위의 일반적 원리나 법칙을 구성하는 것으로, 완전 귀납법, 불완전 귀납법, 수학적 귀납법 등이 있다. 이에 비해 연역적 사고란, 상위의 일반적 원리나 법칙을 하위의 구체적 상황에 적용하는 것으로, 수학에서 전제로 주어진 명제로부터 논리적 규칙을 통해 필연적인 결론을 도출해 내는 과정으로 볼 수 있다. 이러한 추론 능력은 발견적 활동에서 주로 귀납적 사고가, 기하 증명을 비롯한 논증에는 주로 연역적 사고의 형태로 작용한다. 다음의 【문제 10】은 논리적 사고력을 검증하기 위한 것으로, 주어진 정보로부터 귀납과 연역 등을 통해 체계적인 추측을 이끌어 내는 문제다.

【문제 10】 국어 문제 3개, 사회 문제 2개, 수학 문제 4개, 과학 문제 3개가 있습니다. A, B, C, D 네 사람에게 문제 3개씩 각각 다른 과목 문제를 서로 중복되지 않도록 나누어 풀게 하였습니다. 다음은 네 사람이 푼 과목을 조사한 결과의 일부입니다.

- A는 국어, 수학 1문제씩 풀었다.
- B는 과학 1문제를 풀었다.
- C는 사회 1문제를 풀었다.
- D는 수학, 과학 1문제씩 풀었다.

만약 C가 국어 문제를 풀었다고 하면, 다음 중 항상 옳은 것은 무엇입니까?

① A는 과학 문제를 풀었다.

② A는 사회 문제를 풀었다.

③ B는 사회 문제를 풀었다.

④ D는 국어 문제를 풀었다.

⑤ D는 사회 문제를 풀었다.

6) 일반화 및 적용 능력

일반화 및 적용 능력이란, 수학적인 문제를 해결하는 과정에서 수나 문자, 기호로 표현된 수적 · 공간적 대상이나 관계, 공식 등을 빠르고 광범위하게 조작하여 일반화시키고, 더 나아가 얻은 결과를 유사하거나 다른 상황의 새로운 문제에까지 확장하여 적용하는 능력을 말한다. 추상화 능력이 외연을 고정시키고 내포를 명확히 하는 능력인 데 비해, 일반화 능력은 내포를 일단 고정시키고 이에 해당하는 외연을 명확하게 하는 능력으로, 사례로부터 법칙에 이르는 과정이므로 귀납과도 관련이 있다. 다음 【문제 11】은 수학적인 문제를 해결하기 위해 규칙을 발견하고, 이 규칙을 일반적인 관계로 확장할 때 해결할 수 있는 문제의 예다.

【문제 11】 37에서 각 자리의 숫자의 합은 3+7=10입니다. 또 37과 38에서 각 자리의 숫자의 합은 3+7+3+8=21입니다. 이런 식으로 1부터 99까지 모든 수의 각 자리의 숫자의 합을 구하면 얼마입니까?

① 900　② 990　③ 1000　④ 1010　⑤ 1050

7) 반성적 사고력

반성적 사고력은 문제해결의 전 과정에서 나타나는 메타인지적 사고를 의미한다. 메타인지는 사고에 대한 사고, 사고를 대상으로 하는 사고, 즉 자신의 사고 내용과 과정을 대상으로 하는 정신적 활동이라 할 수 있다. 따라서 반성적 사고력은 문제해결에서 자신의 사고 내용이나 상태를 이해하고, 사고 과정이나 문제해결 과정을 계획, 수행, 평가, 수정하는 기능을 한다. 수학 창의적 문제해결에서 반성적 사고는 문제를 바르게 이해하였는지를 점검하고, 문제 풀이 과정과 결과에서 오류가 없었는지를 파악하며, 사용하고 있는 전략과 과정은 적절한 것인지, 그리고 더 좋은 문제해결 전략을 찾는 과정에서 창의성을 발휘할 수 있도록 이끄는 역할을 한다.

수학 창의적 문제해결에서의 수학적 사고력을 정리하면 〈표 5-3〉과 같이 나타낼 수 있으며, 수학교육에서 창의성 평가를 위한 검사는 이들 각각에서 항목 요소별로 문항을 제작하여 이에 대한 평가를 시행한다. 한편 〈표 5-4〉는 수학 창의적 문제해결력 검사에서 사용되는 문항개발 카드의 예로, 수학적 창의성과 수학적 사고력을 포함한다.

〈표 5-3〉 수학 창의적 문제해결에서의 수학적 사고력

구분	영역	정의
수학적 사고력	직관적 통찰 능력	주어진 정보나 조건들 사이의 관계나 구조의 본질적인 핵심을 직감적으로 파악해 내며, 문제해결의 결정적 단서를 순간적으로 떠올리는 능력
	정보의 조직화 능력	주어진 문제에서 필요한 정보를 수집하고, 문제해결의 전략을 사용할 수 있도록 이를 분류하고 조직하는 능력
	공간화 · 시각화 능력	문제에서 주어진 시각적 정보에 대해 공간지각 능력, 회전 능력, 공간시각 능력을 비롯하여 이러한 정보를 표현, 변형, 전달, 반성하는 능력
	수학적 추상화 능력	비구조화된 수학적 문제 상황을 적당한 수학적 개념이나 수학적 상징 기호, 수식, 그림 등으로 표현함으로써 형식화해 내는 능력
	수학적 추론 능력	귀납이나 연역 등의 방법을 통해 체계적으로 추측하고 추론하는 능력
	일반화 및 적용 능력	수학적인 문제를 해결하는 과정에서 수나 문자, 기호로 표현된 수적 · 공간적 대상이나 관계, 공식 등을 빠르고 광범위하게 조직하여 일반화하고, 나아가 얻은 결과를 유사하거나 다른 상황의 새로운 문제에까지 확장하여 적용하는 능력
	반성적 사고력	문제해결의 전 과정에서 나타나는 메타인지적 사고로, 사고에 대한 사고, 즉 자신의 사고 내용과 과정을 대상으로 하는 정신적 활동을 이끌어 내는 능력

〈표 5-4〉 문항개발 카드

해당 학교급 및 학년	초등 4학년/A형	문제 유형	단답형	난이도	상중
관련 내용 영역	규칙성과 함수	관련 수학적 사고력	수학적 추론 능력	관련 수학적 창의성	융통성
출제자		정답 수	1	배 점	10

7. 수학적 창의성을 기르기 위한 교수-학습 자료

창의성의 신장을 위한 교수-학습 과정은 마치 예술가들의 작품 창출 과정과 비슷하다. 이는 수학자들이 추상화된 수학적인 대상에서 수학적 사실을 이끌어 내는 과정과도 유사하다. 그렇기 때문에 수학 교수-학습은 형식적이고 기계적인 표준 절차만을 따르는 수업으로 진행할 것이 아니라 보다 다양한 적극적인 수학적 활동을 통해 융통성과 유연성을 갖춘 상태에서 자유롭게 학습을 유도할 수 있도록 전개되어야 한다(박성택, 1999).

먼저 수학적 창의성을 위한 교수-학습 모형을 살펴보면, 문제중심 학습 모형, 삼부심화 학습 모형, 발견학습 모형, 탐구학습 모형, 프로젝트 학습 모형 등이 있으며, 이 밖에도 수학적 창의성을 계발하는 데 효과적인 모형으로 자기주도적 학습 모형, 통합적 학습 모형, 자율적 학습 모형 등이 있다(서혜애, 조석희, 김홍원, 2002). 여기서 발견학습 모형은 개념 습득 및 개념 형성을 강조하고 탐구학습 모형과 프로젝트 학습 모형은 사고 과정 측면을 강조한다. 그리고 문제중심 학습 모형은 수학 영재를 위한 교수-학습 모형으로 문제해결 교육과 함께 다루어지고 있는데, 이는 보다 실생활에 밀접한 문제 상황을 제시함으로써 교과 지식과 사고력을 모두 요구하기 때문이다. 문제중심 학습 모형은 복잡한 실제 상황에서 비구조화된 문제를 제시하여 의미 있는 해결 방법을 찾아내게 함으로써 교과 지식과 기능뿐만 아니라 문제해결 방법을 동시에 가르치는 교수 방법이다. 이 방법은 능동적인 학습과 주제 중심의 문제해결, 이해를 위한 학습, 자신의 사고에 대한 인식, 다양하고 복합적인 관점의 형성, 자기 스스로의 설명, 흥미 증진, 집단 학습 등 효과적인 학습의 특징들을 통합한 방법으로 평가받고 있다.

이와 함께 Treffinger의 자기주도적 학습 모형 역시 수학 영재를 위한 교수-학습 모형으로 다루어지고 있는데, 이 학습 모형은 학생이 자신의 학습 과정에 많이 참여할수록 보다 효과적인 학습이 된다는 점과 학생이 스스로 자신이 학습할 내용을 결정하면 동기 유발이 잘된다는 가정에 기초하여 학생이 학습 과정에 능동적으로 참여하여 많은 지식을 배우고 기억하여 자신감을 형성하도록 한다. 이 학습 모형의 특징은 창의성이 뛰어난 학생의 독특한 특성인 사고, 판단의 독립성, 자기중심적 경향성, 자기주도적 학습과 잘 맞고 다양한 문제에 대한 호기심과 미지의 것에 대한 탐구심 등을 학습에 이용한다는 것이다.

영재를 위한 교수-학습 모형으로 가장 많이 알려지고 적용되는 것은 Renzulli의 삼부 심화학습 모형(enrichment learning and teaching)[4]으로, 이는 개별 학생들에게 자신의 관심과 흥미를 스스로 계발할 수 있는 학습 기회를 제공하고 학습 내용 선택의 자율권을 부여하며 개별화된 학습 환경을 제공하는 것이 기본 원리다. 이 학습 모형은 총 3부로 구성되어 있는데, 1부에서는 학생이 스스로 흥미 있는 주제를 탐색하고 자신의 수준에 맞는 과제를 선택할 수 있으며, 2부에서는 창의적 사고력, 문제해결력 등의 훈련 과정을 거치며, 3부에서는 1, 2부에서 습득한 지식과 기능을 일상생활의 문제나 자기주도적으로 관심사를 선정하여 이를 창의적으로 해결하고 산출물을 만들어 낸다(이미순, 2008).

다음으로 수학적 창의성을 신장시키기 위한 교수-학습 자료의 개발에서 요구되는 준거를 살펴보고자 한다(신현용, 이종욱, 한인기, 1997). 첫째, 수학적 창의성을 이끌어 내기 위해서는 과제의 해결에 동기를 부여할 수 있는 교수-학습 자료를 선정해야 한다. 즉, 교수-학습 자료에 제시될 과제는 학생의 흥미, 관심, 의욕을 불러일으킬 수 있도록 구성해야 한다. 이를테면, 초등수학의 경우 감각적으로 조작하는 활동, 작품 만들기 활동, 퍼즐 활동, 게임 활동, 실생활과 관련된 문제 등을 들 수 있다. 창의성을 이끌어 내기 위해서는 학생에게 보다 높은 수준의 목표를 강조하며, 다소의 장애와 곤란을 극복할 수 있는 과제를 제시하여 수학은 재미있는 것, 즐겁게 할 수 있는 것, 관심과 의욕을 가지고 할 수 있다는 자신감을 심어 줄 수 있어야 한다.

둘째, 교수-학습 자료에는 다양한 전략이나 해결 방법을 가지는 학습과제가

4) 미국의 초 · 중 · 고등학교의 70~80%가 이 모형을 이용하여 영재들을 교육하고 있다. 이 모형은 이전의 영재 프로그램이 주 대상으로 삼았던 상위 3~5%보다는 좀 더 많은 15~20% 학생들을 대상으로 다양한 형태와 수준의 심화학습 프로그램을 제공한다(서혜애, 조석희, 김홍원, 2002).

포함되어야 한다. 정형화된 문제에서 답을 구하는 알고리즘이 결정되어 있거나 답이 하나로 정해져 있는 문제의 경우에는 확산적인 사고가 드러나지 않는다. 그러나 여러 가지 전략이 가능하며 해결 방법이 다양할 때 학생은 문제에 대해 보다 깊이 생각하고 풀이 과정을 정교화하게 된다. 따라서 학습과제는 많은 양을 제시하기보다는 전형적인 예를 통해 내포된 수학적 본질을 다양한 방식으로 이끌어 낼 수 있도록, 이를 통해 충분히 사고하고 창의성을 이끌어 낼 수 있도록 해야 한다.

셋째, 자기주도적 학습을 할 수 있는 교수-학습 자료를 선정해야 한다. 창의성의 정의적 특성에는 독립심과 강한 자기표현 욕구가 있다. 따라서 학습과제는 학생의 내적 동기를 유발시켜서 자기주도적인 학습을 할 수 있는 것이어야 한다. 이를 위해 프로그램에서의 활동은 학생들의 적성과 능력에 맞추어 구성되어야 하며, 이를 통해 학생 스스로 학습과제를 선택할 수 있도록 해야 한다.

넷째, 교수-학습 자료에 포함된 학습과제는 단계적으로 구성되어야 한다. 수학적 창의성 자료를 개발하기 위해서는 먼저 창의적 사고력을 구성하고 있는 각종 요소들을 추출하고, 학생들의 사고 수준에 따라서 계열을 정해야 한다. 이를테면, 창의성의 수준이 표현된 창의성, 생산적 창의성, 창작 창의성, 혁신적 창의성, 발현 창의성의 5단계로 구분된다면, 이들 각 수준에 맞추어 도입에서는 조작을 통한 새로운 결합의 형태로, 전개에서는 기존의 지식을 이용하면서 새로운 아이디어를 필요로 하는 활동으로, 그리고 정리에서는 비정형 문제 등을 포함하여 반성적 사고를 경험할 수 있는 활동으로 구성할 수 있어야 한다.

다섯째, 수학 학습 교구의 활용을 다양화할 수 있도록 교수-학습 자료를 구성해야 한다.[5] 수학에서의 창의성은 실험과 탐구를 통해 길러질 수 있기 때문에 수학적 아이디어를 탐구하고 발견할 수 있는 상황을 제시할 수 있어야 하며, 이 과

---

5) 수학교육에서 최근 창의성을 위한 교수-학습 자료의 개발은 다양한 조작 교구를 활용한 창의성 신장 프로그램 중심으로 진행되어 왔으며(이강섭, 김지혜, 2004; 황선욱, 2000; 차재선, 심상길, 2001; 김원경, 김미월, 김용대, 1999), 또한 앞서 보았던 창의적 문제해결력을 기르기 위한 프로그램이 개발되어 왔다(한국교육개발원, 1996, 2001, 2004). 이러한 프로그램들은 일반 창의성과 구분되는 수학적 창의성을 신장시키기 위한 것으로, 수학 문제와 수학 조작 교구를 활용함으로써 수학에서 요구되는 수학적 사고력과 수학적 사고에서의 유창성, 융통성, 독창성, 정교성을 이끌어 내기 위한 것이다.

정은 구체적인 조작 교구의 활용과 연결될 수 있다. 즉, 수학적 창의성을 이끌어 내기 위한 장치로서 학생이 조작하고 탐구할 수 있는 자료가 필요하며, 학습 교구의 활용은 수학적 아이디어를 창조하기 위해 요구되는 다양한 창의성을 보다 수월하게 이끌어 내도록 한다.

여섯째, 수학적 창의성 교수-학습 자료는 협동과 경쟁 학습이 이루어질 수 있는 학습과제를 포함해야 한다. 수학 학습에서의 소집단 협력 학습은 학생들 간의 토론과 의사소통을 자연스럽게 이끌어 낼 수 있으며, 이를 통해 인지적인 학습에서 얻기 힘든 정의적인 특성을, 그리고 참여자 모두가 공유할 수 있는 집단적인 사고를 가능하게 한다. 더불어 경쟁을 통해 학생들의 창의력을 자극할 수 있으며, 활발한 참여를 이끌어 냄으로써 다양한 창의적 사고를 함께 공유한다.

지금까지 살펴본 수학적 창의성을 신장시키기 위한 교수-학습 자료의 개발에서 요구되는 준거와 함께 초등수학에서의 수학적 창의성을 기르기 위한 프로그램의 주제 선정 및 내용 구성은 다음의 기준을 고려해야 한다(송상헌, 2003).

첫째, 수학적 창의성 프로그램에 포함되는 주제들은 다양한 유형의 사고 활동을 개발 육성할 수 있는 것들이어야 한다. 둘째, 수학적 창의성 프로그램에 포함되는 주제들은 수학적으로도 그 내용의 질적 수준이 높은 것이어야 한다. 셋째, 주제에 포함된 하위 학습과제들이 체계화될 수 있는 주제여야 한다. 넷째, 풍부한 수학적 사고 활동의 습관을 개발시킬 수 있는 주제여야 한다. 다섯째, 학생들이 조작물과 학습 도구를 통해 실험, 실측, 조작, 관찰 등 구체적인 활동을 할 수 있는, 그리고 이를 통한 창의적 사고의 경험을 제공할 수 있는 주제여야 한다.

1) 개방형 과제를 활용한 수학적 창의성 프로그램

남승인(2003)은 수학에서 창의적 사고력을 길러 주기 위해서는 다양한 방법으로 문제해결에 접근하게 하고 전략적 시도를 할 수 있도록 만들어 주어야 하는데, 이를 위해 풀이 과정과 답이 여러 개인 개방적이고 비정형적인 과제를 포함한 프로그램을 강조하였다. 이러한 개방적이고 비정형적인 과제들은 신현용, 이종욱 및 한인기(1997)와 송상헌(2003)이 주장한 수학적 창의성을 기르기 위한 프로그램에서 교수-학습 자료로 활용될 수 있다.

수학과에서 개방형(open-ended) 과제의 유형으로는 관계나 법칙을 찾아내는 문제, 분류 문제, 측정과 관련된 문제, 수량화 문제, 조건 부족 문제, 구성 활동 문제 등이 있으며(정동권, 1996), 이러한 문제들은 수학적 창의성을 기르기 위한 학습 자료에서 다양한 형태로 제시될 수 있다. 개방형 과제는 한 가지 과제를 다양한 방법과 전략을 사용하여 해결함으로써 비정형화된 수학적 문제해결 전략의 수립을 위한 수학적 사고를 많이 요구하며, 새로운 해결 전략을 창조하는 즐거움을 제공하고, 다양한 산출물을 통해 미리 예측하지 못한 새로운 아이디어를 이끌어 내는 데 적합하다(방승진, 이상원, 2001).

이러한 개방형 과제를 활용한 수학적 창의성 프로그램의 예로 〈표 5-5〉에 제시된 박화영과 김수환(2006)의 연구를 들 수 있다. 이 프로그램은 수학 영재들을 대상으로 제시된 개방형 과제 학습 자료로 구성되어 있는데, 이들 각각은 [그림 5-3]에서 보듯이 Renzulli의 삼부심화 학습 이론에 근거하여 단계별로 제시되었으며, 이 프로그램에는 수학적 사고력과 주제별 과제 유형이 함께 제시되어 있다.

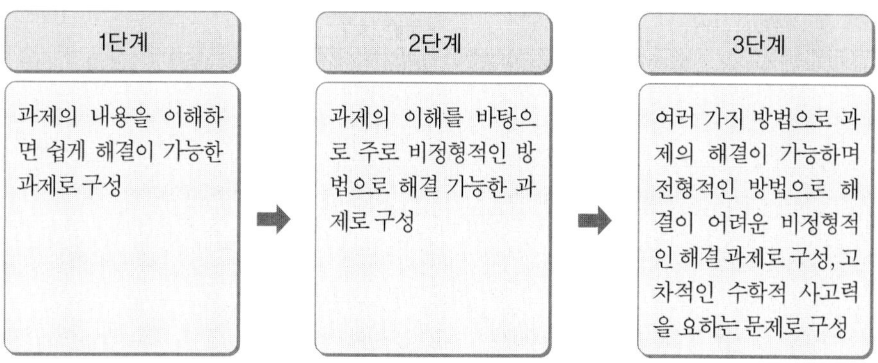

[그림 5-3] 개방형 과제 프로그램의 지도 단계

〈표 5-5〉 개방형 과제를 활용한 수학적 창의성 학습 자료

수학적 사고력	학습 주제	과제 유형	지도 단계
직관적 통찰 능력	정육각형 나누기	심화	1단계
	우유 나누기	심화	1단계
	도형을 반으로 나누기	심화	2단계
	쿠키 먹기	심화	3단계
정보의 조직화 능력	입체도형 분류하기	속진+심화	2단계
	수의 분류	속진+심화	3단계
공간화 · 시각화 능력	펜토미노	심화	1단계
	사다리꼴 그리기	심화	2단계
	넓이가 같은 도형 그리기	속진+심화	3단계
수학적 추상화 능력	분수를 다양한 분수 기호로 나타내기	속진+심화	1단계
	구구단의 규칙 찾기	심화	2단계
	삼각수열의 규칙 찾기	심화	3단계
	파스칼의 삼각형	심화	3단계
수학적 추론 능력	돈의 무게 추정하기	심화	1단계
	레코드판과 CD의 판매량 변화	심화	2단계
	소문이 퍼지는 시간 예상하기	심화	3단계
	□안에 알맞은 수 넣기	심화	3단계
일반화 및 적용 능력	마방진 만들기	심화	1단계
	활쏘기	심화	1단계
	합 구하기	심화	2단계
	대각선의 규칙 찾기	심화	3단계
반성적 사고력	바둑돌 세기	심화	1단계
	연산 결과가 50인 식 세우기	심화	2단계
	피보나치수열	심화	3단계

2) 학습 교구를 활용한 수학적 창의성 프로그램

제7차 교육과정과 2007 개정 교육과정에서 창의력은 인간의 다양한 사고력 중에서 가장 고차원적이며 생산적인 지적 작용임을 강조하고 있다. 이와 함께 수학적 창의성을 신장시키는 방법으로는 이론 교육뿐 아니라 탐구 활동을 할 수 있게

하는 도구로서 학습 교구의 활용을 강조하고 있다.[6] 이는 학습 교구를 사용하면 새로운 수학을 만드는 활동을 하여 학생들에게 상상의 세계를 넓혀 주고 자극함으로써 새로운 것을 만들어 낼 수 있는 힘을 길러 줄 수 있기 때문이다(송현주, 2001). 이렇듯 학생의 수학적 창의성은 교구를 활용한 수업에서 긍정적인 반응과 효과를 통해 그동안 다양한 교구의 활용에 대한 연구가 이루어져 왔다. 이를테면, 수학적 창의성 증진을 위한 프로그램에 대한 연구에서 펜토미노 활동을 중심으로 창의력 신장에 대한 연구(황선욱, 2000), 창의성을 향상시키기 위한 교수매체로 Diabolical Cube와 창의력 퍼즐의 활용에 대한 연구(차재선, 심상길, 2001), 창의성 신장을 위한 교수-학습 자료로 네모 논리와 패턴 문제, 미로 찾기의 활용에 대한 연구(김원경, 김미월, 김용대, 1999), 동기 유발과 창의력 증진을 위한 칠교판의 활용에 대한 연구(이강섭, 김지혜, 2004), 창의성 퍼즐로 탱그램, 소마큐브, 도미노, 철사형 퍼즐 등의 활용에 대한 연구(Delft & Botermans, 1995) 등이 진행되었는데, 이러한 프로그램의 특징은 수학적 창의성을 이끌어 내기 위해 다양한 학습 교구를 활용한다는 데 있다. 〈표 5-6〉은 조작 교구를 활용한 수학적 창의성 학습 자료의 예로, 초등수학의 5개 영역에 따라 분류한 것이다.

학교 수학에서 학생이 스스로 지식을 구성하고 창의적으로 문제를 해결하는 능력을 기르기 위해서는 무엇보다도 학생의 능동적인 참여가 전제되어야 한다. 학생의 능동적인 학습 활동을 이끌어 낼 수 있는 가장 보편적인 방법 중의 하나는 제공되는 프로그램이 그들의 흥미와 호기심을 자극하는 것이며, 수학의 가치와 유용성을 인식하면서 수학을 학습하는 것에 재미를 느낄 수 있어야 한다. 이는 수학 학습에 대한 흥미와 호기심이 학습 동기를 유발하며, 동시에 수학 학습에 대한 참여도와 학업성취도에까지 영향을 미칠 수 있기 때문이다. 최근에는 전통적인 학습에서와 같이 교사에 의한 일방적인 지식의 전달 방법으로 학생을 이해시키거나, 반복적인 연습 또는 훈련을 통해 알고리즘만을 숙달시키는 기계적인 수학 학

6) 2007 개정 수학과 교육과정에서 초등학교 학생의 인지 발달은 주로 구체적 조작 활동을 통하여 이루어진다는 점을 감안하여 새로운 개념이나 내용의 학습 · 지도 과정에 가능한 구체적 조작 활동을 해 보일 수 있거나 학생 스스로 실험해 볼 수 있는 도구를 활용하는 것을 권장하고 있다(교육인적자원부, 2007).

〈표 5-6〉 조작 교구를 활용한 수학적 창의성 학습 자료

영 역	조작 교구	과제 유형	지도 단계
수와 연산 영역	퀴즈네어 막대	심화	1단계
	도미노	심화	1단계
	매지믹서	속진+심화	2단계
	머긴스	심화	2단계
	Take It Easy	심화	3단계
도형과 측정 영역	칠교(탱그램)	심화	1단계
	유사 탱그램	속진+심화	2단계
	패턴블록	심화	1단계
	펜토미노	심화	2단계
	블로커스	심화	2단계
	소마큐브	속진+심화	2단계
	Make 'N' Break	심화	2단계
	점판(기하판)	속진+심화	3단계
	지오픽스	심화	3단계
규칙성과 문제해결 영역	테셀레이션	심화	1단계
	하노이타워	심화	2단계
	디피 활동	심화	2단계
	아발론	심화	2단계
	미로찾기	심화	2단계
확률과 통계 영역	맥마혼의 삼각형	심화	2단계
수학 퍼즐(게임)	고누놀이	심화	1단계
	러시아워	심화	1단계
	리버크로싱	심화	1단계
	호퍼스	심화	1단계
	펜타고	심화	2단계

습 방법을 탈피하여 학생들 스스로 조작하는 활동을 바탕으로 새로운 지식을 구성하도록 하는 학습 방법을 수학교육의 나아갈 방향으로 제시하고 있다(교육인적자원부, 2004). 여기서 학습 교구를 활용한 학습 자료 개발의 필요성이 동시에 제기되고 있으며, 아울러 수학적 창의성을 기르기 위한 프로그램으로 이러한 조작 교구의 활용 가능성 또한 제기되고 있다.

8. 학교 수학에서의 수학적 창의성

1) 수학교육에서의 '수학'에 대한 인식의 변화

수학은 연역적인 논증 방식에 따라 전개되는 학문으로, 추상화(형식화)된 대상을 다룬다. 그러나 초등수학의 경우, 이 두 가지 수학의 성격 가운데 전자의 경우만큼은 차별화해서 생각해 볼 수 있다. 즉, 초등수학에서 다루는 대상은 그것이 초등 수준에서 논의된다 하더라도 추상화된 그리고 형식화된 대상을 다루는 것에는 이견이 없으나, 이러한 대상을 다루는 방식 측면에서 전형적인 수학의 전개 방식인 연역적인 방법(논리적인 정당화)과는 차이를 보인다. 다음에서는 이러한 차이를 살펴보기 위해 먼저 오늘날 학교 수학에서 논의되고 있는 '수학', 특히 초등수학 교육의 입장에서 논의되는 '수학'의 모습을 Freudenthal과 Polya의 논의를 빌려 생각해 보고자 한다.

먼저 현실주의 수학교육(Realistic Mathematics Education)을 주창한 Freudenthal에 따르면, 수학은 확실성을 추구하는 정신적 활동이며, 현실을 바탕으로 하는 상식에서 출발하여 반성적 사고 과정을 거치면서 내용과 형식, 현상과 본질의 교대 작용이 반복하면서 조직화되는 활동이다. 여기서 그는 수학을 결과적 지식체계로서의 수학(ready-made mathematics, 기성 수학)과 활동 중에 있는 수학(acted-out mathematics, 실행 수학)으로 구분하는데, 이는 각각 체계적이고 연역적인 과학으로서의 수학과 발생 상태의 수학을 의미한다. 그는 수학교육의 주요 문제를 기성 수학을 단순히 전달하는 교육에 있다고 보았으며, 따라서 이러한 수학교육은 학생으로 하여금 의미 있는 활동을 할 수 있는 기회를 박탈하는 '거짓 수학'에 불과하다고 보았다. 이에 비해 그가 학교 수학에서 가르치고자 하는 보다 본질적인 수학은 실행되는 수학으로 '수학화(mathematization)'하는 과정에서 비롯되는 수학임을 강조하고 있다. 이는 수학적 지식이 생성되는 과정이 아이디어와 아이디어를 결합시키기 위한 정신 작용의 결과이고, 이러한 정신 작용이 창의성을 근간으로 한다고 볼 때, 학생이 창의적으로 수학적 지식을 생성하기 위해서는 이러한 수학화의 과정이 우선되어야 한다고 보았기 때문이다.

이러한 방식의 수학에 대한 구분은 Polya에게서도 찾아볼 수 있다. 그는 수학을 완성된 산물로서의 형식적인 기성 수학과 구성 도중에 있는 활동으로서의 비형식적인 수학으로 구분한다. 그에 따르면, 수학의 이러한 두 가지 측면은 모두 수학이라는 학문 그 자체만큼이나 오래된 것이지만, 비형식적 수학인 '발생 상태 그대로의' 수학, '발명되고 있는 과정에 있는' 수학이 그 방식 그대로 학생에게 제시된 일이 지금까지 없었으며, 이는 학교 수학이 안고 있는 문제점이자 해결해야 할 과제라고 보았다. 이는 곧, Polya가 강조한 창의적 문제해결력이 발명의 과정에 있는 수학을 그 방식 그대로 학생에게 가르칠 때 학생 역시 이러한 창의적인 과정을 거치면서 수학 문제를 해결할 수 있다는 의미다.

Freudenthal과 Polya의 수학에 대한 구분에서 알 수 있듯이, 지금까지의 수학은 주로 형식적인 기성 수학의 모습으로 알려져 왔으며, 또 다른 수학의 모습이라 할 수 있는 활동 중인 과정으로서의 수학에 대한 인식은 이루어지지 않았으며, 학교 수학에서도 수학은 논리에 의하여 누적된 계통적인 학문으로 교육과정과 교과서를 통해 전개되어 온 것이 사실이다. 이에 따라서 학교 수학에서의 창의성 교육은 수학 지식의 창의적 생성 과정을 제대로 전달하지 못한 상태에서 진행되어 왔다고 할 수 있다.

그렇다면 이제 다시 초등수학에 대한 논의로 되돌아가서, 초등수학에서 추상화(형식화)된 대상을 다루는 방식과 함께 수학교육에서 창의성을 염두에 둔다면 과연 무엇이 우선되어야 할 것인지를 생각해 보자. 초등학생(또는 중학교 저학년)들의 인지적 발달 수준을 고려해 볼 때, 연역적이고 논증적인 방식은 수학 학습에서 어려움을 낳는 주요 원인이 되고 있다. 따라서 앞서 Freudenthal과 Polya의 수학에 대한 구분 가운데 특히 초등수학에서 다루어야 할 수학은 활동 중인 과정으로서의 수학이 되어야 하며, 이러한 수학은 연역과 논증이라는 정당화 이전에 '발견의 논리'와 함께 이루어져야 할 부분이다. 이러한 발견의 논리와 관련된 중요한 사고 작용이 바로 초등수학에서 중요하게 다루어지는 귀납과 유추로, 이러한 개연적 추론 능력은 초등수학을 이해하고 학습하는 기초가 된다. 개연적 추론 능력은 창의적 문제해결력 평가의 '개방형 문제'를 해결하는 과정에서, 그리고 유창성, 융통성, 독창성과 같은 수학적 창의성을 평가하는 항목에서 핵심이 되는 능력 가운데 하나다.

이와 관련해서 Polya는 수학적 탐구는 논증적 추론뿐 아니라 개연적 추론에 의해서 이루어질 수 있음을 강조하였다. 이 두 가지를 비교하면, 논증적 추론은 '안전하고 논쟁의 여지가 없으며 최종적'인 데 비해, 개연적 추론은 '모험적이고, 논쟁의 여지가 있으며, 잠정적'인 추론이다. Polya는 이 두 가지의 역할에 대해 각각 논증적 추론은 수학적 지식을 확립하거나 정당화하는 데 기여하는 반면, 개연적 추론은 일반화, 특수화, 유추 등을 통한 귀납적 접근 방법으로 수학적 추측을 생성하는 데 사용된다고 보았다. 그리고 여기서 그가 더욱 강조한 것은 수학적 정리를 증명하기에 앞서 먼저 추측을 할 수 있어야 하며, 이것은 전문 수학자의 경우에도 창조적인 연구 결과는 연역적 추론, 즉 논리적인 증명으로 확보되지만 이러한 증명 또한 개연적 추론과 같은 추측에 의해 발견되어 왔다는 점이다. 곧, 수학적 지식의 창의적 생성 과정은 그 출발점에 개연적 추론 능력과 같은 발견의 논리가 우선하며, 연역적 추론이 부가된다는 것이다. 따라서 학교 수학에서 창의성은 이러한 발견의 논리와 직접 연결되어 있으며, 창의성은 귀납과 유추를 비롯하여 이러한 개연적 추론 능력에서부터 비롯된다는 것을 알 수 있다.

예를 들어, 수학 영재를 대상으로 한 수업에서 점판(geoboard, 기하판)의 격자점이 주어지고 격자점을 지나는 다각형들의 공통점을 파악하여 그 넓이를 구하는 문제의 경우, 수학 영재들은 공통적으로 다각형 내부의 점이 있고 없음을 발견하고, 내부의 점이 없는 경우 다각형의 둘레 위에 놓인 점들로부터 그 넓이를 귀납하여 발견하였으며, 또한 내부의 점이 있는 경우에는 이전의 상황으로부터 유추하는 동시에 귀납하여 규칙(Pick의 정리)을 발견하는 것을 볼 수 있다. 그리고 이러한 발견의 과정에서 결정적인 역할을 하는 것은 개연적 추론 능력이며, 이를 통해 다양한 창의적 사고력이 발휘되고 있음을 알 수 있다. 그리고 다음 단계에서 한발 더 나아가게 되면 이렇게 발견한 규칙을 또 다른 예를 통해 점검하고, 몇몇

학생들은 그 규칙에 대한 정당화가 어떻게 가능한지를 확인하고자 한다. 이처럼 수학의 출발점은 연역이나 논증을 통한 정당화의 논리가 아닌 귀납과 유추 등을 통한 발견의 논리에서 찾아볼 수 있으며, 이러한 발견의 논리는 개념 학습을 비롯하여 원리 탐구와 문제해결 학습 등 창의성을 바탕으로 하는 학교 수학, 특히 초등수학 교육에서 우선적으로 고려되어야 하는 수학적 사고력과 창의적 사고의 핵심으로 볼 수 있다.

2) 학교 수학에서의 수학적 창의성

일반적으로 수학적 창의성은 수학자의 입장에서 논의되어 왔으며, 그 결과 학교 수학에서의 수학적 창의성은 소수의 영재 학생들과 관련된 특별한 능력으로 간주되어 왔다(황우형 외, 2006). 그러나 수학적 창의성은 특정한 소수의 전유물이 아니며, 수학을 하는 동안 떠오르는 아이디어, 수학을 하기 위해 필요한 사고력 등 학교 수학 전반에서 요구되는 필수적인 요소다. 곧, 수학적 창의성은 모든 학생들에게서 발현될 수 있는 능력이며, 교사와 학생의 노력에 따라 계발이 가능한 것이다.

학교 수학에서 창의성이 구체화된 것은 제7차 교육과정의 총론에서 강조되었던 창조성 지도에서 그리고 수학과 교육과정에서 '수학적 지식을 창의적으로 생성'할 수 있도록 지도할 것을 강조하는 데서 찾아볼 수 있다. 그러나 현재까지 수학적 창의성은 수학 영재 교육에서 문제해결과 관련해서 그 정의와 평가 요소 등 여러 각도에서 이해하려는 노력은 있어 왔지만, 학교 수학에서 일반 학생을 대상으로 구체적으로 실현하려는 목적을 가진 본격적인 접근은 없었다. 이는 창의성을 새로운 것을 생성해 내는 것이라고 보았을 때, 수학적 창의성의 정의를 '수학적 지식을 창의적으로 생성'하는 데 맞추어야 하는지, 아니면 '수학적 문제를 창의적으로 해결'하는 데 초점을 맞추어야 하는지에 따라 전혀 다른 결과를 낳기 때문이다. 그러나 수학적 창의성을 수학에서의 창의적인 정신 작용의 결과로 얻는 집합체로 본다면, 그리고 여기서 창의적인 정신 작용을 수학적 지식의 생성을 위해 이루어지는 아이디어와 아이디어 사이의 결합, 수학적 지식의 실제적 활용, 현실적인 상황 속에서 발생하는 문제를 해결하는 과정으로 본다면 좀 더 학교 수학에서의 수학적 창의성을 폭넓게 이해할 수 있을 것이다(김진호, 2003).

지금까지 학교 수학에서의 창의성은 수학과에서의 창의적인 정신 작용 가운데 두 번째와 세 번째에 해당하는 수학적 지식의 실제적 활용과 현실 상황에서의 문제해결의 과정으로 이해되어 왔으며, 이러한 수학적 창의성은 학교 수학교육과정에서 강조되고 있는 수학적 추론 능력, 수학적 문제해결과도 연결될 수 있다. 수학적 창의성과 관련해서 수학자들의 사고의 결과로 생성된 연구물이 실용적인 용도로 응용되는 사례는 과학 문명의 발달에서 자주 언급된다. 그러나 학교 수학에서 수학적 지식의 실제적 활용은 단편적이고 형식적인 지도를 통해서는 수학적 창의성과 결합되기 어렵다는 문제점을 가지고 있다. 따라서 창의성 발현이라는 측면에서 수학적 지식을 비형식적, 단계 통합적으로 지도할 필요가 있으며, 이와 함께 프로젝트형 과제를 개발함으로써 수학적 지식이 어떻게 창의적으로 활용되어 왔는지를 살펴보고 수학의 실용성에서 비롯될 수 있는 창의적 요소를 이끌어 낼 수 있어야 한다. 또한 학교 수학에서 문제해결과 관련된 수학적 창의성은 앞서 수학 창의적 문제해결력 검사 등에서 살펴보았으며, 특히 문장제를 통한 수학적 지식의 학습과 현실 상황을 수학적 모델을 통해 해석하고 이러한 문제를 해결하는 과정은 학교 수학에서의 창의성을 생각할 때 우선적으로 고려되어야 할 내용이다.

한편 첫 번째 관점인 수학적 지식의 생성과 관련해서 학교 수학에서의 창의성은 새로운 개념을 배우거나 문제를 해결하려고 할 때 기존에 갖고 있는 개념을 연결·연합하여 새로운 개념을 쉽게 이해하거나 스스로 새로운 개념을 구성해 내는 능력으로 볼 수 있다(황우형 외, 2006). 엄밀하게 보면, 학교 수학에서의 창의성은 학교 수학의 내용으로 제한된 것으로, 학생은 수학 내용을 새롭게 창조하는 것이 아니라 과거 수학자들이 정제해 놓은 수학 내용을 스스로 발견하는 것이다. 또한 단편적이고 형식적인 수학 개념을 알고 있는 것만으로는 창의적인 사고를 발휘할 수 없다. 단편적인 지식을 습득하기보다는 그 의미를 이해하고 관계를 유기적으로 결합할 수 있을 때 수학적 지식은 살아나게 되며, 그 지식을 기반으로 수학적 창의성은 발현될 수 있다. 이러한 맥락에서 황우형 외(2006)는 학교 수학의 창의성 모델을 [그림 5-4]와 같이 제안하면서 각 단계에 대해 다음과 같이 설명하고 있다.

예비 수학적 창의성 단계는 학생이 학교 현장에서 교사나 교재, 동료, 자기 자신 등에 의해서 지적 탐구의 욕구를 품고 이를 해결하고자 시도하는 예비적인 학습 단계다. 이 단계에서 학생은 자신이 처한 문제 상황을 교사의 설명이나 질문, 교재의 내용, 동료와의 의사소통 등을 통하여 해결하려는 동기를 갖게 된다.

이해 단계에서는 기존 개념을 연결·연합하여 새로운 개념이나 상황에 적용하고 반영하여 새로운 개념을 구성하거나 이해하는 과정을 거친다. 새롭게 구성된 개념은 다시 이해를 위해 적용되고, 반영되어 보다 발전된 개념이 된다. 이러한 이해 단계는 학교 수학의 창의성 발달 모델에서 중요하며, 학습자가 새롭게 구성하고 이해한 개념은 또다시 다른 개념을 형성하는 데 바탕이 되는 순환적 과정을 거친다.

개념 확장 단계는 일단 형성된 개념이 이해 단계에서 나타난 수학적 창의성과 결합되면서 이루어진다. 확장된 개념은 학습자에게 이해가 선행된 진정한 수학

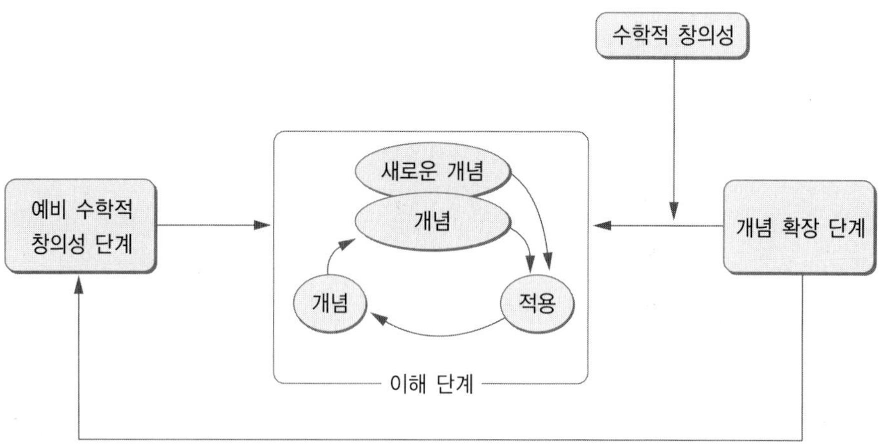

[그림 5-4] 학교 수학의 창의성 모델

개념이다. 이것은 보다 고차원적 개념을 위한 예비 수학적 개념이 되며, 다시 이 모델의 단계를 거치게 된다. 곧, 이러한 순환 과정에서 학교 수학에서의 수학적 창의성은 이해 단계를 거쳐 개념 확장 단계에서 발현된다.

학교 수학에서 수학적 창의성이 발현되기 위해서는 얼마나 많은 지식을 가지고 있느냐보다는 지식을 어떻게 가지고 있느냐가 중요하다. 하나의 개념을 바르게 이해하고 있으면, 즉 의미와 관계가 결합된 진정한 상태의 개념을 가지고 있으면, 새로운 개념으로의 확장이 이루어질 수 있으며, 이러한 확장 과정에서 결정적인 역할을 하는 것이 수학적 창의성이다. 이처럼 학교 수학에서 학생이 지적 탐구의 욕구를 품고 해결하고자 시도하는 예비 수학적 창의성 단계, 개념을 연결·연합하여 새로운 상황에 적용·반영하여 새로운 개념을 이해하는 순환적인 이해 단계, 형성된 개념이 수학적 창의성을 통해 확장되는 개념 확장 단계 그리고 모든 단계에서 발현되는 수학적 창의성은 체계적인 교수-학습 자료의 개발과 활동을 통해 다루어질 수 있을 것이다.

9. 결 론

이 장에서 우리는 먼저 이론적인 관점에서 수학적 창의성과 수학적 창의성 연구를 위한 접근에 대해 살펴보았다. 어떤 접근에서는 수학적 창의성 본질에 관한 연구의 부족으로 수학적 창의성을 깊이 다루는 데 한계를 느끼게 된다. 창의성이 일어나는 심리적 국면 중에서 설명되지 않는 부분이 통찰이다. 그래서 창의적 사고를 논의할 때 감각적 직관이나 상상력 등이 강조되곤 한다. 직관이나 감각이 잘 작동하기 위해서는 기초적인 개념의 정립을 강조하는 학자들이 많다.

예를 들면, Skemp(1991)는 지식의 구성을 도식(schema)의 구성으로 보았는데, 이는 세 가지 차원의 도식 형성(building)과 검사(testing)로 구성된다. 세 번째 차원이 창의적 구성으로서 이미 알고 있는 지식으로부터의 외삽(extrapolation), 직관 및 상상을 통해 더 높은 차원의 개념을 형성하고 그것을 자신이 알고 있는 기존 지식 및 신념과 비교하였을 때 서로 관련되어 정합된다는 것을 확신할 수 있을 때 도식이 구성된다고 보았다. 그는 창의적 구성을 위해서는 기존 지식의 견고함을 강조하고 있다.

齊藤昇(2004)도 지식의 창조 과정에 앞서 지식이나 정보를 수집하고, 그것들을 정리하고 구조적이고 체계적으로 조직하고 재구성할 필요가 있다고 보았다. 그리고 NCTM(1989)의 규준집(standard)에서도 '수학교육의 목표는 궁극적으로 수학적 힘을 기르는 것인데, 수학적 힘은 비정형적인 문제를 푸는 다양한 수학적 방법을……. 창의성을 기르는 사고기술을 포함하는 능력'으로 보고 있다. 여기서도 창의성을 위해서는 수학적 힘이 요구됨을 알 수 있다.

다음으로 실제적인 논의를 이끌어 내기 위해 수학교육과 수학적 창의성이라는 관점에서 살펴본 내용을 정리하면 다음과 같다.

교육은 학습자 개개인의 능력과 소질에 적합한 학습 내용과 활동을 제공하는 것을 원칙으로 한다. 모든 학습자는 자신의 능력과 소질에 적합한 교육을 받아서 잠재력을 최대한 계발하고, 이를 통해서 자아를 실현하고 행복한 생활을 할 권리가 있다(김지원, 2004). 창의성은 학습자 개인의 잠재력 측면에서 최근 부각되고 있는 부분으로, 오늘날 창의성의 계발은 학교교육을 포함한 교육과 관련된 모든 영역에서 핵심으로 다루어지고 있다.

수학교육과 관련해서 "급변하는 오늘날의 세계에서 수학을 이해하고 수학을 할 줄 아는 사람은 자신의 미래를 구축해 가는 데 매우 유리한 기회와 선택권을 갖게 될 것이다. 수학적 능력은 생산적 미래에 이르게 하는 관문이다. 수학적 능력의 부족은 그러한 문을 닫아 놓는 것과 같다."(NCTM, 2000)라는 언급은 시사하는 바가 크다. 영국의 교육학자인 Romiszowski는 전통적인 수학 교수법을 "내가 칠판에 두 개를 해 볼 테니 너희들이 알아서 해라."라고 특징지었다. 여기서 '내가 두 개를 하겠다.'는 부분은 하나의 시범으로, 그리고 '나머지는 너희들이 해라.'라는 부분은 즉각적인 검사로 생각할 수 있다. 이는 지금까지의 수학교육이 지나치게 단편적으로 이루어져 왔다는 것을 보여 주는 것으로, 창의성의 계발이나 발현보다는 창의성을 철저하게 배제한 상태에서 진행되었다는 것을 의미하며, 더 심각한 것은 현재에도 이와 같은 수학교수법이 학교교육을 비롯하여 수학 영재교육에서도 별다른 고민 없이 이루어지고 있다는 사실이다.

최근 수학적 창의성에 대한 연구는 그동안의 일반적인 창의성과 수학적 창의성을 구분하기 위한 노력으로 진행되어 왔으며, 그 가운데에는 수학적 창의성에 대한 관점을 보다 분명히 하기 위한 연구로부터 수학적 창의성의 개념에 대한 연구(김부윤, 이지성, 2007)가 진행되었다. 또한 수학적 창의성을 발현시키기 위한 연구로 수학적 창의성 프로그램들이 개발되어 왔으며, 이러한 수학적 창의성의 평가를 위한 수학 창의적 문제해결력 검사 도구의 개발과 시행 그리고 이를 통한 보다 다변화된 프로그램의 개발이 지속적으로 진행되고 있다.

지금까지 수학적 창의성과 관련된 논의에서, 먼저 수학적 창의성의 평가를 일반적인 창의성에서 기준으로 삼고 있는 유창성, 융통성, 독창성, 정교성이라는 네 가지 요소에 따라 수학과에서는 어떤 문제를 통해 이러한 평가가 이루어지고 있는지를 살펴보았다. 또한 수학과에서의 문제해결에 대해 논의하고, 이를 반영하여 개발된 수학 창의적 문제해결력 검사 모형을 살펴보고, 이 검사 모형을 구성하고 있는 수학적 창의성, 수학적 사고력 등에 대해 그 특징을 검토하였다. 이와 함께 수학적 창의성의 독창적인 영역을 확보하기 위한 일환으로 수학적 창의성의 정의와 함께 수학 창의적 문제해결력 검사에서 다루어지고 있는 수학적 사고력을 일곱 가지로 구분하고 각각에 해당하는 문제를 제시하였다. 다음으로 수학적 창의성을 계발하기 위한 교수–학습 자료의 필요성과 그 구성 요건에 대해 살펴보고, 그 예로서 개방형 문제를 활용한 수학적 창의성 프로그램과 학습 교구를 활용한 수학적 창의성 프로그램을 제시하였다. 마지막으로 학교 수학에서의 창의성을 논의하기 위해, 최근 수학교육에서의 '수학'에 대한 관점의 변화를 소개하고, 이러한 노력이 학교 수학에서 수학적 창의성의 교육에서도 이루어지고 있음을 수학적 창의성 모형을 통해 살펴보았다.

수학적 창의성은 과거에 이루어 놓은 불변의 지식을 기억하고 반복해야 한다고 여기는 전통적인 학교 수학의 이미지에서는 찾아볼 수 없는 특성이다. 또한 이러한 이유로 학교 수학에서 학생들에게 필요한 수학적 창의성의 요소를 이해시키거나 가르치는 것은 결코 쉬운 일이 아니다. 그러나 수학을 한다는 것은 추론하고 전략을 개발하고 문제를 해결하는 인간의 활동으로 볼 수 있으며, 이러한 인간의 활동을 이끌어 내기 위한 원동력은 결국 창의성에서 찾을 수밖에 없다. 다시 말해, 학교 수학을 개선하기 위한 출발점은 학생들 모두에게 잠재되어 있는 창의성을 어떻게 효과적으로 이끌어 낼 것인가에 달려 있다. 이를 위해서는 현 시점에서 수학 창의적 문제해결력을 통한 수학적 창의성 및 수학적 사고력의 평가와 이러한 평가를 기반으로 한 수학적 창의성 프로그램의 개발 그리고 학교 수학에서 소수 학생들만의 창의성이 아닌 모든 학생들을 대상으로 한 창의성에 대한 인식과 이러한 수학적 창의성을 이끌어 내기 위한 노력이 필요하다.

참고문헌

강문봉, 강완, 김남희, 김수환, 나귀수, 박경미, 박영배, 백석윤, 송상헌, 유현주, 이경화, 이중권, 임문규, 임재훈, 장혜원, 정동권, 정영옥, 정은실, 허혜자(2003). 초등 수학 학습지도의 이해. 서울: 양서원.

강문봉, 김수미, 송상헌, 박교식, 박영배, 유현주, 이종영, 정동권, 정은실, 정영옥(2001). 초등수학교육의 이해. 서울: 경문사.

강완(2003). 창의성 계발을 위한 수학과 교육과정 구성. 이화여자대학교 교육과학연구소 2003 정기학술대회 발표논문집. 서울: 이화여자대학교.

고상숙, 고호경, 박만구, 이중권, 정인철, 황우형 공역(2003). 수학교육론. 서울: 경문사.

교육인적자원부(2000). 제7차 교육과정 수학과 교육과정 해설.

교육인적자원부(2002). 초등학교 교사용 지도서 수학 1-가, 1-나, 2-가, 2-나, 3-가, 3-나, 4-가, 4-나, 5-가, 5-나, 6-가, 6-나. 대한교과서주식회사.

교육인적자원부(2007). 초 · 중등학교 교육과정(교육인적자원부 고시 제2007-79호[별책1]).

권오남, 김정효(2000). 창의성 문제해결력 중심의 수학교육과정 적용 및 효과 분석. 수학교육, 39(2). 한국수학교육학회.

권오남, 박정숙, 박지현, 조영미(2005). 개방형 문제 중심의 프로그램이 수학적 창의력에 미치는 효과. 한국수학교육학회 시리즈 A 〈수학교육〉, 44(2), 307-323.

김경자(2000). 창의적 문제해결력 신장을 위한 교육과정 평가 모형. 초등교육연구, 13(2).

김민정, 류성림(2007). 수학영재의 특성에 관한 사례연구. 한국수학교육학회지 시리즈 C 〈초등 수학교육〉, 10(1), 41-56.

김부윤, 김철언, 이지성(2005). 수학적 창의성의 평가에 대한 고찰(II). 수학교육 논문집, 19(1). 한국수학교육학회.

김부윤, 이지성(2005). 수학적 창의성의 평가 방안에 대한 모색. 한국 학교수학회 논문집, 8(3). 한국 학교수학회.

김부윤, 이지성(2006). 수학에서의 창의적 태도의 측정도구 개발과 그 적용. 한국수학교육학회지 시리즈 A 〈수학교육〉, 45(1), 25-34.

김부윤, 이지성(2007). 수학적 창의성에 대한 관점 연구. 수학교육, 46(3). 한국수학교육학회.

김선희, 김기연, 이종희(2005). 중학생들의 수학영재와 과학영재 및 일반 학생의 인지적, 정의적, 정서적 특성 비교. 한국수학교육학회지 시리즈 A 〈수학교육〉, 44(1), 113-124.

김성준(2008). 수학영재의 이해와 교육. 2008년도 초 · 중등 영재교육 담당교사 기초과정 직무연수자료. 울산광역시교육과학연구원.

김원경, 김미월, 김용대(1999). 창의성 신장을 위한 교수-학습 자료 개발. 수학교육 논문집, 9. 한국수학교육학회.

김정효, 권오남(2000). 창의적 문제해결력 중심의 수학교육과정 개발 및 적용: 초등학교 수준을 중심으로. 초등수학교육, 4(2). 한국수학교육학회.

김정희 역(2007). 창의성을 부르는 심리학. 서울: 시그마프레스.

김지원(2003). 한 수학 영재아의 수학적 사고 특성에 관한 사례 연구. 경인교육대학교 대학원 석사학위논문.

김진호(2003). 학교수준에서의 수학적 창의성에 대한 논의-새로운 수학적 지식의 생성이란 관점에서. 교육과학연구, 34(2).

김진호(2004). 수학적 창의성에 대한 논의-창의적인 사람, 창의적인 산물, 창의적인 과정이란 관점으로. 수학교육 논문집, 18(3). 한국수학교육학회.

김진호(2005). 수학자가 수학을 탐구하듯이 학습자도 수학을 탐구할 수 있는 방안 모색. 한국수학교육학회지 시리즈 A 〈수학교육〉, 44(1).

김판수(2008). 창의성 이론을 통해 본 수학적 창의성. 영재교육연구, 18(3), 465-496.

김해규, 김대진(2004). 초등수학 영재교육 프로그램에 대한 수학적 학습 태도 분석에 관한 연구-제주대학교 과학영재교육원 초등수학반 기초과정을 중심으로. 수학교육 논문집, 18(2). 한국수학교육학회.

김홍원, 김명숙, 방승진, 황동주(1997). 수학영재 판별도구 개발 연구(II)-검사 제작편. 한국교육개발원.

김홍원, 김명숙, 송상헌(1996). 수학영재 판별도구 개발 연구(I)-기초 연구편. 한국교육개발원.

남승인(2003). 수학적 창의성 계발을 위한 교수 · 학습 원리와 실제. 대구교육청 현장합동학술세미나 자료집.

남승인(2004). 수학영재 판별도구의 개발, 창의적 지식 생산자 양성을 위한 영재교육(초등수학편). 시도교육청 · 한국교육개발원.

남승인(2007). 수학적 창의성 신장을 위한 평가 문항 개발 방안. 수학교육 논문집, 21(2). 한국수학교육학회.

류희찬, 조완영, 김인수 공역(2003). 고등수학적 사고. 서울: 경문사

박문정(2008). 수학적 창의성 태도 측정도구의 개발. 부산교육대학교 대학원 석사학위논문.

박성택(1999). 수학과 창조형 교수-학습 지도의 방향 탐색. 대한수학교육학회 수학교육학연구발표대회 논문집.

박영태(2008). 영재교육을 위한 교육과정 및 교수학습모형. 2008년도 초 · 중등 영재교육 담당교사 기초과정 직무연수자료. 울산광역시교육과학연구원.

박화영, 김수환(2006). 개방형 과제를 활용한 수학 영재아 수업 사례 분석. 수학교육 논문집, 20(1). 한국수학교육학회.

방승진, 이상원(2001). 개방형 문제에 의한 수학영재 판별. 수학교육 학술지, 6. 한국수학교육학회.

서종진, 황동주(2004). 영재 학생과 일반 학생의 수학적 창의성과 수학 자기효능감에 대한 차이에 관한 연구. 한국수학교육학회지 시리즈 E 〈수학교육〉, 18(3), 209-226.

서혜애(2004). 창의성과 영재교육과정론. 초등영재 지도교사 직무 연수. 대구교육대학교.

서혜애, 조석희, 김홍원(2002). 창의성 계발 교수 · 학습 모형 및 자료 개발 연구. 한국교육개발원.

서혜애, 조석희, 박성익(2001). 창의성 계발을 위한 교육 전략 연구. 한국교육개발원.

송상헌(1998). 수학 영재성 측정과 판별에 관한 연구. 서울대학교 대학원 박사학위논문.

송상헌(2003). 수학 영재 교육과정에 대한 이해와 프로그램 개발의 실제. 초등영재교육교사(수학과정) 직문연수교재. 서울특별시교육연수원.

송상헌(2004). 수학문제 개발의 원칙과 실습, 창의적 지식 생산자 양성을 위한 영재교육(초등수학편). 시도교육청 · 한국교육개발원.

송상호, 박인우, 엄우용, 이상수(2007). 수업설계의 원리. 서울: 아카데미프레스.

송현주(2001). 창의성 신장을 위한 초등학교 수학과 교수-학습 모델 개발. 인천대학교 대학원 석사학위논문.

신현용, 김원경, 신인선, 한인기(2000). 창의성 신장을 위한 수학 영재교육 개선 방안에 관한 연구. 수학교육 논문집, 10. 한국수학교육학회.

신현용, 이종욱, 한인기(1999). 창의성 신장을 위한 초등학교 수학 학습 자료 개발. 수학교육 학술지, 4. 한국수학교육학회.

신현용, 한인기(1999). 수학영재의 창의력 신장을 위한 방향 모색. 청람수학교육, 8.

양영오, 허민 공역(1995). 수학적 경험(상). 서울: 경문사.

우정호(2004). 학교 수학의 교육적 기초. 서울: 서울대학교 출판부.

우정호 역(2005). 어떻게 문제를 풀 것인가. 서울: 교우사.

우종옥(2000). 창의력교육과 인성교육. 21세기의 양대축: 창의력교육 인성교육. 한국교원대학교 수산 우종옥박사 총장퇴임기념 논단집.

유윤재(2003). 창의적 수학문제해결력 검사 도구의 요소. 수학교육 논문집, 17. 한국수학교육학회.

유윤재(2004). 수학적 창의성의 개념. 수학교육 논문집, 18(3). 한국수학교육학회.

이강섭, 김지혜(2004). 동기유발과 창의력 증진을 위한 칠교판의 활용 방안. 수학교육 논문집, 18(2). 한국수학교육학회.

이강섭, 심상길(2005). 창의성 증진을 위한 수학 활동 프로그램과 평가 방법의 소개. 수학교육 논문집, 19(1). 한국수학교육학회.

이강섭, 심상길(2007). 교구를 활용한 활동에서 창의성 평가를 위한 학생들의 반응 유형 분석. 수학교육, 46(2). 한국수학교육학회.

이강섭, 황동주(2007). 수학 영재학생과 일반학생의 수학적 창의성과 문제 설정과의 상관연구. 한국수학교육학회지 시리즈 A 〈수학교육〉, 46(4), 503-519.

이경언(2001). 창의성 신장을 위한 수학 게임 자료 개발 연구. 수학교육 논문집, 12. 한국수학교육학회.

이대현(1999). 창의적인 문제해결 과정에서의 직관과 논리의 역할. 한국수학교육학회지 시리즈 A 〈수학교육〉, 38(2), 159-164.

이미순(2008). 영재교육 교수-학습 모형. 2008년도 초 · 중등 영재교육 담당교사 기초과정 직무연수자료. 울산광역시교육과학연구원.

이상원 역(2002). 신의 베틀. 서울: 경문사.

정동권(1996). Open-ended problem을 활용한 창조적, 발전적 사고의 육성방안. 인천교육대학교 논문집, 29(2).

정종진(2002) 창의성 신장/계발을 위한 교수학습의 방향. 2002 창의성교육 연수자료집. 대구광역시교육청.

조석희, 장영숙, 정태희, 임희준, 박인영(2001). 간편 창의적 문제해결력 개발 연구(I). 한국교육개발원.

차재선, 심상길(2001). 창의성 신장을 위한 교구 매체의 활용 방안. 수학교육 학술지, 6. 한국수학교육학회.

한길준, 정승진(2002). 창의력 신장을 위한 변증법적 방법의 수학 학습지도에 관한 연구. 한국수학사학회지, 15(1). 한국수학사학회.

황선욱(2000). 교구 활용을 통한 수학 영재의 창의력 신장. 수학교육 학술지, 5. 한국수학교육학회.

황우형, 최계현, 김경미, 이명희(2006). 수학교육과 수학적 창의성. 수학교육 논문집, 20(4). 한국수학교육학회.

齊藤昇(1998). 創造性創出過程のモデルの構築とるの實踐. 日本教科教育學會誌. 21(2), 45-53.

齊藤昇(2004). 登山リ式學習法入門. 明治圖書出版株式會社.

Belliver, A. (1956). *Henri Poincaré ou la vocation souveraine*. Gallimard.

Foster, J. (1970). An exploratory attempt to assess creative ability in mathematics. *Primary Mathematics, 8*.

Gallian, J. A. (1994). *Contemporary abstract algebra*. Lexington, MA: Heath.

Gordon, W. J. J. (1961). *Synectics: The development of creative capacity*. New York: Harper & Row.

Guilford, J. P. (1950). *Creativity. American Psychologist, 5*, 444-454.

Hadamard, J. (1945). *The psychology of invention in the mathematical field*. Mineola, NY: Dover Publications.

Hang, D. J. (2006). A study on the relationship mathematical creativity and psychological types in middle school students. 대한수학교육학회지 수학교육학연구, 16(4), 313-326.

Haylock, D. W. (1987). A framework for assessing mathematical creativity in schoolchildren. *Educational Studies in Mathematics, 18*(1), 59-74.

Huckstep, P. (2002). Making mathematics. *Cambridge Journal of Education, 32*(2).

Jensen, L. R. (1973). *The relationships among mathematical creativity, numerical aptitude and mathematical achievement.* Doctorial dissertation: University of Texas at Austin.

Kieβwetter, K. (1985). Die Förderung von mathematisch besonders begabten und interessierten Schülern-ein bislang vernachlässigtes sonderpädagogisches Problem. *Der Mathematische und Naturwissenschaftliche Unterricht, 38,* 300-306.

Krutetskii, V. A. (1976). *The psychology of mathematical abilities in school children.* The University of Chicago Press.

Laycock, M. (1970). *Creative Mathematics at Nueva, Arithmetic Teacher 17,* 325-328.

Liljedahl, P. (2004). Mathematical discovery: Hadamard resurected. *Proceedings of the 28th conference of the international group for the psychology of mathematics education.*

Luchins, A. S. (1942). Mechanization in problem solving. *Psychological Monographs, 54*(6).

Mann, E. L. (2005). *Mathematical creativity and school mathematics: Indicators of mathematical creativity in middle school students.* Doctor of Philosophy, University of Conneticut.

Mayer, R. (1999). Fifty years of creativity research. In R. J. Sternberg (Ed.). *Handbook of creativity.* Cambridge UK, Cambridge University Press.

National Council for Teachers of Mathematics (2000). *Principles and standards for school mathematics.* NCTM, Reston, VA.

NCTM (1989). *Curriculum and evaluation standards for school mathematics.* Reston, Va.: National Council of Teachers of Mathematics.

Osborn, A. F. (1953). *Applied imagination* (2nd. ed.). New York: Scribner's.

Polya, G. (1962). *Mathematical discovery, I.* John Wiley & Sons, Inc.

Romey, W. D. (1970). What is your creativity quotient? *School Science and Mathematics, 70,* 3-8.

Sheffield, L. J. (2000). *Extending the challenge in mathematics.* Corwin Press, Inc.

Skemp, R. (1991). *Mathematics in the primary school.* London, Routledge.

Spraker, H. S. (1960). A study of the comparative emergence of creative behavior during the process of group and individual study of mathematics. *Dissertation Abstracts 20*, 4637.

Sriraman, B. (2004). The Characteristics of mathematical creativity. *The Mathematics Educator, 14*(1).

Sternberg, R. J., & Lubart, T. I. (1999). Concept of creativity. In Robert J. Sternberg (Ed.), *Handbook of creativity*. Cambridge UK, Cambridge University Press.

Toulouse, E. (1910). Henri poincaré. planetmath.org/encyclopedia/JulesHenriPoincare.html.

제 6 장

창의성과 과학교육

제 6 장

창의성과 과학교육

1. 서 론

역사적으로 과학기술 분야에서의 창의성은 인류의 문명에 지대한 영향을 미쳐 왔다. 왓슨과 크릭에 의한 이중나선 발견, 다윈의 자연선택이론 창안, 라이트 형제의 비행기 발명, 토머스 에디슨의 창의적 사고, 제임스 와트의 증기기관 발명, 엘리 휘트니의 조면기 등 과학 발전의 획기적인 전환점을 만들어 낸 우수한 과학적 산출물은 대부분 탁월한 과학적 창의성을 지닌 과학자들에 의해 이루어졌다. 그래서 과학교과는 다른 교과에 비해 예술 분야와 더불어 오래전부터 창의성의 중요성을 인지하고 창의성에 대한 연구와 교육을 위해 노력해 왔다.

현재의 교육과정을 살펴보면, 과학교과는 자연현상과 사물을 이해하고 나아가 일상생활의 문제를 창의적이고 합리적으로 해결하는 데 필요한 과학적 소양을 기르는 것을 기본 목적으로 하고 있다. 특히 2007년 개정 과학과 교육과정에서는 학생들이 과학에 흥미를 가지고 과학을 학습할 수 있도록 탐구 기능을 강화하여 학생의 창의성과 문제해결력을 제고하는 것을 주요 목표로 제시하고 있다(교육과학

기술부, 2008). 이처럼 과학교과에서의 창의성은 교과의 주요 교육 목표로 중요하게 다루어지고 있다. 하지만 과학 창의성에 대한 명확한 정의가 존재하지 않고, 그 구성 요소나 계발 방법 등에 대해서는 학자들마다 견해가 일치하지 않고 있다. 따라서 최근까지 이루어진 다양한 연구나 논의를 검토하고 과학적 창의성에 대한 의미를 정리해 보는 것은 나름대로 의미가 있다고 하겠다.

2. 과학 창의성

1) 과학적 창의성의 의미와 구성 요소

창의성에 대한 정의는 '새로우면서도 유용한 산출물을 생성해 낼 수 있는 능력'으로 합의가 이루어지고 있다(Lubart, 1994). 그에 비하여 과학에서의 창의성은 '과학의 기본 지식과 탐구 과정 기술을 기반으로 확산적 사고와 비판적 사고 과정을 통하여 새로운 문제를 발견해 내며 적절하고 새로운 해결 방법을 발견하는 것'이라고 정의할 수 있다(정현철 외, 2002).

창의성의 발현에 영향을 미치는 구성 요소들에 대한 주장도 국내외 학자들에 따라 다소 편차가 있다(서혜애, 2003). Amabile(1983)는 '내적 동기' '특정 영역과 관련된 지식 및 기능' 및 '창의성과 관련된 기능'을 창의성 발현의 주요 구성 요소로 지적하였고, Sternberg와 Lubart(1991)는 이에 대해 '지적 능력' '지식' '사고 유형' '성격 특성' '동기' 등을 제시하였다. Dacey와 Lennon(1998)은 창의성의 구성 요소를 '생물학적 요소' '개인적 성향' '인지적 요소' '미시적 환경' '거시적 환경'으로 분류하였고, Urban(1995)은 인지적 요소와 개인적 성향으로 구분하였다. Urban(1995)은 인지적 요소에 '확산적 사고력' '일반 지식과 비판적 · 논리적 · 분석적 사고력' '특정 영역 지식과 기능'을 포함시키고 개인적 성향에는 '과제 집착력과 집중력' '동기 유발' '개방성과 모호성에 대한 인내심'을 포함시켰다. 이러한 대표적인 학자들의 견해 중에서 널리 인용되는 Urban의 창의성 구성 요소 모형에 의거하여 인지적 요소와 개인적 성향 및 환경 요소를 살펴보면 다음과 같다(서혜애, 2003).

- 인지적 요소 인지적 요소는 확산적 사고력, 일반 지식과 사고력, 영역 관련 지식과 기능으로 분류될 수 있다. 확산적 사고력은 창의적으로 문제를 해결하는 과정에서 문제를 새로이 발견하고 새로이 정의하고 새로운 해결책 또는 대안을 찾아보는 상황에서 활용된다(조석희, 2002). 여기에는 독창성, 유창성, 융통성, 정교성, 문제 민감성, 연결시키는 능력, 재구성력, 재조직력 등이 포함된다.

  일반 지식은 주로 학교 밖의 광범위한 경험에서 무의식중에 얻어지는 지식을 주로 의미하며, 새로운 사고를 창출하는 데 중요한 역할을 한다. 일반 지식과 연결되는 사고력은 수렴적, 비판적, 논리적, 분석적, 종합적, 통합적 사고력과 메타인지, 기억 연결망 등이 포함된다(Urban, 1995).

  영역 관련 지식과 기능은 문제해결에 직접적으로 관련된 특정 영역의 지식과 기능으로서 창의적 문제해결력에 영향을 미치는 중요한 요소로 인식되고 있다. 영역 관련 지식은 교과별 주요 개념과 지식, 사고방식, 문제해결 유형과 관련되며, 특히 과학교과에서는 영역별 주요 개념과 탐구기능이 이에 해당된다. 영역 관련 지식의 측면에서 창의성은 새로운 사고가 기존의 사고와 비교되어 판별된다.
- 개인적 성향 창의성에 대한 개인적 성향은 다양하고 복합적인 특성을 가지지만, 크게 과제 집착력과 집중력, 동기 유발, 개방성과 모호성에 대한 인내의 3개 항목으로 분류될 수 있다(Urban, 1995).

  과제 집착력과 집중력은 주제나 대상, 상황, 산출물에 집중하는 능력과 안정적 속도, 지구력, 집착력, 선택하는 능력과 열정 등을 포함한다. 동기 유발은 새로움에 대한 흥미나 호기심, 지식과 탐구에 대한 욕구, 의사소통, 자기실현화, 헌신, 책무감, 외적 동기, 도구적 이익을 포함한다. 개방성과 모호성에 대한 인내의 항목에는 실험하는 것, 즐기는 것, 위험 감수에 대한 적극성,

비추종성, 자율성, 유머, 역행하거나 여유를 가지는 것 등이 포함된다(Urban, 1995).

- 환경 조건 일반적으로 사회적 환경이 적당한 수준에서 규칙을 거스르는 아이디어의 발현을 자극하고 평가하여 개방적으로 받아들일 때, 창의성이 발현된다. 즉, 창의성의 환경적 조건이 인지적 요소 및 개인적 성향의 구성 요소와 함께 역동적으로 상호작용할 때, 창의성이 효율적으로 발휘된다. 환경 조건은 개인적 차원, 집단·지역적 차원, 사회적·역사적·지구적 차원으로 구분된다(Urban, 1995).

개인적 차원의 환경조건은 새로운 아이디어를 산출해 낼 수 있도록 자극하는 다양한 상황이나 풍부한 소재가 제공되는 것을 의미한다. 개인적 차원이 충족되면 지식과 탐구에 대한 필요성 등의 동기 유발 수준이 높아질 것이다. 집단적·지역적 차원의 환경 조건은 가족이나 동료집단, 학교와 지역사회를 포함한다.

사회적·역사적·지구적 차원의 환경 조건은 문화적·정치적 조건 등을 포함하며, 이는 창의성을 지닌 사람이 인정받고 독창적 능력을 발현하도록 긍정적으로 지원하는 사회, 새로운 자극을 개방적으로 수용하는 사회, 눈앞의 만족이나 쾌락에 안주하지 않고 무언가 새로운 것을 추구하도록 지원하는 사회, 창의성에 대한 보상과 진급이 제공되는 사회를 의미한다.

국내에서는 우종옥 외(2001)가 창의력의 요소로 '특정 영역 관련 지식과 기능' '창의력 관련 지식과 기능' '창의적 동기' '창의적 환경'을 제시하였다. 이들의 분류를 중심으로 구성 요소들을 살펴보면 다음과 같다.

- 특정 영역 관련 지식과 기능 창의적 사고를 위해서는 특정 영역과 관련된 지식과 기능이 필요하다. 특정 영역 관련 지식과 기능이라 함은 각 교과 특유의 일반적 개념과 원리, 핵심적 아이디어, 각 교과 특유의 탐구기능을 말한다. 과학교과에서는 과학의 기본 지식과 개념 그리고 탐구 과정 기능이 중요하게 다루어진다.

Amabile(1983)는 창의성 관련 기능의 중요성을 강조하면서, 복잡성에 대처하고 문제해결 과정 동안 자신의 고정된 틀을 벗어날 수 있는 인지양식, 새로운 생각을 생성해 낼 수 있는 지식 그리고 집중적인 노력과 문제해결 능력으로 특징지어지는 작업양식 등을 포함시켰다. Guilford는 창의성을 인지 능력으로 보면서, 그 안에 발산적 사고와 문제해결 능력을 모두 포함시켰다. 이 인지적 특성으로서의 창의력은 창의적인 사고력이라고 할 수 있고, 여기에는 유창성, 융통성, 독창성, 정교성과 같은 창의력의 구성 요소가 포함된다.

- **창의적 동기** 창의적 동기는 가장 범위가 넓고 변화 가능성이 크며, 창의성 교육이 성공하기 위해서는 바로 이 동기를 변화시키기 위한 노력이 중요하다(Amabile, 1983). 창의력 계발을 위해서는 내외적 동기가 높은 사람이 매우 창의적인 수준으로 성장할 가능성이 높으므로 창의적 동기가 중요하다.
- **창의적 환경** 환경은 창의력의 중요한 인지 능력을 유발한다(Amabile, 1983). 창의력 계발에 중요한 심리적 환경은 실패에 따르는 결과나 타인의 조롱에 대한 두려움 없이 창의적 아이디어를 자유롭게 개진할 분위기를 조성해 주는 일이다(Maslow, 1968). 특히 과제에 적합한 창의적인 환경 조성은 그 무엇보다도 중요하다. 창의력 교육에서 요구되는 것은 창의적 노력 그 자체를 격려하고 보상하는 환경이다. 비록 그 노력이 성공으로 이어지지 못하더라도, 창의적 노력을 높이 평가하고 학습의 기회로 삼도록 하는 분위기는 창의력 신장에 매우 중요하다.

이러한 창의력 구성 요소는 각기 상호 유기적 관련성을 갖는다. 기본 조건으로 창의적 환경이 필요하고, 그 교과의 과제를 해결하기 위한 창의적 동기, 독창적이고 유용한 방법으로 문제를 해결할 수 있는 창의적 관련 지식과 기능, 특정 영역 관련 지식과 기능 등이 서로 부분적 보상이나 승법 관계로 상호작용이 일어날 수 있다(김영채, 1999). 이러한 요소들이 최적의 수준일 때 창의적일 가능성이 높다.

창의성에 대한 많은 이론들 중 학교교육의 측면에서 가장 용이하게 고려할 수 있는 이론적 관점은 창의성을 인지적 과정으로 보는 관점이다. 창의성에 대한 최근의 인지적 접근에서는 창의적 사고 과정을 문제해결의 한 형태로 개념화한다(Mumford et al., 1991). 창의성과 문제해결의 관계는 문제해결을 무엇으로 보느냐에 따라 달라질 수 있다. 다시 말해서, 문제해결은 이미 잘 알려져 있거나 기억되어 있는 절차를 사용하여 해결하는 일반적인 문제해결과 독창적인 사고를 활용하여 문제를 해결하는 창의적인 문제해결로서 개념화할 수 있다(성진숙, 2001).

Mayer(1999)는 창의적 사고 과정을 문제해결 과정으로 보고 문제해결력의 구성 요소들을 살펴본 결과, 과학 지식, 과정 지식, 문제 등이 중요하게 작용하며 각 분야에서 확산적 · 독창적 사고가 작용할 수 있음을 밝혀냈다(정현철 외, 2002).

- 과학 지식 지식은 창의성의 계발에 중요한 요소다. 어떠한 문제 상황이 주어졌을 때 그와 관련된 지식이 없으면 적절하게 문제를 발견할 수 없을 뿐 아니라 문제의 성격을 파악할 수 없다. 또한 관련 지식을 통해 이미 발견되었거나 해결된 문제를 재발견하는 것을 방지할 수 있고, 현재 자신이 어떤 위치에 있으며 어떻게 문제에 접근해야 하는지를 알 수 있다. 중요한 아이디어를 접할 기회가 있을 때도 그 아이디어를 포착할 수 있고, 관련된 분야에 관한 이해를 가능하게 하여 사람의 인지적 상태를 아이디어를 얻을 수 있는 상태로 만들어 준다. 이처럼 창의적 산출물을 내기 위해 지식이 반드시 필요하다는 관점이 있는 반면, 너무 많은 지식은 창의적 활동에 방해가 될 수 있다는 견해도 있다(Scott, 1999). 창의적 사고 과정에서 중요한 것은 단순히 단편적인 사실들을 많이 기억하고 있는 것보다는 지식을 구조적 개체로서 이해하고 있는 것이 중요하다(Barsalou, 1982). 따라서 창의성의 발현 과정에서 중요한 것은 단순히 지식의 양이 많은 것이 아니라 어떻게 구조화되어 있으며 어떻게 접근이 가능한가이며, 특정 사실의 집합체보다 일반적인 원리를 중심으로 조직된 지식이 더 유용성이 크며, 높은 수준의 창의성에 기여할 것이다(Amabile, 1983).
- 문 제 창의성을 문제해결의 특수한 형태로 보는 관점에서는 문제의 특성이

매우 중요하다. 문제의 특성에 따라 문제의 유형은 '잘 정의된 문제'와 '잘 정의되지 않은 문제'로 나눌 수 있다(Hunt, 1994). 잘 정의된 문제는 정확한 답이 있고 문제를 해결하기 위해서 과거의 경험을 기초로 이미 알려진 문제해결 절차를 이용하거나 재생산하여 해결이 가능한 문제들로 대부분 학교교육에서 제기되는 문제들이다. 이 경우 관계되는 과학 지식과 탐구 과정을 통한 수렴적 · 비판적 사고가 중요한 역할을 하며, 창의성의 계발과는 별 관계가 없다. 반면 잘 정의되지 않은 문제란 개방적이며 기존의 문제해결 절차를 사용하여 해답이나 사용될 전략이 명확히 나타나지 않는 문제들을 말한다. 우리가 실생활에서 접하게 되는 대부분의 문제들이 이와 같은 범주에 속한다고 할 수 있다. 이러한 문제의 해결을 위해서는 개인이 가지는 개념을 이용한 확산적 사고가 매우 중요하며, 확산적 사고와 수렴적 사고가 잘 조합되면 창의성이 효과적으로 발휘될 수 있다(Scott, 1999). 따라서 창의성 계발을 위한 교육에서는 '잘 정의되지 않은 문제'에 학생들이 많이 접할 수 있게 하는 것이 중요하다.

- 과정 지식 과정 지식이란 문제해결 과정에서 문제해결 전략에 대한 지식을 말한다. 이와 같은 과정 지식은 특수한 과정 지식과 일반적 과정 지식으로 나눌 수 있다. Greeno(1978)는 특수한 영역의 문제를 푸는 방법에 대한 지식은 그 분야에 수년 동안의 집중적인 참여를 통해서 획득될 수 있으며 그 분야의 특수한 문제해결 과정을 습득하는 것이 중요하다고 지적하고 있다. 과학에서의 특수한 과정 지식이란 탐구 과정 기능으로 관찰, 분류, 측정, 분류, 예상, 추리, 문제 인식, 가설 설정, 변인 통제, 자료 변환, 자료 해석, 결론 도출, 일반화를 말한다. 이와 더불어 일반적인 과정 지식으로는 새로운 문제해결 전략을 찾거나, 문제의 전환, 문제의 해체, 판단의 유보, 형식의 파괴, 구속 조건의 정교화, 가설의 비판과 인식, 유추의 사용 등이 있다.
- 문제 발견 최근의 창의성 연구에서는 문제해결력뿐만 아니라 문제 발견력 역시 중요한 창의성의 요소임을 강조하고 있다. Guliford(1950)가 창의성과 연관된 능력으로 언급한 문제에 대한 민감성(sensitivity)이 이와 관련 있는 것으

로, 아인슈타인은 문제의 발견이 단순히 수학적 혹은 실험적 기술을 사용하여 문제를 푸는 것보다 더 중요하다고 하였다. 새로운 질문과 가능성을 떠올리는 것은 상상력을 요구하며, 과학에서 큰 장점이 된다.

과학적 창의성의 구성 요소와 관련된 국내의 주요 연구로는 박종원(2004)이 제시한 과학적 창의성의 인지적 모델과 신지은 외(2002)가 개발한 과학에서의 창의적 문제해결력 및 문제 발견력 검사를 들 수 있다.

박종원(2004)은 인지적 측면에서 과학의 본성과 과학 지식 내용, 과학 탐구기능을 고려한 과학적 창의성 모델을 개발하였다([그림 6-1] 참조). 그는 여기에서 과학적 창의성의 세 가지 요소로 창의적 사고, 과학 지식 내용과 과학 탐구기능을 제시하고 각각의 하위 요소에 대한 근거를 제시하였다.

- 창의적 사고 창의적 사고에는 일반적으로 널리 언급되는 발산적 사고와 더불어 수렴적 사고와 연관적 사고를 포함시켰다. 즉, 과학 활동에서 산발적인 자

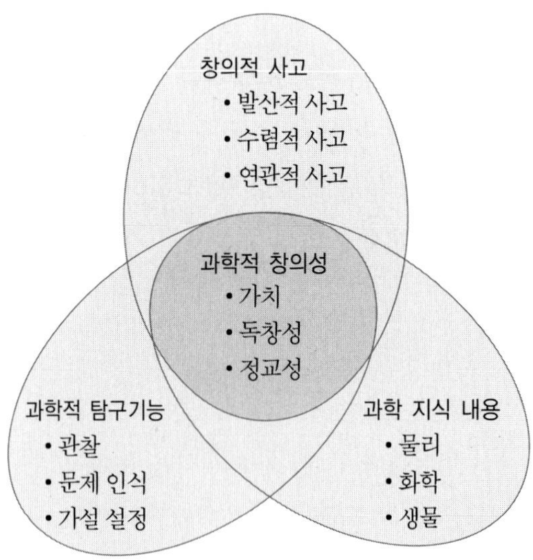

[그림 6-1] 과학적 창의성의 인지적 모델

료들을 수렴적으로 통합하여 하나의 전체적인 형태나 구조로 만들어 내는 일도 중요한 활동이고, 기존의 지식에서도 새로운 지식을 창안할 수 있다는 것이다. 이 과정에서 수렴적 사고와 연관적 사고가 중요한 역할을 한다.

- 과학 지식 내용　앞서 논의된 창의적 사고가 구체적인 과학 지식 내용과 연계될 때, 과학적 창의성이 발현될 수 있다.
- 과학적 탐구기능　과학적 창의성은 구체적인 과학 탐구 활동 중에 발현되기 때문에 과학 탐구기능이 과학적 창의성의 요소로 포함되어야 한다.

과학에서의 창의적 문제해결력 및 문제 발견력 검사(신지은 외, 2002)는 기존 연구들을 바탕으로 과학적 창의성을 설정했다. 즉, 과학의 경우 창의성은 관찰을 통해 문제를 발견하는 과정, 관찰 결과를 설명할 수 있는 다양한 가설을 발전시키는 과정, 현상을 새로운 방식으로 해석하는 과정 그리고 새로운 기술을 발명하는 과정 등에서 효과적으로 나타날 수 있다는 연구를 종합하여 과학 창의성의 측정을 위해 과학에서의 문제 발견력과 과학적 추론 능력, 가설 설정 능력, 실험 설계 능력, 기구 고안 능력의 다섯 가지 하위 영역을 설정하였다.

2) 과학 창의적 문제해결력

(1) 과학적 창의성에서 문제해결력의 중요성

1980년대 이후 과학교육 분야에서는 나라 안팎으로 구성주의 인식론을 받아들이면서 과학교육에서 개념의 습득과 변화에 대한 연구(서희석, 2005; 강민, 2004; 이남은, 2009; 원정애, 2006; 강희준, 2009; 홍정숙, 2005; Din, 2004; Li et al., 2006)가 꾸준히 이루어져 오고 있는 실정이다. 학생들이 가지고 있는 선개념을 잘 이해하고 그 개념에 대한 변화를 가져오게 하는, 개념 변화를 위한 교수법과 연구에 긍정적인 영향을 미치는 것은 학습자 내부에서 구성되는 구성주의적 관점이라는 것이다. 이런 개념 변화에 대한 연구가 과학교육학자들에게 관심의 대상이 되었다. Li(2006)와 그의 동료들에 따르면, 과학의 개념 습득과 개념 변화에 대한 이해는 과학 활동을 통해 이루어지며, 이러한 활동은 창의성과 관련된 태도와 가치를 개발하는 것이다. 과학은 지속성, 인내심, 융통성 있는 사고, 새로운 방법의 탐색 등을 요구한다. 과학교육 분야에서 이루어진 창의성을 향상시키기 위한 교육 방법에 관한 연구들은 탐구 방법이나 과학적 태도를 강조하고 있다고 볼 수 있다.

과학에서의 창의성 및 창의적인 문제해결력을 향상시키기 위해서는 과학의 탐구 과정 지식뿐만 아니라 내용 지식도 중요하다. 창의성을 향상시키기 위해서는 내용 지식과 탐구 과정 지식이 무엇으로 이루어져 있고, 어떻게 가르쳐야 하는지에 대한 계속적인 연구가 필요하다. 주어진 문제를 창의적으로 해결하기 위해서는 학습자가 문제에 대한 새로운 해결 방법을 생각해 내야 한다. 학습자의 문제와 관련된 지식과 기능도 중요하지만 창의적 사고가 동반되어야 한다. 이러한 해결 과정은 과학적 문제해결력에서도 같은 맥락이다. 특정 분야에 많은 지식과 기능을 가지고 있다고 해도 창의적인 사고 능력이 없다면 관련 분야에서 전문가가 될 수 없다. 경쟁 사회에서 적응하기 위해서는 창의적으로 문제를 해결하는 능력을 갖춘 창의적인 전문가가 되어야 한다. 따라서 과학적 창의성에서 문제해결력의 중요성은 새삼 강조하지 않아도 될 것이다.

(2) 과학 창의적 문제해결력

창의적인 문제해결력에 대한 이론적 개념을 살펴보면 과학교과의 특수 요인인 내용 지식, 탐구 과정 지식, 창의적 사고기능을 과학에서의 창의적 문제해결력 신장을 위해 필요한 핵심 요소로 볼 수 있다([그림 6-2] 참조). 과학에서의 창의적 문제해결력과 그 구성 요소들과의 관계를 제시하면 다음과 같다.

첫째, 학교교육에서 과학과의 내용 지식에서는 학년에 따라 영역별 총괄 개념을 제시할 수 있다. 지구과학과의 '우주 속에 존재하는 지구는 내부, 외부 요소 간의 상호작용으로 인해 끊임없이 변화하고 있다.'에 대한 내용 지식은 다음과 같은 예로 나타낼 수 있다.

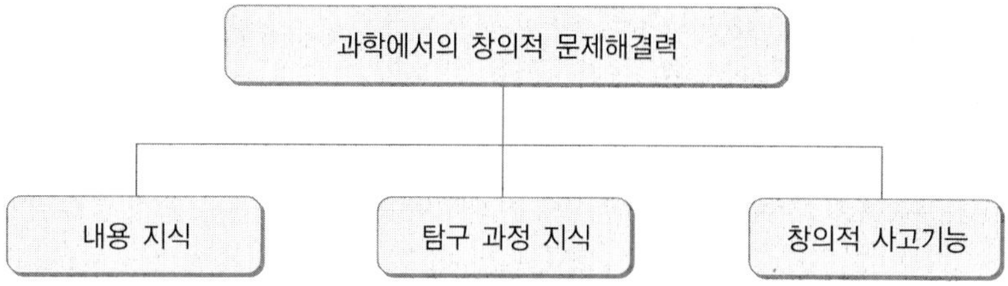

[그림 6-2] 과학에서의 창의적 문제해결력

[예]

• 지구는 암석, 토양, 생물, 물, 대기로 구성되어 있으며 이러한 물질들은 인간이 사용할 수 있는 많은 자원을 제공한다. (구조)

• 지각을 구성하는 암석은 끊임없이 지구의 변화와 함께 계속 순환한다. (변화, 안정성)

• 날씨는 인간과 다른 생물의 생활양식에 큰 영향을 미친다. (상호작용)

둘째, 과학의 탐구 과정은 주변 세계를 탐구해 가는 그 자체가 수단이 되기 때문에 탐구기능(inquiry skill)이라 한다. 일상생활 속에서 직면한 문제를 해결하기 위해 탐구기능을 사용하고 있으며, 과학 분야가 아닌 분야까지도 탐구기능을 사용하고 있다. 이러한 탐구 과정 지식을 기초탐구와 통합탐구로 구분할 수 있다. 간단하게 예를 들면 다음과 같다.

* 관찰하기

달걀 속에서 무슨 소리가 납니까? 흙 속에 무엇이 있는지 관찰하여 보기

* 분류하기

• 도형 조각으로 두 가지 다른 기차 만들기

• 나뭇잎을 수집하여 스스로 분류체계를 만들어 분류해 보기

* 측정하기

실제 면적 측정하기: 동전 한 개의 무게는 얼마입니까?

* 의사소통

사물을 다른 사람에게 설명하기: 자신이 방문한 곳을 지도로 만들어 상대방에게 설명하기

* 추론하기

나침반에 건전지를 가까이 하면 어떻게 될지 생각해 보기

* 예측하기

쌀벌레는 어떻게 움직일까? 구슬의 개수를 달리하여 용기에 넣고 꺼내어 보는 과정을 통해 변화를 예측해 보기

* 변인 통제

얼음을 녹지 않게 하려면 어떻게 해야 할까? 구름 형성에 영향을 주는 변인을 찾고 변인을 통제하며 실험해 보기

* 가설 설정

'다람쥐가 쳇바퀴를 돌리는 시간에 영향을 미치는 것은?' 에 대한 가설을 세워 보기

* 실험 설계

'액체가 증발하는 데 걸리는 시간에 관계되는 요인은 무엇인가?' 에 대한 실험 설계해 보기

＊자료 수집 및 처리

풍선로켓을 만든 후 풍선의 공기의 양을 달리하면서 로켓이 날아간 거리를 측정하여 결과를 기록하고 표나 그래프로 나타내 보기

3) 과학교육과 창의성

(1) 과학 창의성의 구성 요소

과학 창의성은 일반 창의성 요소, 정신 용량, 영역 특수적 요소로 구성되며, 하위의 세부적인 요소는 [그림 6-3]과 같다.

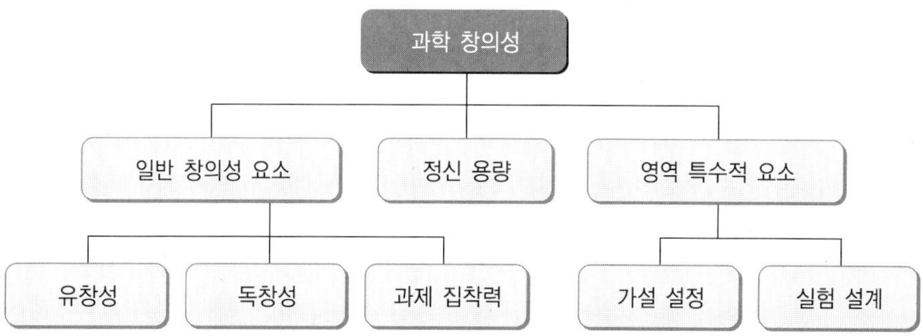

[그림 6-3] 과학 창의성 구성 요소

과학교육에서는 창의성 교육이 많이 이루어지고 있으며, 과학교육에서의 창의성 계발에 관한 연구도 다양하게 이루어져 오고 있다. Yager(2000)에 따르면, 과학교육의 6개 영역, 즉 개념 영역, 과정 영역, 정의적 영역, 적용 및 연결 영역, 창의성 영역, 세계관 영역으로 분류하였다.

〈표 6-1〉은 Yager의 과학교육 6개 영역별 주요 활동에 대한 과학교육 방법을 제시한 것이다.

〈표 6-1〉 과학교육 각 영역별 교육 방법

과학교육 영역		활동 내용	학습 방법
실생활 관련	개념 영역	자연 세계의 관찰 대상을 분류, 물리적 · 생물학적 관계를 설명, 관찰 대상 간의 상호 연관성을 밝히는 능력	사고, 관찰학습
	과정 영역	관찰, 분류, 측정, 예상, 추리, 문제 인식, 가설 설정, 변인 통제, 자료 해석, 결론 도출, 일반화, 모형화 등의 기능	실험탐구학습
창의성 영역		상상한 아이디어를 시각화, 아이디어의 스캠퍼(scamper)화, 아이디어 창출에 의한 산출물의 논리적인 설명 능력	실험탐구학습
정의적 영역		사람의 감정, 가치의 요소들을 포함하는 영역으로 과학에 대한 긍정적인 태도와 자연과 인간을 존중하는 태도	과학적 태도 함양
적용 및 연결 영역		학습한 개념, 과정, 태도, 창의성을 개인의 일상생활에 적용하고 연결하는 능력	STS 활동
세계관 영역		과학 기술적 문제를 철학적 · 사회적 · 심리적 · 인간적 관점에서 이해하고 해결해 가는 능력	범교과학습

Yager의 과학교육 영역 분류는 관찰과 일상생활의 경험에 의해 과학 수업이 이루어지며, 과학과 기술, 사회를 강조한 STS 수업을 강조한 형태로서 실험 · 관찰 학습을 강조하였다고 볼 수 있다. STS 교수-학습 방법은 교실에서 가르치고 배우는 과학 내용을 실제 생활에 적용하는 수업 모형이다(Yager, 2000). Yager의 분류 영역을 과학 학습 방법에 적용하면, 개념 · 과정 · 창의성 영역이 실험 · 관찰 학습에 해당하므로 과정 영역을 효과적으로 수행하는 방법이 될 수 있다.

(2) 과학 영재와 창의성

과학적 창의성 교육에 대한 정의는 과학 영재교육에서 찾을 수 있다. 영재교육은 1968년 중학교 평준화 제도와 1974년 고등학교 평준화 제도의 시행으로 용어가 도입되기 시작하였다. 1970년대까지는 학력이 뛰어난 조기입학 아동, 성적이 우수하여 월반한 아동 등이 영재로 알려져 있었다. 1980년대에 들어서면서 영재교육이 정의되고, 2000년 1월 「영재교육진흥법」, 2002년 4월 「영재교육진흥법 시행령」으로 공교육 차원에서 영재교육의 활성화가 가능하게 되면서 창의성 교육에 대한 관심도 높아지기 시작하였다.

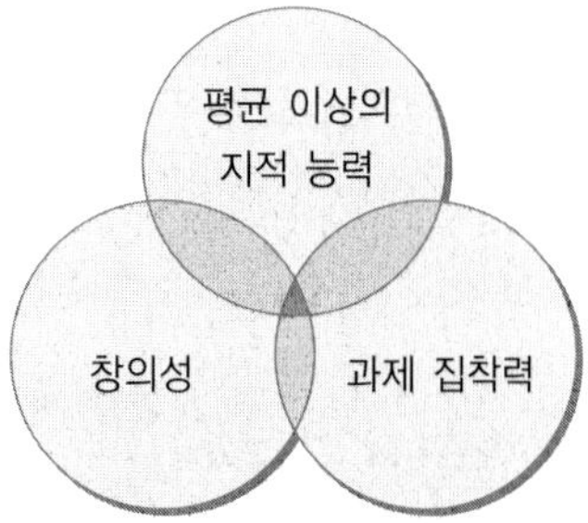

[그림 6-4] 렌줄리의 세 고리 모형

미국의 교육부는 영재를 '능력이 뛰어나 탁월한 성취를 보일 가능성이 있는 자로서, 그들의 잠재력을 계발하기 위하여 특수한 교육 프로그램을 필요로 하는 자'로 정의하였고, 영재성에 대한 정의 가운데 가장 많이 인용되고 있는 Renzulli (2002)는 세 고리 모형으로 영재성을 설명하면서 영재성은 과제 집착력, 평균 이상의 지적 능력, 창의성의 세 가지 요소로 구성되어 있다고 하였다. 이를 도식화하면 [그림 6-4]와 같다.

그러나 현재 시대의 상황을 고려한다면 영재성의 세 가지 요소인 과제 집착력, 평균 이상의 지적 능력, 창의성에 인성과 지도성을 첨가하여 구성하여야 한다고 본다. 이들 요소에 대한 설명은 다음과 같다.

- 평균 이상의 지적 능력 Renzulli에 따르면 Wechsler 지능 검사의 결과가 115 이상이면 영재교육의 대상이 될 수 있다. 일반적인 견해로는 지능이 뛰어날수록 우수한 성취를 보일 가능성이 높다. 그러나 Renzulli는 지적 능력이 평균 이상 정도만 되면 뛰어난 성취의 가능성은 충분히 지니고 있다고 하였다.
- 창의성 창의성은 영재성과 관련하여 점차 더욱 강조되는 개념이기도 하다. 창의성의 개념은 여러 학자들에게서 다양하게 정의되어 왔지만, 일반적으로는 '새롭고 유용한 것을 생각해 내거나 만들어 내는 능력'이라고 정의할 수 있다. 제시된 사고나 과정에서 도출된 결과물이 독창적이며 창의적이라는 것

이다. 이는 이미 존재하는 것과 비교하여 볼 때 독창적이며, 가치 있고 실현 가능성이 있다는 의미이기도 하다. 이는 교육을 통해서 길러지는 능력이기도 하다.

- 과제 집착력 어떤 한 가지 과제에 집중하여 쉽게 포기하지 않고 끝까지 과제를 해결하려는 특성이다. 이러한 과제 집착력은 영재성이 지적 능력만으로 구성되거나 발현되는 것이 아니라 비인지적인 정성적 요인도 매우 중요하다는 것을 의미한다.
- 인 성 최근에 영재의 특성으로 부각되고 있는 요소이기도 하다. 아무리 지적 능력이 우수하다고 하더라도 현시대의 사회적 특성상 개인의 성취보다는 구성원들의 협동으로 성취되는 일들이 많다. 사회 구성원의 일원인 개인의 인성이 바람직하지 못하다면 구성원들이 성취하고자 하는 목표 달성에 많은 어려움이 발생할 수 있을 것이다.
- 지도성 흔히 영재아동 한 명이 인구 100만 명을 먹여 살릴 수 있다고 한다. 이는 영재아동의 부가가치에 대한 대비일 것이다. 구성원이 모여 거대한 집단이 되면 집단을 어떻게 인도해야 하는가 하는 문제가 생기게 된다. 즉, 지도성이 필요하게 되는 것이다. 이는 우수한 인적자원으로 거대한 집단에 대한 부가가치를 창출할 지도성이 필요하다는 것이다.

4) 창의성과 관련된 최근 과학교육의 연구 동향

과학교과에서의 창의성을 이해하고 발전시키기 위해서는 지금까지 이루어진 연구 결과들을 살펴볼 필요가 있다. 과학교과에서 창의성과 관련하여 다루어진 국내의 연구 결과를 정리해 보면, 크게 과학적 창의성에 대한 이해와 창의성 계발을 위한 프로그램 개발의 두 부분으로 구분될 수 있다.

(1) 과학적 창의성에 대한 이해를 위한 연구

최근에 창의성의 발현에 대한 연구가 진행되면서 학문 분야의 지식 수준과 양에 따른 영역 의존성에 대한 논의가 활발해지고 있다(김명숙, 2002; 한기순, 2000). 과학적 창의성에 대한 이해를 위한 연구는 지금까지 대부분 영재아동의 특성을 일반 아동과 비교하는 방법으로 이루어져 왔다.

한기순 외(2002)는 영재의 과학 창의성을 중심으로 남학생과 여학생의 성별에 따라 창의성에 차이가 있는지를 살펴보았다. 그 결과, 과학 영재 여학생이 남학생에 비해 전반적으로 일반적인 창의성의 세 영역 모두에서 상대적으로 높은 성취를 보이는 것으로 나타났다. 구체적으로 살펴보면, 확산적 사고의 융통성, 제목의 추상성, 정교성 영역에서, 과학에서의 창의적 문제해결력 및 문제 발견력을 측정하는 CPSF의 가설 설정 능력의 유창성과 독창성 영역에서, 그리고 과학에서의 창의적 행동 특성을 측정하는 CBCS에서, 개방성, 심미안에서 과학 영재 여학생이 남학생보다 유의미하게 창의성이 높은 것으로 나타났다. 남학생은 여학생에 비해 CBCS에서의 '과학적 호기심' 문항에서만 유의미하게 더 높은 창의성 점수를 보임으로써 연구 결과는 '남학생이 여학생보다 더 창의적'이라는 사회의 일반적인 통념과 상반된 결과를 보였다.

김명숙 외(2003)는 과학 영재와 일반 아동의 창의적 사고, 창의적 인성, 창의적 환경, 학업적 자기효능감 그리고 과학 영역의 창의적 수행에서 성별에 따른 차이와 과학 영역에서의 창의적 수행을 설명하는 변인을 살펴보았다. 그 결과 과학 영재나 일반 아동 모두 창의적 사고, 창의적 인성, 창의적 환경과 과학 영역의 창의적 수행에서 유의미한 차이를 보이지 않았다. 이는 남학생이 여학생에 비하여 상대적으로 과학 영역에 관련된 특성이 강하게 나타난다는 일반적인 통념과 다른 결과이며, 잠재된 창의적 능력뿐 아니라 실제적인 창의적 수행에서도 성별에 따른 차이가 존재하지 않음을 확인하였다.

심재영 외(2005)는 과학 영재와 일반 학생 집단 간의 창의성 비교 연구에서 창의적 사고 검사를 통해 과학 영재 학생이 일반 학생에 비해 창의성이 높다는 연구 결과를 보고하였다.

최재혁과 서정희(2007)는 과학 영재의 국제경진대회 활동에서 창의성의 사회적 측면을 분석하여 개방적 탐구 문제를 공동으로 준비하고, 발표 · 논쟁 · 평가하는 과정이 초 · 중등 학생들의 창의성 신장과 협동학습 및 토론을 중심으로 한 과학교육에 시사점을 줄 수 있다고 하였다.

김혜순과 강기숙(2007)은 과학 적성과 창의성이 어떻게 아동의 과학 창의적 문제해결력에 관련되는지를 파악하였다. 그 결과 아동의 과학 적성 수준에 따른 과학 창의적 문제해결력은 통계적으로 매우 유의하게 차이가 있어 과학 적성이 높은 아동이 과학 창의적 문제해결력이 높은 반면, 창의성 수준에 따른 과학 창의적 문제해결력은 통계적으로 유의미한 차이가 없음을 보고하였다. 또한 아동의 과학 창의적 문제해결력은 창의성보다는 과학 적성이 유의미한 상관을 지니는 변인임을 밝혔다. 이는 심층적인 과학적 지식과 과학적 탐구기능의 중요성을 이야기한 것으로, 과학적 창의성을 논의할 때 일반 창의성과는 다른 영역 특수성을 강조하는 것으로 해석될 수 있다.

이 밖에도 박민정과 전동렬(2008)은 과학영재원의 학생이 일반 학생에 비해 창의성이나 창의적 문제해결력 검사에서 뛰어난 능력을 보인다는 것을 밝혀냈고 창의성이 높은 학생들을 선발하는 방법의 한 가지인 교사추천제의 효과에 대한 연구를 수행하였다.

(2) 과학적 창의성 계발을 위한 프로그램의 개발과 적용 연구

과학적 창의성의 이해에 대한 연구와 더불어 학생들의 과학적 창의성을 계발하기 위한 연구도 다수 진행되어 왔다.

류호천 외(1999)는 마인드맵을 활용한 수업 활동이 창의성의 하위 요소인 유창성, 융통성, 독창성 영역에서 통계적으로 유의미한 차이를 보인다고 밝혔으며, 초등 과학 수업에서 창의성 신장을 위해 포트폴리오를 활용한 연구도 있었다(한세란 외, 2000). 한세란 외(2000)는 특히 독창성의 신장과 탐구 능력의 향상에 긍정적인 영향을 미치는 점에서 창의성과 자기주도적 학습 능력을 신장시킬 수 있는 훌륭한 대안으로 제안하였다.

장지은 외(2005)와 오경미 외(2008)는 각각 고등학교 3학년과 과학고등학교 학생들을 대상으로 과학 창의성 신장을 위한 프로그램을 개발하였다. 장지은 외

(2005)는 생물 분류 단원에서 학습자의 과학 창의성 신장을 위한 수업 프로그램을 개발하고 창의성의 향상에 효과가 있음을 보고하였고, 오경미 외(2008)는 학생들의 과학 창의성과 개념 이해를 위해 혈당량 조절에 관한 CPS 소집단 활동을 제안하였다.

자연 체험이나 탐구 중심 활동을 통해 창의성을 계발하기 위한 노력도 시도되었다. 임갑빈과 박영란(2007)은 만 4세 유아들을 대상으로 생태 유아교육 탐구 활동 프로그램을 개발하고 적용한 결과, 유아들의 창의성 향상에 효과가 있음을 보고하였고, 이인원(2008)은 자연 체험 활동이 유아의 과학적 탐구 능력과 창의성에 미치는 영향을 연구하여 자연 체험 활동이 유아의 과학적 탐구 능력과 창의성 향상에 긍정적인 영향을 주었다고 하였다. 또한 노현희와 이길동(2006)은 탐구 중심 과학 활동이 창의성 하위 영역인 유창성, 독창성, 추상성, 정교성, 저항성에 매우 유의미한 향상 효과를 보인다고 하였다.

정현철 외(2002)는 효과적인 창의성 계발을 위해 창의성 이론에 관한 문헌의 고찰을 통해 과학 창의성의 요소들을 밝히고 추출된 요소들을 포괄할 수 있는 교수-학습 모형으로 Renzulli의 삼부 심화학습 모형을 이용하여 프로그램을 개발하였다.

장혜진과 신영준(2009)은 과학 도서의 독후 활동이 초등학생의 창의성에 미치는 영향을 연구하여 일반 도서를 읽는 것에 비하여 과학 도서의 독후 활동이 창의성 신장에 유의미하게 기여함을 증명하였다. 또한 과학 글쓰기를 활용한 독후 활동이 창의성 향상에 더 효과적이라고 하였다. 또한 브레인스토밍과 교사-학생, 학생-학생 간의 논의를 활용한 독서 지도 전략과 같은 다양한 방법의 독후 활동이 지도된다면 학생들의 창의성 신장에 가속이 일어날 것이라고 제안하였다.

서혜애 외(2004)는 창의성 계발 과학교육을 위한 한국-이스라엘 과학교사 연수 프로그램의 효율성을 평가하기 위해 연수자의 창의성 계발 과학교육의 필요성에 대한 인식, 창의성 계발 과학교육의 실천 정도의 변화, 연수 프로그램 평가 측면을 조사하였다.

이 밖에도 최근 인지 과정의 중추인 뇌에 대한 연구가 활발해지면서 뇌과학적 입장에서 창의성을 탐구하는 연구들이 나타나고 있다. 강호감(1995)은 창의력은 학교교육, 지능지수, 기억력 등과도 직접적인 일치성이 없으므로 창의력을 기르기 위해서는 양쪽 뇌를 고르게 발전시키는 새로운 교육제도를 마련할 것과 선천적, 유전적으로 좌뇌, 우뇌의 기능적 평형을 유지하고 있는 사람에게 기대할 수밖에 없으며, 이 경우는 조기에 발견하여 특별히 지도하는 교육제도가 필요하다고 주장하였다. 그는 우리의 사회와 교육제도가 상당히 좌뇌 중심으로 되어 있기 때문에 소홀히 다루기 쉬운 우뇌 기능의 활성화는 창의력의 육성에 기초가 된다고 보았으며, 창의력을 배양하려면 양쪽 뇌를 균등히 발전시켜야 한다고 보았다.

3. 과학적 창의성을 위한 교수-학습 방법

영재아동의 특성에서 살펴보았듯이, 창의성은 교육에서 찾을 수 있는 요소이므로 과학과에서 창의성 배양을 위해서는 과학 탐구의 교육 방법에 주안점을 두어야 할 것이며, 창의성 교육 방법은 개정되는 교육과정의 과학과 자유탐구에서 찾아볼 수 있다. 과학과에서 창의성 교육 방법으로는 문제중심학습, 독자적 탐구 방법, 사이언스 노트북, 소집단 탐구 방법 등이 있는데, 여기서 소개하고자 한다.

이러한 탐구 방법의 과정에 대한 프로그램 개발 절차에서는 먼저 탐구할 주제를 선정하고, 선정된 주제에 따라 탐구 방법을 제시하며, 탐구 방법에 따른 프로그램을 개발한다. 개발된 프로그램은 전문가 집단을 구성하여 프로그램에 대한 타당성 검증을 거친다. 이 과정을 거쳐 예비 프로그램을 선정하고, 프로그램의 현장 적용성을 탐색하기 위해 실험집단을 선정하며, 탐구 방법 프로그램을 학생들에게 적용해 본다. 실험 처치를 거친 후 프로그램의 양질 여부에 대한 효과성은 정량적 · 정성적 분석을 통해 검증한다. 그리고 프로그램 개발의 전반적인 과정에 대한 성찰을 통해 프로그램을 선정하게 된다. 이러한 프로그램 개발 절차를 도식화하면 [그림 6-5]와 같다.

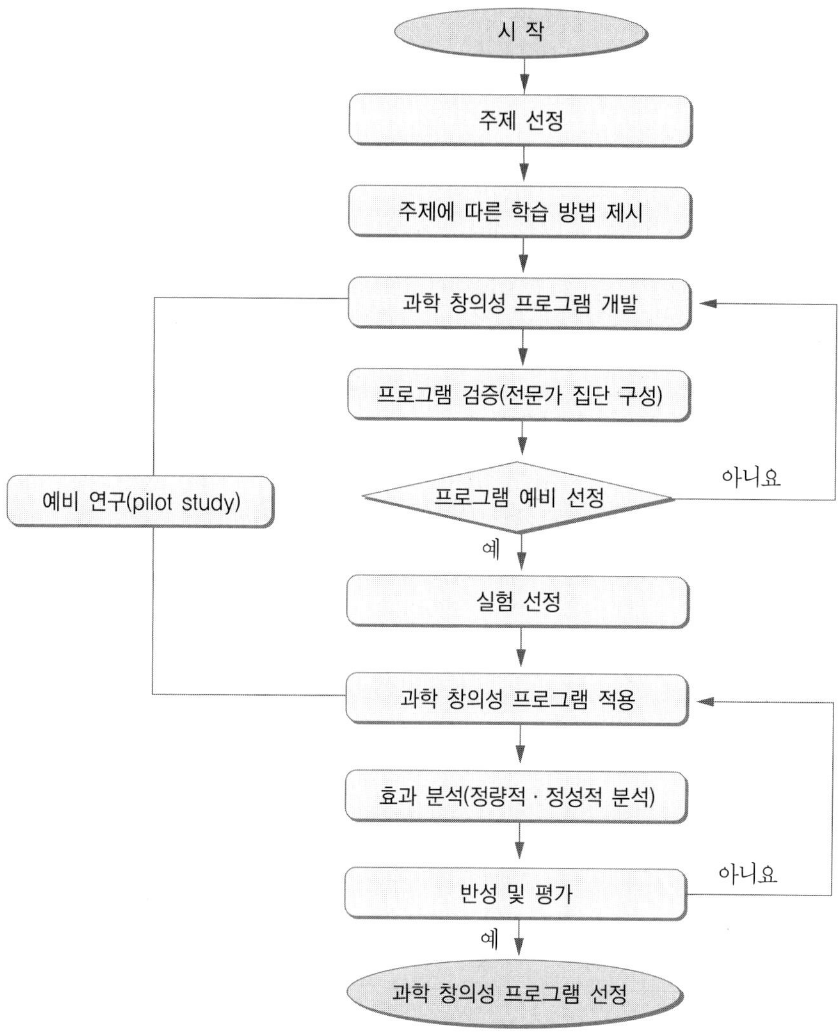

[그림 6-5] 창의성 프로그램 개발 절차

다음에서는 자유탐구를 통한 과학적 창의성과 과학적 태도 및 자기주도적 학습 특성 등의 배양을 위해서 노력하고 있는 현장 교사와 예비 교사인 교대 · 사대 대학생, 다양한 탐구 방법과 이론을 연구하는 대학원생 등에게 도움이 될 수 있는 자유탐구 방안을 소개하기로 한다.

1) 문제중심학습

(1) PBL의 정의

의과대학 교수인 Barrows(1994)는 의학 분야에서 환자에 대한 진단과 처방에 문제중심학습(Problem-Based Learning: PBL) 방법을 이용하여 효율적으로 환자를 치유하자는 데 초점을 두고 출발하였다. 또한 Barrows(1994)는 기존 수업환경의 부적절성에 따라 암기식 · 주입식 교육 방법이 한계와 단점이 있음을 인식하고, 이에 대한 교육전략으로서 PBL을 소개하였는데, 선진국에서는 교육 방법으로 확산되고 있다. 또한 PBL은 지식기반 사회에서 요구되는 문제해결 능력, 의사소통 능력, 협동-학습 또는 협업 능력, 프레젠테이션 능력, IT 활용 능력 등을 향상시킬 수 있는 구성주의적 수업 방법으로 확인되어 교육 방법적 접근이 가속화되고 있다.

PBL이란 한마디로 '문제로 시작하는 수업'이라고 할 수 있다. PBL에서는 현실 속에서 지식이 학습자와 서로 복잡하게 얽혀 존재하는 비구조화된 문제, 즉 인간이 경험하는 실제 문제를 다룬다. 바로 이러한 문제를 학습자 스스로 해결하도록 할 때 학습자가 학습을 의미 있게 느끼며, 그렇게 될 때 비로소 학습 효과를 기대할 수 있다. 따라서 문제중심학습이란 '실세계의 비구조화된 문제로 시작하여 문제를 해결하는 과정을 통해 필요한 지식을 학습자 스스로 배울 수 있도록 이끌어 가는 교육적 접근'이라고 정의할 수 있다(조연순, 2006).

(2) PBL의 특징

PBL을 연구한 Barrows(1994)는 다음과 같은 PBL의 특징을 제시하였다.

- 학습의 전체적인 흐름과 학습 과정이 학생 중심으로 이루어진다.
- 탐구 과정이 소집단 안에서 토의나 토론을 통해 이루어진다.
- 탐구 활동 과정에서 교사는 조언자 및 안내자 역할을 하게 된다.
- 교사와 학생들 스스로 학습 과정에 대한 자극을 주거나 받음으로써 다수의

문제를 선별하고, 선별된 문제를 중심으로 핵심 문제를 조직한다.

- 주어진 문제나 개발한 문제는 문제해결 능력을 개발하는 수단으로 사용할 수 있다.
- 새로운 정보의 수집은 자기주도적 학습을 통해 얻을 수 있도록 한다.
- 제시되는 문제는 실제를 중심으로 설정한다.
- 탐구 과정에서 학생들 스스로 다양하고 복합적인 정보를 수집한다.
- 탐구하여 해결해 나가는 과정이 자기주도적인 과정으로 이루어진다.

(3) PBL 교수-학습 과정

PBL 교수-학습 과정의 일반적인 단계는 다음과 같은 과정을 거치게 된다. 그러나 학습자의 수준과 교수자의 상황에 따라 다양한 형태의 방법과 과정을 수정 · 보완할 수 있다. PBL의 일반적인 교수-학습 과정에 대해서 간략하게 안내하면 다음과 같다.

- **수업 분위기 조성 단계** 수업의 특징 및 학습 목표에 대한 설명을 하고 교사와 학습자의 역할을 안내한다.
- **문제 제시 단계** 문제에 대한 주인의식을 느끼도록 하며, 제출할 과제물에 대한 소개를 한다.
- **잠정적 문제해결 시도 단계** 역할을 분담한다(진행자, 기록자). 다양한 아이디어를 적극 수용하고, 잠정적인 해결안에 대한 생각을 종합한다.
- **자율학습 단계** 각각 주어진 과제를 해결한다. 자아 성찰을 하는 시간(문제해결을 위한 현재 자신의 상태와 나아갈 방향을 생각하는)을 갖는다.
- **협동학습 및 토의학습 단계** 조별로 모여서 다른 학생들의 다양한 견해와 관점을 접하며, 개인이 지닌 사고의 영역과 범주를 넘어서 관련 지식에 대한 전문적인 지식을 넓힌다. 모든 사회현상과 문제는 하나의 지식과 해결책으로는 설명할 수 없다는 상대주의적인 관점을 배운다. 새로 얻은 지식을 활용하여 재종합한다.

- **토론 결과 발표 단계** 팀의 견해를 전달하는 과정을 통해 지식을 공유한다. 전달 내용은 개별 정리한다. 보고서 작성 및 발표 능력을 기른다.
- **정리 및 평가 단계** 자기 학습평가, 팀원 학습평가, 팀 구성원 간 학습평가를 하고, 오늘의 학습 과정을 반성한다.

2) 독자적 탐구 방법

독자적 탐구 방법(Independent Inquiry Method: IIM)은 미국의 Cindy와Virginia (2003)가 개발한 독자적 조사 방법(Independent Investigation Method)을 우리나라 실정에 맞게 수정 · 보완한 것으로, 학생들을 지도하는 학습 방법(수업 모형)이다. 이 모형은 개인이나 소집단, 기초 수준의 학생이나 숙달된 학생들, 그 어떤 경우에도 같은 방법으로 조사할 수 있도록 한다는 특징을 가지고 있다. 자유탐구의 방법으로 과학적 창의성을 향상시킬 수 있는 탐구 방법이기도 하다. IIM의 과정은 [그림 6-6]과 같다.

IIM에는 초보와 전문의 두 가지 기능으로 집단 과정과 개인 과정으로 구성된다. 집단 과정 초보 수준, 개인 과정 초보 수준, 집단 과정 전문 수준, 개인 과정 전문 수준으로 구분하는 4가지 수준은 반드시 차례대로 순서를 밟아야 하는 것이 아니며, 조사(탐구) 형태에 따라 선택하여 적용할 수 있다. 이는 학습 목표나 학생들의 경험, 학년, 수준에 따라 그 과정과 형태가 적절하게 선택되어야 한다. IIM의 단계를 소개하면 다음과 같다.

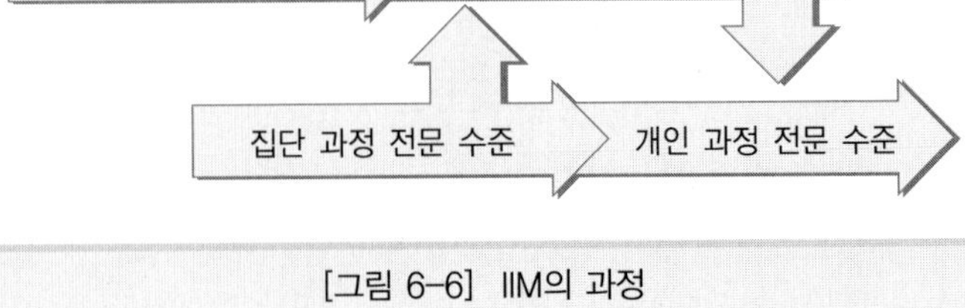

[그림 6-6] IIM의 과정

(1) 1단계: 주제 정하기

학습 주제를 정하는 단계로, 학급 전체에 주어진 주제나 개인이 선택한 주제에 대하여 학생 자신의 사전 지식과 질문을 개념도 위에 거미줄 모양으로 그려 나가도록 학생들을 지도한다.

- 교사 수행 전체 학급을 위해 정규 교육과정과 관련된 학습 주제 하나를 선택한다. IIM 각 단계별 계획을 구체적으로 세운다. 학생들에게 나누어 줄 활동지를 선택하여 복사한다. 학급에서 개별 활동을 시작하게 한다. 학생들에게 IIM의 각 단계를 설명해 주고 자세하게 안내한다. 전체 학급을 위한 학습 주제 하나를 써 놓고 학생들과 함께 개념도를 그려 본다. 학생용 정보지나 활동지를 나누어 주고 필요한 정보를 기록하도록 안내한다. 학생들 개개인이 사전 지식과 질문을 개념도로 완전하게 그릴 수 있도록 돕는다. 학생들의 개념도에서 새로운 낱말을 찾아내어 기록하고 공부할 수 있도록 촉진한다.
- 학생 수행 개념도 위에 교사와 함께 조사 가능한 연구 주제의 목록을 작성해 본다. 학습 주제를 선택하거나 개념도를 작성한다. 새로운 낱말의 목록을 작성하고 그 뜻을 학습하여 작은 사전을 작성한다.

(2) 2단계: 목표 설정하기

목표를 설정하는 단계로, 학생들이 자신들의 연구 조사에 대한 학습 목표를 정하도록 한다.

- 교사 수행 자료, 조사기록문 및 새로운 낱말의 최소 개수를 지정한다. 필요한 자료의 유형을 확인한다. 학생들과 함께 개인별 조사기록문의 목표를 정한다. 학생들이 좋은 질문을 만들 수 있도록 돕는다. 각 학생들의 중요한 질문의 수를 점검한다.
- 학생 수행 자료, 조사 기록문과 새로운 낱말의 최소 개수를 정한다. 연구 내용과 직접 관련이 있는 질문을 만든다.

(3) 3단계: 조사하기

학생들이 다양한 유형의 자료를 사용하여 정보를 모으고 조사기록문을 사용하여 정보를 기록하는 단계다.

- 교사 수행 학급에 필요한 다양한 자료를 수집한다. 여러 유형의 자료를 소개한다. 표절의 의미를 설명하고 정보를 이용하여 조사 · 기록하는 방법을 가르친다. 조사기록문과 관계 서적 목록을 정리하는 바른 형식을 가르친다.
- 학생 수행 다양한 자료를 찾고 사용하는 방법을 배운다. 주제에 적절한 자료를 선택한다. 자료로부터 얻은 내용을 메모하여 정리하는 것을 통해 조사 연구를 수행한다. 바른 형식을 사용하여 관계 서적 목록을 정리한다. 1단계에서 작성한 사전에 새로운 낱말을 추가한다.

(4) 4단계: 정리하기

학생들이 분류 기준에 의해 조사기록문을 구조화하여 정리하는 단계다.

- 교사 수행 학생들에게 범주의 개념을 개관하여 준다. 조직 절차에 따라 학생들이 조직할 수 있도록 소개한다. 학생들이 개별 조사기록문의 범주를 구별할 수 있도록 도와준다.
- 학생 수행 자료를 조직하는 절차를 따른다. 비슷한 모든 조사기록문의 자료 수를 한 줄 위에 쓴다. 자료로부터 얻은 내용을 메모하여 정리하는 활동을 통해 조사 연구를 수행한다. 관계 서적 목록을 위해 바른 형식을 사용한다. 1단계에서 작성한 사전에 새로운 낱말을 추가한다.

(5) 5단계: 목표 평가하기

학생들이 설정한 목표대로 잘하고 있는지 점검해 보는 단계다. 학생들은 교사가 선택한 활동에 따라 자신이 습득한 내용을 보여 준다.

- 교사 수행 처음에 계획한 평가 목표를 다시 한번 확인해 본다. 시험과 협의, 소집단 토의 등을 통해 습득한 지식을 점검한다. 2단계에서 정한 목표를 얼마나 달성했는지 평가하고, 앞으로의 연구를 위한 목표를 설정하는 것을 돕는다.
- 학생 수행 교사가 선택한 활동에 따라 자신이 습득한 지식의 깊이를 평가해 본다. 2단계에서 정한 목표를 평가해 본다. 부족한 부분을 찾아내어 앞으로의 연구를 위한 목표를 세운다.

(6) 6단계: 산출물 만들기

학생들이 자신의 조사 연구를 통해 공부한 것들을 보여 주기 위한 산출물을 만드는 단계다.

- 교사 수행 학생들이 만들 산출물의 유형을 결정하는 것을 돕는다. 학급에서 다양한 유형의 산출물이 나오도록 돕는다. 학생들이 산출물을 만들기 위한 계획서를 작성하는 것을 돕는다. 학생들의 산출물을 평가한다.
- 학생 수행 산출물의 유형을 선택하거나 교사로부터 지정받는다. 그동안 공부한 내용을 산출물을 통하여 잘 보여 줄 수 있도록 계획을 세우고 산출물을 만든다. 자신의 IIM 산출물 기록표에 필요한 내용을 기록한다.

(7) 7단계: 발표하기

학생들이 자신의 산출물을 동료나 다른 학생 및 학부모 등 청중에게 발표하는 단계다.

- 교사 수행 학생들이 다양하게 발표할 수 있도록 도와준다. 학생들이 발표를 잘할 수 있도록 도와준다. 학생들이 산출물을 발표하기에 적절한 청중을 찾는다. 학생들의 산출물 발표를 평가한다.
- 학생 수행 발표 준비를 한다. 청중에게 자신이 조사 연구한 것을 발표한다.

IIM 학습은 단계에 따라 실제적으로 자유탐구를 실행할 수 있도록 학습양식을 소개할 수 있다. 현장 교사가 학습자의 수준에 맞게 개인 혹은 모둠별로 자유 탐구 학습이 가능하게 학습 양식을 개발하여 제공하여야 한다.

3) 사이언스 노트북

사이언스 노트북(Science Notebook)은 과학 내용과 과학 탐구기능을 익히고 과학적 창의성을 신장시키는 데 도움을 줄 수 있도록 하는 것으로부터 출발한다. 이와 관련된 것으로 미국에서는 Butler와 Nesbit(2008)이 활발하게 활용하고 있지만, 우리나라에서는 아직 선행 연구가 거의 없는 실정이다. 사이언스 노트북은 과학 실험 및 과학 탐구 활동을 과학 실험 탐구 과정 중심으로 기록하고, 그것을 통해 내용을 이해하는 데 도움을 주는 일종의 실험(탐구) 과정의 노트 정리라 할 수 있다. 사이언스 노트북은 자유 탐구를 하는 데 도움을 주고, 다음과 같은 단계를 세우며, 탐구학습지 양식도 제시할 수 있다.

- 1단계(계획 세우기): 학습 선정을 위한 계획하기
- 2단계(자료 찾기): 주제 탐구를 위한 자료 목록 만들기
- 3단계(탐구): 주제 탐구를 위해 실천하기
- 4단계(결과 정리): 탐구 결과 정리하기
- 5단계(발표): 자신이 연구한 내용 발표하기
- 6단계(평가): 탐구 결과물에 대해 평가하고, 자기 성찰하기

이러한 학습 단계를 위한 사이언스 노트북에 대한 학습양식을 개발하여 제공하는 것이 학습자들에게 도움이 될 것이다.

4) 소집단 탐구

소집단 탐구(Small Group Inquiry)는 학급 내에 학습 능력이 비슷한 학생들끼리

4~8명 정도의 소집단을 이루고 구성원들 간의 상호작용과 협동을 통해 집단에 부여된 과제를 해결함으로써 공동의 목표에 도달하는 탐구 방법이다. 다음은 자유탐구 학습 방법의 하나인 소집단 탐구 기법을 6단계로 나누어 각 단계에 따른 지도 방법을 소개한 것이다.

- 1단계: 주제 선정 및 소집단 구성 제시된 큰 주제에 대하여 학생들이 토의나 토론을 통해 탐구하고 싶은 소주제를 자유롭게 발표하고 발표된 소주제들을 유사한 것끼리 범주화하여 학생들에게 탐구하고자 하는 소주제를 선택하게 한다. 또한 유사하거나 같은 주제를 선택한 학생들끼리 소집단을 구성하게 한다.
- 2단계: 탐구 계획 수립 소집단 구성원들이 협력하여 선택한 주제를 수행하고자 하는 계획을 세우고 각자의 역할을 분담한다. 이때 주제 실행을 위해 내용에 대한 계획을 상세하게 기록한다.
- 3단계: 탐구 수행 및 중간 점검 정보를 수집하고, 분석하며, 결론을 도출하는 등의 탐구를 수행하게 된다. 이때 교사는 각 소집단이 설정한 주제를 계획대로 잘 수행하는지 점검하고 지도 조언을 해 주어야 한다. 또한 학생들은 소속된 소집단에서 설정한 주제를 실행하기 위한 자료를 수집하고 이를 분석하여 결론을 도출해야 한다. 이 단계는 각 구성원이 맡은 역할을 잘 수행하고, 서로의 목표를 위해 아이디어를 교환하는 활동이 필요한 단계이기도 하다.
- 4단계: 최종 보고서 작성 소집단 구성원들은 지금까지 탐구 과정에서 정리된 자료와 내용을 바탕으로 요약·정리하여 핵심 내용이 무엇인지 결정해야 한다. 또한 보고 내용, 발표 방법, 발표자를 결정해야 한다.
- 5단계: 최종 보고서 발표 각 소집단에서 정리된 내용을 간결하고 명료하게 발표하는 단계다. 발표의 효과를 높이기 위해 시청각 자료를 활용하는 것도 바람직한 방법이다. 이때 의견이 제시되면 토론을 전개할 수도 있으며, 음악, 율동, 극본, 퀴즈, 그림, 사진 등으로 표현할 수도 있다.
- 6단계: 평가 과학과에서 요구하는 과학적 창의성, 동기 유발 수준과 참여 정도, 발표 방법의 창의성 등에 대한 평가를 하는 단계다. 이때 학생들이 얼마

나 자기 주도적으로 탐구 과정을 수행했느냐에 주안점을 두고 평가하는 것이 매우 중요하다. 또한 개인은 소속된 소집단에서 역할을 제대로 했는지, 적극적으로 참여했는지 등에 대한 자기 성찰을 하며 소집단과 전체 집단에 대한 평가도 포함된다.

지금까지 과학적 창의성 배양을 위한 탐구 방법을 살펴보았다. 이러한 탐구 방법으로 얻은 결과물의 제시는 탐구 과정을 살펴보고 그 결과를 근거로 보다 심화된 학습 내용으로 전개하는 데 매우 중요하다.

5) 과학교과에서의 과학적 창의성 교육의 실제

과학교과는 사고체계를 중시하는 위계적 구조를 가진 교과목이다. 이러한 교과목의 교수-학습 활동을 어떻게 해야 과학적 창의성이 배양될 것인지 알아보기로 한다.

〈표 6-2〉 '여러 날 동안 달의 모양과 위치 변화'에서처럼 과학교과의 천문 영역에서는 낮에 실험을 할 수 없는 주제가 많이 제시되고 있다. 천문 영역의 학습은 공간지각 개념의 습득 유무에 따라 학습의 효과는 달라진다. 선행 연구에 따르면 공간지각 개념이 형성되는 시기는 13~16세가 되어야 된다(초등학교 과학과 지도서)고 하는데, 천문 영역에서의 개념 습득은 초등학생의 발달단계에 비추어 볼 때 대단히 이해하기 어려운 영역임에 틀림이 없다. 지구 분야의 내용은 시공간을 초월한 학문에 기초를 두고 있다. 초등학생의 천문 영역에 대한 학습은 구체적인 조작기에 해당하는 발달단계에 해당하므로 가상적인 설명만으로는 천체에 대한

〈표 6-2〉 여러 날 동안 달의 모양과 위치 변화

주 제	학습 활동	지 식	탐구 과정	비 고
여러 날 동안의 달의 모양과 위치 변화	• 여러 날 동안 달 관찰하기 • 달 모양의 위치 변화 알아보기	• 달의 위상 변화	• 관찰 • 자료 해석	• 토의 · 조사 • 과제 · 연구

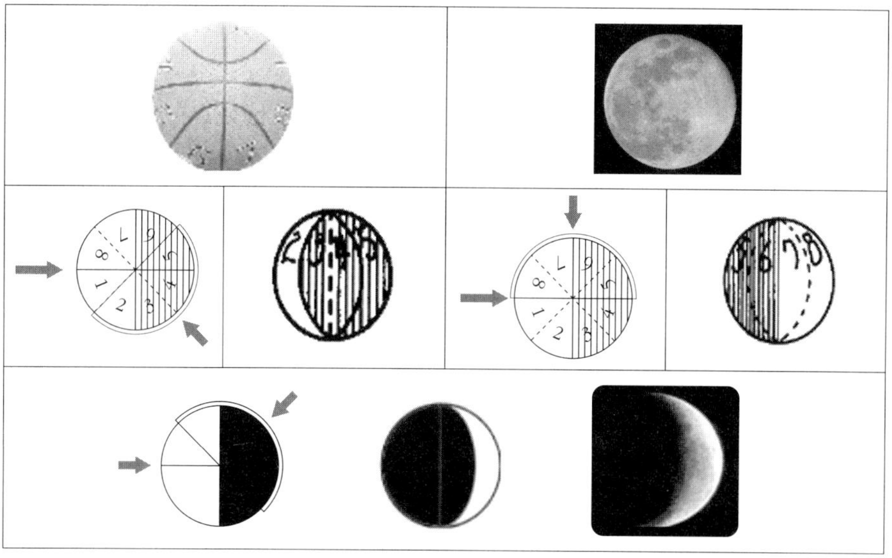

[그림 6-7] 달의 위치 변화 개념 습득을 위한 단계적 설명 자료

개념의 습득에 한계가 있을 수 있다. 이러한 수업 시 천체에 대한 개념 습득에 도움이 될 수 있는 Starry Night Pro 프로그램 수업을 시도하면 개념 습득에 도움이 될 수 있을 것이다.

[그림 6-7]은 달의 위상 변화 개념 습득을 위한 단계적 설명 자료다. 이는 달의 위상 변화에 대한 개념 습득을 위해서는 순차적 점진적 접근으로 사고체계를 유도해야 한다고 볼 수 있다. 즉, 학생들의 사고를 '1차원(구의 평면) → 2차원(구의 측면) → 3차원(우주 공간)'으로 유도하여 공간지각에 대한 인식을 하게 하는 방법이라 볼 수 있다. 우주 공간 속에 있는 달은 지구-달-태양의 역학적 공간 구조 속에서 달의 위상 변화를 인식해야만 하기 때문에 사고체계를 순차적으로 점진적으로 유도하여야 한다. 이때 학습자들에게 과학적 창의성을 유발할 수 있도록 안내해야 한다.

[그림 6-8]은 초등학교 과학교과의 '계절의 변화'에 대한 학습 위계도다. '계절의 변화' 학습에서도 이전의 필수 선수학습 요소를 반드시 점검하고 보정하여 학습이 시작되어야 한다.

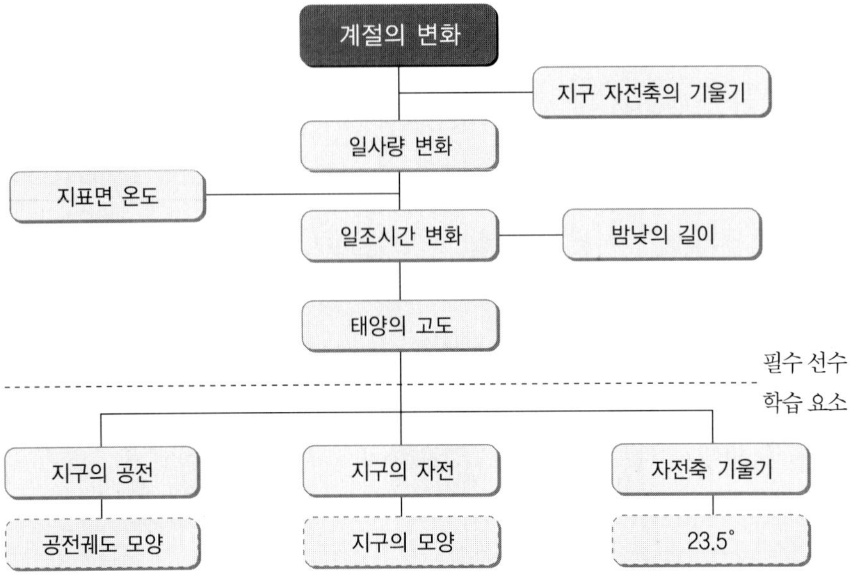

[그림 6-8] 계절의 변화 학습 위계도

[그림 6-8]에서 볼 수 있듯이, '계절의 변화'에 대한 필수 선수학습 요소를 확인하지 않고는 학습의 효과를 기대할 수 없다. 이러한 위계도는 사고체계의 단계를 어떻게 유도하는가 하는 과학적 창의성을 발휘해야 학습의 승패를 좌우할 수 있다. 즉, '계절의 변화'의 학습에서의 공간지각 개념 습득은 과학적 창의성을 발휘해야 학습의 효과를 기대할 수 있다.

4. 결 론

지금까지 과학적 창의성의 의미와 구성 요소에 대한 국내외 학자들의 다양한 견해를 살펴보고, 과학교과와 관련되어 지금까지 연구되어 온 국내의 연구 결과와 창의성 교육을 위한 학습 방법을 정리해 보았다.

최근 창의성의 영역 특이성이 강조되는 측면에서 과학적 창의성을 구성하는 요소들을 정리해 보면, 과학적 사고력과 과학 지식, 과학적 탐구기능을 포함하는 인지적 요소와 환경적 요소, 창의적 동기를 포함한 개인적 성향으로 요약할 수 있다. 과학교과와 관련하여 다루어진 국내의 창의성 관련 연구는 크게 과학적 창의성에 대한 이해와 창의성 계발을 위한 프로그램 개발의 측면으로 이루어져 왔고, 최근 뇌에 대한 연구가 활발해지면서 창의성과 좌뇌, 우뇌와의 관련성을 토대로 한 연구가 진행되고 있다. 이처럼 그동안 과학교과에서는 여타 교과에 비해 창의성에 대한 관심과 이해를 위한 노력이 경주되어 왔고, 이의 개발을 위한 다양한 방법들이 시도되어 왔다. 하지만 창의성이라고 하는 개념의 실체가 불분명한 만큼, 과학적 창의성의 실체를 밝히고 창의성을 증진시킬 수 있는 방안에 관련된 끊임없는 관심과 노력이 경주되어야 할 것이며, 과학 분야에서 창의성 교육이 좀 더 효과적으로 이루어지기 위해서는 과학 창의성 프로그램이 갖추어져야 하며, 과학적 탐구기능을 강조하여 프로그램을 개발할 필요가 있다고 여겨진다. 교사는 교과서에 나타난 지식을 중심으로 수업을 진행함으로써 탐구 방법에 대하여 다양하게 생각해 보는 기회를 제공하지 못하는 경향이 있으며, 교과 진도, 과다한 학생 수, 입시와 관련된 평가 등으로 창의성 교육에 대한 학습의 성과가 미흡한 점이 있다고 본다. 과학 창의성 교육을 위해서는 다양하고 독창적인 과학 창의성 프로그램 개발과 이를 적용할 수 있는 교육 여건이 마련되어야 한다. 이러한 점에서 과학적 창의성 배양을 위한 방법으로 자유탐구가 도입되었으며, 교사의 자유탐구에 대한 탐구 방법 연구와 탐구 실행에 대한 역할이 매우 중요하다고 할 수 있다. 자유탐구에 대한 탐구 방법의 개선은 교사들이 자유탐구에 대한 본질을 인식하고 실행하는 데서 비롯될 것이라고 본다. 자유탐구의 다양한 학습은 과학적 창의성을 배양하는 밑거름이 될 수 있다. 이러한 확신을 위해서는 교사의 꾸준한 연구를 통한 탐구 방법 개발이 필요하다고 보며, 교사의 역할에 대하여 다음과 같이 제안해 본다.

첫째, 과학과의 창의성 배양을 위한 자유탐구 도입의 본질적인 취지를 명확히 인식한다. 둘째, 교사는 학습자의 수준을 고려한 다양한 자유탐구의 주제 개발과 탐구 방법을 구안한다. 셋째, 자유탐구에 대한 예비 연구(pilot study)를 꾸준히 실행한다. 넷째, 자유탐구에 대한 탐구 방법(모형 포함)을 설정하고 실행한다.

참고문헌

강민(2004). 초등학생들의 과학 개념 변화에 대한 협동학습의 효과. 대구교육대학교 대학원 석사학위논문.

강호감(1995). 뇌와 창의성 교육. 인천광역시 교육청 창의성 교육 연수 자료.

강호감(2001). 과학교육에서의 창의력 계발의 방향. 2001년도 한국창의력교육학회 춘계학술대회 자료집.

강희준(2009). 과학 교과서에 제시된 물질의 상태와 상태 변화 개념 및 학생의 개념 유형 분석. 선문대학교 대학원 박사학위논문.

교육과학기술부(2008). 초등학교 교육과정 해설(Ⅳ). 서울: 대한교과서 주식회사.

김명숙(2002). 창의성의 영역 특수성. 교육심리연구, 16(2), 153-172.

김명숙, 정대련, 이종희(2003). 과학영재와 일반아의 창의적 사고, 인성, 환경과 과학영재의 창의적 수행에서의 성차. 아동학회지, 24(3), 1-13.

김영채(1999). 창의적 문제해결: 창의력의 이론, 개발과 수업. 서울: 교육과학사.

김혜순, 강기숙(2007). 아동의 과학 적성, 창의성, 과학 창의적 문제해결력 간의 관계. 초등과학교육, 26(1), 32-40.

노현희, 이길동(2006). 탐구중심 과학 활동이 유아의 창의성 증진에 미치는 영향. 교육의 이론과 실천, 11(2), 47-69.

류호천, 강태완, 김남일(1999). 마인드맵의 활용을 통한 자연과 학습 활동이 학업성취도와 창의성 계발에 미치는 영향. 한국생물교육학회지, 27(3), 177-184.

박민정, 전동렬(2008). 과학영재 교육 대상자 선별방법으로서 교사 추천제 분석-학생의 과학적 태도, 탐구력, 사고력, 문제해결력, 창의성을 중심으로. 한국과학교육학회지, 28(2), 111-119.

박성익, 조석희, 김홍원, 이지현, 윤여홍, 진석언, 한기순(2003). 영재교육학원론. 서울: 교육과학사.

박종원(2004). 과학적 창의성 모델의 제안-인지적 측면을 중심으로. 한국과학교육학회지, 24(2), 375-386.

서혜애(2003). 과학영재학교 신임교원 국내연수 자료집.

서혜애, 윤기순, 권덕기, 송방호(2004). 창의성 계발 과학교육을 위한 한국-이스라엘 과학교사 연수 프로그램의 효율성. 한국과학교육학회지, 24(2), 343-356.

서희석(2005). 초등학교 과학과 ICT 활용 수업이 계절의 변화 개념 이해에 미치는 효과. 경인교육대학교 대학원 석사학위논문.

성진숙(2001). 과학에서의 창의적 문제해결력에 영향을 미치는 제 변수 분석: 확산적 사고, 과학지식, 내 · 외적 동기, 성격특성 및 가정환경. 이화여자대학교 대학원 박사학위논문.

신지은, 한기순, 정현철, 박병건, 최승언(2002). 과학영재 학생과 일반 학생은 창의성에서 어떻게 다른가-서울대학교 과학영재교육센터 학생들을 중심으로. 한국과학교육학회지, 22(1), 158-175.

심재영, 김종득, 김언주(2005). 과학영재와 일반학생 집단 간의 창의성 비교 연구. 교육심리연구, 19(3), 563-576.

오경미, 장지은, 김희백(2008). 혈당량 조절에 관한 CPS 소집단 활동이 과학고등학교 학생들의 과학 창의성과 개념 이해에 미치는 영향. 한국생물교육학회지, 36(3), 412-427

우종옥, 김승훈, 강심원(2001). 과학교육에서의 창의력 수업 모형 개발. 2001년도 한국창의력교육학회 춘계학술대회 자료집.

원정애(2006). 초등학생들의 과학에 대한 인식론적 신념에 따른 과학 개념 변화 과정. 한국교원대학교 대학원 박사학위논문.

이남은(2009). 과학 글쓰기 프로그램 적용에 의한 개념 변화 과정 분석. 한국교원대학교 대학원 석사학위논문.

이인원(2008). 자연체험 활동이 유아의 과학 탐구능력과 창의성에 미치는 영향. 미래유아교육학회지, 15(2), 257-287.

임갑빈, 박영란(2007). 생태유아교육 탐구활동 프로그램이 유아의 과학 탐구능력 및 창의성에 미치는 영향. 미래유아교육학회지, 14(1), 125-166.

임희준, 신명경(2008). 초등 과학 영재아 지도 입문. 서울: 교육과학사.

장지은, 이길재, 김성하, 김희백(2005). 과학 창의성 향상을 위한 고등학교 생물 분류 단원 수업 프로그램의 개발과 적용. 한국생물교육학회지, 33(4), 505-516.

장혜진, 신영준(2009). 과학 관련 도서 독후 활동이 초등학생의 창의성에 미치는 영향. 초등과학교육, 28(2), 187-196.

정현철, 한기순, 김병노, 최승언(2002). 과학 창의성 계발을 위한 프로그램 개발. 한국지구과학회지, 23(4), 334-348.

조연순(2006). 문제중심학습의 이론과 실제. 서울: 학지사.

최경희, 조연순, 조덕주(1998). 창의적 문제해결력 신장 경연대회 연구보고서. 공주교육대학교 과학교육연구소.

최재혁, 서정희(2007). 과학영재의 국제경진대회 활동에서 창의성의 사회적 측면 분석. **초등과학교육**, 25(5), 582-590.

한기순, 신지은, 정현철, 최승언(2002). 남학생은 여학생보다 창의적인가－영재들의 과학 창의성을 중심으로. **한국지구과학회지**, 23(4), 324-333.

한세란, 권치순, 김찬종(2000). 초등 과학 수업에서 포트폴리오 수업이 학생들의 창의성과 과학 탐구능력에 미치는 영향. **한국과학교육학회지**, 20(3), 421-431.

홍정숙(2005). 구성주의 학습을 통한 초등학생의 전기 개념 변화와 개념 상태 분석. 서울교육대학교 대학원 석사학위논문.

Amabile, T. M. (1983). The social psychology of creativity: A componential conceptualization. *Journal of Personality and Social Psychology, 45,* 357-376.

Barrows, H. S. (1994). *The tutorial process.* Springfield, IL: Southern Illinois University School of Medicine.

Barsalou, L. W. (1982). Context independent and context dependent information on concepts. *Memory and Cognition, 10,* 82-93.

Butler, M. B., & Nesbit, C. (2008). Using science notebooks to improve writing skills and conceptual understanding. *Science Activities, 44*(4), 137-146.

Cindy, N., & Virginia, M. (2003). *7 Easy steps to successful research for student in grades K-12 teacher manual.* Active Learning Systems LLC, 1-37.

Dacey, J. S., & Lennon, K. H. (1998). *Understanding creativity: The interplay of biological, psychological, and social factors.* San Francisco: Jossey-Bass Publisher.

Din, Y. Y. (2004). Questioning skills for conceptual change in science instruction. *Journal of Biological Education, 38*(2), 76-83.

Greeno, J. G. (1978). Natures of problem solving abilities. In W. K. Estes(Ed.), *Handbook of learning and cognitive processes, Vol. 5: Human information processing.* New Jersey: Erlbaum.

Guliford, J. P. (1950). Creativity. *American Psychologist, 5,* 444-454.

Hunt, E. (1994). Problem solving. In R. J. Sternberg(Ed.), *Thinking and problem solving.* Academic Press Ltd, London.

Jenny, M., Helen, W., & David, C. (2007). The effect of increasing conceptual challenge in primary science lessons on pupils' achievement and engagement. *International*

Journal of Science Education, 29(14), 1707-1719.

Kind, P. M., & Kind, V. (2007). Creativity in science education: Perspectives and challenges for developing school science. *Studies in Science Education, 43,* 1-37.

Li, S. C., Law, N., & Lui, K. F. A. (2006). Cognitive perturbation through dynamic modelling: A pedagogical approach to conceptual change in science. *Journal of Computer Assisted Learning, 22*(6), 405-422.

Maslow, A. (1968). *Toward a psychology of being.* New York: Van Nostrand.

Mayer, R. E. (1999). Problem solving. In M. A. Runco & S. R. Pritzker (Ed.), *Encyclopedia of creativity.* CA: Academic Press.

Mumford, M. D., Mobley, M. I., Uhlman, C. E., Reiter-Pal-mon, R., & Doares, L. M. (1991). Process analytic models of creative capacities. *Creativity Research Journal, 4*(2), 91-122.

Renzulli, J. S. (2002). *Scales for rating behavioral characteristics of superior students revised edition.* Creative Learning Press.

Scott, T. E. (1999). Knowledge. In M. A. Runco & S. R. Pritzker(Ed.), *Encyclopedia of creativity.* CA: Academic Press.

Sternberg, R. J., & Lubart, T. I. (1991). An investment theory of creativity and its development. *Human Development, 34,* 1-31.

Stumpf, H. (1995). Scientific creativity: A short overview. *Educational Psychology Review, 7*(3), 225-241.

Urban, K. K. (1995). *Creativity: A component approach model.* A paper presented at the 11th World Conference on the Education for the Gifted and Talented. Hong Kong.

Yager, R. (2000). A vision for what science education should be like for the first 25years of a new millennium. *School Science and Mathematics, 100*(6), 327-341.

제 7 장

체육교과의 창의성 이론과 실제

제 7 장

체육교과의 창의성 이론과 실제

1. 서 론

체육 수업에서는 아이들의 창의성을 길러 주기 어렵죠. 우선 학습 양이 많아 교사가 직접 지도하는 형태로도 진도 맞추기에 급급하죠. 또 창의성이란 게 학생들의 자기주도적 학습을 전제로 하는데, 이럴 경우 안전사고 발생이 걱정되죠. 뭐 이런저런 이유로 창의성과는 먼 수업을 지도하지만, 가장 큰 이유가 아무래도 체육 수업은 신체적 영역에 치중해야 한다는 생각 때문이 아닐까요?

초등학교 K 교사와의 면담 내용이다. 그녀는 2009년 현재 교육 경력 19년의 중견 교사로 2007년 B시의 수업연구발표대회에서 1등급을 받았다. 2008년에는 교육청 수준의 교육과정 개발 업무 경험도 있다. 이처럼 교내외에서 우수교사로 평가받는 K 교사는 체육교과에서 창의성 교육의 실현 가능성을 낮게 보고 있다.

K 교사의 견해는 타당하다. 다른 교과와 달리 체육 수업은 복잡 다양한 신체 활동을 수반하므로 학습자의 안전사고율이 높다. 또 체력과 기능이 약한 초등학생

들이 스스로 새로운 운동 원리를 발견하며 적용하는 일은 제쳐 두고 교사가 제시한 과제를 그대로 따라 하기도 쉽지 않다(손준구, 2006).

그런데 K 교사도 언급했듯이, 체육교과의 창의성 교육을 가로막는 가장 큰 걸림돌은 정작 따로 있다. 체육교과에 대한 교사의 가치 정향(value orientation)이 그것이다. 가치 정향은 교육과정을 개발하고 실행할 근간이 되는 철학적 관점은 물론, 교사가 갖는 교과 신념까지 포함하는 개념이다(Ennis, 2003; Cothran & Ennis, 1998). 교사는 대개 자신의 교과 신념에 따라 수업의 방향과 방법을 결정하기 때문에 그 영향은 결코 적지 않다. 예를 들어, 교사가 체육을 학습자의 체력 증진에 필요한 교과라 여긴다면 체력교육 모형(fitness education model)으로 가르칠 것이고, 학습자가 배운 하나의 운동 원리를 다양한 상황에 적용하기를 원한다면 학문 중심 모형(kinesiological studies model)을 떠올릴 것이기 때문이다.

2009년 7~8월에 정보 제공자들이 초등학교 교사들과 전화상담한 결과는 교사의 가치 정향이 체육교과의 창의성 교육을 가로막고 있음을 그대로 드러냈다. B시, U시, K도에 근무하는 9명의 초등교사들에게 사전교육(3시간)을 실시한 후, 동료 교사들에게 체육 수업의 창의성 교육 가능성을 진단하도록 의뢰한 결과, 92명의 응답자 중 무려 49명(53.3%)의 교사들이 부정적인 견해를 밝혔다. 안전사고를 유발하기 쉽고(16명, 32.7%), 학생들의 자기주도적 학습 능력이 약하기 때문이라는 이유도 있었지만(13명, 26.5%), 실기 시간을 줄이면 곤란하다는 목소리가 가장 컸다(20명, 40.8%).

이 결과는 체육 수업 현장에서 교사들은 여전히 신체 발달이나 기능 숙달에 집착하는 경향이 크며, 때로는 교과 정체성마저 올바로 인식하지 못하고 있다는 최근 연구들(손준구, 2006, 2008; 유정애, 2002; 최의창, 2007)의 지적과 일치한다. 현실이 이와 같다면, 체육과 교육과정에서 추구하는 창의성 목표의 실현은 요원할 수밖에 없다.

물론 심동적 영역은 체육교과의 근간이다. 그러나 이 때문에 추구해야 할 또 다른 목표를 외면해서는 안 된다. 이미 알려진 것처럼, 20세기에 이르러 Hetherington이나 Williams 등의 학설에 따라 체육의 개념은 '신체의 교육(education of the physical)' 또는 '신체를 위한 교육(education for the physical)'에서 '신체를 통한 교육(education through the physical)'으로 바뀌었다(Almond, 1989; Hellison, 1985; Van Dalen & Bennett, 1971). 이는 '신체적 훈련'에서 '신체적 교육'으로 그 인식이 전환되었음을 의미한다.

이에 따라 체육교육은 신체 건강이나 운동기능 영역 외에도 도덕성과 사회성 등의 인성교육과 인지력, 표현력 등의 지적 교육 목표를 추가했다(Bucher, 1975).

우리나라에서도 고종 32년(1895)에 신체적 건강에 중점을 둔 근대 체육교육이 시작된 이래 일제 강점기까지 심신 단련에 치중해 왔지만(김수균, 1991; 신영길, 손준구, 1991), 제1차 교육과정(1954~1963)부터 사회적 목표와 인지적 목표를 추가해 현재에 이르고 있다. 특히, 제3차 교육과정(1973~1981)에서 창의적 신체 표현의 목표를 명시하고, 제5차 교육과정(1987~1992)에서 효율적인 운동 수행의 탐구 능력 배양을 강조하면서 창의성 교육이 자리를 잡기 시작했다(교육부, 2001).

최근 초등학교 체육과 2007년 개정 교육과정에서는 '신체 활동 가치의 내면화와 실천을 통한 전인교육'을 총괄 목표로 삼았다. 이를 위해 건강 지식과 실천 능력, 도전 능력과 창의적 사고력, 선의의 경쟁력과 협력 태도를 기를 수 있는 내용을 선정했다(교육부, 2006). 이 가운데 체육교과에서 그간 소홀히 여겨 왔던 창의성 영역은 지식기반 사회와 유비쿼터스 시대에서 가장 중요한 교육 키워드가 되어 더 이상 외면할 수 없게 되었다.

독창적 사고 과정의 결과나 직면한 문제를 새롭고 효율적인 방법으로 해결해내는 능력을 창의성이라 한다면(Csikszentmihalyi, 1999; Hinson, 1998; Sternberg, 2001), 이는 사실 체육교과에서도 필수적인 요소다. 왜냐하면 그것은 다양한 상황에서 신체 활동을 성공적으로 수행하는 데 필요한 의사결정 능력의 기초가 되기 때문이다.

따라서 초등학교 체육 수업에서 교사는 개정 교육과정에서 새롭게 강조된 창의적 사고력 목표를 실현시켜야 한다. 이를 위해 학습자들이 독창적 사고 과정을 통해 신체 활동의 효율적 수행 방법을 발견하고, 변화하는 다양한 운동 장면에 성공적으로 대처하는 능력을 기를 수 있는 방향으로 지도해야 한다.

2. 체육적 창의성의 배경

19세기 초 Jahn의 독일체조 이래, 체육은 100여 년 이상 신체 훈련의 성격을 띤 채 직접적이고 형식적인 지도 방법을 적용해 왔다. 교사는 체육 수업의 모든 사항을 결정했고, 미리 계획해 둔 학습 내용과 과정에 맞추어 학습자를 지도했다. 당시 지도자들은 학습자의 체력과 운동기능을 향상시키는 데 이 방법이 가장 효과적이라 믿었기 때문이다(Gallahue, 1987; Van Dalen et al., 1971).

그러나 20세기 초반 체육학자들은 체육 목표에 인지와 정의에 관한 요소들을 추가했다. 이는 새로운 수업 모형과 교수 방법을 탐색하는 계기가 되었다. 이전의 기능 중심 교과에서 체력과 기능 발달을 위해 유일하게 적용했던 직접 지도 방법으로는 새로운 목표를 실현하기가 곤란했기 때문이다.

이렇듯 체육의 정체성을 재정립하고 새로운 목표를 실현하려는 과정에서 간접교수, 문제해결, 탐색교수, 유도발견 등의 개념을 적용해 보기도 했다. 그러나 이 개념들은 직접 지도 방법의 대안적 개념이기는 했지만, 교수-학습의 모든 과정을 담을 수 있는 구체적 모형으로 인정받지 못했다(Metzler, 1999).

그러던 중에 Laban과 Lawrence(1947)의 움직임 교육(movement education)이 크게 주목받았다. 이는 효율적인 무용 동작을 탐색하기 위한 것이었지만, Logsdon과 그의 동료들은 그 개념을 체육 수업에서 인지적 교육을 꾀할 수 있는 틀로 다듬었다(Jewett & Bain, 1985 재인용).

직접적이고 형식적인 지도 방법은 심동적 학습 시간(ALT) 비율을 높이거나 기능을 습득하는 데 효과가 있다. 그러나 학습자의 자발적 참여나 창의적 사고를 가로막는다.

〈표 7-1〉 로그즈던 등의 움직임 교육 개념 틀

요소	영역
신체 신체는 무엇을 하는가?	• 행동도구인 신체 • 신체 부위별 행동도구인 신체 • 활동체인 신체 • 형태인 신체
노력 신체는 어떻게 움직이는가?	• 시간 • 무게 • 공간 • 흐름
공간 신체는 어디로 움직이는가?	• 범위 • 방향 • 수준 • 경로 • 면 • 넓이
관계 어떤 관련성이 생기는가?	• 신체 부위 • 개인과 집단 • 기구 및 장비 • 기타 물체

출처: Jewett & Bain(1985). *The curriculum processes in physical education*. GA: Wm. C. Brown Publishers.

움직임 교육에서 강조하는 기본 움직임 발달, 문제해결력 증진 그리고 창의적 신체 활동 개발이라는 개념은 Metzler(1999)가 개발한 탐구수업 모형(inquiry teaching model)의 근거가 되었다. 이 모형은 발문자인 교사(teacher-as-question-asker)와 문제해결자인 학습자(learner-as-problem-solver)라는 기본적 형태를 가진다. 즉, 교사의 역할은 학습자의 사고 과정을 촉진시켜 심동적 과제를 효율적으로 수행하도록 돕는 데 중점을 두는 것이다. 이를 위해 교사는 학습자가 탐구력을 발휘할 만한 발문을 지속적으로 제시한다. 또 학습자는 자신이 알고 있던 사전 지식을 본시 과제의 해결 방법으로 새롭게 재구성해 심동적 활동으로 적용한다.

우리나라 초등학교 제5차 체육 교육과정의 핵심이 되기도 했던 움직임 교육 개념은 신체 활동을 이동, 비이동, 조작운동으로 분류한 기본 운동체계를 세웠을 뿐 아니라, 학습자가 스스로 움직임을 탐색하며 창의적인 사고 과정을 꾀하도록 시도했다는 점에서 높이 평가할 수 있다(Gabbard, LeBlanc, & Lowy, 1987; Gallahue, 1987; Hall, Sweeny, & Esser, 1980; Riggs, 1980).

1960년대에 이르러 Mosston(1966)의 교수 스펙트럼은 체육교과의 창의성 목표를 실현할 수 있는 새로운 지평을 열었다. 그의 스펙트럼 이론은 '교수-학습 과정은 의사결정의 연속적 과정'이라는 전제하에 성립된다. 의사결정은 과제 활동 전, 과제 활동 중, 과제 활동 후로 구분되는데, 이 세 가지 결정 과정마다 교사나 학습자 중 어느 쪽 권한이 더 큰가에 따라 체육 수업 유형을 다음 [그림 7-1]과 같이 나눈다(Mosston & Ashworth, 2002 재인용).

이 11개 유형은 모방 능력과 창조 능력으로 나뉜다. 즉, 중앙에서 왼쪽으로 갈수록 기존 지식을 효율적으로 재생산하는 능력을 기르기 위한 성향이 강한 수업이다(E→A). 또 오른쪽으로 갈수록 새로운 지식을 창조하는 능력을 기르기 위한 성향이 강한 수업이다(F→K). 모방 중심 수업은 학습 주제가 고정적이며 사실, 규칙, 운동 기능의 원리를 기억하고 이해하는 데 중점을 둔다. 반면에 창조 중심 수업은 학습 주제가 가변적이며 새로운 지식이나 학습 방법을 창조하는 데 중점을 둔다.

기존 지식의 모방 ← → 새로운 지식의 창조

A	B	C	D	E	F	G	H	I	J	K

A: 지시형(command style)
B: 연습형(practice style)
C: 상호학습형(reciprocal style)
D: 자기점검형(self-check style)
E: 포괄형(inclusion style)
F: 유도발견형(guided discovery style)
G: 수렴발견형(convergent discovery style)
H: 확산발견형(divergent discovery style)
I: 자기설계형(learner-designed individual program style)
J: 자기주도형(learner-initiated style)
K: 자기학습형(self-teaching style)

[그림 7-1] 체육교수의 유형

Mosston 이후 교수 스펙트럼 연구가 활발해졌는데, 학자들은 F에서 K까지 이르는 6개 유형 중에서 유도발견형, 수렴발견형, 확산발견형에 깊은 관심을 두고 있다. 유도발견형은 하나의 과제에서 하나의 답을 찾는 구조로, 교사의 계열적이고 지속적인 질문(유도)에 따라 학습자가 그 해결 방법을 발견하는 유형이다. 수렴발견형은 문제해결에 도움을 주는 교사의 유도 과정을 생략한다는 점이 다를 뿐이다. 이에 비해 확산발견형은 유도 과정이 없을 뿐 아니라 문제해결 방법도 한 가지로 제한하지 않는다. 즉, 교사가 제시한 하나의 과제를 성공하기 위해 학습자들이 다양한 방법과 동작을 발견하고 창조하는 유형이다.

이 수업을 통해 학습자들은 과제 수행의 다양한 원리나 방법을 찾아내고 이를 서로 연관시켜 개인 수준에 맞는 학습 형태로 재구성하는 인지적 능력은 물론(Mosston et al., 2002), 과제의 움직임 패턴을 수정하고, 상황에 적절한 활동을 창안하고 적용하는 심동적 능력도 크게 향상시킬 수 있다(Cleland & Gallahue, 1993; Cleland & Pearse, 1995; Hinson, 1998; Pica, 1998a, 1998b; Todorovich & Curtner, 1998).

3. 체육교과의 창의성 교육의 실제

20세기 중반 이후 직접교수, 개별화, 협동학습, 스포츠 교육, 동료교수, 탐구수업, 전술게임 등을 비롯한 많은 체육 수업 모형들이 개발되었다. 그럼에도 불구하고, 창의성 교육을 위해 뚜렷이 내세울 만한 수업 모형은 아직 없다. 그나마 Metzler(1999)의 탐구수업 모형이 대안적 모델이다. 그러나 Metzler 자신도 언급했듯이, 이 모형은 움직임 교육 모형을 기초로 설계된 것이다. 따라서 이 모형은 학습자가 교사의 발문을 근거로 효율적인 움직임 방법을 발견하는 데 중점을 두는 유도발견식 수업에 가깝다. 물론 학습자의 발견 능력도 창의성 범주에 속할 수 있지만, 수렴적 방법을 통해 문제를 해결한다는 점에서 낮은 수준의 창의성 수업이다. 이러한 이유로 여기서는 확산적 방법을 통해 학습자의 발견 및 창조 능력을 기르는 데 목적을 둔 Mosston 등의 교수 방법과 그 외의 창의성 관련 선행 연구들을 참고했다.

1) 체육교과의 창의성 개념

창의성에 대한 개념은 학문 영역이나 학자의 관심에 따라 다르다. 우선 Fox(1963)와 Halpern(1984) 등은 창의성을 인지적 영역이라고 주장한다. 여기에는 민감성, 재정의, 유연성, 융통성, 독창성, 정교성, 상상력, 비유력, 관찰력, 종합력, 분석력, 지각변환력, 예측력, 논리력, 언어표현력, 기억력이 포함된다는 주장을 한다. 반면에 Barron(1963)과 Mackinnon(1963) 등은 창의성 요소를 정의적 영역에서 찾기도 한다. 성취욕, 성공 기대감, 내적 동기, 발견과 발명에 대한 욕망, 독립심, 자율성, 심미성, 새로움 추구, 인내심, 저항성, 모험적 용기, 경험과 비평에의 개방성, 직관력, 주장성 등이 그것이다(김현정, 2003 재인용). 물론 인지와 정의의 요소들을 모두 창의성 개념으로 이해하는 견해도 있다(예: Csikszentmihalyi, 1999). 이렇듯 창의성을 이해하는 관점이 다르고 그 요소들도 다양하지만, 독창성, 유창성, 가치성을 공통적인 키워드로 인정하고 있다(김현정, 2003; 이영만, 2001; Cropley, 2000; Csikszentmihalyi, 1999, 2006; Weisberg, 1999). 다만, 이 요소들이 인지적 영역과 정의적 영역 중 어디에 속하는지에 대한 논의는 끊이지 않고 있다.

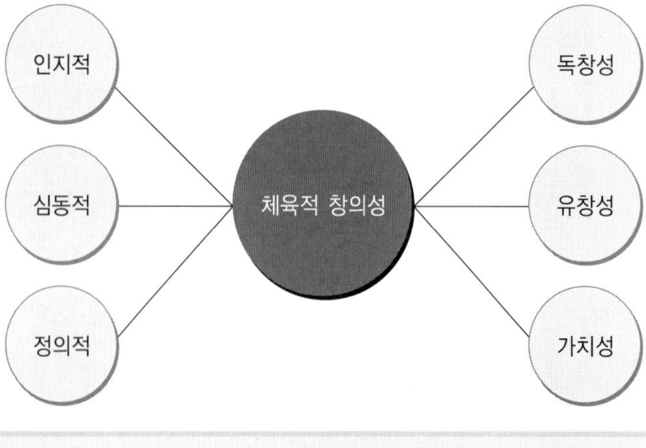

[그림 7-2] 체육적 창의성 개념도

신체를 새로운 형태나 방법으로 표현하며 독창성을 기를 수 있다.

변화하는 게임 상황에서 올바르게 패스하거나 득점하는 동작을 익히며 가치성을 기를 수 있다.

최근 체육교과에도 주로 표현 활동이라는 제한적 영역에서 창의성 관련 연구들이 시도되고 있다(예: 박승순, 윤명희, 2004; 박혜리, 2008; 안병순, 2008). 이 연구들은 움직임 교육의 네 가지 개념(〈표 7-1〉 참조)을 중시하면서도 지금까지 제기된 많은 창의성 요소들을 제각기 수용하고 있다.

여기서 언급하는 창의성의 개념은 독창성, 유창성, 가치성이라는 보편적 요소들을 근간으로 삼았다. 다만, 이 요소들을 인지적 영역과 정의적 영역은 물론, 심동적 영역까지 포함하여 이해해야 한다. 왜냐하면 신체 활동을 자신만의 독특한 방법이나 형태(독창성)로 수행하고, 숙련된 동작(유창성)이나 우수한 성과에 기여하는 운동 기능(가치성)을 구사하는 행위도 창의성과 관련되기 때문이다([그림 7-2] 참조). 따라서 체육교과에서 창의성의 개념을 '체육의 특정한 과제 해결에 필요한, 가치가 있고, 독특하며, 숙련된 인지적 · 심동적 능력은 물론, 그 능력을 발휘

복잡한 기능을 안전하고 숙련된 동작으로 학습하면 유창성을 기를 수 있다.

하려는 욕구와 태도'로 정의하기도 한다.

2) 교수-학습의 기본 방향

체육교과의 창의성 교육은 학습자가 확산적인 사고력과 창조적인 활동에 적극 참여함으로써 독창적이고 유창하며 가치 있는 체육 학습 능력을 기르는 데 목적을 두어야 한다. 이를 위해 교사는 학습자가 특정한 문제를 해결하기 위해 하나의 답을 요구하는 모방적 사고 과정(수렴형)이 아닌 다양한 인지적 반응 또는 사고(확산형)를 보일 수 있도록 지도해야 한다(Cleland & Gallahue, 1993; Hinson, 1998; Pica, 1998a). 물론 창의성 수업에서 수렴적 사고의 근간인 기억 과정을 외면할 수는 없다. 모든 신체 활동에 대한 정보나 움직임의 재생은 기억 과정에 의존하기 때문이다. 다만, 그러한 기억 과정을 통해 알고 있는 운동의 원리나 법칙보다 더욱 효율적이고 가치 있는 반응을 창출해야 한다. 따라서 교사는 학습자가 고정된 사고의 틀에서 벗어나 열린 마음으로 사고함으로써 새로운 아이디어를 생산하도록 지도해야 한다. 예를 들어, 체육 수업은 다양한 신체 활동 요소로 구성되어 있다. 창의적 체육 수업에서는 이미 알고 있는 움직임, 기본기술, 기초전략 등을 그대로 익히는 것이 아니라, 학습자의 사고를 확산시키고 시행착오를 거쳐 새로운 운동학습 방법을 발견하는 것이다. 서로 다른 다양한 신체 활동을 결합시켜 새로운 운동 내용과 수행 방법을 만들고, 여러 가지 변화하는 움직임 상황에 슬기롭게 대처하는 기술과 전략을 생산해 낼 수 있어야 한다.

이와 같은 창의적 체육 수업의 의사결정 및 구조를 과제 활동의 전, 중, 후로 나누어 정리하면 다음과 같다(Mosston & Ashworth, 2002).

- 과제 활동 전의 기본적인 사항은 교사가 결정한다. 여기에는 수업 목표, 교과 내용(주제, 과제의 양과 질), 지도 시기, 과제 제시 방식, 학습 공간, 복장, 평가 방법 및 절차 등이 포함된다. 다만, 교과 내용의 세부적인 과제를 선정하고 수행하는 방법은 학습자의 의견을 반영한다.

• 과제 활동 중에 교사는 먼저 해결할 과제를 제시한다. 해결에 필요한 원리를 설명하거나 단서가 담긴 피드백을 제공하지 않고 점진적인 과제 제시를 통해 학습자의 논리적 사고 과정을 촉진시킨다. 이러한 사고 과정은 '자극→불일치→탐색→반응'의 단계를 거친다. 즉, 교사가 제시한 문제에 관심을 갖는 자극에서 시작해 해답을 알 수 없는 인지적 불일치 상태가 되면 이때 학습자는 문제해결의 욕구가 생겨 탐색 단계에 이른다. 여기에서 학습자는 기존 지식을 비교 분석하고 범주화하는 등의 구체적인 인지 과정을 거쳐 창의적인 아이디어나 움직임 패턴을 만들어 내는 반응 단계에 이른다. 특히 탐색 단계에서 학습자는 P−F−D라 부르는 감환 과정(reduction process)[1]을 통해 다양한 움직임을 설계하고 문제를 해결하게 된다.
• 과제 활동 후 교사는 학습자의 과제 활동 수행에 관한 정보를 수집하고 학습자의 창조적 활동을 평가한다. 또 평가에 필요한 도구, 절차, 자료, 기준, 가치 등을 학습자에게 제시한다. 이를 통해 학습자는 자신이 발견한 해결 방법의 옳고 그름을 평가한다.

3) 교수−학습 방법

Siedentop(1991)에 따르면, 체육교과에서 효율적인 교수−학습은 과제에 배당된 학습 시간(academic learning time: ALT)의 비율이 높고, 과제 내용이 학습자 수준에 적절하며, 따뜻하고 긍정적인 학습 분위기를 보이는 특징이 있다. 창의성 계발을 위한 수업에서 학습자의 독창성, 유창성, 가치성을 길러 주면서 체육 수업

1) 감환 과정과 점진적 과제 제시
• 감환 과정은 학습자가 창의적 사고 과정을 통해 얻은 여러 가지 가능한 문제해결 방법 가운데 자신이 실행할 수 있는 방법을 추려낸 후 여기서 가장 바람직한 방법을 최종 결정하는 과정이다.
• 점진적 과제 제시는 학습자의 P−F−D 과정을 지원하는 교수 행위다. 학습자는 이를 통해 자신이 창안한 문제해결 방법을 수정하거나 보완하게 된다.
• 부록(pp. 294-295 참조)의 창의적 수업 가상 시나리오를 통해 감환 과정과 점진적 과제 제시의 개념을 더 잘 이해할 수 있다.

에서 자주 발생하는 안전사고까지 예방한다면 매우 성공적인 수업이 될 수 있다. 다음에서는 교수-학습 방법을 세부적으로 살펴보고자 한다.

(1) 학습 시간의 확보

체육 수업에서 학습 시간은 과제 수행에 따른 학습자의 심동적 활동 시간이나 과제 수행의 성공률을 의미하며, 이는 성공적인 체육 수업을 평가하는 대단히 중요한 준거로 인정되어 왔다(Metzler, 1990; Rink, 2003; Siedentop, 1991). 그러나 학습자의 창의적 사고 과정에 중점을 두는 수업에서 학습 시간의 개념은 인지적 범주까지 포함시켜 이해해야 한다.

학습 시간 비율을 높이기 위해서는 학습자의 능력을 진단하여 중도 포기와 전환 회귀(flip-flopping)를 막고 수업 여세를 유지할 수 있도록 동시 처리해야 한다. 또 충실한 계획을 통해 수업을 준비하고 이동하는 등의 관리 시간을 줄여야 한다(Siedentop, 1991). 특히, 교사는 학습자의 인지적 활동과 심동적 활동의 배당 시간을 적절히 조절하여 수업의 흐름을 이끄는 일이 중요하다.

(2) 과제 제시와 과제 구조

직접 지도형 수업에서 과제 제시는 교사의 언어, 시범, 유인물, 동영상 매체 등을 통해 학습자에게 과제 수행 정보를 명확하게 안내하는 일이다. 그러나 창의성 수업에서는 학습자에게 과제 수행 정보를 주지 않고 수업 목표 또는 과제 수행을 위한 문제만 제시한다. 왜냐하면 그 원리나 방법을 학습자 스스로 발견하거나 창안하는 것을 기대하기 때문이다.

또 직접 지도형 수업에서 용구, 과제 수행 거리 및 횟수, 수행 기준 및 난이도 선정 등의 과제 구조는 교사의 지시에 따른다. 그러나 창의성 수업에서는 이 활동들도 학습자가 결정하는 것을 원칙으로 한다. 따라서 교사는 점진적인 정보를 지속적으로 제공해 학습자의 확산적 사고 과정을 이끌고 그들이 자기 수준에 적절한 수행 난이도와 방법을 설계하도록 도와야 한다.

(3) 긍정적 상호작용

교수–학습은 상호작용의 과정이다. 긍정적인 피드백을 제공하는 교사, 시종일관 학습자와 수업을 함께하는 교사, 수업을 활기차게 이끄는 교사, 학습자에게 기대감을 주는 교사 그리고 개인 능력을 고려하는 교사는 따뜻하고 긍정적인 학습 분위기를 조성한다(Siedentop, 1991). 이러한 수업에서 학습자의 자발적인 참여가 촉진되고 창의성도 길러진다.

특히 창의성 수업에서 교사는 지원 역할에 충실해야 한다. 지원은 학습자를 단순히 도와주는 일이 아니다. 진정한 지원은 학습자를 존중하는 일이며, 이는 그들이 스스로 문제를 해결해 성취감을 맛볼 기회를 조성하는 것이다. 학습자의 창조적 사고 과정을 기다려 주고, 과제를 벗어나 엉뚱한 반응을 보이는 학습자를 이해하고 격려하는 교사의 태도가 필요하다.

(4) 안전 확보

초등학교 체육 시간에 발생하는 안전사고 발생률은 다른 교과에 비해 현저히 높다(김두현, 2005; 손준구, 2006; 황호영, 김학수, 2004). 특히, 창의성 수업에서는 교사가 운동의 수행 방법을 상세하게 안내하지 않고 학습자 스스로 움직임을 탐색하기 때문에 안전사고가 발생할 가능성이 훨씬 클 수밖에 없다. 따라서 교사는 수업 전에 시설용구를 포함해 학습환경의 안전성을 점검해야 하며, 주운동에 맞는 준비운동을 충실히 지도해야 한다. 또한 학습자가 심리적 안정성을 가질 수 있도록 상호작용하고 개개인의 수준에 맞는 피드백을 제공하는 것도 안전사고를 예방하는 길이다.

4) 평가 방법

평가는 학습자가 창조적 체육 활동에 적극 참여함으로써 독창적이고 유창하며 가치 있는 학습 능력을 기를 수 있도록 조장함은 물론, 그 결과를 반성하고 후속 학습에 반영할 수 있도록 해야 한다.

그동안 체육교과는 신체 건강이나 운동 기능 목표를 실현하는 데 치중해 왔다. 이 때문에 평가 방법도 결과 중심의 입장에서 기초체력을 측정하거나 단순한 운동기능(예: 단거리 달리기, 배구의 토스) 수준을 파악하는 데 그치는 경향이 컸다(손준구, 문규진, 김문규, 2000). 이는 심동적 · 인지적 · 정의적 목표 실현을 통해 전인적인 인간을 육성하려는 학교 체육의 이념에 부합되지 못할 뿐 아니라, 창의적 체육 수업과도 매우 동떨어진 평가다.

따라서 창의성을 꾀하는 체육교과에서 평가는 학습자가 신체 활동을 자신만의 독특한 방법이나 형태로 수행하고, 숙련된 동작이나 우수한 성과에 기여하는 가치 있는 활동을 보이는 데 필요한 인지적 · 심동적 · 정의적 학습 능력을 기를 수 있고, 그 과정 및 결과를 파악하는 데 중점을 두어야 한다.

◆ 평가의 유형 및 방법

최근 학교 현장에서 널리 적용하고 있는 수행평가는 학습자의 창의성은 물론, 다양한 학습 과정까지 파악하는 데 매우 유용하다(국립교육평가원, 1996). 따라서 여기서는 수행평가 유형 중 체육 평가에 적합하다고 판단되는 몇 가지 유형과 방법을 살펴보고자 한다.

① 관찰평가

관찰평가는 학습자 개인 또는 집단의 창조적 학습 과정을 평가하는 데 목적이 있다. 가장 전통적인 관찰기록표는 점검표(checklist)와 평정척도(rating scale)다. 점검표는 특정 항목에 대해 '예' 또는 '아니요'로 점검하거나 평가할 많은 항목들에 해당하는 곳에 모두 체크할 때 유용하다. 평정척도는 점검표의 '예' 또는 '아니요'라는 양자택일보다 더 많은 선택점을 필요로 할 때 적합하다. 선택점은 대개 3개(잘함, 보통, 미흡) 또는 5개(매우 잘함, 잘함, 보통, 미흡, 매우 미흡)로 만든다. 물론, 필요에 따라 더 많은 선택점으로 나눌 수 있다.

점검표나 평정척도보다 더 객관적인 평가를 원할 때는 사건 기록(event recording)이나 지속시간 기록(duration recording) 방법을 활용한다. 사건 기록은

〈표 7-2〉 지속시간 및 일화 기록표(예)

학 년	5	반	3	번 호	33	이 름	손오공
과 제	평균대 운동의 기본동작을 창의적인 방법으로 수행하기						
영역별	과제 참여시간(초)	계	일화 기록				
인지적	43, 28, 50	121	걷기와 균형 잡기의 성공적인 수행에 기여할 만한 새로운 방법을 창안해 발표함				
심동적	15, 19, 20	54	창안한 방법을 숙련된 동작으로 수행하지 못함				
합 계	175						
총 평	인지적 영역의 창의성은 매우 돋보이나, 운동 수행의 유창성은 떨어짐. 다만, 창조에 대한 열의가 다른 아동들에 비해 높아 차시에서 좋은 결과를 거둘 것으로 판단됨						

빈도로, 지속시간 기록은 시간(초 단위)으로 평가한다. 예를 들어, 학습자의 창의적 활동 참여 횟수를 평가할 때는 사건 기록을, 그 행동이 얼마나 지속되는지를 평가할 때는 지속시간 기록을 한다. 이때 인지적 활동과 심동적 활동을 구분하는데, 물론 심동적 활동을 수행할 때도 인지적 활동을 병행하게 되지만, 이는 심동적 활동 시간(또는 빈도)으로 기록한다. 정의적 활동은 빈도나 시간으로 평가하는 것이 더욱 어렵기 때문에 인지적 활동이나 심동적 활동에 참여한 시간을 참고하면 된다.

이 방법들은 매우 쉽게 활용할 수 있을 뿐 아니라, 점검표나 평정척도에 비해 학습 과정을 평가할 때도 더 유용하다. 물론 빈도나 시간이라는 양적 결과로 학습자의 창의성을 평가하는 것은 무의미할 수 있다. 창의적 활동의 질적 수준이 더 중요하기 때문이다. 그러나 학습자의 활동 결과에 대한 우열을 가려내기 곤란할 때 누가 과제 참여에 더 열심히 임했는지 파악해 보는 것도 나름대로 의미가 있다. 또 이 방법들은 학습자의 창조적 태도를 서술적으로 묘사하는 일화 기록(anecdotal recording)을 병행하면 양적 평가가 지니는 단점을 보완할 수 있다(〈표 7-2〉 참조).

② 실기평가

실기평가는 체육교과의 전통적인 평가 방법이다. 그러나 수행평가를 위한 실기

〈표 7-3〉 전통적 체육 실기평가 기준표(예)

실기평가 기준표	
과 제	농구공 골인하기
기준(회)	배 점
10	30
9	27
8	24
7	21
6	18
5	15
⋮	⋮

〈표 7-4〉 체육교과의 창의성 평가표(예)

과제 / 영역	농구형 간이게임의 창의적 수행 능력	수 준			일화 기록
인지적	규칙을 준수하며 게임 상황에 대처할 방법을 창안하는가?	☺	😐	☹	
심동적	창안한 방법을 수행하는가?	☺	😐	☹	
정의적	창의적 활동을 위해 노력하는가?	☺	😐	☹	

평가는 득점한 공의 개수를 측정하는 결과 중심의 기능평가가 아니다. 공이 골인된 수보다는 변화하는 게임 상황에 얼마나 창의적으로 대처하는지를 평가해야 한다. 이는 수학에서 정답을 맞추는 것보다 문제를 창의적으로 풀어 가는 과정을 더 중시하는 관점과 다르지 않다. 또 복잡하거나 어려운 기능의 수행 수준을 판정하는 것도 바람직하지 않다. 예를 들어, 평균대 운동의 고난이도 기능을 수행하는 능력보다는 교사가 제시한 주제를 얼마나 창의적인 방법으로 표현하는지를 평가하는 것이 중요하다.

③ 면담평가

면담평가는 두 가지 목적을 가지고 있다. 하나는 학습자의 인지적 능력을 파악하는 것이다. 교사는 확산적 발문(divergent question)을 제시하여 학습자 개인 또는 집단의 창조적 반응을 평가할 수 있다(예: '운동의 수행 방법을 몇 가지나 창안했는가?' '그 기능을 응용하면 어떤 동작이 만들어지는가?'). 다른 하나는 학습 행동을 보다 심층적으로 이해하는 것이다. 전반적인 수업 과정에서 발견한 학습자의 행동에 대한 원인이나 의미를 이해하면 보다 정확하게 평가할 수 있다(예: '네가 창안한 독특한 방법을 제시간에 운동에 적용하지 못한 이유는 뭐지?' '새로운 해결 방법을 만들어 내는 일이 어렵다는 말이구나!'). 이러한 면담 과정을 통해 얻은 학습자의 행동의 원인과 의미는 더욱 정확하고 진솔한 관찰평가 및 실기평가의 결과를 얻는 데 기여한다.

4. 결 론

오늘날 체육 수업의 가장 큰 문제는 잘못 가르치는 것(misteaching)이 아니라, 아예 가르치지 않는 것(nonteaching)이다. 시설용구가 부족하고 체육관도 없는 열악한 교수–학습 환경은 교사를 체육 수업 결손의 길로 유혹한다. 황사나 비를 동반한 궂은 날씨도 체육을 타 교과로 대체하게 한다. 그러나 체육 수업 파행의 더 큰 이유는 정작 교사 자신에게 있기도 하다. 체육교과의 존재 이유를 운동기능이나 체력의 증진에서 찾는 교사는 자신이 그 능력이 부족하면 가르치지 않는다.

다시 강조하지만, 체육은 신체 훈련이 아니다. 체육은 곧 '신체를 통한 교육'의 약칭이다. 물론 그 교육은 심동적 · 인지적 · 정의적 요소를 바탕으로 한 전인교육이다.

이 글이 전통적 체육 수업의 대안은 아니지만, 체육을 신체 활동으로만 바라보려는 교사의 시야를 조금 넓혀 보려는 작은 시도가 될 수 있다. 체육교과에서 창의성 수업에 대한 연구가 거의 없는 현실에서 이 글은 매우 미흡하지만, 교사의 열의와 능력으로 이 부족함이 채워지기를 기대한다.

〈부록〉 창의적 수업 가상 시나리오

다음의 글은 체육교과의 창의성 수업의 특징만을 살려 내기 위해 서술적 관찰(narrative observation)의 형식으로 제시한 것이다.

과 정	교수-학습 내용	시 간
도입	• 운동장에 5장의 매트가 깔려 있다. 그 옆에 1단 높이와 3단 높이의 뜀틀이 2대씩 준비되어 있다. 뜀틀 앞쪽에 세워 둔 학습안내판에는 오늘의 학습 목표(구르기의 다양한 방법을 스스로 찾아 뜀틀에서 구를 수 있다)가 쓰여 있다. • 수업 시작종이 울리자 아이들이 삼삼오오 학습 장소로 모였다. 아이들은 스스로 학습안내판을 본 후 주운동에 알맞은 준비운동을 한다. 학습 장소에 일찍 온 7명의 아이들은 교과서를 뒤적이며 학습 단서를 찾고 있다. 그들보다 더 먼저 온 3명의 아이들은 벌써부터 이리저리 구르고 있다. 수업 시작 후 3분이 지났지만 무엇을 어떻게 학습할지 몰라 머뭇거리는 아이들도 15명이나 된다.	9분
전개	• 수업 시작 후 9분이 지나자 한 아이가 선생님께 질문한다. "선생님! 책에는 앞구르기와 뒤구르기만 나와 있는데 이것들만 하면 되나요?" 이윽고 전체 아이들이 교사에게 몰려온다. 또 한 아이가 질문한다. "책에는 운동 방법이 자세히 실려 있지도 않은데요?" • 교사가 대답한다. "자, 주목! 수자의 질문도 좋고, 종모의 말도 맞아요. 책엔 앞구르기와 뒤구르기만 나와 있고, 자세한 설명도 없어요. 오늘 수업에서는 앞구르기와 뒤구르기를 올바로 실시할 수 있는 방법들을 스스로 찾아보는 게 중요해요. 그리고 이 기능들뿐 아니라 또 다른 방법이나 형태로 구를 수도 있겠지요. 자! 이제 스스로 학습해 봐요." • 아이들은 여러 가지 방법으로 굴러 본다. 앞이나 뒤로 구르기도 하고, 옆으로 구르기도 한다. 또 다리를 벌려 구르는 아이들도 있다. 그런데 한 아이가 앞구르기를 45도 비틀어 비뚤게 구른다. 그 우스꽝스러운 동작을 보고 다른 아이들이 까르르 웃으며 너도나도 따라 한다. 절반이 넘는 아이들이 비뚤게 구르자 교사가 확산적 발문을 통해 과제를 제시한다. "자, 주목! 대영이의 구르는 방법이 독특하군요. 하지만 여러분도 자기 나름대로 독창적인 동작을 표현해 보세요. 다만, 우리가 뜀틀 위라는 제한된 공간에서 안전하게 구를 수 있는 방법을 좀 더 생각해 보기로 해요." • 교사가 제시한 새로운 과제를 듣고 아이들은 자신의 방법이 뜀틀 위에서 안전하게 구를 수 있는지 탐색한다. 10명의 아이들은 방법을 찾지 못한 채 다른 아이들의 학습 활동을 관찰한다. 교사가 과제를 제시하고 5분이 지나자 아이들의 구르는 형태가 달라지기 시작한다. 비뚤게 굴렀던 아이들 가운데 3명이 1단 높이 뜀틀 위에서 구르다 옆으로 떨어진다. 이를 지켜본 아이들은 일제히 "어어어!"라며 놀란다. 이 때문인지 이제까지 비뚤게 굴렀던 아이들은 모두 똑바로 구르려고 애쓴다. 또 옆으로 굴렀던 아이들도 과제를 바꾼다. 5분이 더 지나자 대부분의 아이들은 앞뒤로 둥글게 구르거나 앞뒤로 다리를 벌려 구르는 동작을 보인다.	25분

	• 교사가 또 다른 과제를 제시한다. "자, 모입시다. 지금부터는 뜀틀 위에서만 구릅니다. 먼저 1단에서 구릅니다. 매트와 달리 40cm 높이가 있어요. 자, 어떻게 하면 그 높이를 극복하고 안전하게 구를 수 있을지 학습해 봅시다." 대부분의 아이들이 머뭇거리거나 구르지 못하고 6명만이 성공한다. 이 가운데 한 명은 잘 굴렀지만 올바로 착지하지 못한다. 이윽고 교사의 확산적 발문과 아이들의 반응이 이어진다. • 교사: "자, 뜀틀 위에서 구르기 어려운 이유는 뭘까요?" 학생 1: "높이가 있어 회전하기 어려워요." 교사: "그렇군요! 그럼 회전을 하려면 어떤 방법이 필요할까요?" 학생 2: "뜀틀 높이만큼 점프를 해야 해요." 학생 3: "구를 때 뜀틀에 뒷머리가 닿도록 해야 해요." • 교사: "그렇군요! 그럼 이제 판수와 준구의 얘기가 맞는지 각자 확인해 보고 잘 구를 수 있는 또 다른 방법이 있는지 알아봅시다. 또 구른 후 올바로 착지하려면 어떻게 해야 하는지도 생각해 보세요." • 아이들은 뜀틀 높이를 고려하며 회전을 하기 위한 방법을 탐색한다. 무릎을 구부렸다 펴며 점프하기도 하고 고개를 들었다가 빨리 숙이며 회전력을 높이기도 한다. 정확한 착지를 위해 다리를 벌려 앞구르기를 포기하는 아이들이 많다. 하지만 3명의 아이들은 구르는 중에 다리를 벌렸다가 다시 붙여 착지하는 독특한 동작을 보인다. • 교사가 또 다른 과제를 제시한다. "자, 이제 3단 높이에서 굴러 봅시다. 이 뜀틀의 높이는 60cm입니다." 아이들은 새로운 과제에 도전한다. 하지만 35명 가운데 처음에는 7명(20%)만이 성공한다. 모두 둥근 앞구르기를 한 아이들이다. • 교사는 성공한 아이들을 모델링 삼아 집단 피드백을 제공하며 전체 아이들을 격려한다. "좋은 동작들이었어요. 여러분도 열심히 노력하고 있으니 다들 잘하리라 믿어요. 지면에서 60cm 높이 위를 구르려면 40cm보다는 더 강한 도약과 회전이 필요해요. 어떻게 하면 도약과 회전을 더 잘할 수 있을까요?" • 아이들은 도약력을 높이기 위해 저마다 새로운 방법을 설계한다. 그중에 뜀틀에서 몇 걸음 물러나 도움닫기를 하여 구르는 아이들이 17명으로 가장 많다. 뒤구르기를 하던 5명의 아이들은 60cm 높이에서는 부적합한 기능임을 알게 된다. 그 아이들 중 4명은 둥근 앞구르기로, 1명은 다리를 벌려 앞구르기로 과제를 변경한다. 교사가 과제 종료를 선언할 때까지 3단 높이 뜀틀에서 구르기 기능을 성공한 아이들은 25명(71%)이다.	
정리	• 교사는 아이들을 집합시킨다. 본시 학습 목표와 도달점을 알려 준다. 하지만 운동 수행의 성공 여부보다는 개개인이 목표 달성을 위해 설계했던 학습 방법과 그것을 실제 적용하기 위한 노력에 대해 중립적인 피드백을 해 주며 격려한다. 아이들은 교사가 나눠 준 자기평가표에 자신들의 창조적 활동 내용을 기록한다.	6분

참고문헌

교육부(2001). 초 · 중등학교 체육과 교육과정 기준.

교육부(2006). 초등학교 체육과 교육과정 해설.

국립교육평가원(1996). 수행평가의 이론과 실제. 서울: 대한교과서주식회사.

김두현(2005). 학교에서의 안전교육과 지도 대책. 한국청소년문화학회지, 6, 169-212.

김수균(1991). 일제하 수신교과서에 나타난 식민주의 체육관. 경북대학교 대학원 박사학위 논문.

김현정(2003). 창의성의 개념적 검토. 교육과정평가연구, 6(2), 155-170.

박승순, 윤명희(2004). 발레교육이 유아의 창의성 발달에 미치는 영향. 한국체육학회지, 43(4), 283-291.

박혜리(2008). 다중지능이론에 기초한 무용 프로그램이 초등학생의 창의성에 미치는 효과. 한국여성체육학회지, 22(5), 73-88.

손준구(2006). 초등학교 초임교사의 체육교수 전문성 제고를 위한 직전교사 교육의 과제. 한국스포츠교육학회지, 13(4), 5-22.

손준구(2008). 초등학교 초임교사들이 체육 수업에서 느끼는 세 가지 고충. 한국초등체육학회지, 41-58.

손준구, 문규진, 김문규(2000). 초등학교 체육과 수행평가의 현장 적용에 따른 문제점과 개선방안. 한국초등체육학회지, 6(2), 13-24.

신영길, 손준구(1991). 한국 근대체조의 발달과 그 내용 추이. 경북대학교 교육연구지, 33, 103-116.

안병순(2008). 즉흥무용교육의 창의성이론에 관한 연구. 한국체육학회지, 47(6), 579-591.

유정애(2002). 좋은 체육 수업에 관한 질적 사례연구. 한국스포츠교육학회지, 9(2), 124-154.

이영만(2001). 교과교육을 통한 창의성 교육의 접근방안 탐색. 초등교육연구, 14(2), 5-26.

최의창(2007). 체육교사 교육에서의 인성교육 탐색. 한국스포츠교육학회지, 14(4), 1-23.

황호영, 김학수(2004). 학교 체육활동 중 안전사고 발생에 관한 현황분석. 한국체육교육학회지, 8(4), 12-21.

Almond, L. (1989). The place of physical education in the curriculum. In L. Almond (Ed.), *The place of physical education in schools*. London: Kogan Page.

Bucher, C. (1975). *Foundations of physical education* (7th ed.). Saint Louis: The C.

V. Mosby Co.

Cleland, F., & Gallahue, D. (1993). Young children's divergent movement ability. *Perceptual and Motor Skills, 77*, 535-544.

Cleland, F., & Pearse, C. (1995). Critical thinking in elementary physical education: Reflections on a yearlong study. *Journal of Physical Education, Recreation, and Dance, 66*(6), 31-38.

Cothran, D., & Ennis, C. (1998). Curricular of mutual worth: Comparisions of students and teachers curricular goals. *Journal of Teaching in Physical Education, 17*, 307-327.

Cropley, A. (2000). Defining and measuring creativity: Are creativity tests worth using? *Roeper Review, 23*(3), 72-79.

Csikszentmihalyi, M. (1999). Implications of a systems perspective. In R. Sternberg (Ed.), *The handbook of creativity*. NY: Cambridge University Press.

Csikszentmihalyi, M. (2006). A systems perspective on creativity. www.sagepub.com/upm_data/11443_01_Henry_ch01.pdf.

Ennis, C. (2003). Using curriculum to enhance student learning. In S. Silverman & C. Ennis (Eds.), *Student learning in physical education: Applying research to enhance instruction*. Champaign, IL: Human Kinetics.

Gabbard, C., LeBlanc, E., & Lowy, S. (1987). *physical education for children: Building the foundation*. Englewood Cliffs. NJ: Prentice Hall.

Gallahue, D. (1987). *Developmental physical education for today's elementary school children*. NY: Macmillam Publishing Co.

Hall, J., Sweeny, N., & Esser, J. (1980). *Physical education in the elementary school*. CA: Goodyear Publishing Co.

Hellison, D. (1985). *Goals and strategies for teaching physical education*. IL: Human Kinetics.

Hinson, C. (1998). Teaching creativity. *Teaching Elementary Physical Education, 9*(4), 24-25.

Jewett, A., & Bain, L. (1985). *The curriculum processes in physical education*. GA: Wm. C. Brown Publishers.

Metzler, M. (1990). *Instructional supervision for physical education*. IL: Human

Kinetics. IL: Human Kinetics.

Mosston, M., & Ashworth, S. (2002). *Teaching physical education* (5th ed.). NY: Benjamin Cummings.

Pica, R. (1998a). Fostering creative development. *Teaching Elementary Physical Education, 9*(2), 27-28.

Pica, R. (1998b). Movement and the brain. *Teaching Elementary Physical Education, 9*(6), 18-19.

Rink, J. (2003). Effective instruction in physical education. In S. Silverman & C. Ennis (Eds.), *Student learning in physical education: Applying research to enhance instruction.*

Siedentop, D. (1991). *Developing teaching skills in physical education* (3rd ed.). CA: Mayfield Publishing Co.

Sternberg, R. (2001). What is the common thread of creativity? Its dialectical relation to intelligence and wisdom. *American Psychologist, 56,* 360-362.

Todorovich, J., & Curtner, M. (1998). Creating a positive learning environment in middle school physical education. *Teaching Elementary Physical Education, 9*(4), 10-11.

Van Dalen, D., & Bennett, B. (1971). *A world history of physical education: Cultural, philosophical, comparative* (2nd ed.). Englewood Cliffs. NJ: Prentice Hall.

Weisberg, R. (1999). Creativity and knowledge: A challenge to theories. In R. Sternberg (Ed.), *The handbook of creativity.* NY: Cambridge University Press.

제 **8** 장

음악과 창의성 계발의 이론과 실제

제 8 장

음악과 창의성 계발의 이론과 실제

1. 서 론

미국 음악교사협의회(Music Educators National Conference: MENC)는 1991년에 의회와 행정부에 '음악은 차이를 만들어 낸다.'는 음악 교육 관련 선언(A Declaration of Concern About Music Education)을 하였다. MENC는 "음악과 다른 예술은 인간의 능력과 창의성을 표현하는 데 유일한 것으로 인식되어 왔다."라고 하면서 개인의 창의적 사고와 창의적 영감을 위해 예술에 관심을 둔다. 가치 있는 예술에 대한 주관적인 평가나 연주에서의 개인적 해석은 언제나 가능하며 권장되기도 한다. 음악 수업에서 교사는 창의성을 가르치고, 계발하며, 고무시키려고 한다(Hamann, 1991). 다른 과목은 정해진 지식을 배우지만, 음악은 창의적인 영감을 표현하는 과목이다. 음악에 대한 판단 역시 창의적일 때 가치를 발한다.

음악 교육에서의 창의성 연구는 활발하다. Hamann(1991)은 연구를 통해 "개인적인 예술적 경험이 많을수록, 음악적 경험이 많을수록, 즉흥연주 기술에 대한 공부를 할수록 창의성 점수는 더 높게 나타나는 경향이 있다."라고 밝혔다. Gamble (1981)은 단지 음악을 들려주는 것만으로도 창의성 증진에 효과가 있다는 것을 밝혔다. 또한 Vaughan(1971)과 Vold(1987)는 음악적 과정 및 문제해결 과정의 측정도구를 각자 개발하고 이를 기존 일반 창의성 검사인 TTCT(Torrance Tests of Creative Thinking)와 비교하여 음악에서의 사고 과정은 결국 유창성, 융통성, 독창성, 정교성 등의 일반 창의성의 요소들과 유의미한 상관관계가 있음을 입증하였다. 즉, 음악적으로 문제를 해결하거나 사고하는 과정은 그 자체로 일반적인 창의적 사고 과정과 다르지 않음을 보여 주었다. 그리고 Gibson(1989)은 중학생을 대상으로 음악교육을 한 다음 이들을 조사하여, 음악적 창의성 검사 점수와 일반 창의성 검사 점수 간에 밀접한 관련성이 있음을 입증하였다. Simpson(1970)은 음악 활동 경험이 있는 학생은 그렇지 않은 학생보다 더 높은 일반적 창의성 점수를 나타낸다고 보고하였다. 이처럼 음악은 창의성을 향상시키며, 창의성과 밀접한 관련이 있는 것이 증명되고 있다.

승윤희(2000)는 음악 활동이 전체 뇌를 사용하는 활동이며, 창조적 성취 역시 전체 뇌를 사용하는 활동이기 때문에 음악 활동을 통한 창조적 경험은 인간의 내면에 잠재된 창의성을 극대화할 수 있다고 하였다. 음악 자체는 창의적인 것을 지향하며, 음악 활동 역시 창의적인 산출물을 만들어 내는 과정이다. 이렇게 음악 활동이 창의성을 계발하고 있다는 것은 교육 선언문이나 교육학 연구에서 증명되고 있다. 역시 신경과학 연구에서도 음악 활동이 창의성과 관련 있음을 보여 준다. 선행 연구들은 음악 활동과 창의성의 밀접한 관련성을 증명하고 있고, 창의성 계발 방법을 제안하고 있다. 이 연구는 선행 연구에서 논의된 창의성의 개념, 음악교육에서 창의성의 의미 그리고 창의성 계발을 위한 음악교육 방법 등을 정리하여 제안한다.

2. 음악적 창의성의 요소와 측정

음악과에서의 창의성에 대한 연구는 1970년대에 시작되었다(Gorder, 1976; Webster, 1987). 이 연구들에서는 Guilford와 Torrance가 주장했던 발산적 요소(유창성, 융통성, 독창성, 정교성)의 일부 혹은 전체가 음악적 활동과 어떤 관련이 있는지에 관심을 가졌다(Baltzer, 1988; Holliger, 1989; Josuweit, 1992; Moore, 1990; Schmidt & Sinor, 1986; Vaughan, 1971, 1977; Vold, 1987). 또한 이것은 음악 활동을 전체로 보고, 그것이 일반 창의성에서 논의하는 발산적 요인과 어떠한 관련성이 있는가를 살펴보는 연구였다. 그러나 Webster는 1994년에 음악적 활동으로 창의적 사고력을 측정하는 도구(Measuring of Creative Thinking in Music-II)를 개발하면서 음악 활동을 네 가지 요소로 구분하였다.

그는 〈표 8-1〉에 제시한 것처럼, 창의성을 음악적 확장성(musical extensiveness), 음악적 융통성(musical flexibility), 음악적 독창성(musical originality), 음악적 구문(musical syntax)으로 구분하여 측정하였다. 여기서 '음악적 확장성'은 과제를 창의적으로 구성하여 지속하는 시간으로 측정한다는 점에서 일반적 창의성 요소인 '유창성'과 유사한 개념이며, '음악적 구문'은 논리적으로 타당한 음악인지가 판단 기준이 된다는 점에서 '정교성'과 유사한 개념이다. 그리고 '융통성'과 '독창성'은 Guilford와 Torrance의 창의성 요소에 음악적(musical)이라는 용어만 첨가하여 응용되고 있다.

Webster(1994)는 창의적 사고력의 요소를 Guilford와 Torrance가 제시했던 요소를 응용하여 음악적 상황에 맞게 수정하여 활용하였다. 그는 음악적 지식이나 기술이 요구되지 않는 음악 활동을 통해 일반적 창의성을 측정하려고 하였다. Webster의 창의적 사고력 검사는 음악 활동으로 일반적 창의성을 검사할 수 있는 분석적 방법을 제시했다는 점에서 의미 있는 연구이며, 음악과에서 창의성을 이해하는 데 기초를 제공하고 있다.

Webster가 창의성 측정에 분석적 평가 방법을 사용하는 데 대해 Amabile(1996),

〈표 8-1〉 웹스터의 창의성 요소와 평가 준거

창의성의 요소	평가 준거
음악적 확장성	창의적 과제를 지속한 시간의 합
음악적 융통성	높은/낮은(음높이), 빠른/느린(템포), 큰/작은(다이내믹)의 음악적 변수가 다루어진 범위
음악적 독창성	음악적으로 그리고 연주 방법적으로 반응이 특이하거나 독특한 정도
음악적 구문	반응이 논리적이며 음악적으로 타당한 정도

Plucker와 Renzulli(1999), Plucker와 Runco(1998) 등은 비판적 입장을 취했다. 특히 Amabile는 창의적인 산출물에 대해서는 분석적 평가보다는 전문가의 전체적이고 주관적인 평가가 가장 타당하다는 제안을 하였다(Amabile, 1996). 그는 이 기법을 '합의 평가(consensual assessment)'라고 하였는데, 이 기법에서는 심사자들이 주어진 객관적인 준거나 검토 항목보다는 그들 개인의 주관적인 결정에 따라 예술 작품의 창의성을 평가한다. 그는 객관적 준거를 명료하게 하는 것은 불가능하다고 보았으며, 산출물이나 응답에 대해서 적절한 관찰자가 "이것은 창의적이다."라고 한다면 그것은 창의적인 것으로 받아들여야 한다고 주장한다. Amabile는 예술적·언어적 과제 그리고 문제해결력에 대해서는 합의평가가 더 타당하다고 보았다.

앞서 언급하였듯이, Webster(1994)는 창의성을 측정하는 데 Guilford나 Torrance의 주장과 같이 음악적 확장성, 음악적 융통성, 음악적 독창성, 음악적 구문을 분석적으로 평가하는 방식을 사용하였다. 이에 반해 근래 가장 활발한 음악 교육 연구를 펼치고 있으며, 『음악 교육 연구 핸드북(The New Handbook of Research on Music Teaching and Learning)』에 창의성에 관한 선행 연구를 정리한 바 있는 Hickey(2001)는 음악과에서의 창의성 측정을 음악 전문가가 그들의 주관에 따라 작품을 종합적으로 채점하는 합의평가 방법을 활용하였다.

음악과 관련한 창의성 측정 방법은 Webster가 주장한 대로 음악적 기능이나 이해 없는 음악적 활동을 통하여 일반적인 발산적 사고력을 측정하는 방법과 Hickey 등이 주장하는 음악적 기능과 능력을 전체적으로 합의하여 측정하는 두 가지 방법으로 크게 구분할 수 있으며, 이는 음악과 창의성 측정의 두 축을 이루고 있다고 할 수 있다.

3. 음악과 주요 교수법에서의 창의성

음악과 주요 교수법에서는 창의성 계발을 주요한 목적으로 제시하고 있다. 그러나 지도 내용이나 방법에서는 차이를 보인다. 여기서는 코다이(Kodály) 교수법, 오르프(Orff) 접근법, MMCP 등에서 나타나는 창의성 계발의 사례를 제시하였다.

1) 코다이 교수법에서의 창의성

코다이 교수법은 기초 학습을 중시하고, 학습 자료의 기반을 헝가리 민족 음악에 두고 있으며 가창 활동을 중심으로 서양의 전통음악을 습득한다. 또한 교사의 주도로 지도되는데, 이 과정에는 학생 주도의 활동이 매우 제한되어 있으며, 학생 스스로 이전과 매우 다른 독창적인 음악을 표현하거나 만드는 활동은 많지 않다. 그리고 수업 시간에는 학생들이 합주나 다양한 기악 활동을 하지 않아 가창 활동에 제한된 경험을 하는 것처럼 보인다. 이러한 점에서 코다이 교수법은 창의성 계발과 관련이 적은 것으로 여겨진다.

그러나 코다이 연구자 Edwards(1971)는 "학생들에게 음악을 읽고 쓸 수 있는 능력을 길러 줌으로써 음악성을 계발하고 그것을 바탕으로 학생 개개인이 음악을 통해 창조적이고 인간적이며 풍부한 삶을 영위할 수 있도록 한다."라고 하며, 코다이 교수법은 음악적 기초를 튼튼히 함으로써 창의성이 계발된다고 주장하였다. 코다이 교수법에서는 학생이 자신의 개성을 표현하기보다는 천재적인 작곡가의 음악을 배워 연주하면서 작곡가의 창의적 작품의 의미를 느끼고 이해하는 것을 중시한다. 코다이는 새로운 것을 만드는 것보다는 민족의 정서와 전통을 배우고,

위대한 음악 작품을 바르게 이해하고 연주하는 것이 창의성을 계발하는 데 가장 효과적인 방법이라고 생각했던 것이다.

2) 오르프 접근법에서의 창의성

이홍수(1990)는 오르프 접근법이 다음과 같은 특징이 있다고 하였다. 첫째, 음악적 체험은 적극적인 참여를 통해 이루어진다. 둘째, 음악은 놀이와 대화, 노래, 신체 동작, 악기 연주 등이 통합되어 이루어지는 하나의 총체적인 체험이어야 한다. 그리고 Frazee와 Kreuter(1987: 7)는 오르프 교수법에서 창작(즉흥연주)이 가장 중심에 있는 활동이라고 하였다. 오르프가 만든 음악 교재인 슐베르크(Schulwerk)는 원시적인 리듬과 가락을 활용하여 다양한 악기로 합주될 수 있도록 한 것이다. 또한 교사는 학생이 적극적으로 활동할 수 있도록 도와주는 조력자의 역할을 해야 한다고 보았다.

오르프 접근법의 목적은 달크로즈(Dalcroze)의 원리를 이용하여 학생의 창의성을 계발하는 데 있었다(Mark, 1977). 오르프는 형식이 갖추어진 서양의 전통음악을 강조한 코다이와 달리 원시적인 음악을 체험하고 표현하며, 특히 학생의 창의적 활동을 강조하고 있다. 오르프는 창의적 활동을 통해 창의성이 계발된다고 본 것이다.

3) MMCP에서의 창의성

맨해튼빌 음악 교육과정 프로그램(Manhattanville Music Curriculum Program: MMCP)을 주도한 Thomas(1970)는 MMCP의 특징을 다음과 같이 설명하였다. 첫째, 음악 학습에서 학생은 음악가로서 활동하도록 격려되어야 한다. 둘째, 음악 학습은 탐색하고, 발견하고, 판단하는 것을 기본적인 학습 과정으로 해야 한다. 셋째, 음악 학습은 작곡하고, 연주하고, 감상하고, 평가하는 등의 음악 행위를 직접 경험하는 것이어야 하며, 동시에 청감각기능과 연주기능, 악보 사용기능을 길러야 한다. 넷째, 음악 학습은 개념과 원리, 음악적 행위를 통합적으로 체험하게 함으로써 포괄적인 음악성을 계발해야 한다. 다섯째, 음악 학습은 학생들 자신의 방식으로 탐색하고, 상상하고, 표현하는 창의적인 활동을 통해 이루어져야 한다.

MMCP의 주된 방침은 음악의 본질과 구조에 대한 개념을 명확히 이해할 수 있도록 학생 개개인이 음악가로서 창의적인 음악 활동을 하게 하는 것이다. MMCP의 창의적 음악 활동에서는 그룹 창작, 소리 만들기, 음악극 만들기 등이 포함되며, 기본적인 악보 사용기능, 악기 연주기능도 기르게 되어 있다. 개념상으로 MMCP는 오르프 접근법보다 기초기능을 중시하고, 코다이 교수법보다는 창의적인 활동을 중시한다. 따라서 창의성 계발을 위해 기초기능과 창작 활동을 동시에 강조하는 MMCP는 코다이 교수법과 오르프 접근법의 중도적인 입장을 취하는 것으로 이해된다.

4. 창의성 계발을 위한 교사의 태도

창의성 계발을 위해서는 교실 환경과 수업 자료도 중요하지만 교사의 능력과 태도가 가장 중요한 요소가 된다. 창의성 검사도구를 만든 Torrance(1962)는 '학교 경험을 통한 창의적 사고력 발달'이라는 글에서 창의성 계발을 위해서 교사는 학생의 생각을 존중하는 태도를 가지는 것을 중시해야 한다고 하였다(김선 역, 2000). Hallmann은 창의성을 계발하기 위해 요구되는 교사의 태도로 〈표 8-2〉와 같은 내용을 제시하였다(문정화, 하종덕, 2005 재인용).

Hallmann은 창의성을 계발하는 교사의 태도로 Torrance가 주장한 '학생들의 존중' 이외에 '기존의 지식과 타인 이해' 그리고 '학생들의 활동 중시'도 제시하였다. Gordon(1961)은 이미 창의력의 전제로서 기초 자료에 대한 지식을 강조하였으며, Ghiselin(1955)도 통찰의 순간이 이유 없이 주어지지 않기 때문에 기초 지식을 중시해야 한다고 하였다. 그들은 기초 지식을 충분히 익혀 발상을 위한 충

〈표 8-2〉 할만의 창의성 계발을 위한 교사의 태도

- 학생들의 생각을 존중한다.
  - 학생들이 스스로 학습할 수 있도록 한다.
  - 교사 자신의 의견은 되도록 지연시키고 학생들이 그들의 생각을 완전하게 표현할 때까지 기다린다.
  - 학생들의 지적 유연성을 가능하게 한다.
  - 학생들이 자기평가를 할 수 있도록 지지한다.
  - 학생들의 질문을 신중히 생각한다.
- 기존의 지식과 타인의 이해를 중시한다.
  - 창의적인 학생들로 하여금 기존의 지식을 충분히 익히도록 한 다음 자유롭게 창의적인 사고를 할 수 있도록 동기를 유발한다.
  - 다른 사람들의 감정이나 분위기를 잘 파악할 수 있도록 지도한다.
  - 교실에서 협동적으로 생활할 수 있도록 사회적 적응을 시도한다.
- 학생들의 활동을 중시한다.
  - 창의성을 촉진시킬 수 있는 특수한 활동을 교실에서 진행한다.
  - 학생들에게 많은 자료를 활용하고 여러 곳에서 활동할 수 있는 기회를 제공한다.
  - 학생들로 하여금 반드시 성공만을 위해 노력하지 않고 실패도 이겨 낼 수 있도록 능력을 키워 준다.
  - 학생들로 하여금 부분적인 것보다 전체적인 것을 보는 능력을 키워 준다.

분한 준비가 필요하다고 보았다. 즉, 교사는 기존의 지식을 중시해야 하고, 충분히 준비시킬 수 있는 태도를 가져야 한다는 것이다.

또한 교사는 창의적인 발상을 포착할 수 있는 태도를 가져야 한다. 창의적 사고의 단계에서 통찰의 순간은 매우 짧으며, 가끔은 그 발상이 터무니없기 때문에 포착하는 것이 쉽지 않다. 교사가 학생들의 표현이나 작품에 대해서 그 자체의 의미를 깊이 새겨 새로운 아이디어나 발상을 적극적으로 수용하고 이해하려는 열린 태도를 가져야 통찰의 순간이 포착될 수 있을 것이다.

그리고 교사는 창의적인 발상을 검증하고 분석하여 적절한 창의적 표현과 작품이 될 수 있도록 해야 한다. 창의성 사고 단계에서 발상은 분석되고 검증되어야 한다(Osborn, 1963). 창의성 계발을 위해서는 기존의 지식과 타인의 이해를 중시해야 하고, 학생들의 발상을 소중하게 여기고 최선을 다해 평가하는 태도가 필요하다. 발상을 유도하는 것에 그치지 않고 그것을 면밀히 살펴 분석하고 평가하며, 의미 있게 이해되고 표현될 수 있도록 도움을 주는 태도가 요구된다.

5. 창의성 계발 교수법의 음악 수업에의 활용

이 절에서는 창의성을 계발하는 기본적인 교수-학습 방법을 소개하고, 각각을 음악 수업에 적용한 예를 제시한다.

1) 브레인스토밍

Osborn(1963)이 주장한 브레인스토밍(brainstorming)은 '뇌에 폭풍을 일으킨다.'는 뜻으로, 특정한 주제에 대해 생각나는 아이디어를 마치 폭풍이 몰아치듯 짧은 시간 내에 내놓는 것을 말한다.

이 발상법의 유의 사항으로는 다음의 네 가지가 있다. 첫째, 아이디어를 내놓는 동안에는 어떤 아이디어라도 비판하거나 평가하지 못한다. 둘째, 비현실적이거나 터무니없는 아이디어라도 자유분방하게 생각하게 한다. 셋째, 좋은 결과를 위해 아이디어를 양산(量産)한다. 넷째, 다른 사람의 아이디어를 차용, 변형, 수정, 모방해도 좋다.

브레인스토밍은 어떤 문제 혹은 문제해결에 관한 토론 방법의 일종이라고 할 수 있는데, 음악 수업에서도 토론은 중요하다. 음악은 미적 대상이며, 생각과 정서를 표현하는 대상이기 때문에 음악이 담고 있는 내용에 대해서는 많은 논의가 발생한다. 예를 들면, 비발디의 〈봄〉에 대하여 어떤 학생이 겨울이나 여름 느낌을 받을 수 있다. 음악은 표현이 존중되는 것처럼 수용의 느낌도 존중받아야 하는데, 그 과정에서 이에 대한 논의가 생긴다. 홍신자와 황병기가 만든 이상한 소리로 구성된 〈미궁〉을 듣고 '마음의 평안을 준다.'라고 주장한다 하더라도 제재를 가하거나 터무니없는 주장이라고 단정할 수 없다. 이러한 느낌에서부터 토론이 시작되는 것이다. 그리고 음악에 대해 토론할 때는 음악이 무형의 예술 매체이기 때문에 가시적이고, 언어적으로 설명할 수 있는 문학이나 미술, 영화 등 다른 예술과 관련지어 토론하게 할 수 있다.

베토벤의 피아노 소나타 〈월광〉을 듣고 그 느낌에 대해 이야기하는 시간을 가질 때, 학생들이 달빛에 관해서만이 아니라, 공사장의 격렬함을 느낀다거나, 전쟁터의 외로움을 느낄 수 있다. 음악의 본질에 주관적인 특성이 있다는 점을 감안한다면, 음악에 대한 토론은 브레인스토밍의 원리와 다르지 않게 진행된다고 할 수 있다.

브레인스토밍은 음악 시간에 음악을 감상하고 그에 대한 토론에서 활용할 수 있으며, 프로젝트 기법에서도 활용할 수 있다. 예를 들어, 음악 작품이나 음악회를 모둠별로 만들 때, 브레인스토밍을 활용할 수 있다. 이때 가장 중시되어야 하는 것은 개인의 의견을 존중하는 분위기를 만드는 것이다. 그것이 창의성을 강화하는 방법이다.

2) 스캠퍼

스캠퍼(SCAMPER)란 다음 단어의 첫 글자—대치(substitute), 결합(combine), 적용(adapt), 수정(modify)이나 확대(magnify) 혹은 축소(minify), 다른 용도(put to other uses), 삭제(elimination), 재배치(rearrange) 혹은 전도(reverse)—다.

어떤 발상의 소재를 제시하고, 스캠퍼 기법의 항목별로 여러 사람이 차례로 생각해 보게 하면 재미있는 아이디어가 다양하게 쏟아질 수 있다. 스캠퍼 기법은 음악 창작에서 적용할 수 있는데, 음악의 주제 가락을 축소, 확대, 전환 등의 방식을 사용하여 창작하는 방식과 유사하다. Hickey(2001)는 스캠퍼가 초기 창작 지도에 유용하다고 주장하면서 다음의 방법을 제안하였다.

• 대치 기존의 악곡 일부를 비우고, 이 부분을 창작하여 채워 넣는다.

• 결합 기존의 악곡 일부를 서로 결합한다.

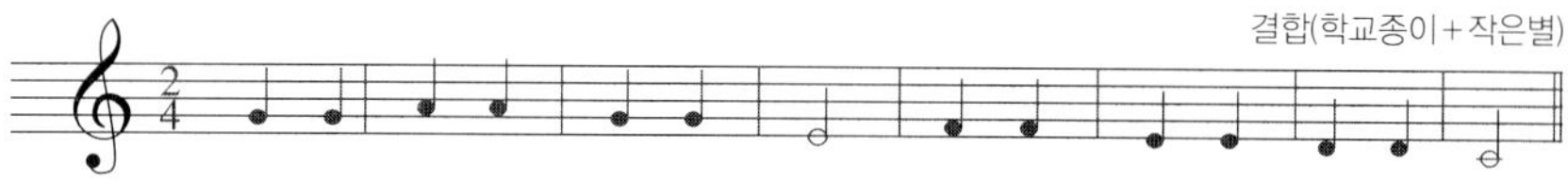

• 더함 악곡에 사용된 음 외에 장식음을 추가한다.

• 축소 혹은 확대 악곡에 사용된 음표의 음가를 축소하거나 확대한다.

• 다른 용도 악곡을 다르게 편곡한다.

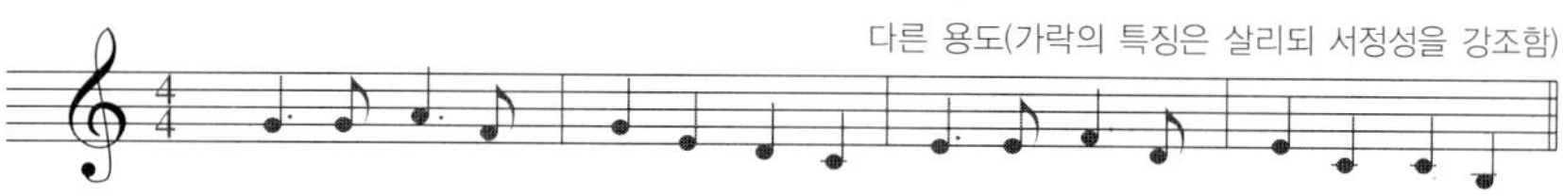

• 삭제 악곡에 사용된 음표 중 일부를 제거한다.

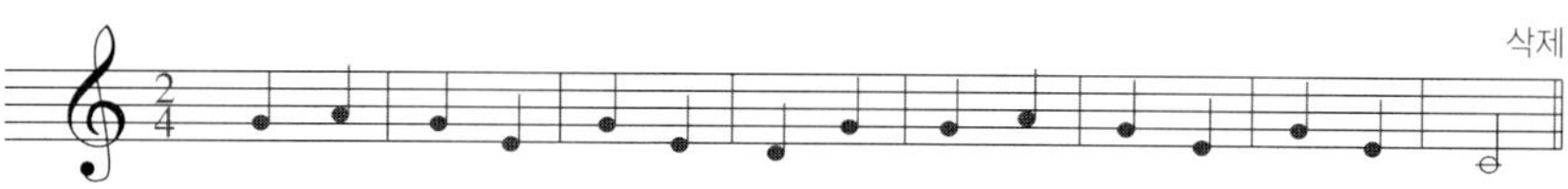

• 전도 혹은 재배치 악곡에 사용된 음표를 거꾸로 배치하거나 음표의 순서를 다르게 배치한다.

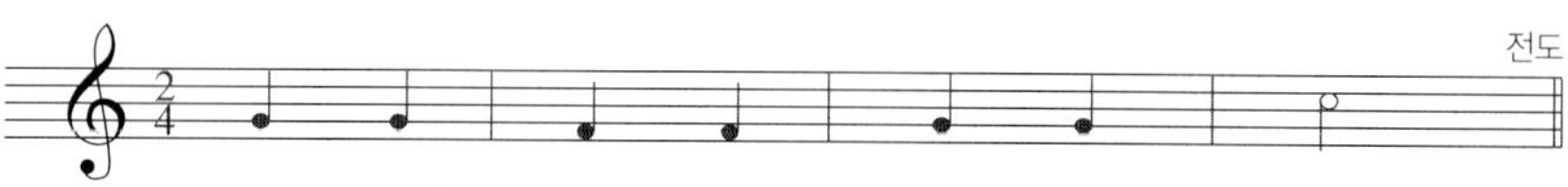

3) 형태 분석법

형태 분석법(morphological analysis)은 Zwicky(1969)가 개발한 발상법으로, 2차원 혹은 3차원의 매트릭스를 이용한다. 형태 분석을 할 때는 먼저 문제를 확인한 후 문제의 속성 영역을 선택하여 종이의 윗부분에 가로로 적는다. 그다음 각 속성 영역 아래에 원하는 수만큼의 속성을 열거한다. 이와 같이 2차원의 매트릭스가 완성되면 2개 이상의 속성을 골라 결합시켜 새로운 아이디어를 찾는다.

3차원의 매트릭스를 만들려면 세로축에 문제 개선을 위해 제품의 부분이나 특성 등을 열거하고 가로축에는 그것의 형태 변화를 위한 목록을 열거한다. 그리고 깊이(depth) 축에는 육하원칙, 즉 누가, 언제, 어디서, 무엇을, 어떻게, 왜의 항목을 배열한다. 이렇게 하여 얻어진 세 축의 요소들의 기준에 의해서, 일일이 발상하고 그것을 자세하고 치밀하게 검토하여 효과적이고 새로운 개선 방안을 찾는 것이다.

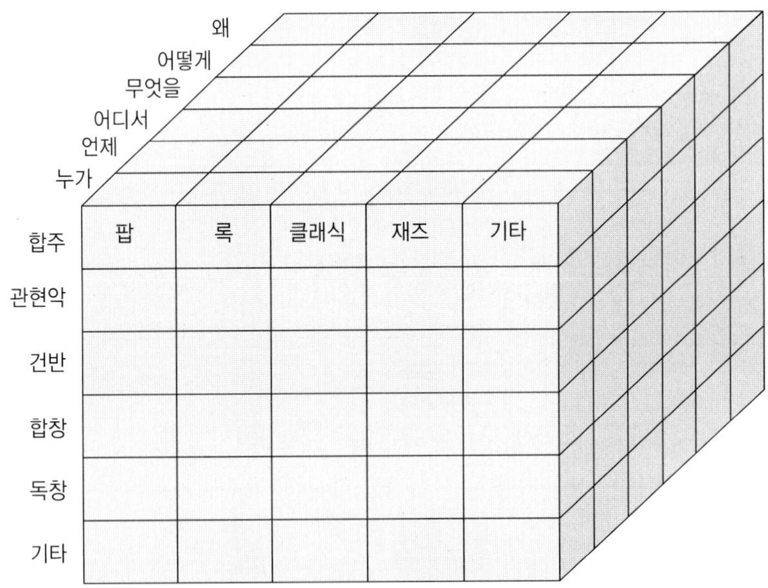

[그림 8-1] 음악회 준비 시 형태 분석법의 활용(예)

형태 분석법은 축제나 영화, 방송 등을 위한 발표 곡과 발표자 혹은 배경 음악을 선정하는 과정에서 활용할 수 있다. 음악을 준비할 때 [그림 8-1]과 같이 가로축에 음악의 장르 구분, 세로축에 연주 방식 그리고 깊이 축에 육하원칙의 항목을 배열한다. 이 표를 활용하면 음악회에서 일을 맡을 대상과 음악 장르, 연주 방식을 정확히 정리하여 토론할 수 있다.

4) 마인드맵핑

마인드맵핑(mind mapping)이란 마음속의 아이디어를 그림으로 그려서 발전시키는 방식의 발상법이다. 영국의 학습 방법 연구그룹(Learning Methods Groups) 소속의 Buzan(2003)은 두뇌 활동이 주로 핵심 개념을 상호 연결시키거나 통합하는 방법으로 이루어진다는 연구 결과를 바탕으로 시각적 사고기법을 고안하였다. 마인드맵핑을 하기 위해서는 먼저 대상이나 문제를 종이의 중앙에 적고 원으로 둘러싸거나 그림을 그린다. 대상이나 문제의 주요 사항들을 하나씩 생각하고, 도심에서 뻗어 나가는 방사선 도로처럼 선을 그리고 가지를 친다. 마지막으로 이렇게 하여 완성된 마인드맵을 검토하여 상호 관련성을 찾고 어떤 해결책이 나오는지 결정한다.

음악 수업에서도 음악의 개념을 설명하기 위해서는 마인드맵을 활용할 수 있다. 음악사를 설명하면서 전체 음악사-시대별 음악사-각 시대별 작곡가-작곡가별 음악-각 음악의 내용 등의 위계를 가지고 설명한다면 마인드맵을 활용하는 것이 편리할 것이다. 마인드맵은 전체적인 개념을 설명하기에 적절하다. 학교 음악교육을 설명하는 마인드맵은 [그림 8-2]와 같은 방식으로 그려질 수 있다.

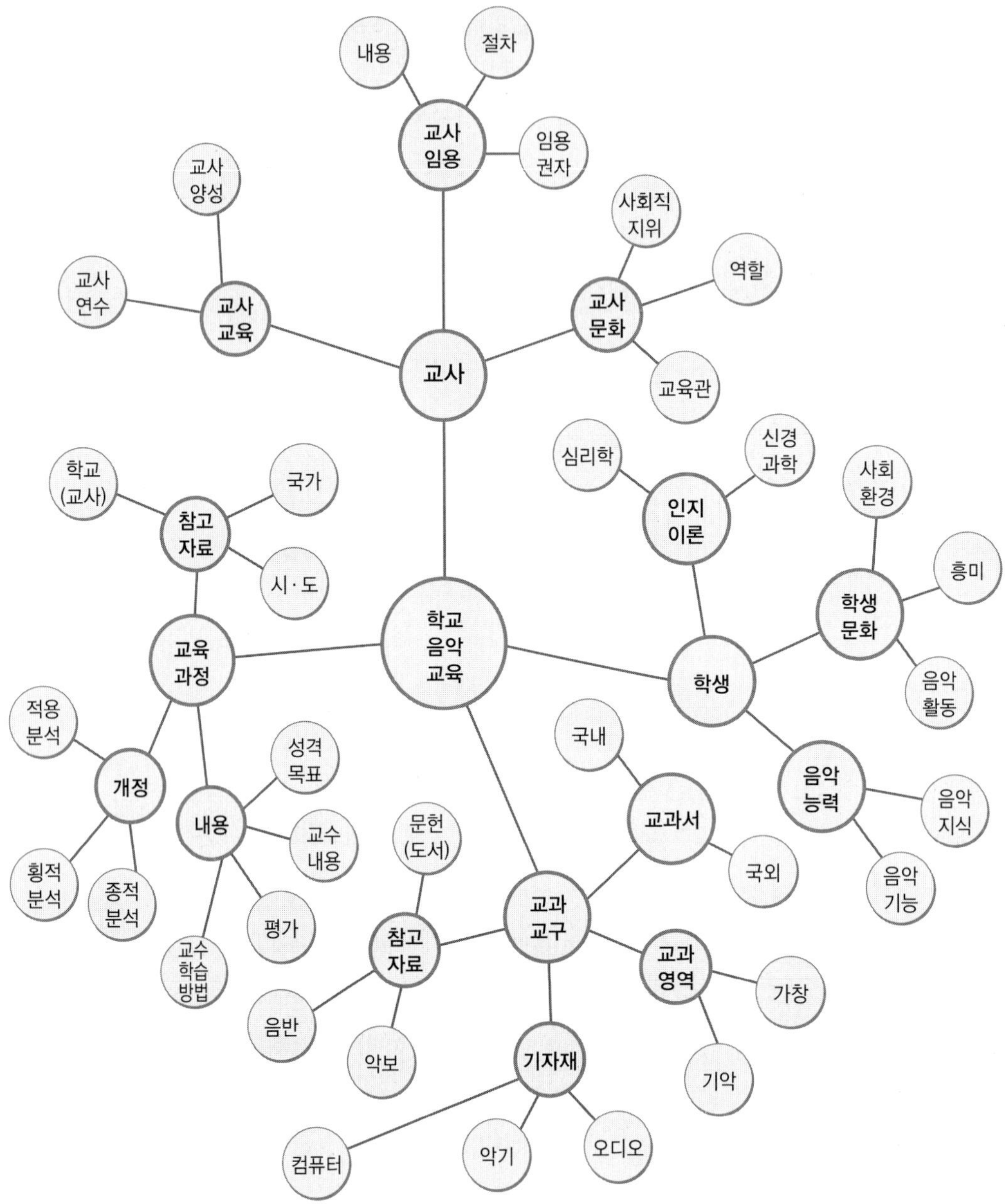

[그림 8-2] 음악 수업에서 마인드맵의 활용(예: 학교 음악교육의 구성 요소)

5) 창의적 문제해결법

창의적 문제해결법은 여러 가지 모델들이 개발 · 소개되어 왔는데, 이 방법은 하나의 문제에 대해 여러 개의 다른 해결책이 있을 수 있다는 점에 초점을 맞추며 학생들에게 문제를 명료화하는 기회를 제공하는 데 주안점을 두고 있다.

Torrance(1970)는 『창의적인 학습과 교수 방법(Creative Learning and Teaching)』에서 오늘날 가장 널리 사용되는 3과정, 6단계로 구성된 창의적 문제해결 모델을 제시하였다. Torrance는 실제적인 문제를 해결하려고 시도하기에 앞서, 우선 고무적인 분위기나 태도를 형성하는 것을 중요시한다. 학생이 가진 기본적인 창의성을 그들의 개성과 관심에 맞게 계발할 수 있도록 한다. 좋은 아이디어를 추구하기 위한 워밍업 시간을 갖도록 하고, 다양한 생각을 자유로이 계발 · 표현할 수 있는 고무적인 환경을 조성한다. Treffinger, Isaksen 및 Dorval(2000)은 '창의적 문

〈표 8-3〉 창의적 문제해결의 기본 모형

	과정 1: 문제 파악
혼란 발견	• 확산: 문제해결 기회의 탐색 • 수렴: 문제해결을 위한 폭넓고 일반적인 목표의 설정
↓ 자료 찾기	• 확산: 혼란에 대해 여러 관점에서 자세히 관찰 · 검토 • 수렴: 문제해결을 위한 가장 중요한 자료의 결정
↓ 문제 정의	• 확산: 여러 개의 가능한 문제의 진술 시도 • 수렴: 특정한 문제 진술의 구성 및 선택
	과정 2: 아이디어 산출
↓ 아이디어 발견	• 확산: 다양하고 많은 아이디어의 생산 • 수렴: 유망한 대안의 확인
	과정 3: 실천 방법 계획
↓ 해결책 발견	• 확산: 유망한 대안의 분석 및 보완을 위한 기준 개발 • 수렴: 해결책의 선택 · 보완을 위한 기준의 선택 및 적용
↓ 수용 방법 발견	• 확산: 득실의 검토 및 적용의 실제에 대한 고려 • 수렴: 구체적 실천 계획의 작성

제해결' 모형에서 3과정, 6단계 모형을 〈표 8-3〉과 같이 제시하고 있다.

(1) 혼란 발견

첫 단계인 혼란 발견은 직접 해결해야 할 문제를 찾는 것이 아니라, 현재 직면하고 있는 문제의 영역을 결정하는 단계라고 보아야 할 것이다. 먼저 걱정, 도전, 기회 등의 직면한 모든 문제의 목록을 작성한다. 그중에서 자신에게 가장 중요하다고 생각되고 관심이 있으며 문제를 급히 해결해야 하는 긴급함의 정도를 수렴적으로 고려하여 문제를 결정한다.

음악과 교수-학습 상황에서는 음악과 관련된 문제 상황이 제안될 수 있도록 한다. 만일 단순히 "음악과 관련하여 문제를 생각해 봅시다."라고 제안한다면, 학생들은 마이크가 고장 나서, 오디오가 고장 나서, 부모님께서 MP3를 사 주지 않아서 음악을 듣지 못했던 문제 상황을 생각해 낼 수 있다. 이러한 문제 상황은 음악 교과와는 관련성을 가지기 어렵다. 그러나 학교에서 축제 음악을 준비할 때, 영화 배경 음악이 영화와 어울리지 않아서 재미없을 때, 식당에서 학생들이 좋아하지 않는 음악이 나올 때 등의 문제 상황은 음악적인 문제 상황이며, 음악적 논의가 될 수 있다.

(2) 자료 찾기

자료 찾기는 문제를 정의하기 위한 타당한 정보를 수집하는 단계다. 여기서는 문제를 더 잘 이해하기 위해 문제를 둘러싼 정보, 지식, 사실, 느낌, 사상, 견해 등을 자세히 수집하고 검토한다.

음악과 교수-학습 상황에서는 문제 상황에 대한 상세한 현황을 조사하는 것이다. '식당에서 들려주는 음악에 대해 손님들이 마음에 들어 하지 않는다.' 라는 문제 상황에 대해 관련 자료를 수집한다. 식당의 특성, 들려주는 음악의 목록, 스피커, 앰프, 볼륨 등의 자료를 수집하여 정리한다. 현재 상황이 어떠한지 알아보기 위하여 식당에서 틀어 주는 음악 목록을 만들고, 오디오의 상태를 살펴본 다음 학생들의 의견을 청취하거나 조사한다.

(3) 문제 정의

문제 정의에서는 자료 찾기 단계에서 찾은 정보를 바탕으로 현재 해결을 요하는 문제가 무엇인지 정의한다. 음악과 교수–학습 단계는 앞의 자료를 분석하는 것이다. 위의 자료 분석은 다음과 같이 정리될 수 있다.

식당에서 들려주는 곡은 대부분 최신가요이며, 학생들이 선호하는 음악이 선정되고 있었다. 그리고 설치된 오디오는 우수한 성능의 제품으로 높은 질의 음악을 들려주고 있는 것으로 조사되었다. 그러나 학생들은 이 음악이 점심 식사 시간에 듣기에는 적절하지 않다고 하였다. 템포가 너무 빠르고, 소리가 거칠고 커서 점심을 먹으면서 친구들과 대화하기가 어렵다고 하였다. 결과적으로 식사 시간용 음악이 아니라는 점과 음량에 문제가 있는 것으로 조사되었다.

(4) 아이디어 발견

이전 단계에서 선택된 문제의 해결을 위해 아이디어를 산출해야 한다. 이 단계에서의 목표는 다양한 기술이나 전략을 사용해서 되도록 많은 아이디어를 찾는 것이다. 수렴 과정에서는 여러 가지 아이디어 중 상황을 고려하여 문제해결에 도움이 될 만한 것들을 선택한다.

음악과 교수–학습 단계는 학생들이 선호하는 음악을 선정하는 위원을 선출하고, 그 위원들이 조사 활동을 벌여 좋은 음악을 들려줄 수 있도록 한다. 학생들이 점심 식사 시간에 듣고 싶어 하는 음악을 조사한 뒤 음악을 들려주는 DJ를 공모할 방식을 논의한다. 다른 식당에서 연주되고 있는 음악도 조사한다.

(5) 해결책 발견

여기서는 이전 단계에서 선택된 아이디어들을 평가하기 위해 여러 가지 기준을 설정한다. 그중 중요한 기준을 선택한 후 그에 따라 아이디어를 하나씩 체계적으로 분석한다. 그리고 문제해결을 위해 가장 유용한 아이디어를 선택한다.

음악과 교수–학습 단계에서는 위원들의 조사 결과를 분석한다.

(6) 수용 방법 발견

여기서는 유용한 아이디어를 성공적으로 활용할 수 있는 세부적인 방법을 찾는다. 아무리 좋은 아이디어라도 그것을 활용할 수 없으면 아무 소용이 없다. 따라서 확산 과정에서는 아이디어의 수용에 도움이 되는 것과 방해가 되는 것을 찾아보며, 수렴 과정에서는 어떤 방법으로 아이디어를 활용할지 결정한다.

음악과 교수-학습 단계에서는 다음과 같은 해결 방안을 갖는다. 12시부터 1시까지 방송을 하고, 음량은 중간으로 한다. 들려준 음악은 방송이 끝나면 바로 복도에 게시하고, 학생들에게 좋았던 음악에 표시하게 한다. 표시된 결과를 참고로 하여 학생들이 좋아하는 음악을 선정하여 들려준다.

6. 음악적 창의성 계발을 위한 교수-학습 내용 구성 방법

이 절에서는 교수-학습 방법의 개발을 위하여 창의성 계발의 이론을 정리하고, 교수-학습에서 강조되어야 할 내용의 범주를 정한다. 그리고 음악과 교육과정을 분석하여 그에 충실한 방법과 자료를 개발한다. 여기에 학생의 특성과 환경을 이해하여 그에 따라 상세한 지도안을 구성한다.

1) 교수-학습 내용의 범주

교수-학습 자료 개발의 방향을 정하기 위해서는 가르쳐야 할 범주에 대해 이해하고 있어야 한다. 내용의 범주를 결정하기 위해 Amabile의 창의성 계발을 위한 내용 범주 이론을 음악과 교수-학습에 적용할 수 있을 것이다(〈표 8-4〉 참조).

Amabile(1988)는 창의성을 기르기 위해 영역 기초 지식과 기술, 내적 동기 그리고 창의성 관련 기술 등의 세 가지 요소를 내세웠다. 이것을 음악과의 상황에 적용하면, 영역 기초 지식과 기술은 음악의 기초 지식과 기능 습득을 하는 것으로 범주화할 수 있다. 음악의 기초 지식은 음악 읽고 쓰기와 음악사, 음악 이론을 의

〈표 8-4〉 창의성 이론에 기초한 교수-학습 내용 범주

아마빌레의 창의성 계발을 위한 내용 범주	창의성 계발을 위한 음악과 교수-학습의 내용 범주
영역 기초 지식과 기술	음악의 기초 지식과 기능 습득에 대한 내용이 포함되어야 한다.
내적 동기	학생들이 자발적으로 음악을 표현하고 만들 수 있도록 한다.
창의성 관련 기술	가창, 기악, 창작, 감상의 모든 활동에서 창의적 표현 능력을 중시한다.

미하며, 기능 습득이란 노래나 악기 연주 기술 습득을 의미한다. 다음은 내적 동기다. 전통적인 음악 수업에서는 엄격함과 권위가 학생들의 동기를 자극하였다. 강압적인 수업 분위기 속에서 학생들은 교사의 명령에 복종하면서 음악을 배웠다. 음악을 전공할 경우, 수 시간씩 동일한 프레이즈를 반복하면서 음악적 아름다움보다는 인내를 배우는 것이 더 가치 있는 것처럼 훈련하였다. 상을 받기 위해, 다른 사람을 이기기 위해, 음악의 아름다움과 관련 없이 수없는 반복을 하기도 하였다. Amabile의 내적 동기는 음악을 공부할 때 이러한 문제는 없어야 한다는 것을 강조하는 것으로 이해된다. 음악 교수-학습은 음악 자체의 즐거움을 느낄 수 있도록 해야 한다는 것이다. 학생들에게 점수, 상, 벌 등의 외적 동기로 음악 활동을 시키기보다는, 음악의 순수한 아름다움을 맛볼 수 있도록 해야 한다는 것이다.

창의성 계발을 위해서는 음악의 기초 능력, 창의성 그리고 음악 자체에 대한 홍미와 미적 열정을 느낄 수 있는 내적 동기가 교수-학습의 내용이 되어야 한다고 본다.

2) 음악과 교육과정과 창의성

2007년 개정 제7차 음악과 교육과정의 목표는 '다양한 악곡 및 활동을 통하여 음악의 아름다움을 경험하게 하고, 음악의 기본 능력과 창의적으로 표현하고 감상하는 능력을 기르며, 풍부한 음악적 정서와 음악을 생활화하는 태도를 가지게 한다.' 고 되어 있다. 음악과에서는 아름다움의 경험, 표현 감상 능력 배양 그리고 음악을 생활화하는 태도 등 세 가지를 중시하고 있음을 알 수 있다. 가장 먼저 언급하고 있는 것은 '아름다움의 경험' 으로 음악의 사회적 기능이나 수단으로서의

의미보다는 음악 자체의 아름다움을 중시하고 있는 것을 보여 준다. 음악과는 음악을 통해 아름다움을 느끼고 경험할 수 있도록 하는 것이 일차적인 목표인 것이다. 다음은 음악을 표현하고 감상하는 능력을 배양하는 것으로 실제 악기를 연주하거나 노래를 할 수 있으며, 다른 사람들의 연주를 듣고 이해하고 감동할 수 있도록 해야 한다는 것이다. 여기서는 창의적인 표현력을 특히 강조하고 있는데, 다른 사람들과는 다른 자신만의 음악을 만들 수 있도록 하는 것에 의미를 두고 있다. 이는 실제로 음악적 활동을 할 수 있는 능력을 길러 개인의 존엄성을 유지할 수 있도록 하는 것이다. 마지막으로 정서와 태도를 강조하고 있는데, 음악을 가까이하고 감성의 영역을 귀하게 느끼고 존중하는 태도를 기르자는 것이다. 음악은 감정이라고 하는 인간의 내면에서 작동한다. 음악을 가까이하면서 감성을 잘 발전시킬 수 있도록 하는 것이다. 이처럼 음악과 교육과정의 목표는 창의적인 표현력과 감상 능력을 배양하도록 제시하고 있어, 음악 학습이 창의성을 기를 수 있도록 강조하고 있다.

2007년 개정 제7차 음악과 교육과정의 내용 부분은 음악교과에서 가르쳐야 하는 주요한 내용을 체계적으로 제시하였는데, 활동, 이해, 생활화의 세 부분으로 구분되어 있다. 활동은 표현하기, 부르기, 연주하기, 리듬이나 가락 짓기, 감상하기 등 실제 음악을 연주하고 감상하는 활동을 제시하고 있고, 이해는 박, 가락, 빠르기, 셈 여림 등의 음악 요소와 악곡의 특징, 악곡의 종류 등을 제시하고 있으며, 생활화는 태도 갖기, 음악의 가치 인식하기, 음악 발표하기 등 실제 음악적 생활과 음악에 대한 가치의 인식을 제시하고 있다. 이 내용 부분에 기초한다면, 음악교과는 음악적 활동을 통해 음악의 요소와 종류 그리고 특성 등을 이해하고, 음악을 생활화하도록 한다는 목표와 유사한 체계를 가지고 구체적으로 설명하고 있다고 할 수 있다.

음악을 연주하는 것은 이상적인 소리를 찾는 과정이다. 특히, 무대에서 연주하기 위해서는 수많은 연습을 해야 하는데, 그 과정은 좋은 소리, 자신이 원하는 소리, 완전한 소리를 찾는 과정으로, 수많은 실수를 하고, 잘못된 소리를 고쳐 나가야 한다. 이렇게 음악을 연습하는 과정은 저 멀리 있는 이상적인 소리를 가상하고 그것에 가까이 가는 노력을 하는 것이다. 이상적인 소리는 자신이 그리는 음악의 세계이며 지극히 창의적인 음악이다. 자신이 마지막에 만든 음악도 자신만이 내는 소리고 창의적인 산물이다. 감상 과정도 같은 소리를 들을지라도 모든 사람들이 자신만의 소리를 듣게 된다. 고막을 진동한 이후에 전달되는 소리를 우리 뇌에서 자신만의 느낌으로 받아들이는 것이다. 음악의 세계는 연주를 하건 간에 감상을 하건 창의적일 수밖에 없다. 그것을 음악과 교육과정의 목표와 내용에서 강조하고 있는 것이다.

3) 교수-학습 지도안 개발 방법

(1) 교수-학습의 목표 설정

① 교수-학습 목표의 내용과 진술 방식

창의성 계발을 위한 음악 교수-학습에서 목표는 무엇이 되어야 할까? 창의성 계발을 위한 음악 교수-학습의 목표는 창작만 가능할까? 음악은 창의적 산출물이며, 가창, 기악, 창작, 감상의 모든 음악 활동은 새로운 것을 만들거나 표현하는 과정이다. 따라서 창의성 계발을 위한 음악과의 수업 목표는 가락 만들기, 즉흥연주하기, 이야기 소리 만들기 이외에 기존의 노래 부르기, 악기 연주하기, 감상하기도 포함될 수 있다. 그러면 음악의 개념을 이해하는 수업은 창의성 계발과 관련이 있을까? 음악의 개념을 이해하기 위해서 음악을 듣고, 연주하고, 창작한다면 이해 위주의 수업도 창의성과 관련 있을 수 있다.

창의성 계발을 위한 음악 수업의 목표에는 음악과에서 지금까지 해 온 모든 음악 활동과 경험뿐만 아니라 이해 과정도 포함될 수 있다.

② 교수-학습 목표의 진술 형식

창의성 계발 교수-학습의 목표를 진술하는 형식은 다른 수업과 유사하다. 정명화 외(2002)는 '구체적인 학습 내용과 기대되는 학습자의 행동'으로 진술할 수 있다고 하였다. 정명화 외(2002)가 주장하는 방법으로 음악과 목표의 진술 형태를 제시하면 다음과 같다.

◆ 내용과 행동이 포함된 목표 진술(예)

- 이수일의 가곡(내용)의 특징을 살려 노래(행동)할 수 있다.
- 3/4박자 악곡(내용)을 연주(행동)할 수 있다.
- (우리나라의) 5음 음계로 된 악곡(내용)을 작곡(행동)할 수 있다.
- 베토벤의 가곡(내용)을 분석(행동)할 수 있다.

목표를 내용과 행동을 중심으로 진술하면, 내용은 음악과 교육과정의 '이해' 영역에 제시되어 있는 음악 요소가 될 것이며, 행동은 음악과 교육과정의 '활동' 영역에 제시되어 있는 내용이 포함될 수 있다. 수업에 따라 위에 제시된 목표 진술의 가곡 중 베토벤의 가곡, 이수일의 가곡을 지명하여 내용을 한정할 수 있으며, 5음 음계도 우리나라의 5음 음계로 한정하여 진술할 수 있다. 행동에서는 '노래할 수 있다.' '즉흥연주할 수 있다.' '작곡할 수 있다.' '분석할 수 있다.' 등이 포함될 수 있는데, 이것은 교육과정에서 구분하고 있는 가창, 기악, 창작, 감상의 네 가지 활동 영역으로 목표 진술이 될 수 있음을 보여 주는 것이다. 수업 목표는 교육과정을 활용하여 해당 수업 시간에 달성할 수 있는 범위에서 구체적으로 진술되어야 할 것이다.

내용과 행동만을 기록하는 방식 이외에 학습자가 학습된 행동을 수행할 수 있는 '조건'과 '도달 기준' 그리고 수업 목표를 달성했다고 볼 수 있는 '행동'을 강조하는 방식도 고려할 수 있다. 이를 활용하여 목표를 진술하면 다음과 같다.

◆ 조건, 도달 기준, 행동이 포함된 목표 진술(예)

- 주어진 리듬형에 따라(조건) 창의적으로(도달 기준) 노래(행동)할 수 있다.
- 학생이 만든 이야기(조건)로 창의적으로(도달 기준) 연주(행동)할 수 있다.
- 교사가 만든 가락에 이어(조건) 학생이 네 마디 이상(도달 기준)을 즉흥연주(행동)할 수 있다.

조건을 포함하는 것은 수업의 범위를 줄여 주어 수업을 더 명료하게 이끌어 갈 수 있도록 한다. 수업 목표의 내용과 도달 정도를 고려하여 수업 목표의 진술 방식을 결정한다.

(2) 수업 내용 선정

음악과에서 창의성을 계발하고자 할 때, 어떤 내용을 선정해야 할까? 『음악 교육의 철학서(Music Matters: A New Philosophy of Music Education)』의 저자 Elliott (1995)과 음악적 창의성 측정 전문가인 Webster(1990)는 모든 창의성 계발 수업은 창작 수업이 중심이 되어야 한다고 보았다. 이들은 창작은 연주, 지휘, 작곡, 편곡, 분석, 즉흥 활동 등을 포함하며, 이 모든 영역에서 감상 활동이 중요하다고 하였다. 우리나라의 창의성 관련 음악교육 연구(함희주, 1997; 고은아, 1998; 김경선, 1999; 전정욱, 2001; 김용희, 2001)들도 대부분 창작 활동을 중심으로 연구 결과를 내놓고 있다. 음악과의 창의성 관련 연구에서 창작 활동만 제한적으로 제시되고 있는 것은 일반적인 현상이다.

선행 연구들이 기존의 악곡을 노래하거나 악기로 연주하는 것이 창의성과 관련이 없다고 단정하는 것은 아니다. 창작 활동은 가창, 기악, 감상 활동을 통해 이루어지는 결과적 의미를 띠기 때문에, 창작만을 강조한다고 해서 창의성 계발 수업에서 가창, 기악, 감상 활동이 배제되지는 않는다. 창작을 위한 연주가 아닌 연주 활동도 창의성과 밀접한 관련이 있다. 기존의 악곡을 노래하거나 악기를 연주하는 것은 창의적인 활동과 관련 없는 '재현'이 될 수도 있지만, 인간에게는 자신만의 표현을 추구하는 자연적인 욕구가 있기 때문에 '재현' 이후의 단계에서는 창의적인 표현을 하는 것이 자연스러운 현상이다.

결국 음악의 모든 활동은 창의성과 관련이 있고, 창의성 계발 수업의 내용으로 음악의 모든 활동이 포함될 수 있음을 의미한다. 여기서는 '변주 이해' '즉흥연주' '소리 구성'의 세 가지 주제를 수업 내용으로 선정하였다. 이 세 가지 주제가 선정된 것은 모두 음악의 다양한 활동이 요구되고 창의성 계발을 위한 적절한 소재가 될 수 있기 때문이다. '변주 이해'는 기악, 창작, 감상의 통합 활동이 가능하고, 작곡 학습의 기본 내용이라는 점에서, '즉흥연주'는 기악, 감상, 창작의 통합 활동이 가능하고, 창의적 사고를 요구한다는 점에서 그리고 '소리 구성'은 새로운 창작 기법을 이해하고 체험할 수 있는 소재라는 점에서 고려되었다.

(3) 교수-학습 방법

① 수업 전개 방식

수업은 일반적으로 도입, 전개, 정리의 세 단계로 구분될 수 있다. 도입, 전개, 정리의 각각의 부분에서 포함되어야 할 기본적인 내용을 제시하면 다음과 같다.

⊙ 도 입

수업의 도입은 본 수업에 들어가기 전에 학생들이 수업을 전체적으로 파악하고, 수업의 목표를 이해하며, 수업에 관심을 가지게 한다. 이때 교사는 학생의 특성과 수준을 이해하는데, 교사 활동을 중심으로 도입부를 설명해 보았다.

- 목표 제시 목표 제시는 수업에서 성취해야 할 지향점이다. 수업에서 교사와 학생이 수업의 목표를 명확히 인식하게 하는 것은 매우 중요한 절차다. 목표를 명료하게 인식하면 수업의 초점이 뚜렷해져 유효한 활동을 중심으로 수업을 운영할 수 있다. 학생들이 목표를 인식하게 하는 방법으로 목표를 칠판에 써 놓고 읽는 방식, 교사가 간단하게 읽어 주는 방식, 별다른 설명 없이 학생들에게 목표를 읽게 하는 방식 등이 있다. 그러나 학생들이 목표를 깊이 이해하면서 명료하게 인식하게 하기 위해서는 이와는 다른 적절한 방법이 필요하다. 예를 들어, '한국의 아악을 이해한다.'라는 목표가 있다면, 이것을 한 번 읽는 것으로는 부족하다. 학생들에게는 아악이란 용어가 친숙하지 않기 때문에 이 문장을 읽는 것만으로 목표가 인지되기는 어려울 것이다. 아악에 대한 의미를 쉽게 이해할 수 있도록 설명한 뒤 목표를 인지할 수 있도록 해야 한다. 아악에 대한 설명을 동영상으로 대신하는 방법, 녹음 자료만을 사용하는 방

법, 교사가 일부를 연주해 주는 방법, 아악에 대하여 그림과 이야기로 소개하는 방법, 동료 학생이 조사해서 발표하는 방법 등을 활용할 수 있다. 학교환경이나 학생들의 흥미 그리고 교사의 특성에 따라 목표 제시 방식은 다양하다.

- 동기 유발　동기 유발은 학생들이 수업에 적극적으로 참여할 수 있도록 하는 과정이다. 동기 유발이란 수업 내내 관심을 두고 진행되어야 하는 것이지만, 특별히 도입 부분에서 가장 분명한 활동이 된다. 음악 수업 중에서도 악기 연주하기나 노래 부르기 활동이 주를 이루는 수업에서는 동기 유발을 위한 별도의 활동이 크게 요구되지 않지만, 음악의 개념을 이해한다든지, 악보를 활용하는 작곡 수업에서는 동기 유발을 위한 별도의 과정이 필요할 때가 많다. 학생들의 학습 동기를 유발하기 위해서는 음악의 아름다움을 잘 느낄 수 있는 환경을 조성하고 그 음악의 아름다움을 발견할 수 있는 다양한 방법을 사용해야 한다. 동기 유발 방법은 학생들이 좋아하는 대중음악이나 다른 예술 분야(그림, 사진, 문학, 스포츠, 영화 등)의 소재를 활용하기도 하는데, 일반적으로 학생들의 주변에서 소재를 찾아 활용하는 방법을 사용한다.

동기 유발을 위해 다음과 같은 방법이 사용된다. 첫째, 학생이 직접 음악 활동을 하게 하는 방법이다. 학생들이 잘할 수 있는 음악 활동, 즉 악기 연주나 노래를 부르게 하는 것이다. 그 연주나 노래가 수업 내용과 관련성이 높다면, 좋은 동기 유발이 될 수 있다. 둘째, 교사가 직접 시범연주를 보여 주는 방법이다. 음악 시간에 교사의 연주만큼 학생들의 동기를 잘 유발하는 것은 없다. 물론 연주는 수업의 목표 및 내용과 밀접한 관련이 있어야 하고, 성의를 다해 연주해야 한다. 셋째, 다른 예술 형식을 활용하여 설명하는 방법이다. 수업의 소재와 유사한 그림을 보여 준다거나, 가르칠 음악이 영화에서 활용된 것을 상세히 설명한다거나, 소설에 나왔던 음악으로 설명할 수 있다. 넷째, 유명 인사와 관련하여 설명하는 방법이다. 물리학자 아인슈타인은 바이올린 연주자였으며, 미국 대통령 클린턴은 색소폰 연주를 잘했다. 그리고 의사 슈바이처는 연주 음반을 만든 오르가니스트였다. 이들의 예를 활용하여 연주에 대한 동기를 유발할 수도 있을 것이다.

⊙전 개

음악 수업의 전개는 내용에 따라 다양한 방식이 가능하다. 음악 수업을 기능 습득을 목표로 하는 수업과 이해나 창작 활동을 목표로 하는 수업으로 구분한다면, 전자의 수업은 개인별로 큰 차이가 있기 때문에, 수업의 흐름에 대한 체계가 소개되는 이해나 창작 활동 중심의 수업에서 연역적 전개 방식과 귀납적 전개 방식을 구분하여 설명한다.

- **연역적 수업 방식** 연역적 수업 방식은 수업을 전개하는 방식을 의미하는 용어로, 먼저 언어적으로 개념을 설명하고 그 개념을 바탕으로 실제 음악을 이해

〈표 8-5〉 연역적 수업 방식(예)

차 시	수업 목표	주요 내용
1/4 차시	선행 연구와 동영상과 음향 자료를 활용하여 즉흥연주의 개념을 이해한다.	• 즉흥연주의 사전적 개념 이해 • 전통음악에서의 즉흥연주의 예(Figured Bass의 즉흥연주, Jazz의 즉흥연주, 카덴차의 즉흥연주) • 주어진 악보나 기존의 음악을 그대로 연주하지 않고, 연주자가 자유롭게 표현하는 연주 형태(그러나 즉흥연주는 마음대로 하는 것이 아니라 어떤 틀에 의해 표현되는 것임을 이해할 수 있어야 한다.)
2/4 차시	기존의 악곡을 리듬이나 가락을 일부 변형하여 연주하는 것에서 즉흥성의 개념을 이해하고 실제 연주할 수 있다.	• 즉흥연주의 실천은 기존의 음악을 변형하는 것부터 시작됨을 보여 준다. • 제시된 네 마디 가락 중 마지막 한 마디를 바꾸어 연주하는 연습을 통해 즉흥성의 개념을 이해한다. • 제시된 네 마디 가락 중 마지막 두 마디를 바꾸어 연주하는 연습을 통해 즉흥성의 개념을 이해한다.
3/4 차시	바꾸는 것과 추가하는 것의 즉흥성에 대해 이해하고 연주할 수 있다.	• 제시된 네 마디 가락 중 두 마디를 추가하는 방식을 보여 준다. • 제시된 네 마디 가락 중 두 마디를 추가하는 방법을 익히고 기존의 악곡과 어울리게 하는 방법을 이해한다.
4/4 차시	화음에 의한 즉흥성을 이해하고 연주할 수 있다.	• I 화음에 맞는 가락을 만든다. • IV 화음에 맞는 가락을 만든다. • I–IV–V 화음의 진행에 맞는 가락을 만든다. • 화음에 맞는 가락을 즉흥적으로 만들어 발표한다.

하는 방식이다. 즉흥연주의 이해를 목표로 한 수업의 경우 즉흥연주에 대한 개념을 이론적으로 설명하고 그 내용을 바탕으로 실제 음악을 경험하여 개념 이해에 이른다는 것이다. 〈표 8-5〉는 리코더 즉흥연주를 예시로 하여 연역적 차시별 진행 구조를 보여 주고 있다. 이 수업에서는 먼저 선행 연구와 동영상 및 음향 자료를 활용하여 즉흥연주의 개념을 제시하고, 다음 차시부터 실제 즉흥연주를 할 수 있도록 하고 있다. 개념에 우선하고 실제 연주를 통해 개념을 실제화하는 과정이 연역적 수업 방식이라고 할 수 있다.

• **귀납적 수업 방식** 귀납적 구조는 연역적 구조와는 달리 실제 음악을 경험하고 이후에 개념을 정리하는 방식이다. 예를 들어, 즉흥연주를 주제로 수업을 한다면 즉흥연주를 먼저 하고, 그에 대한 개념을 설명하는 방식이다. 〈표 8-6〉

〈표 8-6〉 귀납적 수업 방식(예)

차시	수업 목표	주요 내용
1/4 차시	기존의 악곡을 리듬이나 가락을 일부 변형하여 연주할 수 있다.	• 기존의 음악을 변형하는 것을 보여 준다. • 제시된 네 마디 가락 중 마지막 한 마디를 바꾸어 연주한다. • 제시된 네 마디 가락 중 마지막 두 마디를 바꾸어 연주한다.
2/4 차시	기존의 악곡을 바꾸고 추가하여 연주할 수 있다.	• 제시된 네 마디 가락 중 맨 마지막에 두 마디를 추가하는 방법을 익힌다. • 제시된 네 마디 가락 중 가운데 두 마디를 추가하는 방법을 익힌다.
3/4 차시	화음에 맞는 연주를 할 수 있다.	• 세 화음을 듣고 화음에 어울리는 가락을 만들어 본다. • 순차 진행의 가락과 도약 진행의 가락을 만들어 본다.
4/4 차시	선행 연구와 동영상과 음향 자료를 활용하여 즉흥연주의 개념을 이해한다.	• 즉흥연주의 사전적 개념을 설명한다. • Figured Bass를 설명하고, 학생들이 경험했던 활동 중 어떤 활동과 관련 있는지 이야기한다. • Jazz의 애드리브를 설명하고, 학생들이 경험했던 활동 중 어떤 활동과 관련 있는지 이야기한다. • 카덴차에 대해 설명하고, 즉흥연주와 어떤 관련이 있는지 이야기한다. • 즉흥연주에서 즉흥의 개념은 단지 자유가 아니고, 어떤 틀에 의한 움직임이란 사실을 정확히 이해할 수 있도록 한다.

은 앞의 수업 내용을 귀납적으로 재구성한 것이다. 이 수업에서는 먼저 간단한 즉흥연주를 하고, 다양한 연주를 경험하면서 개념을 이해할 수 있도록 한다. 실제 음악 연주를 해 보았기 때문에 개념을 쉽게 이해할 수 있는 장점이 있다. 이 수업 방식은 즉흥연주를 잘할 수 있는 교사에게 적합한 방식이다. 이 수업에서는 1차시에서 3차시까지는 즉흥연주에 대한 용어를 사용하지 않고 다만 관련 활동만 한다. 3차시까지의 활동이 끝난 후에 즉흥연주라는 용어와 함께 개념을 설명한다. 이때 학생들이 즉흥 음악이 무엇인지 명확히 이해할 수 있도록 한다.

모든 수업 방식은 연역적 방식과 귀납적 방식으로 명확하게 구분되지 않는 경우가 많다. 이는 개념 설명을 먼저 하고 이후에 활동만 하거나, 활동을 먼저 하고 이후에 개념을 이론적으로 설명하는 체제는 일반적이지 않기 때문이다. 그러나 전체적으로는 수업의 순서에서 이론을 먼저 두는 경우, 실천을 먼저 두는 경우가 있을 수 있다. 한편, 코다이는 음악적 경험을 먼저 한 이후에 그에 대한 개념을 설명하는 귀납적 방식이 훨씬 효과적이라고 하였다. 코다이 교수법뿐만 아니라 오르프, 달크로즈의 교수법에서도 음악적 활동을 먼저 경험하는 귀납적 방식을 활용하고 있다.

⊙정 리

정리 단계는 수업의 목표를 달성하였는지 가늠하는 과정과 차시에 대한 준비 과정이 주를 이룬다. 목표 확인 방법은 가창, 기악, 창작 활동과 이해 관련 활동에서 차이가 난다. 전자는 실제 음악을 연주하는 방식을 사용하는 것이 보통이다. 그러나 후자는 질문을 하거나 간단한 평가지를 활용하여 평가하는 방식도 활용된다. 과제와 차시 예고는 수업 시간에 배운 지식이나 활동을 활용하여 해결할 수 있는 내용을 위주로 한다. 수업 준비물, 연습 내용, 공부 내용 등이 포함된다.

② 수업 운영 방법

창의성 계발 수업에서는 정확하게 개념을 설명하는 것과 함께 학생들의 창의성을 자극할 수 있는 다양한 방식들이 요구된다. 이것은 수업 운영 방법과 관련된 사안으로 설명할 수 있다. 설명, 발문, 지시, 대응 방식 등으로 구분하여 살펴볼 수 있는데, 교사의 수업 운영 방법에 대한 의미와 적합한 방법을 모색해 본다.

⊙ 개념 설명

교사가 수업의 목표와 내용을 학생들에게 전달하는 과정에서 일어나는 것으로, 교사는 자신의 설명을 통해 학생들의 학습이 이루어지기를 기대한다. 최근 학생들의 활동을 통한 학습이 강조되고 있지만, 여전히 교사의 설명은 높은 미적 경지에 대한 이해, 정확한 지식의 이해를 돕는 의미 있는 방식으로 인식되고 있다. 교사의 개념 설명에서는 다음에 유의한다.

- 적절한 음악 사례의 활용　음악의 개념은 보이는 것이 아니다. 보이지 않는 음악의 개념을 설명하기 위해서는 적절한 사례를 활용하는 것이 좋다. 예를 들어, 소나타 형식을 설명하기 위해서는 실제 다양한 소나타를 활용하여 그 특성을 설명해야 한다. 소나타 형식을 설명하는 초기 단계에서는 복잡한 낭만주의 시대의 소나타보다는 비교적 형식이 뚜렷한 고전주의 시대의 소나티네를 활용하는 것이 적절할 것이다. 또한 5음 음계를 설명하기 위해서는 음정이 명료하지 않은 향토민요보다는 통속민요를 활용하는 것이 적절할 것이다. 그리고 하나의 음악적 개념을 설명할 때는 관련 개념을 활용하고 있는 많은 음악을 경험할 수 있도록 해 주어야 한다. 그것이 음악적 개념을 통한 실제 음악의 이해에 도움을 줄 수 있을 것이다. 한두 가지 음악을 통해 음악적 개념을 이해하려고 시도한다면 결국 적용되지 않는 음악 개념만을 가지게 될 가능성이 많다. 음악의 개념은 언어로 규정되어 있는 것보다 훨씬 복잡하고 다양한 사례가 있기 때문이다.
- 생각할 수 있는 기회의 부여　교사는 일방적으로 설명하기보다는 학생들이 생

각하고 반응할 수 있는 기회를 충분히 주어야 한다. 음악의 개념은 절대적인 것이 없다고 해도 과언이 아니다. 음악을 만드는 음악가들은 음악의 형식을 본질적으로 거부하거나 변형시켜 가기 때문이다. 론도의 정의에 따라 론도를 작곡하는 작곡가는 그리 많지 않다. 소나타 형식의 기본적인 형식에 따라 그대로 작곡하는 전문 작곡가 역시 마찬가지다. 물론 우리가 잘 아는 장조와 단조를 한 가지 특성을 분명히 살려 작곡하는 경우도 많은 것은 아니다. 장조라고 해도 단조의 특성이 있고, 소나타라고 하지만 소나타가 아닌 론도의 특성을 띠기도 한다. 결국 음악의 개념에는 절대성이라고 할 만한 것은 매우 적다. 절대성이 없는 음악을 이해하는 것, 그것은 결국 청자의 주관이 존중되어야 하는 부분이 많다는 것을 의미한다. 답은 청자가 가지고 있는 것이며, 학생은 그 청자다. 교사는 설명을 하면서 학생(청자)이 생각할 수 있는 충분한 시간을 주어야 한다. 강요하거나 아무런 비판 없이 받아들여야 하는 음악 개념은 찾기 어렵다는 점을 인정하고 음악 개념을 공부할 때는 학생들에게 생각할 수 있는 기회를 충분히 줄 필요가 있다.

- 체계적인 설명　이론을 설명할 때는 체계적이어야 하는데, 두괄식, 미괄식, 병렬식 등의 형식을 고려하여 구성해야 한다. 형식을 고려하면 보다 분명한 구조를 가질 수 있으며, 분명한 구조는 내용을 명료하게 배열하고, 쉽게 전달될 수 있다.
- 은유적인 설명　음악은 이성의 대상이라기보다는 감성의 대상이다. 감성의 대상에 대해서는 직설적인 표현보다는 은유적인 표현이 적절할 때가 많은데, 음악에 대한 설명은 은유적으로 표현되는 것이 좋다.

⊙ 발문 방식

창의성 계발을 위한 수업에서는 학생들이 사고하게 해야 하며, 이를 위해 교사의 발문은 중요하다. 많은 학자들은 발산적 사고를 할 수 있는 발문이 되어야 한다고 강조한다.

- **발산적 사고의 유도** 발산적 사고를 유도한다는 것은 '예/아니요' 혹은 정답이 있는 답을 요구하는 것이 아니라 자유로운 사고를 표현할 수 있도록 한다는 것이다. 예를 들어, '베토벤의 월광을 잘 들었나요? 이 음악은 원래 제목이 뭐죠? 이 음악은 월광(달빛)을 묘사하고 있나요?' 등의 단순한 답을 요하는 질문보다는 '이 음악을 듣고 달빛 이외의 다른 상황을 생각해 본 사람이 있으면 말해 보세요. 공장의 기계 소리를 느꼈다거나, 깊은 바닷속에서 큰 상어가 지나다니는 광경을 생각했다거나 하는 월광 이외의 광경을 생각해 본 학생은 없나요?' 등의 질문을 통해 생각을 잘 하지 않으려는 학생들에게 다양한 실마리를 주고 사고를 할 수 있도록 유도할 필요가 있다.

  음악은 듣는 사람이 주인이다. 음악을 듣는 사람은 자신의 마음과 상상대로 들을 수 있다. 다른 사람이 만들어 놓은 상(象)에 속박될 이유가 없다. 음악을 듣고 생각하는 것은 듣는 사람의 권리임을 인식하게 하고, 발산적 사고를 할 수 있도록 유도한다.
- **응답에 대한 기다림** 발문에 응답하는 것은 쉬운 일은 아니다. 깊은 생각은 부화기가 필요하므로, 학생들이 깊이 생각하고 응답할 수 있도록 발문 이후에는 시간을 준다.

⊙ 과제 요구 방식

교사가 과제를 요구할 때는 명료하며 허튼 부분이 없어야 한다. 농담 같은 요구는 학생들에게 믿음을 주지 못한다. 과제를 요구해야 하는 경우에는 학생의 상황을 배려하되 단호해야 한다. 과제를 내줄 때는 무엇을, 언제까지, 어떤 형식으로, 얼마만큼, 누구에게, 어떤 경로로 제출해야 하는지 분명히 한다. 감상문 과제와 같은 경우 다음 〈표 8-7〉과 같은 과제 작성 요령을 제시하는 것이 바람직하다.

〈표 8-7〉 감상문 작성 요령

• 제목: 감상문 제출 • 기간: 12월 3일까지 • 내용: 공공장소에서 열리는 유료 음악회를 관람한 후 감상문 작성 • 분량: A4 5매 이내 • 감상문의 주요 내용: 관람일, 연주 장소, 연주자, 연주 곡명, 작곡가, 감상 소감 등 • 작성양식은 인터넷(....@.....)에 제시한 대로 따를 것 • 평가: 학기 말 시험 점수 중 10점 • 제출: 메일로 보낼 것(파일이름은 자신의 이름과 반, 번호) • 기본 점수 없음

⊙ 교사 대응 방식

대응은 학생의 표현이나 발표에 대한 교사의 칭찬, 설명, 평가, 비판 등을 의미한다. 학생은 교사의 대응에 따라 용기를 얻기도 하고, 분발하기도 하며, 때때로 실망하고 학습 의욕을 잃을 수도 있다. 따라서 대응 방식은 교사의 매우 중요한 활동이다. 학생들의 표현이나 발표에 대한 교사의 대응에 기본적으로 포함되는 것은 학생의 발표에 대한 묘사(분석), 칭찬 그리고 제안(개선점)이다. 예를 들어, 학생이 〈보리밭〉을 불렀다면 "동영이는 윤용하의 보리밭을 안정된 빠르기와 음정으로 불렀다(묘사). 목소리가 아름답고, 마지막 부분의 절정이 아주 좋았다(칭찬). 마지막에 약간 느리게 끝내었더라면 훨씬 감동을 줄 수 있을 것 같다(제안)." 라고 말해 준다. 또는 "명진이는 새타령을 장구를 치면서 불렀다(묘사). 장구 소리는 아주 유연하고 우아해서 거의 전문가 수준이었다(칭찬). 아주 아름다운 노래와 장구 반주였다. 축제 때 반 대표로 연주를 한번 하면 좋겠다(제안)."라고 말함으로써 묘사와 칭찬 그리고 제안이 가능하다. 또는 다음과 같이 말할 수 있다. "도영이의 보리밭은 우리 모두를 진지하게 하였다(묘사, 칭찬). 도영이는 음악적 재능이 아주 뛰어나니 잘 살려 보면 좋겠다(제안)." "대휘의 새타령은 리듬이 정확하고 좋았지만(묘사, 칭찬) 가락을 좀 더 정확하게 부르면 더 좋을 것 같다(제안)."

학생의 표현이나 발표에 대해서는 다양하게 대응해야 한다. 교사가 학생들의 발표에 대해 똑같이 '잘했다' '음정이 틀렸다' 등 단순한 몇 개의 단어만 사용하는 대응은 되도록 피하고, 분석과 느낌을 충분히 진술하도록 한다.

⊙ 도구와 기자재 활용 방식

창의성 계발을 위한 교수-학습에서는 수업 목표나 내용에 알맞은 도구나 기자재를 활용해야 한다. 최근 무분별한 ICT 자료의 활용은 창의성 계발에 도움을 주기는커녕 방해가 되기도 한다. 일부 학교에서는 ICT 활용을 의무로 강요함에 따라 교사의 직접적인 설명 대신 ICT 자료의 설명으로 대신하여 학생의 시선을 분산시킨다든지, 교사의 반주 대신 조악한 컴퓨터 반주를 활용함으로써 음악의 미적 특성이 무시되기도 한다(양종모, 이경언, 2001). 음악 시간에 활용되는 도구나 기자재는 수업의 목표와 내용에 따라 진지하게 선택되어야 한다.

(4) 평가 방법

창의성 계발을 위한 교수-학습 과정에서는 Hallmann(1970), Heinelt(1974), Amabile(1983) 등이 주장한 대로 '음악에 관한 기초 능력'과 '태도(동기)' 그리고 '창의적인 표현과 작품을 만드는 능력'이 중시된다. 따라서 〈표 8-8〉에서 제시한 대로 세 가지로 구분하여 접근하는 것이 타당할 것이다.

〈표 8-8〉 음악과 평가 요소의 내용과 방법

평가 요소	내 용	방 법
기초 능력	음악 읽고 쓰기 능력, 기본적인 악기 연주 능력	• 관찰, 검토 항목, 포트폴리오 • 분석적 방법과 통합적 방법
창의성	유창성, 융통성, 독창성, 정교성	
태도	의욕, 도전 정신, 몰입 등	

① 음악에 관한 기초 능력의 평가

음악에 관한 기초 능력이라고 하면, 음악 감상 능력, 악기를 연주할 수 있는 능력 등 여러 가지 주장들이 있지만, 코다이가 주장한 음악 읽고 쓰기 능력이 가장 일반적으로 거론되고 있다. 국어의 기초 능력은 글을 보고 읽고, 말을 듣고 글로 옮길 수 있는 능력인 것처럼, 음악의 기초 능력은 악보를 보고 음악을 떠올리고, 음악을 듣고 악보로 그릴 수 있는 능력이라는 것이다. 이것은 '음악 읽고 쓰기 능력'이라고 불린다. 음악 읽고 쓰기 능력을 평가하는 데는 여러 가지 방법이 있지만, 악보를 계명창 하는 것을 직접 관찰에 의해 평가하거나, 음악을 들려주고 악보로 쓰게 하는 실음 지필식 방법이 일반적이다. 음악 읽고 쓰기 능력은 쉬운 것부터 어려운 것으로 단계적으로 평가하는 것이 타당하다. 음악 읽기의 평가 방법은 다음과 같은 방식이 즐겨 사용된다.

- 단성부 악보 읽기평가 단성부 악보 읽기평가는 '초견 시창'이라는 용어로 불린다. 초견 시창은 말 글대로 악보를 처음 보고 노래 부르는 능력을 평가하는 것이다. 주로 새로운 악보를 주고 리듬과 음정의 정확도를 관찰하여 평가한다.
- 다성부 악보 읽기평가 다성부 악보 읽기평가는 한 성부는 노래하고 다른 성부는 피아노와 같은 건반악기로 연주하는 방법이다. 주로 대위법의 구조를 설명할 때 사용되는 평가 방법이다. 대위법 음악은 각 성부의 리듬과 가락이 독립적으로 움직인다. 독립적으로 움직이는 음악의 구조를 깊이 이해하기 위해서는 각 성부의 특성을 손과 입으로 다르게 연주하는 훈련이 요구된다. 이를 위해 한 성부는 노래 부르고, 다른 성부는 피아노로 치는 평가를 할 수 있다. 이 평가에서는 초기에는 단순한 카논을 이용하고 점차 르네상스나 바로크 시대의 다성음악을 활용하며, 리듬과 음정의 정확성에 많은 비중을 둔다.
- 리듬과 단성부 악보 읽기평가 음악에서 가락에 활용되는 리듬은 여러 종류가 있으나 하나의 패턴을 이루는 오스티나토(ostinato)가 가장 즐겨 사용될 것이다. 오스티나토를 악보 읽기평가에 활용하면 복잡한 음악의 구조를 이해하고 체험하는 데 도움을 줄 수 있다. 교사가 악보를 만들고 오스티나토를 정해 주면, 학생이 그에 따라 박수를 치면서 시창하는 것을 관찰하여 평가한다. 이 평가에서는 리듬과 음정의 정확성에 더 많은 비중을 둔다.

• **기본적인 악기 연주평가** 음악의 기초기능에는 음악 읽고 쓰기뿐 아니라 각종 악기에 대한 기초기능도 포함될 수 있다. 리코더, 단소, 장구, 탬버린과 같은 비교적 쉬운 악기를 연주하는 것은 음악의 기초기능에 포함된다. 이러한 연주에서는 운지법과 약간의 표현력이 함께 평가된다.

② 창의적 표현과 작품을 만드는 능력의 평가

창의성은 유창성, 융통성, 독창성, 정교성이라는 요소가 가장 의미 있는 것으로 받아들여지고 있기 때문에 창의적 표현과 작품을 평가할 때는 이러한 요소를 활용할 수 있다. Elliott(1995)은 독창성은 근본적으로 학습자의 음악 작품 간의 비교보다는 음악적 관습(musical practice) 속에서 어떤 의미를 가지는가를 논해야 한다고 하였다. 또한 음악의 독창성은 전통적인 관습과의 관계 속에서 음악 작품을 비교함으로써 판단할 수 있다고 하였다. 그는 음악과의 독창성 평가에서 고려해야 할 두 가지 측면을 다음과 같이 제시하였다.

• 평가하고자 하는 음악적 관습을 결정한다.
• 평가하고자 하는 음악적 관습 내에서 음악 작품을 평가한다.

음악 작품의 창의성을 평가할 때는 고전은 고전음악 관습에서, 전통음악은 전통음악의 관습에서 음악 작품을 평가해야 할 것이다. 음악적 관습이 달라지면 평가하는 것이 불가능하다.

③ 태도평가

태도평가는 내적 동기를 측정하는 것이다. 내적 동기는 새로운 음악을 표현하거나 만들겠다는 의욕이나 도전 정신, 음악 감상이나 연습에의 몰입 등을 의미한다. 태도평가의 목적은 학생의 내면에 숨어 있는 창의성을 이해하고, 고무시키기 위한 자료를 얻는 것이다. 태도를 평가하는 방법은 교수-학습 과정에서 교사의 면밀한 관찰에 의해 이루어지는 것이 일반적이다. 교사는 자신의 전문적인 지식과 경험을 최대한 활용하여 학생 개개인의 환경, 성격, 흥미 등을 고려한 음악에 대한 태도를 평가한다.

④ **창의성 계발에 대한 음악과 평가 방법**

창의성 계발에 대한 음악과 평가 방법은 관찰, 검토 항목, 포트폴리오 등 일반적 창의성 평가 방법과 다르지 않다. 다만 제2절에서 언급한 것처럼, 음악에 대한 평가는 분석적 평가와 합의평가로 구분될 수 있으며, 이 중 합의평가가 최근 신뢰도가 더 높다는 연구가 나오고 있다. 특히 창작 작품 평가의 경우 평가자의 주관적 판단을 우선적으로 받아들여야 하는 것으로 나타나고 있다. 창의성 계발에 대한 평가에서 특정 평가 방법이 훨씬 우월하다는 결정을 내리기는 어려울 것이다. 따라서 다양한 평가 방법을 활용하는 것이 보다 타당한 결과를 얻을 수 있다고 본다.

7. 결 론

이 장은 음악과에서 계발할 수 있는 창의성과 그에 대한 이론 그리고 수업 방법을 정리한 것이다. 음악과에서 계발하는 창의성을 음악적 창의성이라고 하고, 그것을 과학적으로 측정하여 나타내는 방법부터 음악과의 교수법에서 논의되고 있는 창의성을 중심으로 설명하였으며, 창의성을 계발하기 위해 교사가 취해야 할 태도를 논의하였다. 그리고 일반적인 창의성 계발 방법을 음악 수업에 활용할 수 있는 방안도 제시하였다. 더불어 음악적 창의성 계발을 위한 교수-학습 내용의 구성 방법도 설명하였다. 이 글은 음악적 창의성에 대한 개념을 정립하고 창의성 계발 수업을 준비하는 데 도움을 줄 수 있겠지만, 여전히 창의성에 대한 개념을 더 쉽게 이해하고 활용하기 위해서는 다음과 같은 연구가 진행되어야 할 것이다.

첫째, 실증적 연구가 더 많이 진행되어야 한다. 창의성의 개념이 어느 정도 정립되었다고 하더라도, 학생이 어떤 창의성을 얼마나 가지고 있는지, 수업이 창의성 계발에 도움을 줄 수 있는지 등에 대한 실증적인 연구가 요청되고 있다. 이전에 많은 실증적 연구가 진행되었지만, 여전히 우리나라 상황에서의 창의성 계발 현황에 대한 더 상세한 설명이 필요하다.

둘째, 창의성에 대한 국내 이론을 정리해야 한다. 창의성의 개념은 아직 외국문헌에 의존할 수밖에 없다. 우리나라도 창의성에 대한 요구가 있고, 그 의미는 우리의 언어로 정리될 필요가 있는데, 외국의 언어로 연구된 것으로는 우리의 문화에 그대로 적용하는 데 한계가 있을 수밖에 없다. 국내 연구를 통해 창의성이 연구될 때, 진정 우리 문화에서 자연스럽게 활용할 수 있을 것이다. 우리나라 전통문화 속에서 창의성의 의미를 찾고, 사회를 발전시키는 데 활용된 창의성에는 어떠한 것이 있었는지에 대한 연구도 필요하다.

셋째, 음악적 창의성에 대한 개념도 더 정교하게 연구되어야 한다. 음악은 원래 창의적 산물일 때 의미를 갖는다. 창의적이지 않으면 음악으로 인정받지 못하기 때문이다. 음악 교육에서 다루어지는 창의성은 음악 활동 속에서 잘 발견할 수 있다. 음악적 창의성을 교육학적 관점에서 연구하기보다는 음악 작품과 음악 활동에서 찾아보는 것도 좋은 연구가 될 수 있을 것이다.

마지막으로, 다른 교과의 창의성과 음악과의 창의성이 어떻게 다른지 고찰하여 통합적인 접근을 모색해야 한다. 창의성은 하나이며, 각 교과는 인간의 창의적 사고를 발전시킬 수 있는 수단으로 볼 수 있다. 따라서 각 교과의 창의성 개념을 어떻게 연결 지을 수 있는지를 살펴보는 것은 의미 있는 연구가 될 것이다.

음악적 창의성 연구는 음악 속에서 창의성을 보려는 것이며, 이것은 음악과 함께 창의성을 이해하는 하나의 방법을 제안한 것이다. 음악과 창의성에 대한 지속적인 연구가 창의성과 음악 교육을 모두 발전시킬 것을 기대한다.

참고문헌

고은아(1998). 중 · 고등학교 음악 교육의 실태와 창의성 신장 개선 방안. 숙명여자대학교 교육대학원 석사학위논문.

길애경, 임미경(1997). 초등음악지도법. 서울: 수문당.

김경성(1999). 창의성 계발을 위한 효율적인 창작지도 방안 연구. 창원대학교 교육대학원 석사학위논문.

김문환(1997). 문화 · 예술 교육. 한국교육의 신세기적 구상. 한국교육개발원 창립 25주년 기념학술대회 연구자료 RM93-3.

김선 역(2000). 교육과 창의성. 서울: 집문당.

김영채 편역(1999a). 검사요강-Torrance 창의력(언어) 검사. 중앙적성연구소.

김영채 편역(1999b). Torrance 창의력(도형) 검사. 중앙적성연구소.

김영채 편역(1999c). Torrance 창의력(언어) 검사. 중앙적성연구소.

김용희(2001). 창의성 계발을 위한 즉흥연주. 음악 교육연구 3, 21.

김종원(2001). 학교교육에서의 창의성 계발의 문제점. 창의성 계발을 위한 교육 연구 세미나. 한국교육개발원.

김철주(1998). 교과적인 교수방법 탐구. 강남대학교 출판부.

김춘일(1999). 창의성 교육, 그 이론과 실제. 서울: 교육과학사.

문정화, 하종덕(2005). 또 하나의 교육 창의성. 서울: 학지사.

박지현(2003). 창의성 신장을 위한 초등 음악 프로그램 개발 및 효과에 관한 연구. 서울대학교 대학원 석사학위논문.

방금주, 김용희(2000). 음악 창작 아카데미. 서울: 학문사.

서울특별시교육청(1999). 창의력 신장을 돕는 중학교 음악과 학습 평가 방법.

서혜애, 조석희, 박성익(2001). 창의성 계발 교육의 실태와 전략 수립. 한국교육개발원.

성경희(1993). 한국에서의 음악영재의 발굴과 교육의 방향. 음악인력 양성을 위한 새로운 방향 모색. 한국예술연구소 개소 기념 심포지엄. 예술종합학교 부설 한국예술연구소.

승윤희(2000). 신경과학 연구에 근거한 음악 교육의 중요성. 연세음악연구, 7. 167-191.

양종모(2003a). 음악과 성취도 평가 연구. 한국교육과정평가원.

이종태 외(2000). 학교교육 위기의 실태와 원인 분석. 한국교육개발원.

이홍수(1990). 음악 교육의 현대적 접근. 서울: 세광음악출판사.

임선하(2003). 창의성의 개념 및 내용 구조: DESK 모형 접근.

장기범, 박정화(1999). 창조성 계발을 위한 음악적 접근. 서울: 성지문화사.

전정욱(2001). 초등학생의 음악적 창의성 신장을 위한 교수 · 학습 방법 연구. 서울교육대학교 대학원 석사학위논문.

정명화, 김신곤, 권기, 김준규, 신경숙(2002). 실기 및 예비교사를 위한 교육방법의 이론과 실제. 서울: 학지사.

정범모(2001). 창의력은 기를 수 있는 것인가? 창의성 계발을 위한 교육 전략 연구 세미나. 한국교육개발원.

최정현(2000). 창의성 이론을 체계적으로 적용한 음악수업 모형 연구. 서울대학교 대학원 석사학위논문.

함희주(1997). 창의성 계발을 위한 음악 교수 · 학습 지도 모형 연구 사례. 음악교육연구, 16. 한국음악교육학회.

홍순정(1999). 지능과 창의성: 인간의 지적 능력에 대한 심리학적 탐구. 서울: 양서원.

Amabile, T. M. (1983). *The social psychology of creativity.* NY: Springer-Verlag.

Amabile, T. M. (1988). A model of creativity and innovation in organization. *Research in Organizational Behavior, 10,* 123-167.

Amabile, T. M. (1996). *Creativity in context.* Boulder, CO: Westview Press.

Baltzer, S. (1988). A validation study of a measure of musical creativity. *Journal of Research in Music Education, 36*(4), 232-249.

Buzan, T. (2003). *How to mind map: Make the most of your mind and learn to create, organize and plan.* London: Thorsons Pub.

Edwards, L. (1971). The great animating stream of music. *Music Educators Tournal, 57*(6), 38-39.

Elliott, D. J. (1995). *Music matters: A new philosophy of music education.* NY: Oxford University Press.

Frazee, J., & Kreuter, K. (1987). *Discovering Orff.* NY: Scott Music Corporation.

Gamble, J. (1981). The effects of relaxation training and music upon creativity. *Dissertation Abstracts International, 42*(8), 3399B.

Ghiselin, B. (1955). *The creative process.* NY: Mentor Books.

Gibson, S. M. (1989). A comparison of music and multiple arts experiences in the development of creativity in middle school students. *Dissertation Abstracts Inter-*

national, *49*(12), 3543A.

Gorder, W. (1976). An investigation of divergent production abilities as constructs of musical creativity. *Unpublished doctoral dissertation*. University of Illinois at Urbana-Champaign.

Gordon, W. J. (1961). *Synetics*. NY: Harper Bros.

Hallmann, R. J. (1970). Techniken des kreativen Lehrers. In G. Muehle & C. Schill (Eds.), *Kreativiteat und Schule*. Muechen: Piper.

Hamann, D. L. (1991). Creativity in the music classroom. In D. L. Hamann (Ed.), *The best of MEJ*. Music Educators National Conference.

Hickey, M. (1995). Qualitative and quantitative relationships between children's creative musical thinking processes and products. Unpublished doctoral dissertation. Northwestern University, Evanston, Illinois.

Hickey, M. (1996). Consensual assessment of children's musical composition. Unpublished paper presentation at the Research Poster Presentation. New York State school Music Association Convention.

Hickey, M. (2001). An application of Amabile's consensual assessment technique for rating the creativity of children's musical compositions. *Journal of Research in Music Education, 49*(3), 234-244.

Hickey, M. (2002). Creativity research in music, visual art, theater, and dance. In R. Colwell & C. Richardson (Eds.), *The new handbook of research on music teaching and learning*. NY: Oxford University Press.

Holliger, Y. (1989). An investigative study on developing divergent thinking responses in children using a cognitive approach in music education. *Dissertation Abstracts International, 49*(9), 2574A.

Josuweit, D. (1992). The effects of an audiation based instrumental music curriculum upon beginning band students achievement in music creativity. Unpublished doctoral dissertation. Temple University.

Mark, M. L. (1977). *Contemporary music education*. NY: Wadsworth Pub.

Mayer, R. E. (1999). Fifty years of creativity research. In R. J. Sternberg (Ed.), *Handbook of creativity*. Cambridge, UK: Cambridge University Press.

Moore, B. R. (1990). The relationship between curriculum and learner: Music composition and learning style. *Journal of Research in Music Education, 38*, 24-38.

Osborn, A. (1963). *Applied imagination: Principles and procedures of creative thinking.* NY: Scribner's.

Schmidt, C., & Sinor, J. (1986). An Investigation of the relationships among music audiation, musical creativity, and cognitive style. *Journal of Research in Music Education, 34*(3), 160-173.

Simpson, D. J. (1970). The effect of selected musical studies on growth in general creative potential. *Dissertation Abstracts International, 30*(2), 502A.

Thomas, R. B. (1970). MMCP final report. *MMCP interaction.* Washington, D.C.: U.S. Office of Education.

Torrance, E. P. (1962). Developing creative thinking through school experiences. In S. J. Parnes & H. K. Harding (Eds.), *A Sourcebook for creative thinking.* NY: Scribners.

Torrance, E. P. (1970). Creative learning and teaching. NY: Harper Collins.

Torrance, E. P. (1974). *The Torrance tests of creative thinking: Technical-norms manual.* Bensenville, IL: Scholastic Testing Services.

Torrance, E. P. (1981). *Thinking creatively in action and movement: Administration, scoring, testing manual.* IL: Scholastic Testing Services, Inc.

Torrance, E. P., Tan, C., & Allman, T. (1962). Verbal orinality and teacher behavior: A predictive validity study. *Journal of Teacher Education, 21*, 335-341.

Toynbee, A. (1962). Has America reglected its creative minority? *California Monographs, 72*, 7-10.

Treffinger, D. J. (1968). Teachers attitudes about creativity. *Journal of Creative Behavior, 2*(4), 242-248.

Treffinger, D. J., Isaksen, S. G., & Dorval, K. B. (2000). *Creative problem solving: An introduction.* Waco, Texas: Prufocck Press.

Vaughan, M. (1971). Music as model and metaphor in the cultivation and measurement of creative behavior in children. *Dissertation Abstracts International, 32*(10), 5833A.

Vaughan, M. (1977). Musical creativity: Its cultivation and measurement. *Bulletin of the Council for Research in Music Education, 50*, 72-77.

Vold, J. N. (1987). A study of musical problem solving behavior in kindergarten children and a comparison with other aspects of creative behavior. *Dissertation Abstracts International, 47*(9), 3352A.

Wallass, G. (1926). *The art of thought.* NY: Harcourt, Brace.

Webster, P. (1987). Refinement of a measure of creative thinking in music. In C. Madsen & C. Prickett (Eds.), *Applications of research in music behavior.* Tuscaloosa, Alabama: The University of Alabama Press.

Webster, P. (1988). Creative thinking in music: Approaches to research. In J. Gates (Ed.), *Music education in the United States: Contemporary issues.* Tuscaloosa: University of Alabama Press.

Webster, P. (1990a). Study of internal reliability for the Measure of Creative Thinking in Music(MCTM). Unpublished paper presented at the MENC National Conference. Washington, D.C.

Webster, P. (1990b). Creativity as creative thinking. *Music Educators Journal, 76*(9), 22-28.

Webster, P. (1992a). Inspiration and creativity. In B. Reimer & J. Wright (Eds.), *On the nature of musical experience.* Niwot, CO: University Press of Colorado.

Webster, P. (1992b). Research on creative thinking in music: The assessment literature. In R. Colwell (Ed.), *Handbook of research on music teaching and learning.* NY: Schirmer Books.

Webster, P.(1994). Measure of Creative Thinking in Music(MCTM): Administrative guidelines. Unpublished manuscript. Northwestern University, Evanston, IL.

Webster, P., Yale, C., & Haefner, M. (1988). Test-retest reliability of Measures of Creative Thinking in Music(MCTM) for children with formal music training. Unpublished paper presented at the MENC National Conference, Indianapolis, Indiana.

Zwicky, F. (1969). *Discovery, invention, research: Through the morphological approach.* NY: Macmillan Co.

제 9 장

실과에서의 창의성 교육: 기술적 창의성을 중심으로

제 9 장

실과에서의 창의성 교육: 기술적 창의성을 중심으로[1)]

1. 서 론

오랜 번뇌와 반복되는 실험을 통해 과학 원리를 깨우치게 된 모차르트, 인간의 심성을 울리는 감동적인 소설을 써 내려가는 에디슨을 상상하기 힘든 것처럼, 대부분의 개인은 특정 분야에 해당하는 창의성을 갖고 있다고 가정해 볼 수 있다. 레오나르도 다 빈치(Leonardo da Vinci)와 같이 미술, 과학, 기술, 사상 등 다방면에 걸쳐 창의성을 발휘한 전인(全人)도 있기는 하지만, 음악 분야의 모차르트, 미술 분야의 피카소, 문학 분야의 울프, 수학 분야의 갈루아, 과학 분야의 아인슈타인, 기술 분야의 에디슨 등과 같이 대부분의 경우 천재들은 특정 분야에서만 뛰어난 창의성을 발휘하였다.

1) 실과는 기술학, 가정학, 생명과학으로 구성된 복합적인 학문 구조다. 이 글에서는 최근 창의성에 대한 연구가 활발하게 진행되고 있는 기술학을 중심으로 실과에서의 창의성 교육을 다루고자 한다. 기술학 분야에서는 기술적 창조성, 기술적 창조력, 기술적 창의성, 기술적 창의력 등 다양한 용어가 혼용되고 있으며, 여기서는 기술적 창의성으로 통일하여 사용하였다.

Gardner가 다중지능이론(multiple intelligences theory)을 발표하기 전까지는 언어 능력, 수리력, 추리력, 공간지각력 등을 측정한 지능지수(IQ)를 개인의 지적 능력을 나타내는 절대적인 척도로 여겨 왔듯이, 창의성 관련 연구에서 Torrance (1976)의 창의적 사고 검사(Torrance Tests of Creative Thinking: TTCT)를 통해 계량화한 유창성, 융통성, 독창성, 정교성 점수는 개인의 창의성을 나타내는 일반적인 기준으로 통용되어 왔다.

지금까지의 창의성 관련 연구는 특정 영역에서 접근하지 않고, 일반적인 특성으로서 접근해 온 경향이 있다. 그러나 Han(2000)은 개인의 창의성이 특정 영역에만 한정되는가 아니면 여러 영역에 걸쳐 두루 나타나는가 하는 문제를 창의성 연구에서 가장 쟁점이 되는 부분 중 하나로 부각시켰다. Han은 박사학위 논문에서 아동의 창의성이 영역 보편적(domain-general)이기보다는 다소 영역 한정적(domain-specific)이라는 입장을 지지하였다.

문학, 음악, 미술, 수학, 과학, 기술 등의 분야에서는 각각 창의성 계발에 관심을 갖고 연구를 수행해 왔으나, 정작 각 영역 고유의 창의성에 대한 개념을 정의하고, 그 구성 요소를 구명하고자 하는 노력은 부족했다고 할 수 있다.

기술적 창의성에 대한 논의는 창의성이 여러 영역에서 공통되는 일반적인 특성을 나타낼 수도 있지만, 각 영역마다 독립적인 특색을 갖는 요소를 포함하고 있다는 가정에서 출발한다. 특히, 인류 문명의 발전에 직접적인 영향을 미친 인간의 기술적 사고와 기술적 활동의 근본이 되는 기술적 창의성의 개념과 그 구성 요소를 탐색하고, 일반적인 창의성과는 구별되는 그 무엇인가를 찾아보고자 하는 작업은 의미가 있다.

2. 기술적 창의성의 의미

> 남태평양에 사는 원주민은 단지 하늘의 별자리와 물결의 흐름을 보고 수백, 수천 개의 섬을 마음대로 항해할 수 있다. 이들에게 지능은 항해 능력으로 이해

> 될 것이다. 의사나 엔지니어, 사냥꾼, 어부, 무용가, 운동선수 등의 경우도 생각해 보자. 이들이 수행하는 역할에는 분명히 어떤 지능이 잠재해 있으리라 짐작되지 않는가? 이들은 각각의 배경에 알맞게 문제를 해결하고 창조물을 산출해 내지 않는가?

Gardner(1993)가 다중지능이론에 접근하면서 제기한 이와 같은 질문은 특정 영역에서의 창의성 연구에 힘을 실어 준다. Han(2000)은 언어, 수학, 미술의 세 가지 영역에서 아동의 창의성이 영역 한정적인가 아니면 영역 보편적인가를 탐구하였다. 여기서 영역(domain)이란 언어, 수학, 미술 등의 지식 또는 학문 분야를 의미한다. 그는 확산적 사고를 측정하는 창의적 사고력 검사가 다양한 영역에서의 아동의 창의적 성취를 예측하지 못했다는 점을 지적하였다. 그리고 한 영역에서 아동의 창의성은 그 아동의 다른 영역에서의 창의성을 통해 신뢰할 수 있을 만큼 예측하거나 판별하기가 어려움을 지적하며, 이를 창의성이 특정 영역에 한정되어 나타남을 증빙하는 중요한 증거로서 제시하였다. 이와 같은 결과를 통해 창의성을 영역 한정적으로 보는 견해가 일반적으로 창의적 사고력 검사에 의존하는 영역 보편적 견해보다 여러 면에서 더욱 효과적이라고 주장한다. 창의성을 영역 한정적으로 볼 때, '그 아이가 얼마나 창의적인가?'라는 막연한 질문을 '그 아이가 어느 영역에서 어느 정도 창의적인가?'라는 구체적이고 건설적인 질문으로 바꿀 수 있는 것이다.

이러한 창의성에 대한 영역 한정적 접근을 바탕으로 하여 기술적 창의성에 대한 논의가 다음과 같이 이루어졌다. Halfin(1973)은 창의성에 대한 개념 정의 중에서 기술 분야에서 수용 가능한 것들을 다음과 같이 선별하여 제시하였다.

- 문제 상황에 직면했을 때 다수의 독창적 아이디어를 생성하는 능력(Harris, 1959)
- 자신이 속한 세계에서 열심히 숙고하는 것(May, 1959)
- 가치 있는 혁신을 인식하고 만들기 위한 기질(Lasswell, 1959)
- 개인과 물질, 사건, 사람 또는 상황을 탈피한 새롭고 관련성 있는 생산물을

생성하는 것(Rogers, 1959)
- 새로운 조합을 만드는 능력(Haefle, 1962)
- 문제, 결핍, 지식의 공백, 요소의 부재, 부조화 등에 대해 민감해지는 사고 과정으로, 어려움을 인식하고 해결책을 찾고 추측하고 또는 부족한 점에 관한 가설을 형성하고, 이러한 가설을 시험하고 재시험하여 가능하게 재구성, 재시험하며 최종적으로 결론에 이르는 것(Torrance, 1965)
- 특별하고 가치 있는 생산물의 독특함과 가치를 모두 보여 주는 것(Parnes, 1967)
- 새로운 아이디어, 생산물 또는 활동을 형성하기 위하여 생산적이고 확산적인 사고 과정에 따른 입력 정보 요소의 조합과 이를 통한 지적 가능성의 개발과 관련된 것(Williams, 1968)
- 문제에 처해 있는 사람이 보다 창의적인 제품을 만들기 위한 자유를 가지는 것(Taylor, 1971)

문대영(2001)은 창의적 사고의 요소에 대한 논의(Guilford, 1967; Torrance, 1976; Williams, 1980)에 바탕으로 두고, 여기에 Custer(1995)의 기술적 문제 유형을 적용하여 기술적 창의성을 '발명, 설계, 고장 해결, 절차와 같은 기술적 문제를 명확히 확인하고, 아이디어를 많이, 다양하게, 독창적이고 정교하게 생성하는 능력'으로 보았다.

권현진(2005)은 창의성을 '새로우면서도 유용한 산출물을 생성해 낼 수 있는 능력'으로 보는 Lubart(1994)의 관점과 문대영(2001)의 기술적 창의성에 대한 정의를 바탕으로 하여 기술적 창의성을 '기술 분야의 문제를 해결하면서 새롭고 유용한 산출물을 생성하는 능력'으로 정의하였다.

류창열(2005)은 '창의'와 '창조'의 사전적 의미를 탐색하고 이에 기초하여 기술 분야에서는 '기술적 창조성'이 좀 더 적합한 용어임을 주장하면서, 교과교육을 통한 기술적 창조성 교육의 중요성을 다음과 같이 강조하였다.

창조와 창의는 이제까지 없던 새로운 것을 만들어 내는 행동을 지칭하는 것으로, 창조는 제작과 관련이 있고, 창의는 의견이나 생각과 관련이 있다고 해석된다. 또한 창의는 창조의 과정에서 새로운 생각과 아이디어를 내는 행동의 의미가 강하다.

3. 기술적 창의성의 구성 요소

창의성이란 매우 복잡한 개념으로 여러 요소들의 복합적인 작용으로 나타난다. 기존 연구들에 따르면, 창의성을 주로 확산적·독창적 사고의 요소들을 포함하는 지적인 능력의 일부분(Guilford, 1967)으로 보는 경향이 있는가 하면, 특수한 인성적 특성(MacKinnon, 1962)으로 보는 경향이 있고, 문제해결 능력의 한 형태(Newell et al., 1962)로 보기도 한다. 그러나 최근 창의성에 대한 정의는 Lubart(1994)의 '새로우면서도 유용한 산출물을 생성해 낼 수 있는 능력'으로 합의가 이루어지고 있다고 볼 수 있다(정현철 외, 2002; 조연순, 2001).

Guilford(1967)는 창의적 사고의 기저에는 문제에 대한 민감성, 유창성, 독창성, 융통성, 종합력, 분석력, 복합성, 평가력 등 여덟 가지 요소가 있다고 가정하면서, 이 중에서 특히 유창성, 융통성 및 독창성을 창의적 사고를 결정하는 주요인으로 강조하였다. 또한, Torrance(1976)는 유창성, 융통성, 독창성, 정교성을 창의적 사고의 구성 요소로 보고 창의적 사고 검사에서 이러한 요소들을 측정하고 있다. Williams(1980)도 Torrance의 입장을 받아들여 유창성, 융통성, 독창성, 정교성의 네 가지 요인으로 창의적 사고를 설명하고 있다. 이들 요소는 창의적 사고를 그나마 구체적으로 표현할 수 있는 개념 표현 기능을 하며, 아울러 일반적인 창의적 사고를 대변하는 창의적 사고의 요소로 받아들여지고 있다.

기술적 창의성의 구성 요소에 대한 논의는 일반적인 창의성 구성 요소에 대한 논의를 크게 벗어나지는 않지만, '기술'이라는 특수성을 반영한 다양한 접근이 시도되고 있다.

1) 기술적 창의성 개념에서 강조하는 요소

문대영(2001)은 기술적 창의성이란 발명, 설계, 고장 해결, 절차와 같은 기술적 문제를 명확히 확인하고, 아이디어를 많이, 다양하게, 독특하고 정교하게 생성하는 능력으로 보았다. 즉, 발명, 설계, 고장 해결, 절차와 같은 기술적 문제 요소와 민감성, 유창성, 융통성, 독창성, 정교성과 같은 창의성 요소로 구분하였다.

장수웅(2002)은 창의성의 구성 요소 간 상호작용을 강조하며, 창의성이 복합적이고 다면적인 특성을 지닌 구인이므로, 개인의 인지적 특성, 정의적 성향, 산출물을 함께 고려하여 통합적인 접근 방식으로 창의성의 구성 요소를 추출하였다. 인지적 특성 관점에서의 구성 요소는 Guilford와 Torrance의 인지적 특성에 대한 대표적인 하위 구성 요소인 유창성, 융통성, 독창성, 정교성을 추출하였고, 정의적 성향 관점에서는 흥미, 집요함, 추진력의 기술 교육과 관련된 구성 요소를 추출하였다. 그리고 산출물 관점에서는 새로움, 적절함, 정교함의 창의성 구성 요소를 추출하였다.

홍성욱(2003)은 '창의적인 사고나 발명은 과거에 전혀 존재하지 않았던 것을 만드는 것이 아니라, 다른 사람들이 하지 못하는 방식으로 둘 이상의 상이한 요소를 연결시키는 능력'으로 보았다. 즉, 와트의 증기기관이나 마르코니의 무선전신이 기존에 존재하던 아이디어나 기술을 다른 사람들이 생각하지 못했던 혁신적인 방식으로 새롭게 만들어 낸 업적이며, 창의성은 다른 사람들이 하지 못하는 방식으로 둘 이상의 상이한 요소를 연결시키는 능력인 것이다.

권현진, 문대영 및 류창열(2004a, 2004b)은 Halfin(1973)의 기술 분야에서 수용 가능한 창의성에 대한 개념 정의로부터 독창성, 민감성, 발명 고안력, 새로운 조합의 생성, 생산물, 생산적 기능, 실용성, 유창성, 융통성, 자발적 표현, 절차, 즉각적인 독창성, 정교성, 조건의 설정, 종합, 혁신적 융통성 등의 기술적 창의성 요소를 도출하였다.

기술적 창의성에 관한 연구에서는 민감성, 유창성, 융통성, 독창성, 정교성과 같은 일반적인 창의성 요소를 중시해 왔으며, 독창성, 민감성, 발명 고안력, 새로운 조합의 생성, 생산물, 생산적 기능, 실용성, 유창성, 융통성, 자발적 표현, 절차, 즉각적인 독창성, 정교성, 조건의 설정, 종합, 혁신적 융통성 등의 창의성 요소도 다루어졌음을 확인하였다. 이러한 요소는 기술적 창의성을 구성하는 요소로 받아들여질 수 있을 것이다.

2) 테크놀로지스트의 창조하기 과정에서 강조하는 요소

Halfin(1973)은 테크놀로지스트(technologist)가 가공물에 대한 지식을 축적하거나 기술적 문제를 풀기 위해 사용한 무작위적인 혹은 순차적인 방법, 전략 또는 조작과 같은 기능적이고 지적인 능력에 관심을 가졌다. 그는 매우 전문적인 10명의 테크놀로지스트의 글을 분석하여 14개의 사고 과정을 추론하였고, 인터뷰를 통해 그 사고 과정이 잘 기술되었는지 확인하였다. 그는 3라운드 델파이 조사를 통하여 17개의 사고 과정과 212개의 세부 요소를 도출하였다. 17개의 사고 과정은 문제나 기회를 조작적으로 정의하기, 관찰하기, 분석하기, 시각화하기, 계산하기, 의사소통하기, 측정하기, 예측하기, 질문하고 가설 세우기, 데이터 해석하기, 모델과 시제품 만들기, 실험하기, 시험하기, 설계하기, 모델링, 창조하기, 관리하기다.

테크놀로지스트의 사고 과정 중 '창조하기'는 '개인 혹은 외부 세계를 위하여 기본적인 요소나 시스템, 사건, 사물, 현상에 대한 아이디어 혹은 요구를 더 잘 만족시킬 수 있는 독특한 방식의 관점을 결합하는 사고 과정'으로 정의된다. 여기서는 Halfin(1973)이 제시한 테크놀로지스트의 사고 과정 중 '창조하기'의 세부 요소를 기술적 창의성 구성 요소로 보았다(〈표 9-1〉 참조).

〈표 9-1〉 테크놀로지스트의 창조하기 과정의 세부 요소

세부 요소	의 미
착상하기	바람직하지만 아직은 달성하지 못한 문제, 기회 또는 일의 상태를 착상하기
검토하기	문제나 기회에 관한 모든 가능하고 타당한 자료와 지식을 검토하기
해석하기	문제나 기회를 해석하기
아이디어 생성하기	문제나 기회에 관한 가능한 한 많은 아이디어를 생성하기
판단 연기하기	더 이상 아이디어를 생산할 수 없을 때까지 판단을 연기하기
등급과 순서 부여하기	가치 있는 용어로 창의적 아이디어에 등급과 순서 부여하기
계산하기	문제나 기회에 대하여 대략적인 계산하기
부화하기	문제나 기회에 대한 잠재의식 속의 활동을 허용하기
종합하기	디자인이나 모델에 의해 문제나 기회를 종합하기
아이디어의 가치 판단하기	생산된 아이디어의 가치를 판단하기
인식하기	문제나 기회에 대한 해법을 인식하기
결과적 해법 구하기	가능성, 가격, 시간 요소와의 관계에서 결과적 해법 구하기
해법 증명하기	해법이 실제 동작하는지를 결정하기
의사소통하기	다른 관점에서 얻은 아이디어나 해법과 의사소통하기

출처: Halfin(1973). Technology: A process approach. University of West Virginia.

3) 발명을 위한 사고기법에서 강조하는 요소

Custer(1995)는 기술적 문제를 발명, 설계, 고장 해결, 절차로 보았으며, 발명은 기술적 문제 중에서 창의성을 가장 많이 요구하는 것으로 여겼다. 많은 발명가와 발명 교육자들은 발명을 위한 사고기법을 제안해 왔으며, 이는 결국 발명가의 창의성과 관련지을 수 있다. 발명을 위한 사고기법의 대표적인 연구는 구소련의 Altshuller가 연구한 TRIZ 이론이다. TRIZ는 '창의적 문제해결 이론'이란 뜻의 러시아어 'Teoriya Reshniya Izobretatelskikh Zadarch'의 머리글자로서, 발명과 혁신을 달성하기 위한 체계적인 접근법이다. 그는 '기술 분야의 문제해결이 어려운 이유는 무엇인가?' '왜 어떤 사람은 창의적인데 또 어떤 사람은 창의적이지 못한가?'에 대한 의문을 갖고, 이에 대한 해결 방안으로서 기술 분야의 일반적이고 체계적인 문제해결 방법을 개발하였다. Altshuller는 전 세계의 발명과 특허들을

조사하여 그중 혁신적이고 창의적인 특허 4만 건을 정리하고 분석한 다음, 기술 분야의 문제를 해결할 수 있는 표준화된 원리 40가지를 발표하였다(박영택, 박수동, 1999; 권현진, 2005; 문대영, 2006).

Altshuller가 기술 분야의 문제해결을 위해 제시한 40가지 원리는 기술적 문제해결 기법에 해당하지만, 이로부터 보다 구체적인 수준의 기술적 창의성 구성 요소를 도출할 수 있을 것으로 본다(〈표 9-2〉 참조).

〈표 9-2〉 TRIZ의 40가지 원리

원 리	내용 설명
분할	물체를 독립된 부분으로 나눔
분리	방해가 되는 부분이나 속성을 분리
부분 특성	동일한 구조의 물체를 이질적 구조로 변환
비대칭	물체의 구조를 비대칭으로 바꿈
병합	시간, 공간에서 비슷한 물체를 모아 둠
범용성	시스템이 여러 기능을 수행하도록 함
중첩	하나의 물체를 다른 물체 속에 넣음
평형추	물체 무게를 주위 환경과 상호작용하게 함
반작용 사전 예방	어떤 작용을 해야 할 경우 사전에 이에 대한 역작용을 고려함
사전 준비	물체가 겪을 변화를 미리 겪게 함
사전 보호	신뢰성이 낮은 물체에 대해 미리 비상 수단을 준비해 둠
높이 유지	물체가 움직이지 않도록 조건을 변화시킴
반전	문제해결을 위해 반대 조치를 취함
회전체	직선 대신 곡선을 이용
유연성	물체 각 부분이 상대적으로 움직이도록 나눔
조처 과부족	'조금 덜' '조금 더'와 같은 방법으로 목표 달성
다른 차원	물체를 2, 3차원으로 옮김
기계적 진동	물체를 진동시킴
주기적 조처	연속적 조처 대신 주기적 조처를 취함
유용한 조처의 지속	물체의 모든 부분이 항상 최대한 작동하게 함
건너뛰기	유해하거나 위험한 공정을 최고 속도로 수행
유해 요인을 유용하게 변환	바람직한 효과 달성을 위해 해로운 요인을 부분적으로 사용
피드백	공정 개선을 위해 피드백 이용
중간 매개물	쉽게 제거될 수 있는 물체를 임시로 결합

셀프서비스	보조기능을 행하여 물체가 서비스하도록 함
복제	어려운 물체 대신에 간단한 복제품 이용
일회용품	비싼 물체를 값싼 물체로 교체
기계적 시스템의 대체	기계적 방법을 빛, 소리, 냄새를 이용하여 대체
공압과 수압	고체 대신 기체나 액체 이용
연한 쉘과 얇은 필름	유연한 쉘이나 얇은 필름을 이용하여 외부 환경과 격리
다공성 소재	물체를 다공성으로 혹은 다공성 물질 첨가
색상 변화	물체나 외부 환경의 색 변화
동질성	동일 특성의 물체와 상호작용 물체를 만듦
폐기와 복구	물체의 소모 부분을 작동 시에 회복
상태 변화	물체의 물리적 상태 변화(고체, 액체, 기체)
상태 전이	상태 전이 시 발생하는 현상 이용
열팽창	물질의 열팽창
강 산화제 이용	일반 공기를 산소가 많은 공기로 대체
불활성 환경	정상적 환경을 불활성 환경으로 대체
복합 재료	복합 재료 이용

출처: 박영택, 박수동(1999). 발명 특허의 과학. 서울: 현실과 미래; 권현진(2005). 기술 관련 전문가의 인식에 기초한 기술적 창조성 모형 개발. 충남대학교 대학원 박사학위논문; 문대영(2006). 대한공업교육학회지, 31(2), 155-176. 재구성.

4) 엔지니어의 창의적 산출 과정에서 강조하는 요소

미국의 공학교육 사이트 'Discover Engineering Online'에서는 다양한 분야의 공학 산출물들이 어떤 과정을 거쳐 만들어졌는가를 분석하는 사례연구를 통해 엔지니어(engineer)의 창의성 요소를 제시하였다(〈표 9-3〉 참조). 여기서는 엔지니어의 창의성 요소로 제시된 도전, 연결, 시각화, 공동 연구, 조화, 즉흥적인 아이디어, 방향 전환, 종합의 여덟 가지 요소를 기술적 창의성 구성 요소로 보았다.

권현진(2005)은 기술적 창의성에 대한 선행 연구를 종합적으로 분석하여 기술적 창의성 구성 요소를 능력 요소(〈표 9-4〉 참조)와 성향 요소(〈표 9-5〉 참조)로 구분하여 제시하였다.

〈표 9-3〉 엔지니어의 창의성 요소

창의성 요소	내용 설명
도전	새로운 공법 및 기법의 사용
연결	다른 분야의 학문과 연결하여 새로운 성과를 만들어 냄
시각화	눈으로 볼 수 있게 표현
공동 연구	개인의 능력과 공동체의 창의성의 결합
조화	주변 자연환경을 고려한 공학적 시공
즉흥적인 아이디어	어려운 상황에서 아이디어를 얻음
방향 전환	문제를 새로운 시각과 새로운 접근으로 재조직
종합	총체적으로 고려해야 할 요소를 종합

출처: Discover Engineering Online (http://www.discoverengineering.org).

〈표 9-4〉 기술적 창의성 구성 요소 중 능력 요소

능력 요소	의 미
해석하기	문제나 기회 해석하기
조건 설정하기	개인과 물질, 사건, 사람들 또는 상황에 대한 조건 정하기
인식하기	물체나 기회에 대한 해법을 인지하기
아이디어 생성하기	문제나 기회에 대한 가능한 많은 아이디어 만들어 내기
역발상하기	반대 속성이나 상반되는 개념을 활용하여 발명하기
조합 생성하기	새로운 조합을 만들어 내는 능력
순서 부여하기	가치 있는 용어로 창의적 아이디어에 등급과 순서 부여하기
방향 전환하기	해답이 아닌 문제를 새롭게 조직해 냄
공동 연구하기	개인의 능력과 공동체의 창의성을 결합하여 연구함
전공지식 활용하기	기계, 전자기, 재료, 물리, 화학 등의 전공지식을 응용함
해법 구하기	가능성, 가격, 시간 요소의 관계에서 결과적 해법을 구하고 동작하는지 결정하기
다른 분야와 연결시키기	다른 분야의 학문과 연결하여 새로운 성과를 만들어 냄
표현하기	자연스럽게 표현하기
환경과 조화 이루기	주변 환경을 고려하여 공학적으로 시공하기
형태 바꾸기	물체의 모양을 가감하거나, 나누거나, 필요한 부분만 분리하거나, 모으거나, 다른 물체에 집어넣기 등
변화 주기	작업 과정 중 조건, 순서를 변화시키고, 시스템 특성이 변화함
계산하기	문제나 기회에 대하여 대략적인 계산하기
시각화하기	눈으로 볼 수 있게 표현하기

생산물 만들기	관련성 있는 생산물을 만들어 내기
종합하기	디자인이나 모델에 의해 문제나 기회를 종합하기
토론하기	모든 가능하고 타당한 지식, 자료를 검토하여 의사소통하기
연기하기	더 이상 아이디어를 생성할 수 없을 때까지 판단 연기하기
판단하기	생산된 아이디어의 가치를 판단하기

〈표 9-5〉 기술적 창의성 구성 요소 중 성향 요소

성향 요소	의 미
독창성	독특하고 새로운 아이디어를 생성하는 성향
민감성	열심히 숙고하여 다른 사람들이 생각하지 못한 문제를 파악하는 성향
실용성	가치 있고 실용적인 아이디어를 생성하는 성향
유창성	다수의 아이디어를 생성하는 성향
융통성	다양한 범주의 아이디어를 생성하는 성향
정교성	구체적이고 세밀한 아이디어를 생성하는 성향
도전성	새로운 공법이나 기법을 사용하는 성향

4. 기술적 창의성의 측정과 평가

창의적 사고를 측정할 때 가장 널리 사용되는 방법은 주어진 문제를 해결하는 과정에서 나타난 피검자의 반응을 미리 마련된 준거에 따라 측정하는 방법이다. Guilford(1967)의 확산적 사고 검사, Torrance(1976)의 창의적 사고 검사 등이 이러한 유형에 해당된다.

이러한 검사도구에서는 주어진 활동을 주어진 시간 안에 수행하면서 검사지에 반응한 결과를 통해 아이디어의 수, 아이디어 종류의 수, 다른 사람들이 흔히 내지 않는 아이디어의 수, 구체적 · 세부적으로 반응한 아이디어의 수 등을 세어 점수를 산출한다.

실제 문제 상황에서 창의적인 산출 결과를 기초로 창의적 사고를 측정하는 방법도 개발되었다. Besmer와 Treffinger(1981)는 창의적 산출 중 하나로서 발명품을 어떻게 평가할 것인가에 대한 연구를 통해 학생발명 평가척도(Student Invention Rating Scale)를 개발하였다. 이 평가척도는 학생들이 산출한 발명품을 독창성, 발전 가능성, 변형 가능성, 적합성, 적절성, 논리성, 유용성, 가치성, 매력, 복합성, 우아함, 표현력, 유기적 조직성, 기능도 등의 14개 항목으로 구분하여 각각의 항목을 5단계 리커트 척도로 창의적 사고를 평가하고 있다. 또한 전체적인 총평으로서 가장 좋은 점, 가장 부족한 점, 가장 흥미로운 잠재 가능성 등을 진술하도록 하였다.

Sternberg(1995)는 글쓰기, 그림 그리기, 광고 만들기 및 과학 연구 등의 영역에서 검사자가 제시한 자료를 가지고 학생들이 작품을 만들게 한 후, 전문가에게 의뢰하여 산출된 작품의 창의성 정도를 평가하도록 하는 방법을 개발하여 발전시켰다. 이러한 방법은 창의적 사고를 발산적 사고만으로 보는 협의의 정의로부터 벗어나 실제 상황에서 새롭고 유용한 아이디어를 생성하는 능력으로 확장시키고 있다는 점에서 의의가 있다고 할 수 있다. 이 방법을 적용한 경우 평정자 간의 평정 신뢰도가 .92로 높게 보고되고 있다.

또한 집단 내에서 구성원 간에 상호 관찰된 창의적 사고 유형을 검토 항목으로 작성하여 창의적 사고 점수를 산출하는 방법이 개발되었으며, 비검사 방법으로서 교사 및 부모의 관찰을 통한 행동 기술법을 적용하여 창의적 사고를 지닌 학생을 판별하는 방법도 사용되고 있다.

문제해결 과정의 분석 방법 중 언어화(verbalization)는 가장 유용한 방법일 수도 있지만, 연구자들이 적용하기에는 가장 어려운 방법으로 알려져 왔다. Ericsson과 Simon(1984)과 Hayes(1981)는 언어 프로토콜을 수집하는 효율적이고 적합한 방법을 제공하였다. 연구자가 문제해결자에게 단순히 문제를 어떻게 풀었는지 말하도록 요구하기만 한다면 이 방법은 매우 비효율적일 것이다. 문제해결 과정의 절차 및 추론의 경로 등의 세밀한 서술인자(description)를 제공하기 위해서는 문제해결자에게 '소리 내며 생각하기(think aloud)'를 하도록 요구하는 것이 좋다. 정신 과정을 정밀하게 언어화하는 것은 적지 않은 논쟁의 여지가 있지만(Ericsson & Simon, 1984; Kellogg, 1982; Nisbett & Wilson, 1977), 정확히만 사용한다면 매우

〈표 9-6〉 쇼트버거의 문제해결 과정 분석용 검토 항목

사고기능	사고 과정
준비 상황의 이해와 판단	_____ 이해 _____ 정보와 상황 분석 _____ 작업과의 관련성 평가 _____ 초기 표현 및 후속 표현 _____ 목표 달성의 기회, 난관 평가 _____ 다시 읽기 _____ 자료 목록 작성 _____ 펜의 움직임
조직 문제해결 계획 및 선택	_____ 목표와 세부 목표 확인 _____ 전체적인 계획 _____ 세부적인 계획 _____ 도표 그리기
실행 문제해결 조정	_____ 세부 활동 수행 _____ 세부 계획 및 전체 계획의 진행 확인 _____ 계산하기 _____ 잘못된 계산 지우기 _____ 합산 및 계정 _____ 계획 바꾸기
검토 의견과 결과 평가	_____ 목표 및 체계 평가 _____ 실행 평가 _____ 타당성 평가 _____ 해결책 평가

효과적인 방법이며, 문제해결 과정을 관찰하고 그들의 말을 듣는 방법은 문제해결 과정을 분석하는 연구의 기본이 된다(이영애 역, 1992 재인용).

Shotsberger(1993)는 문제해결 과정을 분석하기 위해서 4단계의 문제해결 과정을 점검할 수 있는 〈표 9-6〉과 같은 검토 항목을 개발하였다.

Corkill(1999)은 박사학위 논문에서 아동의 문제해결 과정을 분석하기 위해서 8명의 아동이 문제를 해결하는 과정을 비디오테이프로 녹화한 뒤, 다음과 같은 체계적인 절차로 분석하였다.

- **첫 번째 관찰** 이 단계에서는 10~20분 분량의 비디오테이프를 전체적으로 한 번 보고, 소요 시간을 측정한다.
- **소리를 끄고 두 번째 관찰** 소리를 끄고 문제해결 단계를 항목별로 기록하면서 비디오테이프를 분석한다.
- **소리를 켜고 세 번째 관찰** 소리를 켜고 문제해결 단계의 수, 연구 대상자의 행동 및 언어 등과 같은 항목을 기록하면서 비디오테이프를 분석한다.
- **소리를 켜고 네 번째 관찰** 문제해결 단계에서 이루어지는 문제 발견, 문제 정의, 문제해결 전략, 문제해결 전략의 적용 횟수, 문제해결 전략의 효과, 문제를 정의하고 기술할 때 발견되는 혼잣말, 응답 등을 분석한다.

그는 수집된 자료를 옮기고 코딩하기 위해서 'Folio VIEWS'라는 컴퓨터 프로그램을 이용하였는데, 코딩자 간 신뢰도는 .86, 3일 간격으로 실시한 재코딩 신뢰도(intra-coder reliability)는 .92로 나타났다.

Hill(1997)은 기술적 활동을 하는 동안 다양한 사고 요소를 얼마나 자주, 얼마나 오랫동안 사용하는가 하는 빈도와 시간을 확인하기 위해서 기술적 문제해결 활동을 완성하는 동안 학생들을 관찰하는 방법을 발전시켰다. 그는 OPTEMP (Observation Procedure for Technology Education Mental Processes)라는 프로그램을 개발하여 사고 요소의 빈도와 시간을 컴퓨터로 측정하였다.

Hill과 Wicklein(1999)은 기술적 문제를 해결하는 과정에서 필요한 사고 과정을 다섯 가지 요인으로 분류하여 학생들의 문제해결의 사고 요소를 평가할 수 있는 이론적 토대를 마련하였다.

문대영(2001)은 기술적 창의성을 코딩하기 위해서 학생들이 소리 내며 생각하기를 통해 문제를 해결하는 과정을 관찰하고 녹화한 뒤, 녹화 장면을 재생시키면서 직접 코딩하는 방법을 적용하였다.

5. 기술적 창의성 교육의 실제

모든 사람들이 기술과 관련된 삶을 살아가는 현대사회에서는 기술적 소양으로서 기술적 문제해결 능력의 필요성이 더욱 증대되었다. 전통적으로 기술교육에서는 문제해결 능력을 중시해 왔으며, 1996년 국제기술 교육협회(International Technology Education Association)에서 수행한 '모든 미국인을 위한 기술 프로젝트(Technology for all Americans Project)' 에서는 기술적 문제를 해결하는 것이 기술 교육의 핵심임을 밝혔다.

실과에서의 창의성 교육의 큰 흐름 중 하나는 기술적 문제를 해결하는 것과 관련되며 이러한 기술적 문제의 유형을 세분하여 접근하는 경향이 있다. 또한 기술적 문제해결 단계 모형을 중시하는 접근이 있으며, 최근에는 창의적 문제해결 이론(TRIZ)을 적용하려는 시도가 활발한 편이다.

1) 기술적 문제 유형 중심의 접근

Johnson(1987)은 대부분의 이론적 문제들이 단지 사고 과정에만 관련되어 있는 반면에, 기술적 문제는 사고에 바탕을 둔 행위와 관계가 있다고 하여 기술적 문제를 일반적인 문제와 구분하였다.

Hutchinson과 Karsnitz(1994)는 기술적 문제는 오직 하나의 답만을 요구하지 않고, 다양한 형태의 해결책을 갖는다는 점에서 수학적 문제 및 과학적 문제와 구분된다고 하였다.

Arthur(1999)는 기술적 문제해결을 '제품이나 시스템을 설계, 창출, 개선하기 위해 도구와 재료 및 공정을 이용하여 문제를 분석하고 해결하는 과정' 으로 정의하였다. 이에 따르면 기술적 문제는 제품 및 시스템의 설계, 창출, 개선을 목적으로 하고, 도구, 재료 및 공정을 수단으로 하는 문제라고 할 수 있다.

Hutchinson과 Karsnitz(1994)는 '기술은 설계에 대한 모든 것' 이라고 주장하면서 설계를 기술적 문제해결 과정과 동일한 개념으로 설명하고 있으며, Gow(1997)는 '문제해결 과정은 설계 과정'이라고 하여 기술적 문제해결을 설계와 같은 개념으로 파악하였다.

이와는 다른 입장에서, McCade(1990)는 "불행히도, 많은 저자와 교육자들은 문제해결을 단지 설계의 관점에서만 보려 한다. 실제로, 어떤 이들은 문제해결과 설계라는 용어를 구분하지 않고 사용하는데, 이러한 접근은 지극히 제한적이다."라는 주장을 통해 기술적 문제를 설계에만 국한시키는 입장에 반론을 제시하였다.

Baker와 Dugger(1986)는 기술적 문제해결을 설계와 고장 해결로 구분하고, 설계를 사전 계획 문제해결(proactive problem solving)로, 고장 해결을 사후 반응 문제해결(reactive problem solving)로 개념화하였다. 즉, 설계는 계획하고 선택하고 수정하는 활동에 해당하고, 고장 해결은 계획 단계 이후에 시스템이나 제품이 정상적으로 작동하지 않는 상황에 대한 반응 활동이라는 의미다.

McCade(1990)는 기술적 문제를 설계(design), 고장 해결, 기술평가/영향평가의 3개의 범주로 구분하였다. 설계는 제품을 만들기 위해 필요한 초기 생각을 다듬어 나가는 것뿐만 아니라 조사, 실험 및 개발 등도 포함한다. 설계는 혁신, 창의성과 같은 개념과 밀접한 관계를 갖는다. 고장 해결은 기술의 혁신보다는 기술의 문제 상황을 인식하는 것이며, 기술적 문제해결 결과인 제품을 사용하는 데 발생하는 문제를 발견하고 고치는 것이다. 기술평가/영향평가는 가능한 산출 결과를 예측하고 가장 적합한 해결책을 선택하기 위해서 문제해결 결과의 영향을 비판적으로 분석하는 능력을 다루는 문제다.

Custer(1995)는 문제를 사회·개인적 문제, 자연·생태학적 문제, 기술적 문제로 구분하였으며, Newell과 Simon(1972)의 '문제의 장(problem space)' 개념을 이용하여 자원, 주요 과정, 목표에 따라 기술적 문제해결의 특징을 제시하면서 기술적 문제를 다른 문제들과 구별하였다.

또한 기술적 문제의 두드러진 특징으로서 목표 성취와 실제적인 가공품을 창작하는 요소에 역점을 두었으며, 기술적 문제해결을 기술 교육에서 기본적인 요소로 포함해야 하는 당위성을 마련하였다.

〈표 9-7〉 커스터의 문제해결 모형

기술적 문제		
자 원	주요 과정	목 표
기술적 지식 비기술적 지식 창의적 잠재력 독창성 끈질김 경험/능력 재료 도구	설계 제작 고장 해결 수리 발명 개선 개발	인공물(물리적 대상으로부터 나온 프로그램 및 물리적 인조물)
사회 · 개인적 문제		
자 원	주요 과정	목 표
사회과학적 지식 비사회과학적 지식 창의적 지식 독창성 끈질김 경험/능력	해결 협상 조직 계획 지시 상담 양성 상호작용	건강, 효율성 만족, 의미 있는 대외 관계 및 대내 관계(문화와 국가를 포함)
자연 · 생태학적 문제		
자 원	주요 과정	목 표
과학적 지식 비자연과학적 지식 창의적 잠재력 독창성 끈질김 경험/능력	조사 관찰 가설 검증 탐구 연구	자연 세계의 질서와 항상성의 이해(인간, 환경, 자연 유물 및 자연 세계)

〈표 9-7〉과 같은 모형은 기술적 문제의 개념을 정립하고자 한 Custer(1995)의 연구 성과이며, 기술적 문제를 다른 문제와 구분해야 할 필요성을 표명한 다음과 같은 문제 제기에 대한 해답이라고 할 수 있다.

문제해결은 다양한 형태로 존재한다. 학교교육에서 수학 방정식의 해결부터 과학 실험에 이르기까지 모든 것이 문제해결에 포함된다. 실제 직업 세계에서 경제학자가 자원과 부를 분배하는 문제, 의학자가 질병의 원인을 알아내기 위한 시도, 과학자가 우주의 신비를 풀기 위한 노력 등을 모두 문제해결이라 할 수 있다. 모든 것이 문제이고 문제해결을 포함하고 있지만, 이들 모두가 기술적이지는 않다.

Custer(1995)는 문제를 분류하는 주요 기준을 '목표 상태'로 보았다. 기술적 문제해결 과정의 목표 상태는 '기술적 문제의 장'이라는 특정 영역과 관련된다. 그는 기술적 문제를 발명, 설계, 고장 해결, 절차와 같은 네 가지 개념적 틀로 조직하여 〈표 9-8〉과 같이 제시하였다. 이 분류는 전문 기술적 접근에 따랐지만, 학습자의 기술적 교양의 측면도 갖는다.

Custer의 분류는 기술적 문제를 설계와 동일시하는 입장 또는 기술적 문제를

〈표 9-8〉 커스터가 분류한 네 가지 유형의 기술적 문제

구분	개념
발명	발명은 추상적인 생각이 물리적 대상이나 과정에 반영되었을 때 발생한다. 이 세상은 창의적인 사람의 상상 속에 존재하던 물체들로 가득 차 있으며, 이러한 것들은 개발 과정을 통해 유용한 형태로 존재하게 되었다. 발명의 대표적인 예로는 바퀴, 에디슨의 전구, 증기기관, 자동차, 포드의 조립라인, 인공위성 등을 들 수 있다.
설계	의도하는 목표를 성취하기 위해서 특정 제한 상황 내에서 제반 원리를 실제 적용하는 것이다. 예를 들어, 건축가가 건물을 설계할 때 비용, 외관, 활용성, 용도 등을 고려하는 것이다. 실제로 우리가 경험하고 사용하는 인공적인 모든 것은 설계 과정을 거친 제품이다. 엔지니어, 인테리어 디자이너, 건축가 등이 설계 전문가들이다.
고장 해결	어떤 제품에 고장이 발생할 때 일어나는 기술적 문제해결의 유형이다. 전등불이 꺼졌을 때, 문이 잠겼거나 삐그덕거릴 때, 텔레비전 화면이 잘 안 나올 때, 컴퓨터 바이러스가 침투하였을 때 문제의 원인을 밝히고 고치기 위해 고장 진단 및 수리가 필요하다.
절차	계획하고 계획에 따른 지침을 수행하는 것과 관련된다. 이러한 형태의 문제해결은 크리스마스트리를 장식하기 위한 간단한 절차부터 기술공, 조립공들이 절삭, 드릴링, 조립, 설치, 페인팅 등을 할 때 순서를 정하고 계획을 수립하는 것에 이르기까지 모든 것에 관련된다.

설계와 고장 해결만으로 구분하여 해석하는 입장에서 한 단계 더 발전하여 설계 문제 발명, 설계, 절차로 구분하여 기술적 문제 발명, 설계, 고장 해결, 절차의 유형으로 나누고 개념화하였다는 측면에서 의의를 갖는다.

또한 문제해결의 인지이론을 바탕으로 하여 접근하였다는 점에서 연구자의 직관에만 의존했던 이전의 논의와는 차별화된다고 할 수 있다.

Hutchinson과 Karsnitz(1994)는 설계를 기술적 문제해결 과정과 동일한 개념으로 설명하였다. 그들이 제시한 설계 문제의 예로는 다음과 같은 것들이 있다.

- 자전거나 오토바이에 낚싯대를 싣고 보다 빠르게 운반할 수 있는 장치를 설계하고 만들어 보자.
- 휠체어를 타고 내리는 문을 규격화해서 출입문을 여는 것이 더 쉽도록 시스템을 설계해 보자.

이러한 접근에서는 설계를 광의의 개념으로 해석하고 있으며, Custer가 분류한 발명, 설계, 절차를 모두 포함하는 의미다.

Custer의 분류에서는 설계를 협의의 개념으로 보고 있으며, 제한된 조건 상황에서 증명된 법칙이나 원리를 이용하여 실제 결과물을 산출하는 것을 설계로 정의하였다. 발명 문제는 조건 및 법칙이나 원리에 제한받지 않는다는 면에서 설계 문제와 구별된다고 할 수 있다. 또한 절차 문제는 문제해결에 필요한 재료, 도구 및 수행 절차를 강조하고, 수학적 · 과학적 원리보다는 계획의 효율성에 초점을 둔다는 면에서 설계 문제와 구별된다고 본다.

VanGundy(1981)는 문제의 유형을 구조화된 정도에 따라 비구조화된 문제(ill-structured problem), 반구조화된 문제(semi-structured problem), 잘 구조화된 문제(well-structured problem)로 구분하였다(Hatch, 1988 재인용). Custer가 분류한 발명, 설계, 고장 해결, 절차와 같은 문제는 이러한 분류 기준에 따라 구조화 정도가 각기 다른 문제로 해석할 수 있다.

즉, 발명과 설계 문제는 다양한 해결 방법이 존재하기 때문에 확산적 사고와 창의적 사고가 요구되며, 절차 문제는 하나 이상의 답이 존재하기 때문에 발견법(heuristics)을 통해 접근할 수 있다. 또한 고장 해결 문제는 하나의 답만 존재하며, 수렴적 사고와 알고리즘에 의해 해결할 수 있는 성격의 문제로 볼 수 있다.

Custer가 제시한 네 가지 유형의 기술적 문제를 초등학교 학생에게 적용 가능한 수준으로 작성한 문제와 학생 활동 결과물의 예시는 다음과 같다.

| 예시 1 | 발명 문제와 활동 결과물

집안일을 보다 쉽고 즐겁게 할 수 있는 발명품

집안일을 보다 쉽고 즐겁게 할 수 있는 발명품을 만들려고 한다. 기존에 사용되고 있는 제품들이 어떤 불편한 점이 있는지 찾아보고, 사용하기에 좀 더 편리하고 기능이 향상된 제품을 생각해 보자.

- 준비물: 펜, 종이
- 사전교육: 다양한 종류의 가정 생활용품 소개

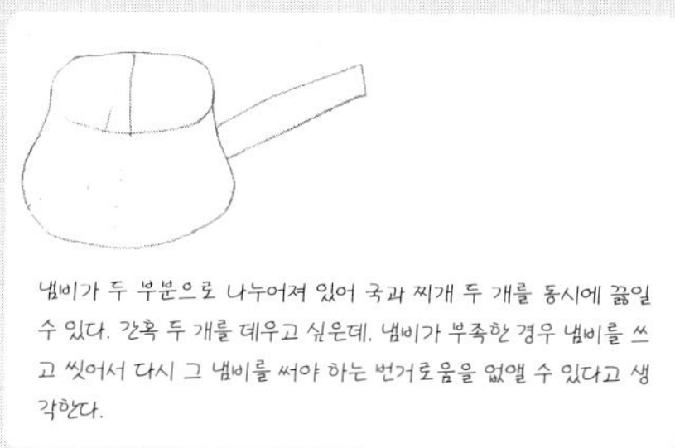

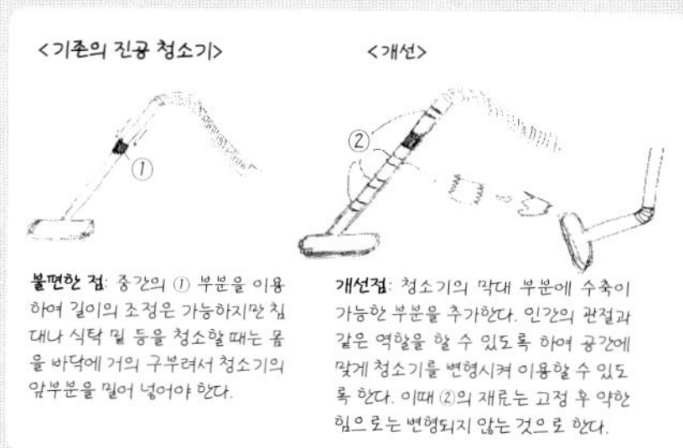

| 예시 2 | 설계 문제와 활동 결과물

종이 탑 쌓기

명함 20장, 클립 10개를 이용하여 CD 10장을 올려놓을 수 있는 구조물을 만들어 보자. 주어진 재료만을 이용하여 가능한 한 높은 구조물을 만들어 보자.

- 준비물: 펜, 종이, 명함 20장, 클립 10개, CD 10장, 직각자
- 사전교육 : 구조(structure)에 대한 기초 이론 소개

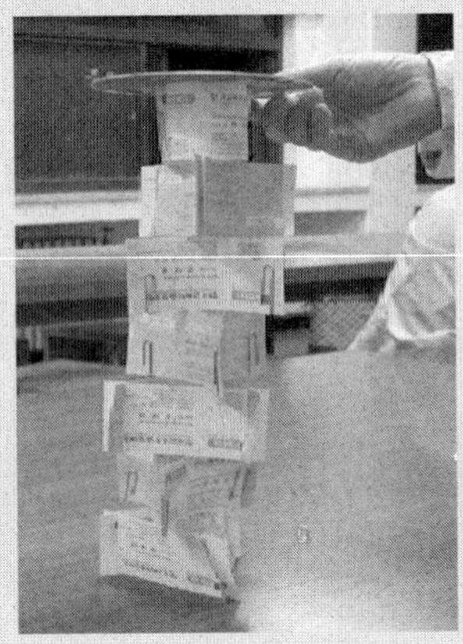

| 예시 3 | 고장 해결 문제와 활동 결과물

불을 밝혀라

다음과 같은 전자회로에서 LED가 제대로 작동하지 않는 원인을 진단하고 고장 부위가 어느 곳인지 찾아보자.

- 준비물: 펜, 종이, 회로 시험기, 전자회로(수준별로 상 · 중 · 하로 구분함)
- 사전교육: 전자회로에 대한 기초 설명 및 회로 시험기 사용법

| 예시 4 | 절차 문제와 활동 결과물

책꽂이 만들기

책꽂이를 가장 효율적으로 제작하기 위한 절차를 작성해 보자.
먼저, 재료를 선정하고 필요한 재료의 크기 및 도구 등을 결정한 뒤 제작 절차를 작성하며, 되도록 제작 시간을 줄이고, 재료를 절약할 수 있는 방법을 생각해 보자. 책꽂이를 처음 만들어 보는 사람도 따라 하다 보면 책꽂이를 완성할 수 있도록 쉽고 자세하게 제시해 보자.

- 준비물: 펜, 종이, 책꽂이 도면
- 사전교육: 책꽂이 도면에 대한 설명

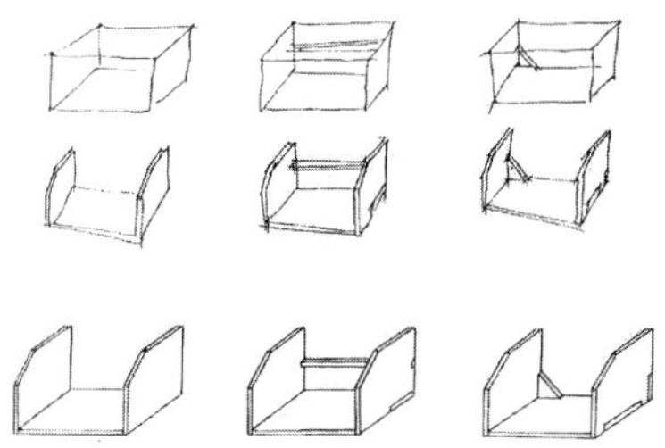

- 지붕의 모양이 지루하지 않도록 3등분하여 붙였음
- 지붕의 모양이 단순해서 지루하지 않도록 '끼워 맞추기' 기술을 이용하였음
- 고리형 귀걸이를 걸기 위하여 나사를 이용하여 철로 이어서 벽면에 붙였음
- 너무 폐쇄적으로 보여서 문을 만들지 않고 뒷벽도 뚫고 울타리 모양으로 거울 지지대를 만들겠음
- 거울을 고정시킴
- 벽면에 스텐실 느낌이 나도록 스펀지와 포스터 칼라를 이용하여 목재에 맞는 질감을 나타냄

2) 기술적 문제해결 단계 중심의 접근

Bransford와 Stein(1984)은 일반적인 문제해결 과정을 단순화한 문제해결 단계로서 IDEAL 모형을 제시하였다.

① I(Identify problem)－문제 확인
② D(Define and represent the problem)－문제 정의와 제시
③ E(Exploring alternative approaches)－대안적 접근 탐색
④ A(Acting on a plan)－계획 실행
⑤ L(Looking the effects)－효과 검토

Philpott과 Sellwood(1987)는 9단계의 문제해결 단계 모형을 제시하였다. 이 모형에서는 문제해결 방법으로서 도구나 재료의 수공적 조작을 요구한다는 특징을 갖기 때문에, 실과교육에 보다 적합한 모형으로 볼 수 있다.

① 문제 정의하기
② 가능한 해결 방법에 대한 정보 수집하기
③ 가능한 해결 방법 탐색하기
④ 가능한 해결 방법 선택하기
⑤ 선택한 방법 수행하기
⑥ (필요한 경우) 방법 수정하기
⑦ 다시 최상의 문제해결 방법 수행하기
⑧ 최종적인 문제해결하기
⑨ 평가 단계로서 설명하기

Todd(1990)는 논리적이고 체계적으로 기술적 문제를 해결할 수 있도록 한 6단계의 IDEATE 모형을 제시하였다.

① I(Identify and define the problem)-문제를 확인하고 정의하기
② D(Defining the desired goals and available resources)-이용 가능한 자원과 바람직한 목표 설정하기
③ E(Exploring possible solutions)-해결 가능한 대안 탐색하기
④ A(Assessing the alternatives)-대안 평가하기
⑤ T(Trying out the best solutions)-최적의 해결책 실행하기
⑥ E(Evaluating the match of goals and results)-결과와 목표의 합치성 평가하기

Daiber, Litherland 및 Thode(1991)는 기술적 문제해결 전략으로서 SEARCH 모형을 제시하였다.

① S(State the problem in your own words)－스스로 문제 진술하기
② E(Explore ideas and informations)－아이디어와 정보 탐색하기
③ A(Apply your best solution)－최적의 해결책 적용하기
④ R(Retry if it does not work)－제대로 해결되지 않았다면 다시 시도하기
⑤ C(Change ideas and recycle)－아이디어를 바꾸어 처음부터 다시 시작하기
⑥ H(Hook ideas into other learning)－다른 학습에 적용하기

Hutchinson과 Karsnitz(1994)는 기술적 문제해결 과정을 9단계의 '설계 루프(design loop)' 모형으로 제시하였다.

① 문제와 기회 확인하기
② 문제를 구체화 및 명세화하기(설계 개요 작성)
③ 연구와 조사하기
④ 대안적 해결책 구안하기
⑤ 하나의 해결책 선택하기
⑥ 실행 계획하기
⑦ 모형과 원형 제작하기
⑧ 검사와 평가하기
⑨ 재설계와 개선하기

기술적 문제해결 단계와 관련하여 앞서 살펴본 연구 결과에서 공통적으로 확인할 수 있는 기술적 문제해결의 기본 과정은 문제 확인, 계획, 실행, 평가의 4단계로 볼 수 있다.

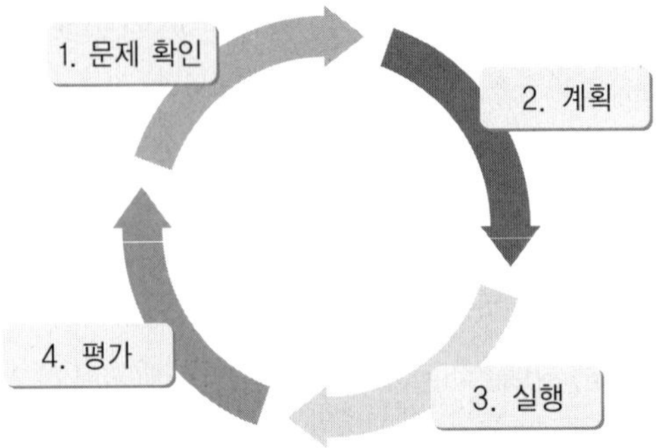

[그림 9-1] 기술적 문제해결 단계

◆1단계: 문제 확인

- 문제의 인식과 구체화
- 현재 불편한 사항은 무엇인가?
- 개선되어야 할 사항은 무엇인가?

◆2단계: 계획

- 문제해결을 위한 아이디어 생성
- 정보와 자료의 수집
- 최적의 대안 선택

◆3단계: 실행

- 선택한 대안의 실행(인지적 또는 실천적)

◆4단계: 평가

- 문제해결 과정과 결과의 평가
- 자기평가 및 동료평가를 통한 개선 사항의 발견

기술적 문제해결의 기본적인 4단계 모형에 따른 기술적 문제해결 과제를 초등학교 학생에게 적용 가능한 수준으로 작성한 예는 다음과 같다.

| 예시 5 | 기술적 문제해결 단계를 적용한 문제와 활동 결과물

교실에 있는 사물함을 생각해 보세요. 사용하기에 불편한 점은 없었나요? 어떤 점이 불편했나요? 사용하기에 보다 편리한 사물함을 생각해 보세요. 지금 사용하는 사물함을 어떻게 개선할 수 있을까요? 전혀 새로운 방식의 사물함도 상상해 보세요. 보다 편리한 사물함을 생각해 보는 문제해결 과제를 수행해 보세요.

1단계: 문제 확인

- 현재 불편한 사항은 무엇인가요?
- 개선되어야 할 사항은 무엇인가요?

2단계: 계획

- 불편한 사항을 개선할 수 있는 아이디어를 생각해 보세요.
- 관련 정보와 자료를 검색하고 수집해 보세요.
- 가장 적합한 아이디어를 선정해 보세요.

3단계: 실행

- 사물함의 모양과 구조를 프리핸드 스케치로 그려 보세요.
- 가로, 세로, 높이의 길이를 표현해 보세요.
- 문이 어떻게 열리고 잠기는지 표현해 보세요.
- 책이나 학교 생활용품을 넣은 장면도 표현해 보세요.
- 두꺼운 종이, 고무찰흙 등으로 사물함의 모형을 만들어 보세요.

4단계: 평가

- 잘된 점은 무엇인가요?
- 좀 더 보완해야 할 점은 무엇인가요?

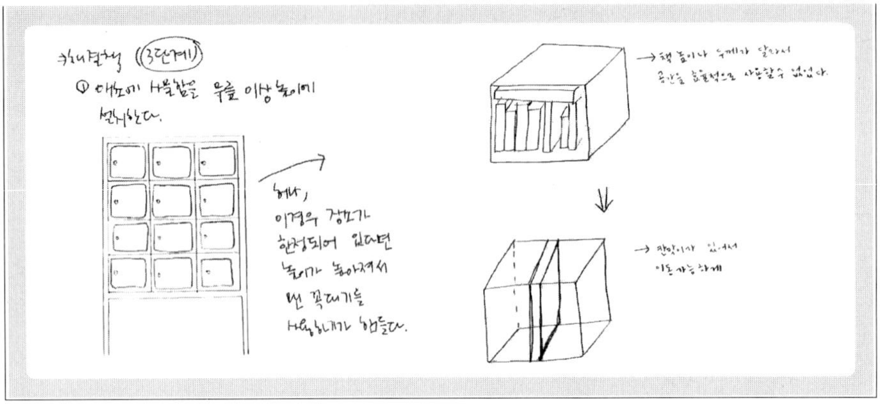

3) 창의적 문제해결 이론 중심의 접근

실과에서의 창의성 교육에 대한 최근의 동향은 창의적 문제해결 이론(TRIZ)의 적용에서 찾을 수 있는데, TRIZ를 다양한 창의성 이론과 관련짓는 시도(Domb, 1998; Kowalick, 1998; Hyatt, 1999; Kowalick, 1999; Zusman & Zlotin, 1999; Mann, 2001; Hyatt, 2002; Mann, 2002)와 TRIZ를 교육 상황 및 교육과정과 연계하여 논의하려는 연구(Atkins, 1998; Zlotin & Zusman, 1999; Schweizer, 2002; Marsh, Waters, & Marsh, 2004)가 활발하게 이루어지고 있다(문대영, 2006 재인용).

(1) 모순의 해결

TRIZ는 주어진 문제의 가장 이상적인 결과를 얻는 데 관건이 되는 모순을 찾아내고 이를 극복함으로써 문제를 혁신적으로 해결할 수 있게 해 주는 방법론이다. 모순이란 요구 조건이 상충되는 경우 또는 문제를 해결하는 과정에서 상반되는 요구를 동시에 만족시켜야 하는 경우를 말한다.

모순은 TRIZ의 가장 중요한 개념으로서, Altshuller는 모순을 기술적 모순(Technical Contradiction: TC)과 물리적 모순(Physical Contradiction: PC)으로 구분하였다.

기술적 모순은 시스템의 어느 한 특성을 개선하고자 할 때 그 시스템의 다른 특성이 악화되는 상황을 말한다. 예를 들어, 자동차의 가속 성능을 높이기 위해서는 연료 소모가 증가하기 때문에 가속 성능과 연비 사이에는 기술적 모순이 내포되어 있다.

물리적 모순은 시스템의 어느 한 특성이 강해야 함과 동시에 약해야 하고, 존재해야 함과 동시에 존재하지 말아야 하는 상황을 말한다. 예를 들어, 면도기의 날은 면도 성능을 높이기 위해서는 날카로워야 하고, 피부가 손상되는 것을 방지하기 위해서는 무뎌야 하는 상황이다. 이러한 물리적 모순을 해결하기 위해서 TRIZ는 다음과 같은 네 가지 분리의 원리를 이용한다.

① 시간적 분리

하나의 속성이 시간의 경과에 따라 어떤 때는 강하고, 어떤 때는 약하게 한다. 혹은 하나의 속성이 어떤 때는 존재하고, 어떤 때는 존재하지 않게 한다. 즉, 필요한 때만 기능을 살리고, 불필요한 경우는 없앤다.

② 공간적 분리

하나의 속성이 한쪽에서는 강하고, 다른 쪽에서는 약하게 한다. 혹은 하나의 속성이 한쪽에서는 존재하고, 다른 쪽에서는 존재하지 않게 한다. 즉, 공간을 나누어 필요한 기능을 별도로 제공한다.

③ 부분과 전체의 분리

하나의 속성이 전체 시스템의 수준에서 하나의 값을 갖고, 부품 수준에서 또 다른 값을 갖게 한다. 혹은 하나의 속성이 시스템 수준에서는 존재하지만, 부품 수준에서는 존재하지 않게 한다. 즉, 하나의 속성이 전체 시스템과 부분 시스템에서 각각 다른 특성을 갖는다.

④ 조건에 따른 분리

하나의 속성이 어떤 조건에서는 강하고, 다른 조건에서는 약하다. 혹은 하나의 속성이 어떤 조건에서는 존재하고, 다른 조건에서는 존재하지 않는다. 즉, 조건에 따라 각각 다른 속성을 갖게 한다.

| 예시 6 | 모순 상황을 다룬 문제와 활동 결과물

다음 문제 상황을 '분리의 원리'를 적용하여 해결해 보자.

- 문제 상황 1: 비행기 바퀴는 이착륙 시에는 있어야 하지만, 비행 중에는 공기저항을 최소화하기 위해서 없어야 한다.
- 문제 상황 2: 근시용 안경으로는 신문을 읽을 수 없고, 원시용 안경으로는 먼 곳을 볼 수가 없다.
- 문제 상황 3: 면도를 깔끔하게 잘하기 위해서는 면도날이 예리해야 하지만, 피부 손상을 줄이기 위해서는 면도날이 예리해서는 안 된다.

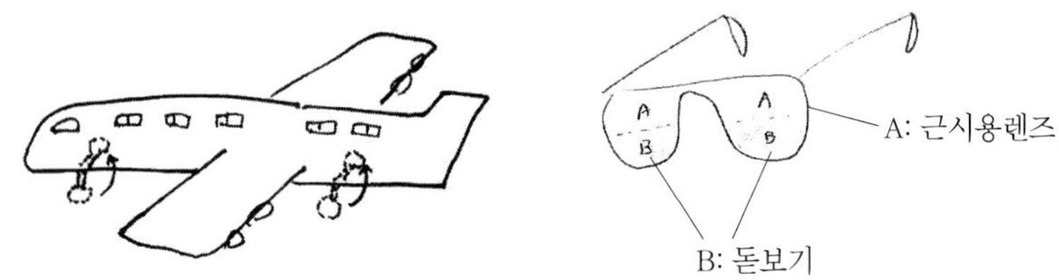

(2) TRIZ의 40가지 원리

TRIZ의 40가지 원리는 기술적 문제를 해결하는 데 효과적인 도구이면서 동시에 창의적 사고력을 기를 수 있는 도구다. 여기서는 TRIZ의 40가지 원리 중에서 초등학생 수준에 적용 가능한 것을 중심으로 사례를 살펴보고자 한다(〈표 9-9〉 참조).

〈표 9-9〉 TRIZ의 40가지 원리 중 초등학생 수준에 적용 가능한 원리

원 리	기본 원리 설명
분할, 나누기	• 물체를 독립된 부분으로 나눈다. • 물체를 조립과 분해가 쉽게 만든다. • 물체의 분할 정도를 높인다. 예) 천장 마감재나 바닥 타일을 여러 조각으로 나누어 일부가 파손되면 파손된 부분만 교체한다.
부분 특성	• 물체의 구조나 외부 환경의 동질성을 이질성으로 바꾼다. • 물체의 각 부분이 각기 다른 기능을 수행하도록 한다. • 물체의 각 부분을 작동하는 데 최적의 상태로 한다. 예) 환경미화원의 옷 일부분에 X자 형태로 형광 소재를 사용하면 눈에 쉽게 띄어 교통사고를 예방할 수 있다.
병합, 동시 수행	• 동일한 물체, 연속적인 작동을 병합한다. (공간) • 연속적으로 또는 동시에 작동되도록 한다. (시간) 예) 머리를 빗는 동시에 머리를 말릴 수 있다.
범용성, 다용도	• 하나의 요소가 여러 가지 다른 기능을 수행할 수 있도록 하여 다른 요소를 제거할 수 있다. 예) 비행기 날개에 연료 보관을 하여 별도의 연료 보관 공간을 만들지 않아도 된다.
반전, 반대 조치	• 문제 상황에서 파악된 조치의 반대 조치를 취한다. • 움직이는 부분은 고정시키고, 고정된 부분은 움직이게 한다. • 물체의 위치나 공정의 순서를 거꾸로 한다. 예) 밑에서 가열하면서 위에서도 가열하여 조리를 보다 쉽고 빨리할 수 있다.
값싼 물체로 대체, 일회용품	• (수명 등의 특성을 손상하더라도) 값비싼 물체를 값싼 물체로 대체한다. 예) 일회용 카메라
유연하고 얇은 막 사용	• 유연하고 얇은 막을 이용하여 기존의 구조물을 대체한다. • 유연하고 얇은 막을 이용하여 외부 환경으로부터 물체를 차단한다. 예) 구 표면에 얇은 막을 입히면 충격에 잘 견딘다.
동질성	• 본체와 상호작용하는 주변 물체는 본체와 같은 재료 또는 유사한 특성을 갖는 재료로 만든다. 예) 음료를 시원하게 유지하기 위해서 얼린 컵을 사용한다.

TRIZ에서 기술적 문제해결은 모순과 타협하여 최적의 답을 찾는 것이 아니라 모순을 극복하는 것이다. 40가지 원리는 모순 상황을 극복할 수 있는 효과적인 도구가 되며, 다양한 기술적 문제해결을 위한 실마리를 제공한다는 측면에서 창의성 교육에 적용 가능성이 높다고 여겨진다.

40가지 원리는 개념 중심으로 설명하는 것보다는 관련 사례와 함께 설명하는 것이 이해하는 데 도움이 된다. TRIZ의 40가지 원리를 창의성 교육에 적용하는 단계의 예는 다음과 같다.

① 원리의 개념을 간단하게 설명하기(교사 활동)
② 원리를 쉽게 설명할 수 있는 사례 제시하기(교사 활동)
③ 해당 원리를 설명할 수 있는 또 다른 사례 찾아보기(학생 활동)
④ 해당 원리를 적용할 수 있는 문제 상황 제시하기(교사 활동)
⑤ 해당 원리를 적용하여 문제해결하기(학생 활동)

TRIZ의 40가지 원리 중에서 13번 원리 '반대 조치'의 적용 사례를 살펴보면 '예시 7'과 같다.

| 예시 7 | '반대 조치' 원리를 적용한 문제와 활동 결과물

구분	내용
개념 설명	• 문제 상황에서 파악된 조치의 반대 조치를 취한다. • 움직이는 부분은 고정시키고, 고정된 부분은 움직이게 한다. • 물체의 위치나 공정 순서를 거꾸로 한다.
사례 제시	• 사람이 제자리에 있고 장치가 이동하도록 하여 좁은 공간에서 운동할 수 있도록 한다(러닝머신, 실내 스키장, 실내 수영장 등). • 화장품 용기를 거꾸로 세워 적은 양이 남아도 쉽게 사용하도록 한다.
사례 찾기	• 이 원리를 설명할 수 있는 또 다른 사례를 찾아 그림으로 표현해 보자.

문제 상황 제시와 문제해결	• 이 원리를 적용하여 다음 문제 상황을 해결해 보자. 범수네 동네에는 A와 B 주유소가 있다. A 주유소에서는 주유를 마친 자동차가 7m의 터널을 지나가면서 세차를 하도록 하는 자동세차기를 설치하여 손님을 끌고 있다. B 주유소에서도 자동세차기를 설치하려 하는데, B 주유소는 5m의 공간밖에 확보하지 못하였다. B 주유소에서는 이 문제를 어떻게 해결하면 좋을까?

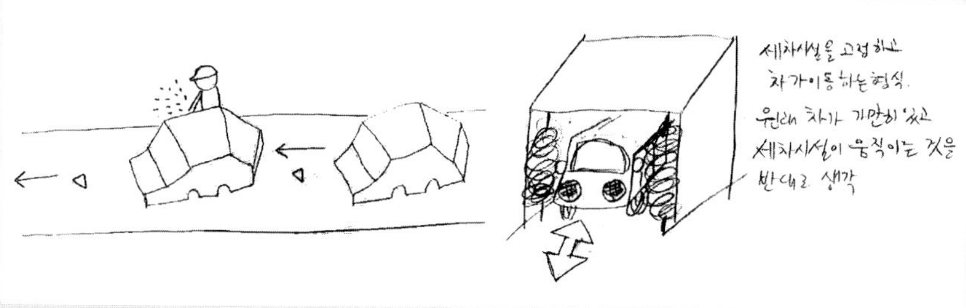

6. 결 론

실과에서의 창의성 교육의 가치를 탐색하는 작업은 실과교육을 통한 창의성 교육의 당위성 논의와 관련된다. 여기서는 실과를 통한 기술적 창의성 교육의 가치를 혁신적 사고와 적응적 사고의 조화, '손' 쓰는 교육과 '머리' 쓰는 교육의 조화에서 찾고자 한다.

인간은 자연환경에 적응하며 생존해 왔으며, 동시에 주어진 환경을 극복하기 위한 혁신적인 노력을 하며 기술 문명을 발달시켜 왔다. 인류 문명의 역사, 기술 발달의 역사를 주도해 온 인간의 적응 활동과 혁신 활동은 기술적 문제를 해결하기 위한 창의성의 결실이라 할 수 있다.

Kirton(1976)은 적응자, 혁신자 성향이 학습이나 훈련에 의해서 쉽게 변화되지 않는 고유의 특성이라고 가정하고 있다. 이후 많은 연구자들도 인지양식 및 학습양식으로서 적응자와 혁신자의 성향이 구분된다는 가정은 받아들이고 있지만, 기술적 문제를 창의적으로 해결하기 위해서는 혁신적 사고양식과 적응적 사고양식을 동시에 갖추어야 한다고 보았다.

혁신자 성향을 지닌 학습자는 적응적 사고양식을, 적응자 성향을 지닌 학습자는 혁신적 사고양식을 보완한다면 기술적 창의성 능력 향상에 도움이 될 것이다. 동시에 기술적 문제를 해결하는 과정에서 기술적 창의성을 계발하는 활동은 인간의 혁신적 사고와 적응적 사고를 조화롭게 계발하는 데 도움이 된다고 할 수 있다.

실과를 통한 기술적 창의성 교육은 머릿속의 창의적 사고와 문제해결 과정이 손을 통해 구현되고 실천되는 특성을 갖는다. 이러한 특성은 Kimbell과 그의 동

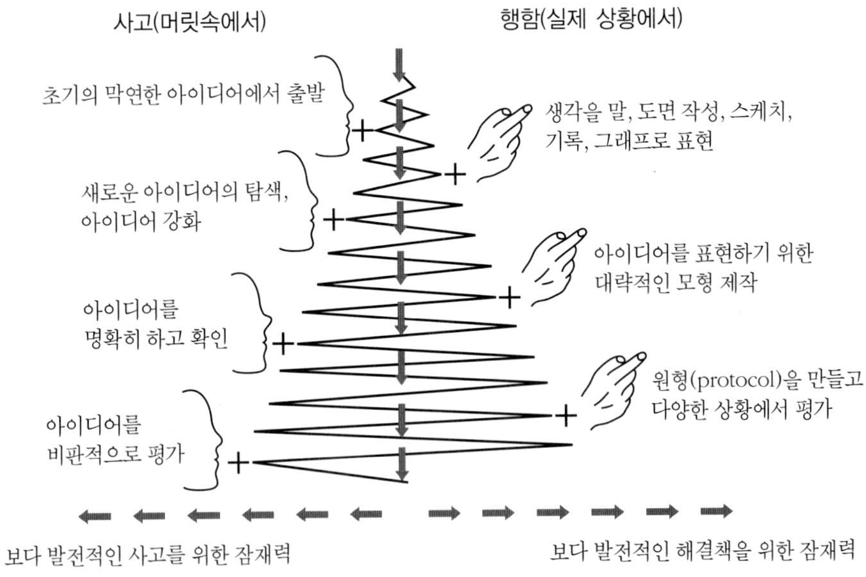

[그림 9-2] 사고와 행함의 상호작용 도식

출처: Kimbell et al.(1991). *The assessment of performance in design and technology*. School Examination and Assessment Council, London, UK.

기술적 창의성 교육에서 손의 중요성은 인간을 호모파베르(homo-faber)로 칭하고, 새로운 것을 만들어 보고 이용해 보려는 인간의 조작적 본성을 강조하는 측면과 관련되며, '행함을 통한 학습(learning by doing)'에 그 철학적 기초를 두고 있는 실과 교육의 철학적 근원과도 상통한다고 할 수 있다.

호모파베르의 인간상은 손의 신체적 특성과도 관련된다. 인간의 손은 한쪽 손에 8개의 손목뼈, 5개의 손바닥뼈, 14개의 손가락뼈 등 모두 27개의 뼈로 구성되어 있고, 양쪽 손에 총 54개의 뼈가 있어 신체를 구성하는 206개 뼈의 약 1/4이 양쪽 손에 있을 정도로 분화되어 있다. 최근 뇌과학 분야에서는 손과 두뇌의 긴밀한 관계를 밝혀냄으로써 손이 '제2의 뇌' '눈에 보이는 뇌'임을 증명하고 있다. 기술적 창의성 교육을 통한 손놀림 활동은 손 근육 조작 능력의 활성화뿐만 아니라 두뇌와의 협응을 활성화하는 효과를 얻을 수 있다.

혁신적인 생각과 계획이 머릿속에서만, 종이 위의 글 속에서만 머문다면 아무 의미가 없으며, 이를 실천하는 과정이 무엇보다 중요함은 아무리 강조해도 지나치지 않을 것이다. 실과에서의 창의성 교육은 이러한 실행과 실천을 '손' 쓰는 교육과 '머리' 쓰는 교육의 조화를 통해 체득할 수 있다는 측면에서 의의가 있다.

참고문헌

권현진(2005). 기술 관련 전문가의 인식에 기초한 기술적 창조성 모형 개발. 충남대학교 대학원 박사학위논문.

권현진, 문대영, 류창열(2004a). '기술적 창의력' 구성 요소 도출을 위한 이론적 고찰. **한국기술 교육학회지, *4*(1)**, 104-120.

권현진, 문대영, 류창열(2004b). 기술적 창의력 구성 요소 모형. **직업교육연구, 23**(3), 143-164.

김명희, 이경희 공역(1998). **다중 지능의 이론과 실제**. 서울: 양서원.

류창열(2005). 기술적 창조성과 혁신 및 유사 용어의 의미 탐색. **한국기술교육학회 제5차 연례 학술발표대회 자료집**. 한국기술 교육학회.

문대영(2001). 초·중등학교 학생의 적응자·혁신자 역할 분담 문제해결 활동이 기술적 창의력 계발에 미치는 효과. 충남대학교 대학원 박사학위논문.

문대영(2006). 기술과 교육에서 TRIZ(창의적 문제해결 이론)의 적용 방안 탐색. 대한공업교육학회지, 31(2), 155-176.

박영택, 박수동(1999). 발명 특허의 과학. 서울: 현실과 미래.

이영애 역(1992). 인간사고의 심리학. 서울: 교문사.

장수웅(2002). 기술 교육에서 창의적인 문제해결 수업을 위한 수행평가 도구의 개발. 한국교원대학교 대학원 박사학위논문.

정현철, 한기순, 김병노, 최승언(2002). 과학 창의성 계발을 위한 프로그램 개발－이론과 예시를 중심으로. *Journal of Korean Earth Science Society, 23*(4), 334-348.

조연순(2001). 창의성 계발을 위한 교수－학습 및 평가 방법. 창의성 계발을 위한 교육전략 연구세미나 자료집. 한국교육개발원.

홍성욱(2003). 과학적 창조성, 천재를 어떻게 이해할 것인가. 과학사상, 45, 157-197.

Arthur, A. D. (1999). *The effects of direct and indirect instruction on teaching technological problem solving activities.* Unpublished Doctoral dissertation. North Carolina State University.

Baker, G. E., & Dugger, J. C. (1986). Helping students develop problem solving skills. *The Technology Teacher, 45*(1), 10-13.

Besmer & Treffinger (1981). Student invention behavior scale. *The Journal of Creative Behavior, 15.*

Bransford, J. D., & Stein, B. S. (1984). *The IDEAL problem solver: A guide for improving thinking learning and creativity.* New York: Freeman.

Corkill, G. W. (1999). *Understanding spatial intelligence through the problem solving of young children from culturally different background: An analysis of behaviors and products.* Unpublished Doctoral dissertation. The University of Arizona.

Custer, R. L. (1995). Examining the dimension of technology. *International Journal of Technology and Design Education, 5*(3), 219-244.

Daiber, R., Litherland, L., & Thode, T. (1991). Implementation of school-based technology education programs. In M. J. Dyrenfurth & M. Kozak (Eds.), *Technological literacy.* Peoria, Il: Glencoe, Inc.

Ericsson, K. A., & Simon, H. A. (1984). *Protocol analysis.* Cambridge, MA: The MIT

Press.

Gardner, H. (1988). Creative lives and creative works: A synthetic scientific approach. In R. J. Sternberg(Ed.), *The nature of creativity*. New York: Cambridge University Press.

Gardner, H. (1993). *Multiple intelligences: The theory in practice*. NY.: Basic Books.

Guilford, J. P. (1967). *The nature of intelligence*. N. Y.: McGraw Hill.

Hatch, L. (1988). Problem solving approach. In W. H. Kemp & A. E. Schwaller (Eds.), *Instruction strategies for technology education, 36th Yearbook*. Council on Technology Teacher Education.

Halfin, H. H. (1973). Technology: A process approach. Unpublished Doctoral dissertation. University of West Virginia.

Han, K. (2000). Varieties of creativity: Investigating the domain-specificity of creativity in young children. Unpublished Doctoral dissertation. University of Nebraska.

Hill, R. B. (1997). The design of an instrument to assess problem solving activities in technology education. *Journal of Technology Education, 9*(1), 31-46.

Hill, R. B., & Wicklein, R. C. (1999). A factor analysis of primary mental processes for technological problem solving. *Journal of Industrial Teacher Education, 36*(2), 83-100.

Hutchinson, J., & Karsnitz, J. (1994). *Design and problem solving in technology*. Peoria, IL: Delmar.

Johnson, S. D. (1987). Teaching problem solving. *The Technology Teacher, 46*(5), 15-17.

Johnson, S. D. (1988). Problem solving behavior research model for industrial education. *Journal of Industrial Teacher Education, 25*(3), 29-40.

Kellogg, R. T. (1982). When can we introspect accurately about mental processes? *Memory and Cognition, 10*(2), 141-144.

Kimbell, R., Stables, K., Wheeler, A. D., Wozniak, A. V., & Kelly, A. V. (1991). *The assessment of performance in design and technology*. School Examination and Assessment Council, London, UK.

Kirton, M. J. (1976). Adaptor and innovator: A description and measure. *Journal of Applied Psychology, 61*(5), 622-629.

Lubart, T. I. (1994). Creativity. In R. J. Sternberg (Ed.), *Thinking and problem solving.* Academic Press, CA.

MacKinnon, D. W. (1962). The nature and nurture of creative talent. *American Psychologist, 17*, 484-495.

McCade, J. (1990). Problem solving: Much more than just design. *Journal of Technology Education, 2*(1), 29-42.

Newell, A., Shaw, J., & Simon, H. (1962). The processes of creative thinking. In H. Gruber, G. Terrell & M. Wertheimer (Eds.), *Contemporary approaches to creative thinking.* NY.

Nisbett, R. E., & Wilson, T. D. (1977). Telling more than we can know: Verbal reports on mental process. *Psychological Review, 84*, 231-259.

Philpott, A., & Sellwood, P. (1983). An introduction to problem solving activities: Some suggestions for design and make. *The School Scene Review, 65*(230), 26-32.

Shotsberger, P. G. (1993). *An approach to analyzing the videotaped problem solving behaviors of individual students.* Paper presented at the 1993 annual meeting of the American Educational Research Association. (ERIC Document Reproduction Service No. ED 357 082)

Sternberg, R. J. (1995). Investing in creativity: Many happy returns. *Educational Leadership,* December, 80-84.

Todd, R. (1990). The teaching and learning environment. *The Technology Teacher, 50*(3), 3-7.

Torrance, E. P. (1976). *Guiding creative talent.* New York: Robert E. Krieger.

Williams, F. (1980). *Creativity assessment packet.* Buffalo, NY: Dok.

찾아보기

인명

내용

저자 소개(가나다순)

** 김성준

서울대학교 대학원 수학교육과 교육학박사

현) 부산교육대학교 수학교육과 교수

** 김판수

캐나다 앨버타 대학교 대학원 수학과 이학박사

현) 부산교육대학교 수학교육과 교수

** 문대영

충남대학교 대학원 공업교육과 교육학박사

현) 부산교육대학교 실과교육과 교수

** 박수자

서울대학교 대학원 국어교육과 교육학박사

현) 부산교육대학교 국어교육과 교수

** 소금현

서울대학교 대학원 과학교육과 교육학박사

현) 부산교육대학교 과학교육과 교수

** 손준구

경북대학교 대학원 체육교육과 이학박사

현) 부산교육대학교 체육교육과 교수

** 양종모

단국대학교 대학원 음악교육과 교육학박사

현) 부산교육대학교 음악교육과 교수

✽✽ 이미식

부산대학교 대학원 윤리교육과 문학박사

현) 부산교육대학교 윤리교육과 교수

✽✽ 이영만

부산대학교 대학원 교육학과 교육학박사

현) 진주교육대학교 교육학과 교수

✽✽ 이용섭

부산대학교 대학원 지구과학교육과 이학박사

현) 부산교육대학교 과학교육과 교수

✽✽ 정정순

서울대학교 대학원 국어교육과 교육학박사

현) 영남대학교 국어교육과 교수

✽✽ 정호범

한국교원대학교 대학원 사회교육과 교육학박사

현) 진주교육대학교 사회과교육과 교수

교과교육에서 창의성의 이론과 실제

2010년 9월 15일 1판 1쇄 발행
2011년 9월 10일 1판 2쇄 발행

지은이 • 김성준 김판수 문대영 박수자 소금현 손준구
양종모 이미식 이영만 이용섭 정정순 정호범

펴낸이 • 김 진 환

펴낸곳 • ㈜ 학지사
121-837 서울시 마포구 서교동 352-29 마인드월드빌딩 5층

대표전화 • 02) 330-5114 팩스 • 02) 324-2345

등록번호 • 제313-2006-000265호

홈페이지 • http://www.hakjisa.co.kr
커뮤니티 • http://cafe.naver.com/hakjisa

ISBN 978-89-6330-484-7 93370

정가 17,000원